개정3판

글로벌 시대의 대외무역법

김현지 저

관세사 · 국제무역사 자격시험대비

도서출판 두남

2012년 6월 글로벌 대외무역법의 개정2판을 발간한 후 2년이 지나도록 개정 작업을 하지 못하였다. 그동안 새 정부의 출범과 함께 행정부서의 명칭 변경과 전략물자의 수출입관리가 중요해짐에 따라 대외무역법에서도 많은 개정이 이루어 졌다. 더불어 대외무역법 시행령 및 관리규정, 전략물자 수출입고시도 많은 부분이 개정됨에 따라, 본 교재에서도 이를 반영하여 개정 3판의 작업을 무사히 마칠 수 있게 됨을 감사드린다.

2014년 개정된 대외무역법에서는 직수출 역량이 부족한 중소기업의 수출 확대와 농수산식품, 서비스 등 다양한 분야의 수출 확대를 지원하기 위하여 현재 민간지정 형태로 운영되던 전문무역상사의 지정·육성 제도를 법령에 규정하였다.

또한 최근 중남미 국가를 중심으로 거래의 투명성과 신뢰성이 인정되어 정부간 수출계약 시장이 중소기업의 유망 수출시장으로 부상함에 따라, 이에 대응한 국내 제도적 기반을 마련하기 위하여 정부간 수출계약의 개념을 명확히 하고 이에 따른 정부의 역할과 책임범위, 효과적인 지원체계 마련 등에 관한 입법 미비 상황을 개선하기 위하여 대외무역법령을 새롭게 개정하였다.

이에 2014년 대외무역법의 주요 개정내용을 보면 다음과 같다.

첫째, 중소·중견기업의 수출확대를 지원하기 위해 전문무역상사의 지정 및 취소, 지원근거 등을 규정하였다. 전년도 수출실적 또는 직전 3개 연도의 연평균 수출실적이 미화 100만달러 이상이고, 수출실적 중 중소기업과 중견기업이 생산한 제품의 수출실적 비율이 20퍼센트 이상인 무역거래자 중에서 전문무역상사로 지정하도록 하되, 수출규모가 이에 미달하더라도 농업·어업·수산업 등 업종별 특성 등을 감안하여 산업통상자원부장관이 고시하는 요건을 갖춘 경우에는 전문무역상사로 지정할 수 있도록 하였다. 이를 위해 산업통상자원부장관은 신시장의 개척, 신제품의 발굴, 중소기업 또는 중견기업의 수출 확대 등을 위하여 필요한 경우에는 전문무역상사의 국내외 홍보, 우수제품의 발굴, 해외 판로개척 등에 필요한 사항을 지원할 수 있도록 하였다.

둘째, 정부간 수출계약 제도는 해외 정부의 조달시장에 진입하는 데 어려움을 겪는 국내 수출기업들을 위해 정부가 수출 거래 당사자로 대신 나서는 방식으로, 특정 국가에서 정부간 수출계약을 요청해올 경우 '무역투자진흥공사(KOTRA)'가 계약 당사자로 참여해 해당 국내 기업들과 물품 공급 등 계약을 맺고 해당 기업은 보증 등의 책임을 지는 형태로 계약이 이뤄진다. 이러한 정부간 수출계약 이행 등을 위한 보증사업은 대외거래에 대한 보증·보험 업무를 10년 이상 영위하고 있는 자 중 정부간 수출계약의 보증사업 수행에 필요한 재정능력, 대외거래의 당사자에 대한 신용정보의 수집·분석 능력 등을 평가하여 산업통상자원부장관이 지정하는 기관이 수행하도록 하였다.

본 교재의 개정 3판 작업을 하면서, 무엇보다도 무역학을 공부하는 학생들과 무역에 종사하는 분들이 무역정책의 변화과정을 좀 더 쉽게 이해하고, 무역실무 분야에서 많은 도움을 받을 수 있도록 본문 내용을 최근 개정된 대외무역법령의 내용에 맞게 많은 수정과 보완을 하였다. 그러나 아직도 부족한 부분이 많이 있을 것이다. 이런 부분은 계속해서 충실하게 보완해 나갈 것을 약속드리며, 무역에 관한 서적을 출판하는 데 많은 애정을 가지고 공헌해 주신 도서출판 두남의 전두표 사장님, 그리고 책이 나오기까지 최선을 다해 도움을 준 편집부 관계자 및 주위에서 많은 도움을 주신 모든 분들께 깊은 감사를 드린다. 아무쪼록 대외무역에 종사하는 무역실무자와 무역전문인으로서 활약하고자 하는 학생들과 여러분의 수출입관리에 유용하게 활용될 수 있기를 바란다.

2014년 8월

저 자 씀

제1편 대외무역관리의 개요 13

제3편 무역의 객체관리 75

제 1 편

대외무역관리의 개요

제 1 장 대외무역관리의 기초

제1절 대외무역관리제도

1 대외무역관리의 의의

일반적으로 무역(International Trade)이란 국제적으로 이루어지는 상품의 매매거래를 말하며, 모든 국가들은 자유무역을 지향하면서도 그 나라의 경제 또는 산업정책에 부응하기 위하여 무역관리를 하게 된다.

국가에 의한 무역관리(Trade Control)는 거래당사자가 국제규범에 따라 자유롭게 체결한 수출입계약을 이행할 때 국가에서 무역정책에 따라 사전·사후적으로 무역거래를 관리 또는 통제하는 것을 말한다.

그러므로 무역관리는 무역거래과정에 대한 정부의 인·허가, 면허, 승인, 인증, 행정지도 등의 방법으로 나타나게 되며, 통상·무역의 전부 혹은 일부에 대하여 총액, 내용, 시기, 결제방법 및 거래상대국 등을 적극적으로 규제하는 것을 의미한다.

정부시책은 경제환경의 변화에 따라 변경될 수도 있으므로, 무역관리는 무역정책의 한 부분으로서 무역에 관한 여러 법규를 통해 경제주체의 무역거래에 대한 권리를 제한하는 소극적 간섭이라고 할 수 있다.

이러한 대외무역관리는 국가 또는 정부가 국민경제발전을 도모하는 데 기본적인 전략이 되기 때문에 더욱 중요시되고 있다.

2 대외무역의 국내·외 규범

2-1. 무역관련 국제규범

무역은 서로 다른 국가에 속하는 당사자 간에 이루어지는 거래이므로 국가마다 국내법과 상관습이 다르기 때문에 수출입 이행 시 동일한 사안에 대하여도 거래당사자 간에 다르게 해석할 수 있다.

따라서 무역거래 시에는 거래당사자 모두가 동일한 사안에 대하여 동일하게 인지하고 해석하여 원활하게 계약을 체결할 수 있도록 하여야 한다. 이를 이행하기 위하여 오랜 시간 동안 국제거래 관행과 관습을 반영한 국제규칙과 국제거래법과 같은 통일된 규범이 필요하다. 대표적인 무역관련 국제규범으로는 다음과 같은 것들이 있다.

첫째, 무역계약 체결 시에 활용하는 국제규칙과 국제상관습이 있다. 대표적인 국제규칙으로는 당사자 간 수출입 기본계약을 체결할 때 준거법으로 활용되는 통일된 국제민법인 "UN 국제물품매매에 관한 통일규칙(United Nations Convention on Contract for the International Sales of Goods; CISG 일명, Vienna협약)"이 있으며, 국제상관습으로는 당사자 간 무역계약 체결 시 계약내용을 보완하기 위하여 채택하는 11개의 정형거래조건(Trade Terms)을 해석하기 위한 "정형거래조건의 해석에 관한 국제규칙(International Rules the Interpretation of Trade Terms, INCOTERMS 2010)"이 있다.

둘째, 운송과 관련한 국제규범이 있다. 먼저, 해상운송과 관련한 국제규범으로는 "선하증권 통일규칙(Hague Rules, 1924)"과 "개정선하증권규칙(Hague-Visby Rules, 1968)" 및 "함부르크규칙(Hamburg Rules, 1978)"이 있으며, 항공운송과 관련해서는 "국제항공운송에 관한 통일규칙(Warsaw Convention, 1929)" 있다. 그리고 복합운송과 관련하여서는 "복합운송증권을 위한 통일규칙(Uniform Rules for a Combined Transport Document, 1973)"이 있다.

셋째, 보험과 관련한 국제규범으로는 해상보험을 중심으로 영국의 "해상보험법(Marine Insurance Act, 1906)"이 국제규칙으로 준용되고 있으며, 런던보험자협회에서 제정한 "협회적하약관(Institute Cargo Clause, ICC) 신・구약관"이 있다.

넷째, 국제대금결제와 관련한 국제규범이 있다. 여기에는 "신용장통일규칙(Uniform Customs and Practices Act, 2007)"과 "추심에 관한 통일규칙(Uniform Rules for Collection, 1995)"이 있다.

2-2. 국내 무역관련 법규

세계 각국은 자유무역을 지향하고 있지만, 자국의 경제발전을 꾀하고 무역정책을 구체화하기 위하여 무역관련 국내법을 제정하여 시행하고 있다.

우리나라의 무역관리를 위한 3대 법규로는 대외무역법, 외국환거래법 및 관세법이 있다. 이러한 법규들은 대외무역의 관련 법률, 시행령 및 관리규정에 의해 관리되고 있으며, 다음과 같이 둘로 나눌 수 있다.

첫째, 우리나라의 무역관리법규로는 대외무역법, 무역대금결제를 관리하는 법규로는 외국환거래법, 물품의 통관과 관련한 법규로는 관세법 등이 있다. 이러한 법규에 의한 무역관리 외에도 고시와 공고가 있으며, 원칙적이고 기본적인 사항은 법령에서 규정하고, 구체적인 사항은 유동적인 국제경제 질서에 효율적으로 대처하기 위해 고시와 공고를 통하여 관리한다.

둘째, 법 제정의 본래 목적은 무역관리가 아니었으나 그 법을 집행하는 과정에서 반사적으로 무역에 영향을 미치는 개별행정법들이다. 이러한 법규들은 국민보건, 위생, 환경, 문화재보호 및 특정의 국내 산업을 규제할 목적으로 제정된 법률이지만 운용과정에서 관련부문의 무역활동도 규제하게 된다. 이러한 특별법에 의한 무역관리는 대외무역정책의 범위내에서 법을 관장하는 소관 주무부처에 의해 관리되고 있다.

3 일반적 무역관리수단

일반적 무역관리수단으로는 무역진흥수단, 무역규제수단, 그리고 무역균형수단의 3가지 형태로 구분된다.

3-1. 무역진흥수단

(1) 내국신용장

내국신용장은(local credit) 무역업체가 국내에서 수출용 완제품을 구매하여 직수출하거나, 수출물품 제조업자가 수출물품 제조에 필요한 수출용 원자재를 구매하여 제조가공 후 직수출하거나 또는 국내에 공급하고자 하는 경우, 그 업체의 의뢰에 따라 국내의 완제품 또는 원자재 공급업자를 수혜자로 하여 개설한 일종의 지급보증서를 말한다.

(2) 수출금융

수출금융(export finance)은 물품의 수출을 지원하기 위하여 수출입업자, 수출용 완제품 및 수출용 원자재 생산업자에 대해 수출상품의 제조, 가공에 필요한 소요자금을 지원하는 우대금융을 말한다.

(3) 관세환급

관세환급(duty drawback)은 수입된 원재료를 이용하여 제조된 물품을 수출할 때, 원재료의 수입 시 납부한 관세 등을 수출업자에게 되돌려 주는 제도를 말한다.

(4) 무역보험

무역보험(trade insurance)은 수출・입 거래에 수반되는 위험 중에서 수출・입자가 예기치 못한 전쟁, 파산 등의 비상위험이나 신용위험, 환위험 등에 대비하기 위한 제도로써, 수출업자, 수입업자, 생산업자, 금융기관 등이 수출과정에서 입게 될지도 모를 경영손실의 위험을 보상해 주는 것은 물론, 다양한 금융 및 수입 지원 등 무역 관련 종합금융지원을 위한 비영리 정책보험을 말한다.

3-2. 무역규제수단

무역규제수단이라 함은 일반적으로 수입을 제한하는 수단을 말하는데, 주로 관세장벽(tariff barriers)과 비관세장벽(non-tariff barriers)으로 나눌 수 있다.

관세장벽은 수입물품에 일반 관세를 부과함으로서 국내 산업을 보호하기 위한 수입의 억제수단이 될 수 있으나, 긴급하게 국내 산업을 보호할 필요가 있을 때에는 이러한 관세제도만으로 부족하므로 여러 가지 직접적인 수입억제정책을 채택하고 있다. 그 목적은 주로 국내산업의 보호와 국제수지의 개선에 있다. 관세장벽 이외의 무역규제수단을 비관세장벽이라고 한다.

(1) 수출입 금지

수출입 금지(export-import prohibition)는 각국이 경우에 따라 국내산업의 보호 또는 정치적 이유 등에 의하여 특정물품의 수출입을 법령에 의하여 금지 또는 제한하는 것을 말한다. 국제무역에서 주로 문제가 되는 것은 수입의 금지 또는 제한이다.

(2) 반덤핑관세

반덤핑관세(anti-dumping duty)는 일국의 상품이 정상적인 가격 이하로 수입되어 수입국의 산업에 실질적으로 피해를 줄 우려가 있을 때 부과되는 관세를 말하며, 이를 덤핑방지관세라고도 한다.

(3) 상계관세

상계관세(countervailing duty)는 수출국에서 제품의 생산·수출과정 중에 직·간접으로 수출업자에게 주어지는 각종 보조금 등의 특혜를 상쇄할 목적으로 수입국에서 부과하는 특별관세를 말한다.

상계관세의 목적은 반덤핑관세와 마찬가지로 자국 산업을 보호하는 데 근본적인 목적이 있으나, 그 혐의가 있는지의 판단과 사실조사에 많은 노력과 시간이 소요되고, 덤핑제소를 받음으로써 소비자의 심리적 영향을 고려할 때 수출입에 상당한 영향을 줄 수 있는 강력한 규제수단이 되고 있다.

(4) 수량제한

수량제한(quantitative control)은 수출 또는 수입물품의 수량을 제한하기 위하여 일정한 기준에 따라 국가별 또는 품목별로 일정한 한도를 설정하고 그 한도 내에서만 수출 또는 수입을 허용하는 제도로서, 보호무역주의의 가장 강력한 수단으로 GATT(General Agreement on Tariff and Trade) 및 WTO(World Trade Organization)에서 가장 기피하고 있는 제도이다. 그러나 미국을 비롯한 많은 국가에서 섬유류를 비롯한 많은 품목에 대하여 이 방법을 활용하고 있다.

(5) 수출자율규제

수출자율규제(voluntary export restriction)는 수입국의 수입제한조치를 미리 방지할 목적으로 수출국 스스로 수출을 자제하는 것으로써 수입수량 제한의 변형된 형태라고 할 수 있다.

수출자율규제는 GATT 11조에서 금지하는 수량제한의 효과와 동일하며, 또한 GATT 19조에서 대상과 무차별 적용이라는 요건 하에 허용하는 긴급수입제한(세이프가드 조치)과도 중복되지만, GATT와의 정합성이 명백하지 않은 '회색조치'의 하나로서 실행되었다.

일본은 1950년대부터 미국 및 유럽과의 사이에 철강, 자동차, 전자기기 등을 둘러싼 무역마찰에 대하여 정부 차원에서 수출승인제나 수출 카르텔을 통하여 각 수출기업에 수출 수량을 할당하는 수출자율규제로 대응해 왔다. 최근에는 면사나 강재를 둘러싸고 일본이 한국에 수출자율규제를 요청하는 예도 있다.

3-3. 무역균형수단

(1) 구상무역

구상무역(compensation trade)은 구상주의 또는 쌍무주의에 의하여 2국간의 무역을 균형 또는 조정하는 제도를 말하며, 무역량협정 · 상쇄협정 · 상계협정 · 바터제도 등의 다양한 방식을 포함하는 것이다.

오늘날 구상무역은 수출입이 곤란한 경우에 상대국의 상품을 수입하는 대가로 자국의 상품을 상대국에게 의무적으로 수입하게 하는 방식으로써, 무역역조가 심한 국가에 의해 수입초과를 시정하는 방법으로서 요청되고 있다.

이러한 구상무역에는 동시개설신용장(Back to Back L/C), 기탁신용장(Escrow L/C) 그리고 토마스 신용장(TOMAS L/C) 등과 같은 특수한 신용장이 사용된다.

(2) 바터제

바터제(barter system)는 두 나라 사이에 수입물품의 대금을 화폐로 결제하지 않고 그에 상응하는 만큼의 물품으로 수출하거나, 수출한 것에 상응하는 만큼의 물품을 수입하는 방식으로 두 나라 사이에 무역을 균형시키고자 하는 제도로서 이를 물물교환이라고 한다. 또한, 이 제도는 자국이 수출한 것만큼 무역상대국으로부터 수입함으로써 수출입의 균형을 이룬다는 구상주의에 입각한 무역형태이므로 구상무역의 일종이라 할 수 있다.

(3) 수출입링크제

수출입링크제(export-import link system)는 수출과 수입을 연계시켜서 일정한 수출(또는 수입)과 교환할 것을 조건으로 수입(또는 수출)을 허용하는 제도이다. 이것은 수출입의 연결방식에 따라 수출의무제와 수입권리제로 구분할 수 있다.

수출의무제는 먼저 원료 등의 수입을 승인하고 일정한 기간 안에 그 원료를 사용하여 만든 제품의 수출을 의무화시키는 방식이고, 수입권리제는 특정상품의 수출실적에 따라 수입할 수 있는 권리를 부여하는 방식이다. 수출입 링크제의 종류에는 지역별, 상품별, 상사별 링크제가 있다.

제2절 대외무역관리 체계와 관계법규

 대외무역의 관리체계

대외무역관리의 목적을 달성하기 위한 수단으로서 정부는 수출입의 각 단계마다 각종 법규에 의거하여 제한과 금지 또는 우대조치를 취하고 있으며, 가장 기본이 되는 법규는 「대외무역법」, 「관세법」, 「외국환거래법」이 있다.

이러한 기본법규 이외에 「외국인투자 촉진법」, 「조세특례제한법」, 「자유무역지역의 지정 및 운영에 관한 법률」, 「중재법」, 「무역보험법」, 「전자무역 촉진에 관한 법률」, 「불공정무역행위 조사 및 산업피해구제에 관한 법률」, 「무역거래기반

조성에 관한 법률」 등 그 밖에 무역관계법규와 무역관련 57개의 개별법이 있다.

2 대외무역의 관련법규

2-1. 대외무역의 기본법규

(1) 대외무역법

대외무역법은 우리나라의 무역관리를 위한 기본법이자 대외무역에 관한 일반법이며, 물품의 수출입을 총괄적으로 관리하기 위하여 대외무역법과 대외무역법 시행령, 대외무역관리규정 및 각종 고시·공고 등을 두고 있다.

대외무역법은 1967년 1월부터 무역거래법으로 시행되어 오다가 1986년 12월에 새로이 대외무역법으로 대체되어 법률로 제정된 이후 여러 차례의 개정을 거쳤으며 현재의 법은 2014년 7월 22일에 법률 제12285호로 개정되어 시행되고 있다. 대외무역법 시행령은 1987년에 제정되어 현재의 시행령은 2014년 7월 22일 대통령령 제25475호로 개정되어 시행되고 있으며, 대외무역관리규정은 1987년에 공고된 후 현재 2014년 7월 22일 산업통상자원부 고시 제2014-124호로 개정·고시되었다.

대외무역법은 국가가 무역을 규제하기 위한 관리제도 이외에도 수출을 진흥하기 위한 무역진흥제도로서 외화획득용 원료 수입제도 그리고 산업피해구제제도와 수출입질서유지를 위한 제반사항을 규정하고 있다.

(2) 외국환거래법

외국환거래법(Foreign Exchange Control Act)은 외국환거래와 그 밖의 대외거래의 자유를 보장하고 시장기능을 활성화하여 대외거래의 원활화 및 국제수지의 균형과 통화가치의 안정을 도모함으로써 국민경제의 건전한 발전에 이바지함을 목적으로 제정되었다(외국환거래법 제1조). 이는 무역거래 결제방법을 관리하기 위한 법규로서 주로 내국민인 거주자와 외국인인 비거주자간에 외국환을 영수하거나 지급하는 방법을 규정하고 있다. 물품의 이동, 즉 수출·입 시 외환거래는 필연적으로 발생하므로 무역과 외국환거래법은 밀접한 관계를 가지고 있다.

우리나라의 제반 외국환관리제도는 외환보유고가 부족할 때 정착된 것이기 때문에 달러화 등 외국환의 영수는 비교적 자유로우나, 외국환의 지급에 대해서는 외국환관리법에 의해 엄격하게 제한하여 왔다. 외국환관리법은 1996년 우리나라가 OECD에 가입한 이후 1998년 9월 16일 법률 제5550호로 전문 6장 32조로 제정되었고, 1999년 4월 1일자로 외국환관리법이 외국환거래법으로 변경되어 그 제한이 크게 완화되었다. 현재의 외국환거래법은 2012년 3월 21일 법률 제11407호로 개정되어 시행되고 있다.

(3) 관세법

관세법은 관세의 부과·징수 및 수출입물품의 통관을 적정하게 하고 관세수입을 확보함으로써 국민경제의 발전에 이바지함을 목적(관세법 제1조)으로 하여 1949년에 제정된 후 여러 차례 개정을 거쳐, 현재 관세법은 2014년 1월 1일 법률 제12159호로 개정되어 시행되고 있다. 관세법은 수출입물품의 통관절차와 수입물품에 대한 과세절차를 규정하고 있으며 관세법에 의한 과세절차 및 통관절차는 세관에서 처리되므로, 세관은 우리나라의 관문으로서 물품이 국내·외로 이동되는 것을 통제하는 최종적인 현장이 된다.

〈표 1-1〉 대외무역관리 3대 기본법규의 체계

	대외무역법	외국환거래법	관세법
인적관리	·무역업고유번호 부여	·거주자 ·비거주자	·납세의무자 ·수출·입 신고자
행위 및 대상의 관리	·전자적 무체물의 인정 ·수출입승인 ·수출입공고 및 통합공고 ·원산지기준 및 판정 ·특정거래형태의 수출입 인정 ·플랜트수출 ·외화획득용 원료기재의 수입 ·전략물자 수출·입 관리	·외국환, 환율 등 ·결제방법	·관세의 부과 및 징수 ·보세구역 및 보세운송 ·수출·입 통관
수출입 정책의 관리	·수출입질서유지 ·각종 벌칙	·외국환수급계획 ·외국환평형기금 ·각종 벌칙	·심사와 심판 ·각종 벌칙

관세법의 성격은 물품의 이동을 직접적이며 실질적으로 관리하는 통관법적인 성격과 관세의 부과 및 징수를 총괄하는 조세법적인 성격을 가지고 있다. 그리고

관세징수와 수출입물품의 통관을 적정하게 하기 위한 각종 벌칙과 조사 및 처분 등 엄격한 처벌조항을 가지고 있기 때문에 형사법적인 성격을 또한 가지고 있으며, 이의신청과 소원에 있어서는 행정법적인 성격을 가지고 있다.

2-2. 기타 대외무역법규

우리나라의 대외무역관리는 무역에 관한 3대 기본법규인 「대외무역법」, 「외국환거래법」, 「관세법」 이외에 「무역보험법」, 「수출용 원재료에 대한 관세 등 환급에 관한 특례법」등 수출을 지원하기 위한 법과 물품관리를 위한 「식품위생법」, 「약사법」, 「식물방역법」등 통합공고의 대상인 57개 개별법이 있다. 또한 남북교역을 내국 간 거래로 간주하여 관세를 면제하는 「남북교류협력에 관한 법」과 「자유무역지역의 지정 및 운영에 관한 법」 등 다수의 법령이 있다.

(1) 무역보험법

무역보험법은 무역이나 그 밖의 대외거래와 관련하여 발생하는 위험을 담보하기 위한 무역보험제도를 효율적으로 운영함으로써 무역과 해외투자를 촉진하여 국가경쟁력을 강화하고 국민경제의 발전에 이바지함을 목적으로 한다(무역보험법 제1조).

이 법은 1969년 수출보험법으로 제정되었으나, 최근 수출과 수입이 상호 연계되고 무역과 투자의 융합이 가속화됨에 따라 수출보험의 적용대상을 수출에서 무역으로 확대하고 한국수출보험공사의 명칭을 한국무역보험공사로 변경하는 한편, 무역보험기금을 안정적으로 운영하기 위하여 2007년 12월27일 무역보험법으로 개정하였다. 현재의 법은 2013년 10월 6일 법률 제11745호로 개정되어 시행되고 있다.

(2) 전자무역 촉진에 관한 법률

전자무역 촉진에 관한 법률은 전자무역의 기반을 조성하고 그 활용을 촉진하여 무역절차의 간소화와 무역정보의 신속한 유통을 실현하고 무역업무의 처리시간 및 비용을 줄임으로써 산업의 국제경쟁력을 높이고 국민경제의 발전에 이바지함을 목적으로(전자무역촉진에 관한 법률 제1조) 2006년 제정되었으며, 현재의 법은 2014년 1월 14일 법률 제12239호로 개정되어 시행되고 있다.

(3) 외국인투자 촉진법

외국인투자 촉진법은 외국인 투자를 지원하고 외국인투자에 편의를 제공하여 외국인투자의 유치를 촉진함으로써 국민경제의 건전한 발전에 이바지함을 목적으로 하여(외국인투자촉진법 제1조) 1996년 종전의 외자도입법을 대체 제정한 것이다. 현재의 법은 2014년 3월 11일 법률 제12225호로 개정되어 시행되고 있다.

(4) 자유무역지역의 지정 및 운영에 관한 법률

자유무역지역의 지정 및 운영에 관한 법률은 자유로운 제조·물류·유통 및 무역활동 등이 보장되는 자유무역지역을 지정·운영함으로써 외국인투자의 유치, 무역의 진흥, 국제물류의 원활화 및 지역개발 등을 촉진하여 국민경제 발전에 이바지함을 목적으로 하여(자유무역지역의 지정 및 운영 등에 관한 법률 제1조) 2004년 제정되었다. 현재는 2014년 1월 21일 법률 제12301호로 개정되어 시행되고 있다.

(5) 중재법

중재법은 중재(仲裁)에 의하여 사법(私法)상의 분쟁을 적정·공평·신속하게 해결함을 목적으로 하여(중재법 제1조) 1999년 12월 31일 제정되었으며, 현재는 2013년 3월 23일 법률 제11690호로 개정되어 시행되고 있다.

(6) 불공정무역행위 조사 및 산업피해구제에 관한 법률

불공정무역행위 조사 및 산업피해구제에 관한 법률은 불공정한 무역행위와 수입의 증가 등으로 인한 국내산업의 피해를 조사·구제하는 절차를 정함으로써 공정한 무역질서를 확립하고 국내 산업을 보호하며, 「세계무역기구 설립을 위한 마라케쉬협정」 등 무역에 관한 국제협약을 이행하기 위하여 필요한 사항을 규정함을 목적으로 하여(불공정무역행위조사및산업피해구제에관한법률 제1조) 2001년 제정되었다. 현재는 2014년 1월 21일 법률 제12290호로 개정되어 시행되고 있다.

(7) 무역거래기반 조성에 관한 법률

무역거래기반 조성에 관한 법률은 무역거래의 기반을 효율적·체계적으로 조성하여 균형 있는 무역거래의 확대와 국민경제의 발전에 이바지함을 목적으로 하여(무역거래기반조성에 관한법률 제1조) 2000년 제정되었다. 현재 적용되는 법은 2013년 7월 30일 법률 제11959호 개정되어 시행되고 있다.

(8) 개별행정법

개별행정법은 당초 대외무역관리를 위한 목적으로 제정된 것은 아니었다. 원래 이 법들은 국민보건, 안전, 환경보호, 소비자보호, 문화재보호 등의 목적으로 제정되었으나 해당 품목에 대한 법의 목적을 수행하는데 미치는 영향을 조정하기 위하여 해당 품목의 무역을 규제·관리하고 있다.

이러한 법규에 의한 무역관리는 무역거래 주체에 관한 관리와 품목에 관한 관리로 나누어 볼 수 있다. 당해 법률에 의해 관리대상이 되는 품목의 수출입을 하려는 자는 대외무역법과 별도로 관계행정기관의 장의 허가를 받도록 하여 무역거래주체에 대한 관리를 하고 있다.

또한 품목에 관한 관리영역은 산업통상자원부장관의 통합공고로 일원화되었으나 품목에 관한 관리에 적용되는 당해 법률에 의해 해당 품목의 수출입을 할 때에는 관계행정기관의 장 등의 허가를 받아야 한다.

(9) 기타

그 외에도 「수출용 원재료에 대한 관세 등 환급에 관한 특례법」, 「남북교류협력에 관한 법률」, 「조세특례제한법」 등과 함께 금융통화운영위원회와 한국은행이 제정한 무역금융규정 등의 수출지원을 위한 규정 등이 있다.

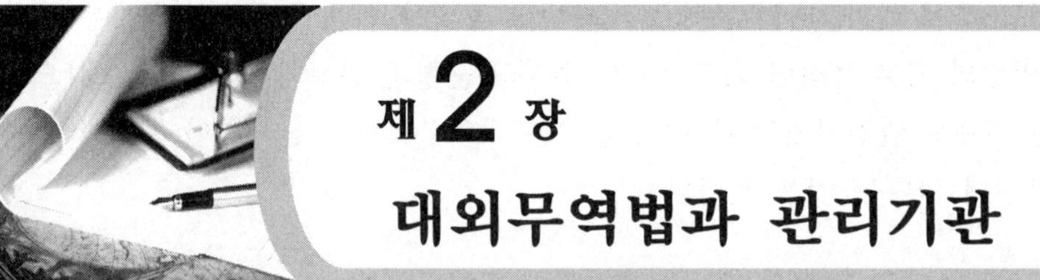

제 2 장 대외무역법과 관리기관

제1절 대외무역법의 개요

대외무역법의 목적과 기본원칙

1-1. 대외무역법의 목적

우리나라와 같이 국내시장이 협소하고 부존자원이 빈약한 국가일수록 무역이 국민경제에 미치는 영향은 매우 크다. 이와 같이 무역이 국민경제에 미치는 중요성을 감안하였을 때, 수출입을 중심으로 한 통상의 확대를 위해서는 수출입의 공정한 거래질서가 확립되어야 한다. 또한 수출입과 관련된 대외무역관리는 일국의 대내외 경제여건에 따라 다소 상이할 수 있으나, 대외무역법은 우리나라의 무역정책과 밀접한 관계를 가지고 있으며, 무역정책에서 중요한 비중을 차지하고 있다. 따라서, 대외무역관리에 관한 정책이 국민경제 발전에 이바지할 수 있도록 정책수립의 기본방향을 설정할 필요가 있다.

대외무역법 제1조에서는 “이 법은 대외 무역을 진흥하고 공정한 거래질서를 확립하여 국제수지의 균형과 통상의 확대를 도모함으로써 국민 경제를 발전시키는 데 이바지함을 목적으로 한다.”라고 규정하고 있다.

이 법 조항에 따라 '대외 무역을 진흥하고 공정한 거래질서를 확립'하는 것이 대외무역법의 기본 목적이 되고, '국제 수지의 균형과 통상의 확대를 도모함으로써 국민 경제를 발전시키는 데 이바지함'은 대외무역법의 궁극적인 목적이 국민 경제 발전에 있다는 것을 뜻한다.

1-2. 대외무역법 운용의 기본원칙

대외무역법은 자유롭고 공정한 무역을 장려하고 필요한 경우 최소한의 제한으로 운용될 것을 기본적인 원칙으로 하고 있다. 이러한 규정은 대외무역법 제3조 1항과 2항에서 다음과 같은 운용원칙을 제정하고 있다.

대외무역법 제3조 1항에서는 "우리나라의 무역은 헌법에 따라 체결·공포된 무역에 관한 조약과 일반적으로 승인된 국제법규에서 정하는 바에 따라 자유롭고 공정한 무역을 조장함을 원칙으로 한다."고 규정하고 있다. 또한 동 조 제2항에서는 "정부는 이 법이나 다른 법률 또는 헌법에 따라 체결·공포된 무역에 관한 조약과 일반적으로 승인된 국제 법규에 무역을 제한하는 규정이 있는 경우에는 그 제한하는 목적을 달성하기 위하여 필요한 최소한의 범위에서 이를 운영하여야 한다."고 규정하고 있다.

따라서 우리나라의 대외무역법 운용원칙은 무역관리체제를 자유무역을 추구하는 국제규범에 부합시키고, 더 나아가 그러한 범위 내에서 무역제한을 가할 때는 최소한의 범위에 국한시킴으로써 자유롭고 공정한 무역을 추진하고 무역제한을 최소화하는 데 있다.

1-3. 대외무역법의 성격

(1) 무역에 관한 기본법

대외무역법은 무역에 관하여 다른 법이 대외무역법의 적용 배제를 명시하고 있지 않는 한 모든 무역거래에 대하여 일반적으로 적용된다. 이러한 무역에 관한 기본법적인 성격은 대외무역법 제6조 1항에서 "무역에 관하여는 이 법에서 정하는 바에 따른다."고 규정하고 있다.

(2) 무역 및 통상에 관한 진흥법

대외무역법은 그 근본 목적에 따라 법 제4조에서는 "산업통상자원부장관(Minister of Knowledge and Economy)은 무역의 진흥을 위하여 필요하다고 인정되면 물품 등의 수출과 수입을 지속적으로 증대하기 위한 조치 및 지원을 할 수 있다."고 규정하고 있다.

또한 동 법 제2장에서는 "무역 및 통상을 진흥하기 위하여 매년 다음 연도의 통상진흥시책을 수립하고, 무역·통상 관련 기관 또는 단체가 교역상대국과의 민간협력활동을 추진하는 경우 필요한 지원 및 정보를 제공할 수 있다." 고 규정하고 있다.

이러한 규정에 의해 수출진흥 시책으로서 수출입실적 인정제도와 외화획득에 관한 규정, 구매확인서제도 등의 제반 사항을 규정하고 있다.

(3) 무역에 관한 통합법

대외무역법은 수출입과 관련한 모든 규정의 제정과 개정을 통합하여 적용한다. 이러한 무역에 관한 통합법적인 성격은 대외무역법 제6조 2항에 의해 관계 행정기관의 장은 물품등의 수출·수입요령을 제정 또는 개정하려면 산업통상자원부장관과 미리 협의하여야 하며, 이 경우 산업통상자원부장관은 관계 행정기관의 장에게 당해 수출·수입요령의 조정을 요청할 수 있도록 하고 있다.

또한 동 법 제12조에 의해 관계 행정기관의 장은 수출·수입요령을 제정 또는 개정하는 경우에는 그 시행일 전에 통합하여 공고될 수 있도록 산업통상자원부장관에게 제출하여야 하며, 산업통상자원부장관은 이를 통합하여 공고하도록 하고 있다.

1-4. 대외무역법령의 관리체계

대외무역법은 수출입거래를 관리하는 기본법으로서 민간 주도의 자율성과 대외신용의 제고를 위해 규제의 최소화와 세부적인 하위법령에 위임하고 있는 위임입법적 성격을 가지고 있으며 3단계의 체제로 되어 있다.

〈그림 2-1〉 대외무역법령의 관리체계

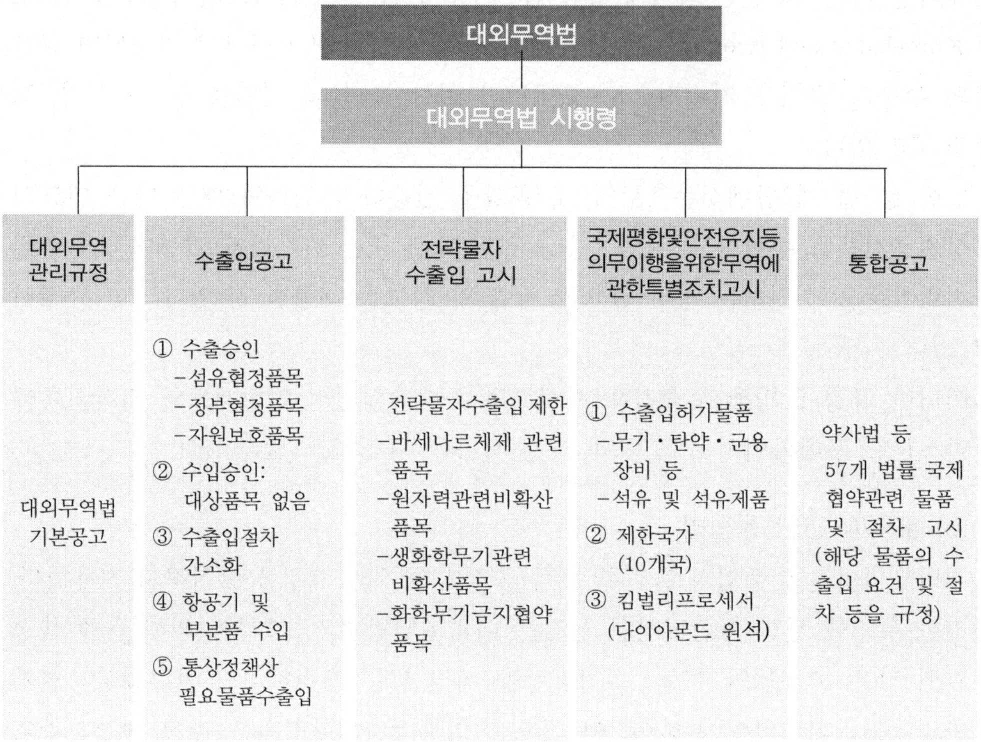

대외무역에 관한 기본법인 대외무역법(법률)은 대외무역에 관한 우리나라 헌법 제125조인 "국가는 대외무역을 육성하며, 이를 규제·조정할 수 있다."는 무역관리에 관한 헌법이념에 따라, 전문 7장 59조와 부칙으로 구성되어 있다.

이러한 대외무역법에서 위임된 사항과 그 시행에 관하여 필요한 사항을 정하기 위한 대외무역법시행령(대통령령)은 전문 6장 94조와 부칙 및 별표/서식으로 구성되어 있으며, 대외무역법과 동법 시행령에서 위임된 사항과 그 시행에 관한 필요한 사항을 정함을 목적으로 하는 대외무역관리규정(산업통상자원부고시)은 전문 제7장 110조와 부칙 및 별표와 별지로 구성되어 있다.

2 대외무역법의 연혁

2-1. 미군정법령

우리나라의 무역은 1945년 광복 이후 다른 경제부문과 마찬가지로 미 군정청의 관리 하에 속하게 되었다. 특히, 민간부문의 대외무역은 1946년 1월 3일 대외무역규칙이 공포된 뒤에 재개되었으며, 이 규칙에 의해서 모든 대외무역활동은 군정당국의 허가를 받아야 했다.

그 후 1948년 8월 15일 대한민국 정부수립을 계기로 수출입은 질적 통제 이외에 양적 통제를 병합해서 새로이 쿼터제(Quota system)를 택함으로써 무역을 국민경제에 기여하는 방향으로 유인하려고 하였다. 즉 구 헌법 제87조에서 "대외무역은 법률이 정하는 바에 의하여 국가의 통제 하에 둔다."는 규정이 있었지만 근거 법률도 제정치 못한 채, 과거의 군정법령을 약간 수정한 대통령령 제324호(1950년 4월 10일 공포)가 규제법규로 되었다.

1950년 후반기에는 민간부문에 의한 수입이 실질적으로 전혀 없었으나, 1951년부터 정부가 식량과 기타 상품부족분을 메우기 위해 수입을 장려하면서 민간의 수입활동이 매우 활성화 되어 갔다. 이에 따라 1952년 3월 상공부 고시 제88호로 '대외무역 수속에 관한 건'이 공포되었고, 이것이 1957년 무역법이 제정될 때까지 무역제도의 법적인 근거가 되었다.

2-2. 무역법

대외무역의 기본법인 무역법은 1957년 12월 전문 18조와 부칙으로 제정되었다. 이 법의 목적은 수출을 진흥하며 수입을 적절히 조정하고 건전한 무역거래를 촉진함으로써 국제수지의 균형과 국민경제의 지속적인 발전을 도모하는 데 있었다. 즉 수출을 신장시키고 수입을 가능한 억제함으로써 국제수지의 역조현상을 극복해 나가려는 데 있었다.

그 주요 내용을 보면 무역정책의 일원화, 수출입업의 등록제 실시, 무역위원회 구성, 대외신용 유지를 위한 특정수출물품의 표준화와 검사규정, 수출장려금의 교부, 수출조합의 설치 등의 규정을 두었다.

1962년에는 수출진흥법을 제정하여 수출용원자재수입에 대한 특혜 부여, 수출실적에 따르는 수입허가, 연대보증에 의한 무역금융의 대출 등을 규정하여 내수산업을 수출산업으로 전환하기 위한 법적 기초를 제공하였다.

2-3. 무역거래법

1960년대 들어서 무역량이 눈에 띨 정도로 증가하고, 새로 들어선 정부는 대외경제를 지향하였으며, 종전의 무역법(1957년 12월 13일, 법률 제460호)과 수출진흥법(1962년 3월 20일, 법률 제1033호), 수출장려보조금 교부에 관한 임시조치법(1961년 4월 6일, 법률 718호) 등 거의 동일한 내용의 법률이 분산 제정되어 있어 이를 통합·조정하여 새로이 무역거래법이 제정되었다.

무역거래법은 1967년 1월 16일자 법률 제1878호로 공포되어 1967년 4월 1일부터 시행되었으며, 이 법은 전문 35조 부칙 4조로써 구성되었다. 또한 무역거래법시행령은 1967년 4월 4일 대통령령 제2979호로 제정·공포되었으며, 동년 4월 1일부터 적용토록 되었는데 전문 10장 50조 부칙 3조로 구성되었다.

이 법은 수십 차례의 개정을 통해 1986년 대외무역법이 제정될 때까지 무역관리의 기본법이 되었다.

2-4. 대외무역법

1980년대 한국 경제는 꾸준한 무역 규모의 확대로 무역대국으로 부상함과 동시에 미국을 중심으로 하여 새로운 보호무역주의가 출현하고, 외국이 공정무역과 상호주의를 명분으로 시장개방 압력을 증대하는 등 대내외 무역환경의 변화에 직면하게 되었다. 따라서 우리 정부는 대외신뢰를 제고하고 수입제한 또는 금지 성격이 강한 개별특별법에 의한 규제 등도 점진적으로 완화해야 했다.

이러한 환경의 변화에 따라 수입에 따른 국내산업보호제도 신설의 필요성과 대외신용의 향상, 종전의 무역거래법(법률 제1878조), 산업설비수출촉진법(법률 제3123호), 수출조합법(법률 제711호) 등을 통합관리 하는 새로운 대외무역법이 1986년 제정되었다. 대외무역법은 제정된 이래 여러 차례 개정되었으며, 현재의 법은 2014년 7월 22일 법률 제12285호로 개정되어 시행되고 있다.

〈표 2-1〉 무역법·무역거래법·대외무역법의 비교

구분	무역법	무역거래법	대외무역법
제정시기	1957년 12월 13일 제 460호로 공포	1967년 1월 16일 법률 제1878호로 공포	1986년 12월 31일 법률 제3895호로 공포
구성	전문 18조, 부칙	전문 35조 부칙 제4조	전문 9장 72조 부칙 11조→ 현행 전문 7장 59조 부칙 8조
목적	수출을 진흥할 뿐만 아니라 수입을 적절히 조정하여 건전한 무역거래를 촉진함으로써 국제수지의 균형과 국민경제의 지속적인 발전을 도모한다.	수출을 진흥하며, 수입을 조정하여 대외무역의 건전한 발전을 촉진함으로써 국제수지의 균형과 국민경제의 발전에 기여한다.	대외무역을 진흥하고 공정한 거래질서를 확립하여 국제수지의 균형과 통상의 확대를 도모함으로써 국민경제의 발전에 이바지 한다.
내용	- 무역정책의 일원화 - 무역계획의 종합작성 - 수출장려 정책 - 수입장려 - 자금도피 방지책 - 대외신용의 확보 - 무역위원회의 설치 등	- 수출·입 업의 허가 - 수출·입 통칙 - 수출·입 개별공고 - 수출 진흥 - 권한의 위임 등 - 담보제공 - 수출·입 물품의 기준가격 - 수출·입의 특례 등	- 총칙 - 통상의 진흥 - 수출입 거래 - 원산지 규정 - 수출입의 질서유지 - 보칙 - 별칙
특징	- 무역에 관한 법률적 기초 확립 - 무역행정의 정비·강화 - 무역수지균형과 국내산업의 균형적 발전을 확립할 수 있는 새로운 전기 마련	- 무역법+수출진흥법+수출장려금 교부에 관한 임시조치법 통합 제정 - 3차에 걸쳐 재정 - 무역자유화의 기초수립	- 무역자유화의 확대 - 무역거래법+산업설비수출촉진법+수출조합법 통합 제정

3 대외무역법과 타 법률과의 관계

3-1. 국제법규와의 관계

우리나라는 헌법 제6조 제1항에서 "헌법에 의하여 체결·공포된 조약과 일반적으로 승인된 국제법규는 국내법과 같은 효력을 가진다."고 규정하고 있다. 따라서 대외무역법은 국회의 승인을 얻어 체결·공포된 조약 또는 일반적으로 승인된 국제법규와 동등한 효력을 가진다.

3-2. 국내법규와의 관계

(1) 관세법

대외무역법에 의해 수출입이 허용되는 데 비해, 이행과정에서 발생하는 관세 등의 부과·징수 및 통관절차는 관세법에 의해 적용된다. 따라서 대외무역법에서는 관세법 상의 수입에 따른 산업피해구제제도(탄력관세제도)에 대하여 관세법에 의해 별도로 운영되도록 특례 규정을 도입하였으나, 유사한 행정기능이 이중적으로 운영됨에 따른 비효율성을 제거하기 위해 관세법 상의 산업피해구제제도는 산업피해구제법에 의한 무역위원회의 피해구제제도를 적용하도록 하였다.

(2) 외국환거래법

기획재정부장관이 외국환거래법령에 의하여 무역대금 결제방법을 정하고자 할 때에는 미리 산업통상자원부장관과 협의하여야 한다(법 제16조 제3항). 한편, 기획재정부장관은 대외무역법이 정하는 바에 의하여 인정된 물품의 수출·입에 관한 지급·영수에 대하여는 기획재정부장관의 허가를 받지 않아도 되도록 하고 있다(외국환거래법 제17조 제2항 제2호).

(3) 개별행정법

대외무역법은 무역에 관한 기본법이므로 개별행정법에서 명시적으로 대외무역법의 적용을 배제하지 않는 한 무역에 관해서는 대외무역법 규정과 해당물품의 수출입 요건 및 절차 등을 규정한 개별행정법 규정을 동시에 충족하여야 한다. 그러므로 개별행정법은 대외무역법에 대하여 특별법의 지위를 갖게 된다.

(4) 국가보안법

대외무역법에 따른 물품 등의 수출·수입행위에 대하여는 그 행위가 업무 수행상 정당하다고 인정되는 범위에서 「국가보안법」을 적용하지 아니한다(법 제51조). 그러므로 대외무역법은 국가보안법에 대하여 특별법의 지위를 갖게 된다.

(5) 독점규제 및 공정거래에 관한 법률

무역거래자의 수출입 질서유지를 위해 필요한 산업통상자원부장관의 조정명령 이행에 대하여는 독점규제 및 공정거래에 관한 법률을 적용하지 아니한다. 다만 이 경우 수출입 질서유지를 위한 산업통상자원부장관의 조정명령이 사업자[1)] 간 국내시장에서의 경쟁을 제한하는 것인 때에는 공정거래위원회와 미리 협의하여야 한다(법 제50조).

제2절 대외무역관리기관

대외무역의 일반관리기관

1-1. 대외무역의 중앙행정기관

(1) 주무 중앙행정기관

국제간의 물품거래활동에 대한 무역관리는 국가행정기관을 통하여 이루어지고 있으며, 이는 무역이 국민경제에 미치는 영향을 고려한 정책의 일환으로서 국민경제적인 입장에서 중앙행정기관을 통한 일원화된 무역관리가 필요하기 때문이다.

우리나라의 대외무역관리에 관한 주무 중앙행정기관은 산업통상자원부(Ministry of Trade, Industry & Energy)이며, 대외무역과 통상정책에 관한 최고 중앙행정기관이다. 산업통상자원부장관은 상업·무역·공업·통상, 통상교섭 및 통상교섭에 관한 총괄·조정, 외국인 투자, 산업기술 연구개발 정책 및 에너지·지하자원에 관한 사무를 관장하며(정부조직법 제37조 1항) 무역행정을 담당하는 중앙행정기관의 장이 된다. 산업통상자원부 소속에는 중소 및 중견기업에 관한 사무를 관장하기 위하여 중소기업청과 특허·실용신안·디자인 및 상표에 관한 사무와 이에 대한 심사·심판사무를 관장하기 위하여 특허청 및 산하공공기관 등이 있다.

그러나 무역행정의 신속화와 능률을 높이기 위해 산업통상자원부장관은 대통령령이 정하는 바에 의하여 관계 행정기관, 협회, 단체 등에 권한의 일부를 위임·위탁하여 관리하고 있다.

---

1) 제조업, 서비스업, 그 밖에 사업을 행하는 자를 말한다. 사업자의 이익을 위한 행위를 하는 임원·종업원·대리인 그 밖에의 자는 사업자단체에 관한 규정의 적용에 있어서는 이를 사업자로 본다(독점규제 및 공정거래에 관한 법률 제2조 제1호).

(2) 협조 중앙행정기관

무역에 관한 주무 중앙행정기관인 산업통상자원부장관에 대한 협조 중앙행정기관으로는 기획재정부장관(외자도입, 외환 등 대외결제에 관한 사항), 외교부장관(통상외교, 조약체결 등에 따른 무역관련 사항), 안전행정부장관(총포화약류의 수출입), 농림축산식품부장관(양곡, 비료, 농약 등의 수출입), 보건복지부장관(의약품, 마약, 독극물의 수출입), 국토교통부장관(건설장비 등의 수출입), 문화체육관광부장관(영화, 음반, 도서, 문화재 등의 수출입) 등이 있다. 이들 행정기관은 각기 관장하고 있는 업무에 관한 특별법을 운영하고 있으며 그 중에서 수출·수입 요령을 제정 또는 개정하는 경우에는 그 시행일 전에 공고될 수 있도록 산업통상자원부장관에게 제출하여야 하며, 산업통상자원부장관은 제출받은 수출·수입요령을 통합하여 공고하여야 한다(법 제12조).

2 산업통상자원부장관의 권한 위임 및 위탁 관리기관

2-1. 권한의 위임·위탁에 관한 대외무역법 규정

(1) 권한 위임·위탁의 개념

권한의 위임(delegation of power)이란 행정관청이 그의 권한의 일부를 다른 행정기관에 이전하여 수임기관의 권한으로 행사하도록 하는 것을 말한다. 위임된 권한에 대하여는 그 권한 위임의 범위 내에서 수임기관의 권한이 되며, 수임기관은 위임된 권한을 자기의 명의와 책임으로 권한을 행사하게 된다.

권한의 위임은 그 권한을 위임하는 행정관청의 하급행정청 또는 보조기관에 하는 것이 보통이다. 위임행정관청과 대등한 행정관청 그 밖에 직접적인 지휘·감독 아래에 있지 않은 행정청이나 공공단체, 그 기관 또는 사인에 대해서도 할 수 있다. 또한 법령에서는 위임 이외에 위탁이라는 용어도 사용하고 있는데, 일반적으로 위임은 상하관계에 있는 자 사이에, 위탁은 대등관계에 있는 자 사이에서의 위임관계를 의미하므로, 위임과 위탁은 동일한 개념으로 볼 수 있다.

(2) 권한 위임·위탁기관의 업무처리절차

대외무역법에서는 수출입행정의 신속화와 효율적인 운영을 꾀하기 위하여 무역에 대한 주무행정기관인 산업통상자원부장관으로 하여금 수출입과 관련된 권한을 위임·위탁하도록 하고 있다(법 제52조 제1항).

이와 같이 산업통상자원부장관으로부터 권한을 위임 또는 위탁받은 자는 그 업무의 처리기준 및 절차를 제정·운용할 수 있다. 또한 위임 또는 위탁받은 업무의 처리기준 및 절차를 제정·개정하고자 할 때에는 산업통상자원부장관과 미리 협의하여야 한다(규정 제107조).

그리고 산업통상자원부장관은 위임 또는 위탁한 사무에 관하여 그 위임 또는 위탁을 받은 자를 지휘·감독할 수 있으며, 필요한 자료의 제출을 요청할 수 있다(법 제52조 제2~3항).

(3) 권한 위임·위탁사무의 처리결과 보고

산업통상자원부장관의 권한을 위임 또는 위탁받은 자는 위임 또는 위탁받은 업무의 처리결과를 산업통상자원부장관에게 보고하여야 한다. 보고시기·보고방법 등에 관하여 필요한 사항은 산업통상자원부장관이 정한다(시행령 제92조 제2항).

이러한 위임·위탁업무 처리결과의 보고 시기는 다음의 하나와 같다. 다만, 산업통상자원부장관이 필요하다고 인정하여 사안별로 요청하는 경우에는 그러하지 아니하다(규정 제108조 제1항).

① 당해 분기가 종료된 후 30일 이내

㉮ 세관장에게 위탁된 권한(시행령 제91조 제4항)

㉯ 한국무역협회, 한국선주협회, 한국관광협회중앙회, 업종별 관광협회 및 한국소프트웨어산업협회에 위탁된 권한(시행령 제91조 제5항)

㉰ 관세청장에게 위탁된 권한(시행령 제91조 제6항)

㉱ 수출입승인대상물품 등에 대하여 산업통상자원부장관이 지정하여 고시하는 관계 행정기관 또는 단체의 장에게 위탁된 권한(시행령 제91조 제7항)

㉲ 대한상공회의소 또는 산업통상자원부장관이 지정하여 고시하는 법인에게 위탁된 권한(시행령 제91조 제10항)

② 당해 반기가 종료된 후 45일 이내

㉮ 국가기술표준원장 및 국립산림과학원장에게 위탁된 권한(시행령 제91조 제2항)

㉯ 시·도지사에 위임된 권한 중 다음의 권한(시행령 제91조 제3항)

㉰ 한국기계산업진흥회, 한국수출입은행에 위탁된 권한(시행령 제91조 제8항)

㉱ 대한상사중재원에 위탁된 권한(시행령 제91조 제8항)

㉲ 외국환은행의 장 및 전자무역기반사업자에게 위탁된 권한(시행령 제91조 제11항)

③ 그 대상물품 등의 품목에 따라 당해 물품 등을 관장하는 중앙 행정기관의 장에게 위탁된 권한에 관한 사항(시행령 제1항 제91조 제1~6호)은 해당 년도가 끝난 후 2월 이내 또한 보고 항목, 양식 등은 산업통상자원부장관과 수임·수탁기관의 장이 협의하여 정하되 위임·위탁업무별로 종합적인 처리결과와 특이사항의 파악이 가능하도록 한다(규정 제108조 제2항).

(4) 권한의 위임·위탁에 따른 조정

시·도지사 또는 세관장은 권한의 위임·위탁의 규정에 의하여 과징금이나 과태료를 부과하려면 각각 세관장이나 시·도지사와 미리 협의하여야 한다(시행령 제92조 제1항).

이에 따라 세관장이 적발하여 시·도지사(시·군·구)와 협의하려는 경우에는 위반업체의 주소지를 관할하는 시·도지사(시·군·구)가 협의대상 기관이 되며, 시·도지사(시·군·구)가 적발하여 세관장과 협의하려는 경우에는 해당 주소지를 관할하는 세관장이 협의대상 기관이 된다(규정 제109조 제1항).

또한 산업통상자원부장관은 권한을 위임 또는 위탁받은 자가 법 또는 이 영을 위반하여 그 위임 또는 위탁받은 업무를 처리한 경우에는 시정조치 등 필요한 조치를 요구할 수 있으며, 시정조치 등을 요구받은 자는 지체 없이 그 업무를 시정하고 그 결과를 산업통상자원부장관에게 보고하여야 한다(시행령 제92조 제3~4항).

3 기관별 위임·위탁 권한의 내용

3-1. 수임기관별 위임 권한의 내용

산업통상자원부장관은 대외무역법에 의한 권한의 일부를 대통령령이 정하는 바에 따라 소속기관의 장, 시·도지사에게 위임(delegate)하거나, 관계 행정기관의 장, 세관장, 한국은행 총재, 한국수출입은행장, 외국환은행의 장, 그 밖에 대통령령으로 정하는 법인 또는 단체에 위탁(mandate)할 수 있다(법 제52조 제1항).

산업통상자원부장관은 그 권한의 일부를 대통령이 정하는 바에 따라 다음과 같은 수임기관에 권한을 위임한다.

(1) 국가기술표준원장

산업통상자원부장관은 산업통상자원부장관이 관장하는 품목의 물품 등에 대하여 다음의 권한을 국가기술표준원장에게 위임한다(시행령 제91조 제2항).

① 외화획득용 원료·기재(목재가구 제외)의 기준 소요량[2] 결정에 관한 권한(시행령 제25조).

② 외화획득이행여부에 대한 사후관리에 관한 권한(시행령 제28조 제1항).

③ 외화획득용 원료·기재의 사용목적변경승인에 관한 권한 중 시·도지사에게 위임된 사무에 대한 지휘감독 및 보고에 관한 권한(법 제52조 제2,3항).

④ 외화획득용 원료·기재의 수입승인 및 사후관리에 관한 산업통상자원부장관이 지정·고시한 관계 행정기관이나 단체에 위탁된 사무에 대한 지휘·감독 및 자료의 제출요청에 관한 권한(법 제52조 제2,3항).

(2) 시·도지사(특별시장, 광역시장, 도지사 또는 특별자치도지사)

산업통상자원부장관은 관장하는 물품 등에 대한 다음의 각 권한(자유무역지역관리원의 관할구역의 입주업체에 대한 권한 제외)을 시·도지사에게 위임한다(시행령 제91조 제3항).

① 외화획득 이행기간의 연장에 관한 권한(법 제27조 제2, 3항).

② 외화획득용 원료·기재의 사용목적 변경승인에 관한 권한(법 제17조 제1항).

(3) 자유무역지역관리원장

자유무역지역(free trade area)이라 함은「관세법」,「대외무역법」등 관계 법률에 대한 특례와 지원을 통하여 자유로운 제조·물류·유통 및 무역활동 등을 보장하기 위한 지역으로서 외국인투자의 유치, 무역의 진흥, 국제물류의 원활화 및 지역개발 등을 촉진하여 국민경제의 발전에 이바지하는 데 목적을 두고 있다.

이는 중앙 행정기관의 장이나 특별시장·광역시장·도지사 또는 특별자치도지

2) 외화획득용 물품등의 1단위를 생산하는 데에 소요되는 원자재의 양을 고시하기 위한 것으로서 단위실량과 평균 손모량을 합한 양을 말한다.

사가 관계 중앙행정기관의 장 및 관계 시·도지사와의 협의를 거쳐 산업통상자원부장관에게 그 지정을 요청할 수 있는 지역으로 (자유무역지역의 지정 및 운영에 관한 법률 제2조 제1호), 관계 법령의 적용이 전부 또는 일부가 배제되거나 완화된 보세구역의 성격을 띤 지역이다.

산업통상자원부장관은 시·도지사 및 세관장에게 위임 및 위탁된 권한 중 자유무역지역관리원의 관할 구역의 입주업체에 대한 권한을 자유무역지역관리원장에게 위임한다(시행령 제91조 제3, 4항).

3-2. 수탁기관별 위탁 권한 내용

산업통상자원부장관이 그 권한의 일부를 위탁한 수탁기관별 권한의 내용은 다음과 같다.

(1) 중앙 행정기관의 장

산업통상자원부장관은 산업통상자원부장관이 관장하는 물품 등에 대한 권한을 제외하고, 그 대상 물품 등의 품목에 따라 당해 물품 등을 관장하는 중앙 행정기관의 장에게 다음의 권한을 위탁한다(시행령 제91조 제1항).

① 국산 원료·기재의 사용을 촉진하기 위한 외화획득용 원료·기재의 수입제한에 관한 권한(시행령 제24조 제2항).

② 외화획득용 원료·기재의 기준소요량의 결정에 관한 권한(시행령 제25조).

③ 외화획득 이행기간의 결정 및 그 연장에 관한 권한(시행령 제27조).

④ 외화획득용 원료·기재 또는 그 원료·기재로 제조된 물품등(산업통상자원부장관이 정하여 고시하는 품목만 해당)에 대한 다음의 권한.

㉮ 외화획득 이행 여부의 사후관리에 관한 권한(시행령 제28조 제1항).

㉯ 사용목적 변경승인에 관한 권한(법 제17조 제1항).

㉰ 양도·양수의 승인에 관한 권한(법 제17조 제2항).

⑤ 무역거래자에 대한 수출입 질서유지를 위한 조정명령에 관한 권한(법 제46조 1항).

⑥ 특별시장·광역시장·특별자치시장·도지사 또는 특별자치도지사(이하 "시·도지사"라 한다)에게 위임한 외화획득용 원료·기재의 사용목적 변경승인에 대한 지휘·감독 및 자료제출 요청에 관한 권한(법 제52조 제2항, 3항).

(2) 국립산림과학원장

국립산림과학원장에게는 산업통상자원부장관이 관장하는 품목의 물품 등 중 목재가구에 대한 외화획득용 원료·기재의 기준소요량 결정에 관한 권한을 위탁한다(법 제91조 제2항).

(3) 세관장

세관장의 고유 업무는 관세의 징수와 수출입통관 업무 등으로 관세청장의 업무를 실무적으로 시행하는 지방 관세행정기관의 장이다. 산업통상자원부장관은 다음의 권한을 세관장에게 위탁하고 있다(시행령 제91조 제4항).

① 수출입 승인 면제의[3] 확인에 관한 권한(법 제14조).

② 원산지 표시대상 수입물품의 원산지 표시방법 및 표시여부 확인에 관한 권한(시행령 제57조 제4항).

③ 수출입 물품 등의 원산지 표시 규정을 위반하였는지 확인하기 위하여 수입한 물품 등과 관련한 서류의 검사에 관한 권한(법 제33조 제4항)

④ 원산지 표시방법을 위반하거나 원산지의 허위표시·오인하게 표시하는 행위 또는 원산시표시의 손상·변경하는 행위와 규정에 위반되는 원산지표시 대상물품을 국내에서 거래하는 행위에 대한 판매중지, 원상복구, 원산지 표시 등 시정조치 명령에 관한 권한.

⑤ 수출입물품 등의 원산지 표시에 따른 과징금 부과 및 과징금 납부기한의 연장, 분할납부 및 그 결정의 취소에 관한 권한

⑥ 수입 물품의 원산지증명서 제출 명령에 관한 권한(시행령 제65조).

⑦ 수출 물품의 원산지증명서 발급업무 중 관세양허를 받기 위한 원산지증명서 발급 업무에 관한 권한(시행령 제66조 제2, 3항)

⑧ 수출입물품 등의 원산지 표시의 규정을 위반하였는지 확인하기 위하여 관련 서류 검사를 거부, 방해 또는 기피한 자에 대한 과태료의 부과·징수에 관한 권한(법 제33조 제5항, 제59조 제2항제3호)

---

3) 헌법에 따라 체결·공포된 조약과 일반적으로 승인된 국제법규에 따른 의무의 이행, 생물자원의 보호 등을 위하여 지정하는 물품 등을 긴급히 처리하여야 하는 경우와 그 밖에 수출·입 절차를 간소화하기 위한 물품 등에 따른 면제이다.

(4) 한국무역협회

한국무역협회(Korean International Trade Association : KITA)는 수출진흥을 목적으로 1946년 7월 31일 설립된 사단법인으로서 무역업자들로 구성된 일종의 민간경제단체이다. 산업통상자원부장관이 한국무역협회에 권한을 위탁한 내용은 다음과 같다(시행령 제91조 5항).

① 무역업 고유번호의 부여 및 관리 등 수출입통계 데이터베이스를 구축하기 위한 전산관리체제의 개발・운영(시행령 제21조 제1항).

② 수출입거래에 관한 정보의 수집・분석(시행령 제22조 제2항).

③ 용역(해운업 및 관광사업 포함)의 수출입 확인(시행령 제23조).

④ 전자적 형태의 무체물의 수출입 확인(시행령 제23조)

(5) 한국선주협회

산업통상자원부장관은 '용역 중 해운업의 수출입 확인(시행령 제23조)'의 업무를 한국선주협회[4]에 위탁한다(시행령 제91조 제5항).

(6) 한국관광협회중앙회 및 업종별 관광협회

산업통상자원부장관은 '용역 중 관광사업의 수출입 확인'의 업무를 한국관광협회중앙회[5] 및 업종별 관광협회에 위탁한다(시행령 제91조 제5항).

(7) 한국소프트웨어산업협회

산업통상자원부장관은 '전자적 형태의 무체물의 수출입확인'업무를 한국소프트웨어산업협회에 위탁한다(시행령 제91조 제5항).

(8) 관세청장

산업통상자원부장관은 다음의 권한을 관세청장에게 위탁한다(시행령 제91조 제6항).

① 산업통상자원부장관이 정하는 원산지 표시방법의 범위에서 그 표시방법에 관한 세부적인 사항을 정하는 권한(시행령 제56조 제3항)

---

4) 「민법」제32에 의해 한국 해운산업의 발전과 회원사의 권익신장을 위해 국토교통부장관의 허가를 받아 설립 된 비영리법인을 말한다..

5) 「관광진흥법」제41조 제1항 및 제45조 제1항에 따라 관광사업의 건전한 발전을 위하여 관광업계를 대표하여 문화체육관광부장관의 허가를 받은 사단법인을 말한다.

② 원산지 표시방법의 확인 및 이의제기에 대한 처리 권한(시행령 제57조 제1, 2항)

③ 원산지의 판정 및 이의제기의 처리에 관한 권한(시행령 제62조 제63조)

④ 세관장에게 위탁된 사무(시행령 제9조 제4항)에 대한 지휘·감독 및 자료제출 요청에 관한 권한(법 제52조 제2, 3항)

(9) 관계 행정기관 또는 단체의 장

산업통상자원부장관은 수출입승인 대상물품 등에 대한 다음의 권한을 산업통상자원부장관이 지정하여 고시하는 관계 행정기관 또는 단체의 장에게 위탁한다(시행령 제91조 제7항).

① 수출 또는 수입의 승인, 승인의 유효기간 설정 및 연장, 변경승인 및 변경사항 신고의 수리에 관한 권한(법 제11조 제2, 3항).

② 외화획득용 원료·기재의 수입승인에 관한 권한(시행령 제24조).

③ 산업통상자원부장관이 관장하는 외화획득용 원료·기재에 대한 사후관리에 관한 권한(시행령 제28조). 이때 산업통상자원부장관이 지정하여 고시하는 관계 행정기관 또는 단체의 장은 수출입공고에 산업통상자원부장관이 지정·고시한 기관·단체(이하 "승인기관"이라 한다)의 장을 말한다(규정 제8조).

(10) 한국기계산업진흥회

산업통상자원부장관은 연불금융 지원의 경우를 제외한 플랜트수출의 승인 및 변경승인(일괄수주방식에 의한 수출로서 국토교통부장관의 동의가 필요한 경우는 제외한다)(법 제32조 1항)에 관한 권한을 산업발전법 제38조의 규정[6]에 의하여 산업통상자원부장관의 인가를 받아 설립된 한국기계산업진흥회에 위탁한다(시행령 제91조 제8항).

(11) 한국수출입은행

한국수출입은행에는 한국수출입은행법에 의해 연불금융 지원에 의한 플랜트수출의 승인 및 변경승인을 하는 권한(일괄수주방식에 의한 수출로서 국토교통부장관의 동의가 필요한 경우를 제외한다)이 위탁되어 있다(시행령 제91조 제8항).

---

6) 사업자는 대통령령으로 정하는 바에 따라 산업통상자원부장관의 인가를 받아 업종별로 해당 업종의 사업자단체(이하 "사업자단체"라 한다)를 설립할 수 있다.

(12) 대한상사중재원

산업통상자원부장관은 다음의 권한을 대한상사중재원에 위탁한다(시행령 제91조 제9항).

① 무역분쟁에 대한 분쟁조정 또는 알선에 관한 권한(시행령 제75조 제2항).

② 무역거래 또는 선적 전 검사와 관련한 분쟁조정 및 조정비용 부담 등에 관한 권한(시행령 제80~84조).

(13) 대한상공회의소 또는 지정 법인

산업통상자원부장관은 원산지증명서 발급 업무(관세양허를 받기 위한 원산지증명서 발급업무를 포함한다)를 대한상공회의소(「상공회의소법」에 의해 설립된)나 법인(「민법」제 32조[7]에 따라 설립된) 중 산업통상자원부장관이 지정하여 고시하는 법인에게 위탁한다(시행령 제91조 제10항).

(14) 외국환은행의 장 및 전자무역기반사업자

산업통상자원부장관은 구매확인서의 발급 및 사후 관리에 관한 권한을 외국환은행의 장 및 「전자무역 촉진에 관한 법률」 제6조에 따라 산업통상자원부장관이 지정한 전자무역기반사업자[8]에게 위탁한다(시행령 제91조 제11항).

(15) 전략물자관리원

산업통상자원부장관은 전략물자의 판정 및 통보에 관한 권한(시행령 제36조 제2항)을 전략물자관리원에 위탁한다(시행령 제91조 제12항).

〈표 2-2〉 기관별 권한의 위임·위탁 내용

위임 기관	위임규정 내용
국가기술표준원장	- 외화획득용 원료·기재의 기준소요량 결정(목재가구 제외) - 외화획득 이행여부의 사후관리 - 시·도시자에게 위임된 사무의 지휘·감독, 자료제출 요청
시·도지사	- 외화획득용 원료·기재의 사용목적 변경승인 - 국내유통중인 물품에 관한 원산지표시 검사 권한

7) 학술, 종교, 자선, 기예, 사교 그 밖에 영리가 아닌 사업을 목적으로 하는 사단 또는 재단은 주무관청의 허가를 얻어 이를 법인으로 할 수 있다.

8) 한국무역정보통신(KTNET)은 국가전자무역 인프라 구축, 운영 및 관련 서비스 제공을 위해 설립된 주식회사로 2006년 12월 전자무역기반사업자로 지정되었다.

	- 과태료 부과징수, 이의제기 접수 및 통보 - 외화획득 이행기간 연장
자유무역지역관리원장	- 시·도시자에게 위임된 권한 중 자유무역지역관리원의 관할구역의 입주업체에 대한 권한 - 자유무역지역관리원의 관할구역의 입주업체에 대한 관세양허를 받기 위한 원산지증명서 발급업무
물품 등을 관장하는 중앙 행정기관의 장	- 외화획득용 원료·기재 관련 규정 - 수출입질서유지를 위한. 조정명령 - 시·도지사에게 위임된 사무에 대한 지휘·감독, 자료 제출 요청
국립산림과학원장	- 목재가구에 대한 외화획득용 원료·기재의 기준소요량 결정
세관장	- 수출입 승인면제의 확인 - 원산지표시의 확인 - 원산지증명서의 제출명령, 원산지증명서 발급 등
한국무역협회	- 무역업고유번호의 부여 및 관리 등 - 수출입거래에 관한 정보의 수집, 분석 - 전자적 형태의 무체물의 수출입 확인 - 용역의 수출입확인
한국선주협회	- 해운업의 용역 수출입확인
한국관광협회중앙회 및 업종별 관광협회	- 관광산업의 용역 수출입확인
한국소프트웨어산업협회	- 전자적 형태의 무체물의 수출입 확인
관세청장	- 원산지표시의 사전판정 및 이의제기 처리 - 세관장에게 위탁된 사무에 대한 지휘·감독 및 자료의 제출 - 원산지표시 방법에 대한 세부적 사항 결정
관계 행정기관/단체의 장	- 수출입의 승인, 변경승인 및 변경사항 신고의 수리 - 외화획득용 원료·기재의 수입승인 - 외회획득용 원료·기재의 사후관리
한국기계산업진흥회	- 플랜트 수출의 승인 및 변경승인 (연불금융지원시 : 한국수출입은행)
한국수출입은행	- 연불금융지원의 플랜트 수출승인 관련 업무
대한상사중재원	- 무역분쟁의 조정, 알선 - 조정위원회의 구성, 운영
대한상공회의소/지정 법인	- 원산지증명 발급업무(관세양허목적 포함)
외국환은행의 장 및 전자무역기반사업자	- 구매확인서의 발급 및 사후관리
전략물자관리원	- 전략물자의 판정 및 통보

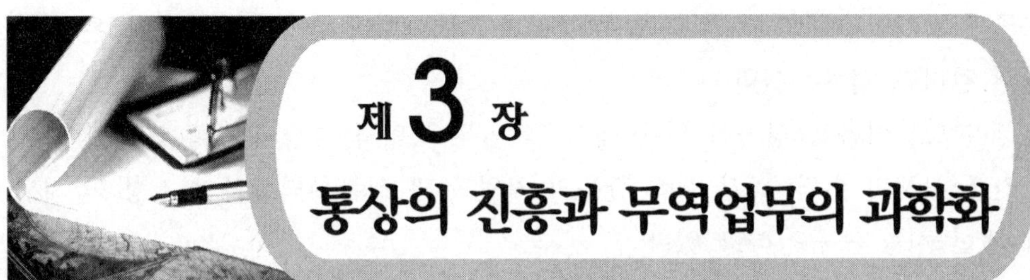

제 3 장 통상의 진흥과 무역업무의 과학화

제1절 통상의 진흥

1 통상진흥의 개요

통상(International Trade)이란 막혀있는 경제활동을 트이게 하거나 자유로운 경제활동이 이루어지는 상태를 의미하는 것으로, 경제주체의 합리적인 의사결정과 그 의사결정에 따라 상거래에 대한 제약요인을 완화하는 과정 및 활동을 포함하는 것이다.

국제적으로 이루어지는 상품의 매매거래인 무역의 상거래 활동범위는 대외무역법상 물품 등의 개념에 포함되는 물품의 거래뿐만 아니라 용역 및 전자적형태의 무체물 등 서비스 · 지적재산권 · 해외자본투자까지도 포함하는 것으로 일반적인 상행위만이 아니라 국가 간에 이동될 수 있는 각종의 유형재 및 무형재 모두 포함하는 것을 의미한다.

한편, 무역정책은 일국에서 일방적으로 이루어지는 대내 및 대외적인 정책을 의미하며, 통상정책은 정부가 정책적으로 대외경제거래에 개입하여 관리·조정하는 것으로 외국의 상대방과 이루어지는 관계에 우리나라가 대응하는 것을 말한다. 따라서 이러한 통상정책은 국제적인 조화와 협력관계를 유지하는 상태에서 자국의 경제발전을 도모할 수 있어야 하며, 이를 통해 통상과 무역은 넓은 의미에서 같다고 할 수 있다.

그러므로 이를 달성하기 위해 대외무역법은 무역과 통상의 진흥을 위하여 통상진흥 시책의 수립, 민간 협력 활동의 지원 등과 전문무역상사의 지정 및 지원에 관한 사항을 규정하고 있다.

2 무역진흥을 위한 조치

2-1. 무역거래의 기본원칙

우리나라의 무역은 헌법에 의하여 체결·공포된 무역에 관한 조약과 일반적으로 승인된 국제법규가 정하는 바에 따라 자유롭고 공정한 무역을 조장함을 원칙으로 한다(법 제3조 제1항).

그러나 정부는 대외무역법이나 다른 법률 또는 헌법에 의하여 체결·공포된 무역에 관한 조약과 일반적으로 승인된 국제법규에서 무역에 대한 제한을 정한 규정이 있는 경우에는 그 제한하는 목적을 달성하기 위하여 필요한 최소한의 범위에서 대외무역법을 운영하여야 한다(법 제3조 제2항).

2-2. 무역진흥을 위한 조치

산업통상자원부장관은 무역의 진흥을 위하여 필요하다고 인정되면 대통령령이 정하는 바에 의하여 물품 등의 수출·수입을 지속적으로 증대하기 위하여 다음의 조치를 하거나 관계 행정기관의 장에게 필요한 조치를 하여 줄 것을 요청할 수 있다(법 제4조 제1항), (시행령 제5조 제1항).

① 수출산업의 국제경쟁력을 높이기 위한 여건의 조성 및 설비투자의 촉진
② 외화가득률(外貨稼得率)을 높이기 위한 품질 향상 및 국내에서 생산되는 외화획득용 원료·기재의 사용 촉진
③ 통상협력 증진을 위한 수출·수입에 대한 조정
④ 지역별 무역균형을 달성하기 위한 수출·수입의 연계
⑤ 민간의 통상활동 및 산업협력의 지원

⑥ 무역관련 시설에 대한 조세 등의 감면
⑦ 과학적인 무역업무 처리기반을 효율적으로 구축·운영하기 위한 여건의 조성
⑧ 무역업계 등 유관기관의 과학적인 무역업무 처리기반 이용 촉진
⑨ 국내기업의 해외진출 지원과 해외에 진출한 국내기업의 고충 사항의 조사와 그 해결을 위한 지원
⑩ 그 밖에 수출·수입을 지속적으로 증대하기 위하여 필요하다고 인정하는 조치

2-3. 무역진흥을 위한 지원대상

(1) 무역진흥 관련 지원 대상자

산업통상자원부장관은 무역의 진흥을 위하여 필요하다고 인정되는 때에는 대통령령이 정하는 바에 의하여 다음의 하나에 해당하는 자에게 필요한 지원을 할 수 있다(법 제4조 제2항 및 시행령 제5조 제3항).

① 무역의 진흥을 위한 자문, 지도, 대외홍보, 전시, 연수, 상담알선 등을 업으로 하는 자
② 무역전시장·무역연수원 등의 무역관련 시설을 설치·운영하는 자
③ 과학적인 무역업무 처리기반을 구축·운영하는 자, 즉 전자무역 촉진에 관한 법률 제6조 제1항[9]의 규정에 따른 전자무역기반사업자 중에서 과학적인 무역업무 처리 기반을 구축·운영하고 있는 사업자를 말한다.

(2) 무역관련 시설의 지원 대상

무역진흥을 위한 지원대상이 되는 무역관련 시설은 다음의 구분에 따른 기능 및 규모를 갖춘 시설로서 산업통상자원부장관이 지정하는 것으로 한다(시행령 제5조 제2항).

① 무역전시장 : 실내 전시 연면적이 2,000㎡ 이상인 무역견본품의 전시시설과 50명 이상을 수용할 수 있는 회의실을 갖출 것
② 무역연수원 : 무역전문인력의 양성이 가능한 시설로서 연면적이 2,000㎡ 이상이고 최대 수용인원이 500명 이상일 것

---

9) 산업통상자원부장관은 대통령령이 정하는 바에 의하여「전기통신사업법」제2조제1항제1호의 규정에 의한 전기통신사업자로서 자본금·인력·기술력 등 대통령령이 정하는 기준에 적합한 자를 전자무역기반업무를 수행할 자로 지정할 수 있다.

③ 컨벤션센터 : 회의용 시설로서 연면적이 4,000㎡ 이상이고 최대 수용인원이 2,000명 이상일 것

이와 같이 무역관련 시설로 지정받고자 하는 자는 다음의 서류를 첨부하여 산업통상자원부장관에게 신청하여야 한다.

㉮ 사업계획서 1부

㉯ 건축물 등기부등본, 건축물 관리대장 및 토지대장 등본 각 1부 또는 건축허가서 사본 1부

이에 대하여 산업통상자원부장관은 무역관련 시설의 지정 신청을 받은 경우 지정 기준과 무역진흥 관련 사업타당성 등을 검토하여 지정하여야 하며, 지정된 무역관련 시설은 [별표 1][10]과 같다(규정 제6조 제3, 5항).

2-4. 무역에 관한 제한 등 특별조치

(1) 특별조치의 대상

산업통상자원부장관은 다음의 하나에 해당하는 경우에는 대통령령으로 정하는 바에 따라 물품 등의 수출·수입을 제한하거나 금지할 수 있다(법 제5조).

① 우리나라 또는 우리나라의 무역 상대국(이하 "교역상대국"이라 한다)에 전쟁·사변 또는 천재지변(natural disaster)이 있을 경우

② 교역상대국이 조약과 일반적으로 승인된 국제법규에서 정한 우리나라의 권익을 인정하지 아니할 경우

③ 교역상대국이 우리나라의 무역에 대하여 부당하거나 차별적인 부담 또는 제한을 가할 경우

④ 헌법에 따라 체결·공포된 무역에 관한 조약과 일반적으로 승인된 국제법규에서 정한 국제평화와 안전유지 등의 의무를 이행하기 위하여 필요할 경우

⑤ 국제평화와 안전유지를 위한 국제공조에 따른 교역여건의 급변으로 교역상

10) <무역관련 시설>

시설명	소재지
한국종합전시장(COEX)	서울 강남구 삼성동 159
국제무역연수원	서울 강남구 삼성동 159

대국과의 무역에 관한 중대한 차질이 생기거나 생길 우려가 있는 경우
⑥ 인간의 생명·건강 및 안전, 동물·식물의 생명 및 건강, 환경보전 또는 국내 자원보호를 위하여 필요할 경우

(2) 특별조치를 위한 조사 및 협의 절차

산업통상자원부장관은 위의 ②, ③, ⑤ 또는 ⑥에 해당하는 사유로 특별조치(교역상대국에 대하여 물품 등의 수출·수입의 제한 또는 금지에 관한 조치)를 하고자 할 때에는 미리 그 사실에 관하여 조사를 하여야 한다(시행령 제6조 제1항).

또한, 이러한 사실에 대하여 이해관계가 있는 자는 산업통상자원부장관에게 특별조치를 하여 줄 것을 신청할 수 있으며, 산업통상자원부장관은 이러한 신청이 있을 때에는 신청일로부터 30일 이내에 그 사실 관계에 대한 조사 여부를 결정하고 그 내용을 신청인에게 알려야 한다(시행령 제6조 제2, 3항).

그리고 산업통상자원부장관은 특별조치에 따른 조사를 할 때에 필요하다고 인정하면 미리 해당 교역상대국과 협의를 하여야 하며, 이에 따라 조사를 시작하면 지체없이 그 사실을 공고하고, 조사를 시작한 날부터 1년 이내에 끝내야 한다(시행령 제6조 제4, 5항).

한편, 산업통상자원부장관은 특별조치를 하려는 경우에는 미리 관계 중앙행정기관의 장과 협의하여야 한다. 또한 무역에 관한 제한 등 특별조치를 하려는 경우에는 그 특별조치의 내용을 공고하고 그 특별조치가 이해관계인에 의한 신청에 의한 것일 때에는 해당 신청인에게 그 사실을 알려야 하며, 특별조치를 해제할 때에도 또한 같다(시행령 제6조 제6, 7항).

(3) 무역에 관한 법령 등의 협의

무역에 관하여는 대외무역법이 정하는 바에 의하며, 관계 행정기관의 장은 수출·수입요령(물품 등의 수출 또는 수입을 제한하는 법령이나 훈령·고시 등)을 제정하거나 개정하려면 미리 산업통상자원부장관과 협의하여야 한다. 이 경우 산업통상자원부장관은 관계 행정기관의 장에게 그 수출·수입요령의 조정을 요청할 수 있다(법 제6조 제1, 2항).

(4) 특별조치 위반의 벌칙

무역에 관한 제한 등 특별조치의 규정에 따른 수출 또는 수입의 제한이나 금지

조치를 위반한 자는 5년 이하의 징역 또는 수출·수입·경유·환적·중개하는 물품등의 가격의 3배에 해당하는 금액 이하의 벌금에 처한다(법 제53조 제2항 제1호).

 통상진흥정책

3-1. 통상진흥시책의 수립

(1) 통상진흥시책 수립의 협조 및 내용

산업통상자원부장관은 무역과 통상을 진흥하기 위하여 매년 다음 연도의 통상진흥 시책(Plans for Promotion of Commerce)을 수립하여야 하며, 통상진흥시책을 수립하고자 하는 경우에는 관계 행정기관, 지방자치단체, “대한무역투자진흥공사[11]”, “한국무역협회[12]” 그 밖에 무역·통상과 관련되는 기관 또는 단체에 필요한 협조를 요청할 수 있다(법 제7조 제1항). (시행령 제7조).

통상진흥 시책을 수립할 경우에는 다음의 내용이 포함되어야 한다(법 제7조 제2항).

① 통상진흥시책의 기본방향

② 국제통상 여건의 분석과 전망

③ 무역·통상 협상 추진 방안과 기업의 해외 진출 지원 방안

④ 통상진흥을 위한 자문, 지도, 대외 홍보, 전시, 상담 알선, 전문인력 양성 등 해외시장 개척 지원방안

⑤ 통상 관련 정보수집·분석 및 활용방안

⑥ 원자재의 원활한 수급을 위한 국내외 협력 추진 방안

⑦ 그 밖에 대통령령으로 정하는 사항(시행령 제8조)

---

11) 「대한무역투자진흥공사법」에 따른 무역투자진흥공사(Korea Trade Investment Promotion Agency, KOTRA)는 무역진흥과 국내외 기업 간의 투자 및 산업기술 협력의 지원 등에 관한 업무를 수행하여 국민경제 발전에 이바지하기 위하여 설립된 기관이다.

12) 「민법」제32조에 따라 산업통상자원부장관의 허가를 받아 설립된 한국무역협회(Korea International Trade Association, KITA)는 무역업과 관련된 각종 업무를 수행하고 무역업계의 권익을 보호하는 것을 목적으로 설립되었다. 이를 위해 조사 및 연구, 정보제공 및 자료 간행, 해외시장 개척 및 전시, 하주권익 보호, 정부 수임업무, 거래알선 및 대행업무, 통상협력 및 홍보, 교육훈련 및 연구, 무역센터 운영, 기타 무역진흥에 필요한 사업을 수행한다.

㉮ 주요 지역별·경제권별 또는 업종별 통상진흥 시책

㉯ 무역·통상의 진흥과 관련되는 기관 또는 단체의 통상활동 계획

㉰ 그 밖에 산업통상자원부장관이 무역·통상의 진흥과 관련하여 필요하다고 인정하는 통상진흥 시책

(2) 교역상대국의 통상관련제도 조사

산업통상자원부장관은 통상진흥 시책의 수립을 위한 기초 자료를 수집하기 위하여 교역상대국의 통상 관련 제도·관행 등과 기업이 해외에서 겪는 고충사항을 조사할 수 있으며, 필요한 경우 해외에 진출한 기업에게 자료를 요청하고 지원할 수 있다(법 제7조 제3, 4항).

또한, 통상진흥 시책을 수립하기 위하여 필요한 경우에는 관계 행정기관·대한무역투자진흥공사·한국무역협회 그 밖에 무역 및 통상과 관련되는 기관 또는 단체에 해당 분야 또는 특정 사안에 대한 조사 또는 사실 확인을 요청할 수 있다(시행령 제9조).

(3) 해외진출기업 지원센터를 설치·운영

산업통상자원부장관은 해외에 진출한 기업의 고충 사항을 조사하고 해외 영업활동을 지원하기 위하여 해외진출기업 지원센터를 설치·운영 등에 필요한 사항을 정하여 설치·운영할 수 있다.

(4) 지방자치단체와의 협조

산업통상자원부장관은 통상진흥 시책을 세우는 경우에는 미리 특별시장, 광역시장, 특별자치시장, 도지사 또는 특별자치도지사(이하 "시·도지사"라 한다)의 의견을 들어야 하고, 통상진흥 시책을 수립한 때에는 이를 시·도지사에게 알려야 하며, 이를 변경한 경우에도 같다(법 제7조 제5항).

이에 통상진흥 시책을 통보받은 시·도지사는 그 관할 구역의 실정에 맞는 지역별 통상진흥 시책을 수립·시행하여야 하며, 지역별 통상진흥 시책을 수립한 때에는 이를 산업통상자원부장관에게 알려야 한다. 이를 변경한 때에도 또한 같다(법 제7조 제6, 7항).

또한 산업통상자원부장관은 지역별 통상진흥 시책이 효과적으로 추진될 수 있도록 특별시·광역시·특별자치시·도 또는 특별자치도(이하 "시·도"라 한다) 및 무역·통상 관련기관 또는 단체 등이 포함되는 협의기구를 설치·운영할 수

있으며, 협의기구의 구성 및 운영 등에 필요한 사항은 산업통상자원부장관이 정한다(시행령 제10조 제1, 2항).

3-2. 민간협력활동의 지원

(1) 민간협력활동의 지원 절차

산업통상자원부장관은 무역·통상 관련 기관 또는 단체가 교역상대국의 정부, 지방정부, 기관 또는 단체와 통상, 산업, 기술, 에너지 등에서 협력활동을 추진하는 경우 대통령령으로 정하는 바에 따라 필요한 지원을 할 수 있다(법 제8조 제1항).

따라서 지원을 받고자 하는 무역 및 통상 관련기관 또는 단체는 신청서에 사업내역·사업성과 등이 포함된 사업계획서를 첨부하여 산업통상자원부장관에게 제출하여야 하며, 산업통상자원부장관은 제출받은 사업계획서를 검토하여 통상, 산업, 기술, 에너지 등에서 협력활동을 효율적으로 추진하기 위하여 필요하다고 인정되면 자금, 인력 및 정보 등을 지원할 수 있다(시행령 제11조 제1, 2항).

이 경우 지원을 받은 관련 단체는 당해 지원 사업이 끝난 후 3개월 이내에 사업결과보고서를 산업통상자원부장관에게 제출하여야 한다(시행령 제11조 제5항).

그리고 지원 기준 등에 관하여 필요한 사항은 산업통상자원부장관이 정하며, 필요한 경우에는 관계 행정기관의 장에게 협조를 요청할 수 있다(시행령 제11조 제3, 4항).

(2) 무역·통상관련 정보의 수집 및 분석

산업통상자원부장관은 기업의 해외 진출을 지원하기 위하여 무역·통상 관련 기관 또는 단체로부터 정보를 체계적으로 수집하고 분석하여 지방자치단체와 기업에 대하여 필요한 정보를 제공할 수 있다(법 제8조 제2항).

또한, 산업통상자원부장관은 정보의 수집·분석 및 제공을 위하여 필요한 경우 관계 중앙행정기관의 장, 시·도지사, 무역·통상 및 기업의 해외 진출과 관련한 기관 또는 단체에 자료 및 통계의 제출을 요청할 수 있다(법 제8조 제3항).

(3) 해외진출지원센터의 구성·운영

산업통상자원부장관은 기업의 해외 진출과 관련된 상담·안내·홍보·조사와 그 밖에 기업의 해외 진출에 대한 지원 업무를 종합적으로 수행하기 위하여 「대한무역투자진흥공사법」에 따른 대한무역투자진흥공사에 해외진출지원센터를 두며, 이에 해외진출지원센터의 구성·운영 및 감독 등에 필요한 사항은 다음과 같다(법 제8조 제4, 5항).

① 구성

대한무역투자진흥공사 소속 임직원과 대한무역투자진흥공사의 장이 해외진출유관기관[13]의 장에게 소속 공무원 또는 그 임직원의 파견을 요청하여 파견된 자로 구성한다(시행령 제12조 제1, 2항).

이때 공무원 또는 임직원의 파견을 요청받은 관계 행정기관의 장 및 해외진출유관기관의 장은 업무수행에 적합한 자를 선발하여 해외진출지원센터에 파견하여야 하며, 파견기간 중 파견근무를 해제하려는 경우에는 대한무역투자진흥공사의 장과 미리 협의하여야 한다(시행령 제12조 제3항).

② 운영 및 감독

해외진출지원센터에 파견된 공무원 또는 임직원의 복무에 관해서는 대한무역투자진흥공사의 장의 지휘·감독을 받는다. 그러므로 대한무역투자진흥공사의 장은 파견된 공무원에 대한 근무성적평정에 관한 의견서를 작성하여 그 공무원을 파견한 관계 행정기관의 장에게 이를 송부하여야 하며[14], 그 의견서를 송부받은 관계 행정기관의 장은 근무성적을 평정할 때 이를 참작하여야 한다(시행령 제12조 제4, 5항).

또한 대한무역투자진흥공사의 장은 매년 1월 31일까지 전년도의 해외진출 지원업무 추진실적 및 해당 연도의 해외진출지원 업무추진계획을 작성하여 산업통상자원부장관에게 보고하고, 매 분기 종료 후 1개월 이내에 분기별 업무추진실적을 산업통상자원부장관에게 보고하여야 한다. 이 경우 산업통상자원부장관은 보고받은 사항 중 관계 행정기관의 협조가 필요한 사항에 대하여는 해당 행정기관의 장에게 통보하여야 한다(시행령 제12조 제6항).

한편, 산업통상자원부장관은 해외진출지원센터의 운영에 필요한 경비를 지원할 수 있으며, 해외진출지원센터의 구성·운영 등에 필요한 세부 사항은 대한무역투자진흥공사의 장이 산업통상자원부장관과 협의하여 정한다(시행령 제12조 제7, 8항).

---

13) 기업의 해외진출 지원업무를 수행하기 위하여 필요한 관계 행정기관의 장 및 해외진출과 관련된 기관 또는 단체

14) 「공무원 성과평가 등에 관한 규정」 제17조제3항 또는 「지방공무원 임용령」 제31조의 3제3항에 따른다.

(4) 무역에 관한 조약의 이행을 위한 자료제출

산업통상자원부장관은 우리나라가 체결한 무역에 관한 조약의 이행을 위하여 필요한 때에는 관련 공공기관, 기업 및 단체 등으로부터 제출대상 자료 및 제출기한 등을 적은 문서(전자문서를 포함한다)로 필요한 자료의 제출을 요구할 수 있다. 이때 그 필요한 자료를 직무상 습득한 자는 자료 제공자의 동의 없이 그 습득한 자료 중 기업의 영업비밀 등 비밀유지가 필요하다고 인정되는 기업정보를 타인에게 제공 또는 누설(漏泄)하거나 사용 목적 외의 용도로 사용하여서는 아니 된다(법 제9조, 시행령 제13조).

제2절 무역업무의 과학화

 무역업무의 과학화

1-1. 과학적 무역업무의 처리기반 구축

산업통상자원부장관은 물품 등의 수출입 거래가 질서 있고 효율적으로 이루어질 수 있도록 대외무역통계시스템 및 전자문서 교환체계(Electronic Data Interchange : EDI) 등 과학적 무역업무의 처리기반을 구축하기 위하여 노력하여야 한다(법 제15조 1항).

또한, 산업통상자원부장관은 무역의 진흥을 위하여 필요하다고 인정되면 대통령령으로 정하는 바에 의하여 "과학적인 무역업무 처리기반을 구축·운영하는 자"[15]에게 필요한 지원을 할 수 있으며, 과학적인 무역업무 처리기반을 효율적으로 구축·운영하기 위한 여건의 조성 및 무역업계 등 유관기관의 과학적인 무역업무 처리기반 이용촉진의 조치를 할 수 있다(법 제4조 제2항 제3호, 시행령 제5조 1항 7,8호).

---

15) 「전자무역 촉진에 관한 법률」 제6조제1항에 따른 전자무역기반사업자 중에서 과학적인 무역업무 처리기반을 구축·운영하고 있는 사업자를 말한다.

1-2. 전산관리체제의 개발 및 운영

산업통상자원부장관은 수출입거래가 질서 있고 효율적으로 이루어질 수 있도록 다음의 각 내용과 같은 전산관리체제를 개발·운영하여야 하며, 이러한 전산관리체제를 개발·운영하기 위하여 필요하다고 인정되면 그 경비의 일부를 해당 전산관리체제의 개발·운영에 필요한 정보를 제공한 기관에 지원할 수 있다(시행령 제21조 1, 2항).

① 무역거래자별 고유번호(무역업고유번호)의 부여 및 관리 등 수출입통계 데이터베이스를 구축하기 위한 전산관리체제

② 불공정무역행위[16]를 방지하기 위한 전산관리체제

③ 효율적인 수출입 거래를 위한 다음의 각 전산관리체제

㉮ 부분별 무역전산관리체제의 유기적 연계를 위한 전산관리체제

㉯ 관계 행정기관의 장이 필요하다고 인정하여 산업통상자원부장관과 협의하여 정한 해당 기관 소관 무역관련 전산관리체제

④ 그 밖에 무역업계의 요청에 의하여 산업통상자원부장관이 필요하다고 인정하는 전산관리체제

---

16) 「불공정무역행위 조사 및 산업피해구제에 관한 법률」 제4조에 따른 불공정행위는 다음의 어느 하나에 해당하는 행위(이하 "불공정무역행위"라 한다)와 같으며, 누구든지 이를 하여서는 아니 된다.

① 대한민국의 법령이나 대한민국이 당사자인 조약에 따라 보호되는 특허권·실용신안권(實用新案權)·디자인권·상표권·저작권·저작인접권(著作隣接權)·프로그램저작권·반도체집적회로의 배치설계권이나 지리적 표시 또는 영업 비밀을 침해하는 물품등(이하 "지식재산권침해물품등"이라 한다)에 관한 다음의 어느 하나에 해당하는 행위

㉮ 해외에서 지식재산권침해물품등을 국내에 공급하는 행위 또는 지식재산권침해물품등을 수입하거나 수입된 지식재산권침해물품등을 국내에서 판매하는 행위

㉯ 지식재산권침해물품등을 수출하거나 수출을 목적으로 국내에서 제조하는 행위

② 다음의 어느 하나에 해당하는 물품등을 수출하거나 수입하는 행위

㉮ 원산지를 거짓으로 표시하거나 원산지를 오인(誤認)하게 하는 표시를 한 물품등

㉯ 원산지 표시를 손상하거나 변경한 물품등

㉰ 원산지 표시를 하지 아니한 원산지 표시 대상 물품

③ 품질 등을 거짓으로 표시하거나 과장하여 표시한 물품등을 수출하거나 수입하는 행위

④ 수출입계약의 이행과 관련하여 계약내용과 현저하게 다른 물품등의 수출입 또는 분쟁의 발생 등을 통하여 대한민국의 대외신용을 손상시켜 해당 지역에 대한 수출 또는 수입에 지장을 주는 행위

2 수출입거래에 관한 정보의 수집 및 분석

산업통상자원부장관은 과학적 무역업무의 처리기반을 구축하기 위하여 필요하다고 인정되면 관계 행정기관의 장에게 대통령령으로 정하는 바에 따라 통관기록 등 물품 등의 수출입 거래에 관한 정보의 제공을 요청할 수 있으며, 이 경우 관계 행정기관의 장은 이에 협조하여야 한다(법 제15조 제2항).

또한 관계 행정기관의 장은 대외무역법 목적의 범위내에서 필요하다고 인정되면 산업통상자원부장관에게 구축된 물품 등의 수출입 거래에 관한 정보를 제공하도록 요청할 수 있으며, 이 경우 산업통상자원부장관은 이에 협조하여야 한다(법 제15조 제3항).

2-1. 관세청장에게 요청할 수 있는 정보

산업통상자원부장관은 전산관리체제의 개발·운영하는 데에 필요하면 관세청장에게 다음 각 호의 정보를 요청할 수 있다(시행령 제22조 1항).

① 수출·수입 또는 반송신고 등을 한 무역거래자의 상호·성명 등 무역거래자에 관련된 정보

② 수출·수입 또는 반송 신고한 각 신고별 신고 수리일, 수출 또는 수입 물품의 품명·수량·금액, 거래형태 등에 관련된 정보로서 산업통상자원부장관이 정하는 정보

2-2. 정보의 종합적 관리

산업통상자원부장관은 전산관리체제의 개발·운영을 위하여 수집된 다음과 같은 관련 정보를 종합적으로 분석·관리하여야 하며, 이러한 정보의 제공시기 및 방법, 정보의 형태, 그 밖에 정보 수집에 관하여 필요한 사항은 산업통상자원부장관이 정한다(시행령 제22조 제2, 3항).

① 수출입거래에 관하여 관세청장으로부터 수집되는 정보(시행령 제22조 1항)

② 산업통상자원부장관의 권한을 수임·수탁한 기관으로부터 수집된 정보(시행령 제92조 2항)

③ 무역거래자 또는 각 조합으로부터 수집되는 정보(법 제48조 1항)

제 2 편

무역의 주체관리

제4장 무역거래자 등의 관리

제1절 무역거래자의 관리

1 무역거래자의 개념

"무역거래자"란 수출 또는 수입을 하는 자, 외국의 수입자 또는 수출자로 부터 위임을 받은 자 및 수출과 수입을 위임하는 자 등 물품 등의 수출행위와 수입행위의 전부 또는 일부를 위임하거나 행하는 자를 말한다(법 제2조 제3호).

여기에서 수출 또는 수입을 하는 자는 무역업자를 말하며, 외국의 수입자 또는 수출자의 위임을 받은 자는 타인으로부터 물품의 판매 또는 구매의 수탁을 받고 물품을 수출입 하는 무역대리업자를 말한다.

한편 수출·수입을 위임하는 자 등 물품 등의 수출·수입 행위의 전부 또는 일부를 위임하거나 행하는 자는 물품 등의 판매 또는 구매를 위탁한 위탁자의 자격으로 물품을 수출입하는 자로 볼 수 있다.

1-1. 무역업자

무역업이란 무역을 업으로 영위하는 것을 말하며, 무역업자란 수출 또는 수입을 하는 자를 말한다. 즉 영리를 목적으로 수출과 수입행위를 계속적으로 반복하여 행하면서 자기 명의로 자기 책임하에 수출입업무를 영위하는 자를 말한다.

따라서 무역업자는 수출입거래에 따른 제반사항에 대하여 거래상대방과 본인 대 본인(Principal to Principal Basis)으로 수출입 본 계약을 체결하며, 수출입 거래의 이행에 대하여 책임을 진다.

1-2. 무역대리업자

무역대리업이라 함은 외국의 수입업자 또는 수출업자의 위임을 받은 자(외국의 수입업자 또는 수출업자의 지사 또는 대리점을 포함한다)가 국내에서 수수료를 받고 수출물품을 구매계약에 의해 구매하거나 수입물품을 판매계약에 의해 수입함에 있어서 그 계약체결의 대리권을 행사하면서 수출입거래를 중개하거나 이에 부대되는 행위를 업으로 영위하는 것을 말한다. 종전의 대외무역법령상의 무역업과 무역대리업에 대한 규정의 삭제는 그 개념이 사라진 것이 아니라 규제가 사실상 폐지된 것을 의미하는 것이다.

이러한 무역대리업은 수출입행위에 있어서 자기의 명의로 자기의 책임 하에 소유권 이전을 전제로 하지 않는다는 점에서 무역업과 구별되며, 대리인(Agent)으로서 계약대리권만 행사하므로 수출입 본 거래에 대한 책임이 없다.

〈표 3-1〉 무역업과 무역대리업의 비교

구분	개념	관리체계
무역업자	자기 명의로 자기 책임 하에 물품의 수출입 업무를 영위하는 자 - 대행수출(수입)의 위탁자는 포함되지 않음 - 무역대리업과 구분 : 상품의 소유권 이전을 전제	고유번호제
무역대리업자	외국의 수입업자 또는 수출업자의 위임을 받은 자가 수출입거래를 중개하거나 이에 부대되는 행위를 업으로 영위하는 자 - 무역업자와 구분 : 계약체결의 대리권 행사 - 무역중개업자와 구분 : offer 발행 및 수출품의 구매알선, 시장조사 등 영업범위가 한정	–

1-3. 수출입대행의 위탁자

수출입대행은 무역업자가 위탁자와의 대행계약에 따라 일정한 수수료를 받고서 자기 명의로 거래하는 것을 말하며, 수출입대행자는 자기 명의로 거래한다는 점에서 무역대리업자와 구별된다.

따라서 수출입대행자는 대외무역법 및 금융거래 상 무역업자로서의 책임을 부담하며, 수출입대행을 위임 또는 위탁한 자도 대외무역법 상 무역거래자에 포함되므로 지적재산권을 침해하거나, 원산지 및 품질을 허위로 표시하거나, 고의로 클레임(claim)을 야기하는 등 수출입질서를 저해한 경우 과징금[1]을 부과하는 등의 조치가 취해질 수 있다.

2 무역업 구분

무역업의 관리는 '누가 어떻게 무역을 영위할 수 있는가?'에 대한 주요 범위로 대외무역법상 무역거래 주체에 관한 것이다. 우리나라의 무역업 관리제도는 1993년 6월 30일까지는 허가제[2]를 시행하다가 1993년 7월 1일부터 등록제[3], 1996년 12월 30일 개정된 대외무역법에서 신고제[4]로 변경 시행되었다.

이후 2000년 1월 1일부터 무역업의 관리 형태가 신고제에서 고유번호신청제도(자유업)로 바뀌게 됨에 따라 일반무역업을 영위하는데 아무런 제한이 없게 되었다.

---

1) 행정청이 일정한 행정상의 의무를 위반한 자에게 부과하는 금전적 제재를 말한다.

2) 허가(license)란 법규에 의한 일반적인 상대적 금지를 특정한 경우에 해제하여 적법하게 일정한 행위를 할 수 있도록 자유의 상태를 회복시켜 주는 행정행위이다. 또한 허가는 유보한 금지(즉, 상대적 금지)에서만 가능하고, 어떠한 경우에도 해제될 수 없는 절대적 금지에 대해서는 허용되지 않는다.

3) 등록은 준 법률 행위적 행정행위 중 공증(公證)의 성질을 가지며, 공증은 특정한 사실 또는 법률관계의 존부를 공적으로 증명하는 행위이다. 따라서 무역업의 등록이란 무역업자로서의 지위를 공적으로 증명하는 행위를 할 수 있다.

4) 신고는 사인(私人)이 행정청에 대하여 어떠한 사항을 그대로 신고·통고·보고함으로써 최종적인 법률효과를 발생하게 하는 공법행위이다. 신고에는 의사표시의 신고(예 : 출생·사망신고 등 호적상 신고, 도난신고와 같은 질서 행정법상의 신고, 납세신고와 같은 조세법상의 신고) 등이 있다. 따라서 무역업의 신고는 의사표시의 신고로서 무역업을 영위하겠다는 의사표시로서 해당 행정청(한국무역협회)에 통고하는 행위이고, 해당 행정청은 신고사항에 결격사유가 없으면 신고를 수리하고 신고필증을 교부하여 무역업을 영위하게 하여야 한다.

〈표 3-2〉 무역업 등의 관리 변천과정

법 개(제)정일	무역업	무역대리업
1986년 12월 31일	허가제	등록제
1993년 7월 1일	등록제	등록제
1994년 12월 31일	등록제	신고제
1996년 12월 30일	신고제	신고제
1999년 12월 31일	신고제 폐지	신고제 폐지
2000년 1월 1일	무역업고유번호부여	-

3 무역업고유번호제도

3-1. 무역업고유번호의 신청 및 부여

무역의 활성화를 위하여 2000년 1월 1일부터 무역업의 신고제를 폐지함으로써 무역을 하고자 하는 자는 산업통상자원부장관에게 신고할 의무가 없어졌다.

그러나 무역업신고제가 폐지되면서 무역업 신고번호를 기초로 한 각종 무역통계의 작성이 곤란해지고, 기존 통계와 연속성이 없어지게 되며, 쿼터(quota)관리, 수출실적 확인 등과 같은 업체별 통계관리가 불가능하게 되어 산업피해조사, 통상마찰 대응 등 무역 및 산업정책 수립에 많은 문제가 발생할 수 있다.

대외무역관리규정에서는 2000년 1월 1일부터 무역업을 영위하고자 할 경우에는 대외무역법령에 따라 전산관리체제의 개발, 운영을 위하여 무역거래자별로 통계목적을 위해 무역업 고유번호를 부여하는 제도의 실시를 규정하고 있다(규정 제24조 제1항).

따라서 무역을 업으로 하려는 자 즉, 무역업자는 무역업고유번호신청서 1부와 사업자등록증 사본 1부를 구비하여 우편 · 팩스 · E-Mail · EDI 등의 방법으로 한국무역협회장에게 무역업고유번호를 신청하여야 하며, 무역업고유번호를 부여받기 위해서는 관할세무서에 사업자등록을 하여야 한다.

산업통상자원부에서는 무역업신고 위탁기관이었던 한국무역협회장으로 하여금 무역업체의 신청을 받아 접수 즉시 무역업고유번호를 부여하도록 하고 이를 관리하도록 위탁하고 있다(규정 제24조 제2항).

3-2. 기재사항의 변동

무역업고유번호를 부여받은 자가 상호·대표자·주소·전화번호 등의 변동사항이 발생한 경우에는 변동사항이 발생한 날로부터 20일 이내에 한국무역협회장에게 알리거나 한국무역협회에서 운영하고 있는 무역업 데이터베이스에 변동사항을 수정입력 하여야 한다(규정 제24조 제3항).

3-3. 지위의 변동 및 고유번호의 관리

무역업고유번호를 부여받은 자가 합병, 상속, 영업의 양도 등 지위의 변동이 발생하여 기존의 무역업고유번호를 유지 또는 수출입실적 등의 승계를 받으려는 경우에는 변동사항에 대한 증빙서류를 갖추어 무역업고유번호의 승계 등을 한국무역협회장에게 신청할 수 있다(규정 제24조 제4항).

이에 따라 한국무역협회장은 무역업고유번호의 부여 및 변경사항을 확인하고 무역업고유번호 관리대장 또는 무역업데이터베이스에 이를 기록 관리하여야 한다(규정 제24조 제5항).

무역업체가 무역업고유번호를 부여받지 않았다 하더라고 그에 따른 처벌규정은 없으나 수출(입)신고시 종전 무역업 신고번호를 기재하던 대신 무역업 고유번호를 수출(입)자 상호명과 함께 필히 기재하도록 하고 있어(관세법 제241조) 수출입활동을 원활히 영위하기 위해서는 무역업체는 반드시 무역업 고유번호를 한국무역협회에 신청하여 이를 부여받아야 한다. 단, 기존의 신고업체는 무역업 신고번호를 그대로 사용하고, 신규업체만 무역업 고유번호를 신청하여 사용하면 된다.

3-4. 무역거래자의 의무

무역업 고유번호를 부여받지 아니한 업체가 수출·수입업을 하고자 할 경우 무역업 고유번호를 부여받은 업체를 통해 수출·수입 대행을 의뢰하여 신청업체의 명의로 수출입할 수 있다.

제2절 특별법에 의한 무역업의 이중적 관리

대외무역법상 무역업의 고유번호를 부여받으면 무역을 업으로 영위할 수 있다. 그러나 인간의 건강, 안전, 환경, 미풍양속 등 경제외적인 부분에 관리가 필요한 품목의 무역에 대해서는 약사법 등 개별법에서 별도로 자격요건을 갖추도록 규정하고 있다. 이에 따라 품목별로 무역업 허용요건을 갖추어야 하는 경우는 품목별로 무역업자는 물론 위탁자(실수요자)까지 모두 요건을 갖추도록 하는 경우와 위탁자(실수요자)만 요건을 갖추도록 하는 두 가지의 경우가 있다.[5] 무역업을 할 수 있는 자는 대외무역법과 특별법상의 요건을 동시에 충족해야 한다.

4-1. 마약 및 향정신성의약품

「마약류 관리에 관한 법률」에 의하면 마약류수출입업자[6]가 아니면 마약 또는 향정신성의약품을 수출입하지 못한다. 마약류수출입업자는 그 수입한 용기(容器)나 포장에 정부가 발행하는 증지(證紙)로 봉함(封緘)하여야 한다. 다만, 향정신성의약품 제제에 대하여는 그러하지 아니하다(마약류 관리에 관한 법률 제16조).

마약류수출입업자가 마약 또는 향정신성 의약품을 수출입하려면 안전성・유효성 및 생물학적동등성(生物學的同等性) 등에 관하여 품목마다 식품의약품안전처장의 허가를 받아야 하며, 수출입할 때마다 식품의약품안전처장의 승인을 받아야 한다. 허가 및 승인 받은 사항을 변경할 때에도 또한 같다. 이 경우 식품의약품안전처장은 허가신청에 대하여 심사 결과 적합한 것으로 인정된 경우에는 이를 허가하여야 하며, 마약류 및 원료물질 취급과 조치 규정을 위반하여 품목 허가의 취소처분을 받고 1년이 지나지 아니한 자에 대하여는 해당 품목의 허가를 하지 못한다(마약류 관리에 관한 법률 제18조).

마약류수출입업자가 마약 또는 향정신성의약품을 수출입한 경우에는 그 수출

---

5) 무역업자와 위탁자 모두 해당요건을 갖추어야 하는 품목은 의약품, 마약, 향정신성 의약품, 대마, 동물약품, 종묘, 담배, 석유제품 및 독극물이 있다. 그리고 위탁자(실수요자)만 요건을 갖추면 되는 품목은 외국영화, 식품 및 주류가 있다.

6) 마약 또는 향정신성의약품의 수출입을 업(業)으로 하는 자이다.

입에 관한 사항과 수입한 마약 및 향정신성의약품의 판매에 관한 사항을 식품의약품안전처장에게 보고하여야 한다(마약류 관리에 관한 법률 제19조).

마약류의 수출입을 하기 위해서는 먼저 마약류취급자가 되어야 하고 마약류취급자가 되고자 하는 자는 다음 경우에 해당하는 자로서 총리령이 정하는 바에 따라 다음과 같이 허가를 받아야 한다. 허가받은 사항을 변경하고자 하는 때에도 또한 같다(마약류 관리에 관한 법률 제6조).

① 식품의약품안전처장 : 「약사법」에 의한 수입자로서 식품의약품안전처장의 의약품 품목허가를 받거나 품목신고를 한 마약류수출입업자
② 식품의약품안전처장 : 「약사법」에 의하여 의약품제조업의 허가를 받은 마약류제조업자 및 마약류원료사용자
③ 시・도지사[7] : 「약사법」에 따라 등록된 약국개설자 또는 의약품 도매상의 허가를 받은 자
④ 식품의약품안전처장 : 연구기관 및 학술기관 등에서 학술연구를 위하여 마약류의 사용을 필요로 하는 마약류취급학술연구자
⑤ 자치구의 구청장[8] : 「농어업・농어촌 및 식품산업 기본법」 에 따른 농업인으로서 섬유나 종자를 채취할 목적으로 대마초를 재배하려는 대마재배자
⑥ 식품의약품안전처장 : 원료물질[9]의 수출입 또는 제조를 업으로 하려는 자 (이하 "원료물질수출입업자등"이라 한다)

한편, 마약류수출입업자는 수입한 마약 또는 향정신성의약품을 마약류제조업자, 마약류원료사용자 및 마약류도매업자 외의 자에게 판매하지 못하며, 마약류제조업자가 제조한 향정신성의약품은 마약류수출입업자, 마약류도매업자, 마약류소매업자 또는 마약류취급의료업자 외의 자에게 판매하여서는 아니 된다(마약류 관리에 관한 법률 제20, 22조).

4-2. 농약의 수입

「농약관리법」에 의하면 농약의 제조업・원제업 또는 수입업을 하려는 자는 농촌진흥청장에게 등록하여야 한다(농약관리법 제3조 제1항). 또한 수입업자는 농약이나 원제를

7) 특별시장・광역시장・도지사 또는 특별자치도지사를 포함한다.
8) 시장・군수 또는 구청장을 말한다.
9) 마약류가 아닌 물질 중 마약 또는 향정신성의약품의 제조에 사용되는 물질로서 대통령령으로 정하는 것을 말한다.

수입하여 판매하려고 할 때에는 농약의 품목이나 원제의 종류별로 농촌진흥청장에게 등록[10]하여야 한다(농약관리법 제17조 제1항).

위의 규정에도 불구하고 수입업자는 다음 각 호의 어느 하나에 해당하는 경우에 농촌진흥청장의 허가를 받아 등록하지 아니한 농약 또는 원제를 수입하여 판매할 수 있다. 이 경우 수입업자는 농림축산식품부령으로 정하는 판매수량, 판매기간, 판매대상자 등의 조건을 준수하여야 한다(농약관리법 제17조 제4항).

① 농약 또는 원제로서 시험용이나 학술연구용인 경우

② 수출용 농산물의 병해충 방제나 생리기능 증진·억제를 위하여 긴급히 사용할 필요가 있는 농약으로서 등록된 농약 중에는 이를 대체할 만한 농약이 없는 경우

③ 「식물방역법」에 따른 병해충 방제를 위하여 긴급히 사용할 필요가 있는 농약으로서 등록된 농약 중에는 이를 대체할 만한 농약이 없는 경우

또한, 제조업자 또는 수입업자가 농약활용기자재를 국내에서 제조 또는 수입하여 판매하려면 제품별로 농촌진흥청장에게 등록하여야 하며, 이때 제품등록의 유효기간은 10년으로 한다(농약관리법 제17조의2 제1항).

4-3. 석유수출입업

석유수출입업을 하고자 하는 자는 「석유 및 석유대체연료 사업법」에 의해 산업통상자원부장관에게 등록하여야 한다. 다만, 다음에 해당하는 경우에는 그러하지 아니한다(석유 및 석유대체연료 사업법 제9조).

① 석유정제업의 등록을 한 자가 석유수출입업을 하는 경우(해당 연도에 수입하는 석유가스의 양이 5만톤 이상으로서 대통령령으로 정하는 양 이상인 경우는 제외한다)

② 윤활유 등 대통령령으로 정하는 석유제품의 수출입업을 하는 경우

③ 석유수출만을 업으로 하는 경우

④ 자기가 사용할 목적으로 해당 연도에 수입하는 석유의 양이 10만 킬로리터 이하인 경우

10) 이 경우 "제조업" 또는 "원제업"은 "수입업"으로, "제조업자" 또는 "원제업자"는 "수입업자"로, "농약"은 "수입농약"으로, "원제"는 "수입원제"로 본다.

⑤ ④에 해당하는 자가 수입한 석유제품의 일부를 수출하거나 부산물인 석유제품을 수출하는 경우

⑥ 「한국석유공사법」에 의한 한국석유공사(이하 "공사"라 한다)가 석유비축시책의 시행을 위하여 석유를 수출입하는 경우

또한 등록을 한 자가 등록 사항 중 대통령령이 정하는 사항을 변경하고자 하는 경우에는 산업통상자원부령이 정하는 바에 따라 산업통상자원부장관에게 변경등록을 하여야 한다.

4-4. 담배수입업

담배수입판매업을 하고자 하는 자는「담배사업법」에 의해 그의 본점 또는 주된 사무소의 소재지를 관할하는 특별시장·광역시장·특별자치시장·도지사 또는 특별자치도지사(이하 "시·도지사"라 한다)에게 등록하고, 담배도매업[11]을 하고자 하는 자는 그의 본점 또는 주된 사무소의 소재지를 관할하는 특별자치시장·특별자치도지사·시장·군수 또는 자치구의 구청장(이하 "시장·군수·구청장"이라 한다)에게 등록하여야 한다. 등록한 사항 중 중요사항을 변경하고자 하는 때에도 또한 같다(담배사업법 제13조).

4-5. 먹는물수입업

먹는 샘물등의 수입판매업을 하여는 자는 「먹는물관리법」에 의해 환경부령이 정하는 바에 따라 시·도지사에게 등록하여야 한다. 또한 정수기의 수입판매업을 하려는 자는 환경부장관이 지정한 기관의 검사를 받고 환경부령이 정하는 바에 따라 시·도지사에게 신고하여야 한다(먹는물관리법 제21조).

특히 먹는샘물등, 수처리제 또는 그 용기를 수입하려는 자는 환경부령으로 정하는 바에 따라 시·도지사에게 신고하여야 하며, 시·도지사는 필요하다고 인정하면 신고한 먹는샘물등, 수처리제 또는 그 용기를 통관 절차 완료 전에 관계 공무원이나 관계 검사기관으로 하여금 필요한 검사를 하게 할 수 있다. 이 경우 수입항(수입물품이 「관세법」에 따른 보세구역에서 반출되는 경우에는 그 물품의

---

11) 제조업자 또는 수입판매업자로부터 담배를 매입하여 다른 도매업자 또는 소매인에게 판매하는 영업을 말한다.

보관장소를 말한다.)이 다른 시·도지사의 관할구역에 위치한 경우에는 그 수입항이 위치한 시·도의 관계 검사기관에 검사를 요청할 수 있다(먹는물 관리법 제26조).

4-6. 영화수입업

"영화산업"이라 함은 영화의 제작·활용·유통·보급·수출·수입 등에 관련된 산업을 말한다. 영리를 목적으로 영화수입을 업으로 하려는 자는 「영화 및 비디오물의 진흥에 관한 법률」에 의해 특별자치도지사·시장·군수·구청장(구청장은 자치구의 구청장을 말하며, 이하 "시장·군수·구청장"이라 한다)에게 신고하여야 한다. 신고한 사항을 변경할 때에도 또한 같다(영화 및 비디오물의 진흥에 관한 법률 제26조제1항).

영화업자는 제작 또는 수입한 영화(예고편 및 광고영화를 포함한다)에 대하여 그 상영 전까지 영상물등급위원회로부터 상영등급을 분류 받아야 하며, 비디오물을 제작 또는 배급(수입을 포함한다.)하는 자는 당해 비디오물을 공급하기 전에 당해 비디오물의 내용에 관하여 영상물등급위원회로부터 등급분류를 받아야 한다(영화 및 비디오물의 진흥에 관한 법률 제50조).

4-7. 종자수출입업

출원이 공개된 품종이거나 품종목록에 등재된 품종 외의 품종의 종자를 생산하거나 수입하여 판매하려는 자는 「종자산업법」에 의해 농림축산식품부장관 또는 해양수산부장관에게 해당 종자시료[12]를 첨부하여 신고하여야 한다(종자산업법 제38조).

한편, 농림축산식품부장관 또는 해양수산부장관은 국내 생태계 보호 및 자원보존에 심각한 지장을 줄 우려가 있다고 인정하는 경우에는 대통령령으로 정하는 바에 따라 종자의 수출·수입을 제한하거나 수입된 종자의 국내유통을 제한할 수 있다(종자산업법 제40조).

이에 따라 시장·군수·구청장은 수출·수입이 제한된 종자를 수출·수입하거나, 수입되어 국내유통이 제한된 종자를 국내 유통한 경우에는 종자업 등록을 취소하거나 6개월 이내의 기간을 정하여 그 영업의 정지를 명할 수 있다(종자산업법 제39조).

---

12) 종자의 시험, 검사, 분석 따위에 쓰는 물질이나 생물을 말한다.

제3절 전문무역상사 지정 제도

종전에는 산업통상자원부장관이 해외시장의 개척 및 무역기능의 다양화를 기하고 중소기업과의 계열화를 통한 중소기업의 무역활동을 지원하기 위하여 무역거래자 중에서 종합무역상사[13]를 지정할 수 있었으며, 첨단산업제품의 해외시장 진출을 지원하기 위하여 무역거래자 중에서 전문무역상사를 지정할 수 있었다. 그러나 종합무역상사와 전문무역상사 지정제도는 2009년 4월 24일부로 폐지되었으나 전문무역상사제도는 신시장 개척, 신제품 발굴 및 중소기업·중견기업의 수출확대를 위하여 수출실적 및 중소기업 제품 수출비중 등을 고려하여 무역거래자 중에서 전문무역상사를 지정하고 지원할 수 있도록 하기 위해 2014년 1월 21일 부로 다시 신설하였다.

1 전문무역상사의 의의

2003년 9월 대외무역법령의 개정과 더불어 도입된 전문무역상사제도는 첨단산업제품의 수출활성화를 위해 도입되었다. 이 제도는 전문무역상사를 지정하여 해외마케팅능력이 부족한 첨단제품 생산기업의 무역마케팅을 대행하고, 최소한의 건전한 재정능력을 담보하여 첨단산업제품에 대한 전문성과 수출대행의 전문성을 보장하였다. 이에 따라 대외무역관리규정에서는 "첨단산업제품"의 종류를 구체화 하여 전보통신·전기정자(41종), 기계소재(71종), 생명공학·정밀화학·고기능성 섬유(31종)로 나누어 수출가능성이 높고, 종합상사 전용품목과 중복되지 않도록 143종을 고시하였다.

---

13) 종합무역상사(General Trading Company)는 대규모의 자본력을 가진 무역업자로서 다양한 종류의 물품을 가지고 광범위한 지역으로 수출입거래를 하는 대형화된 무역상사를 말한다. 즉 종합무역상사는 기업의 전문화, 대형화를 통해 국제경쟁력을 강화하는 동시에 우리나라의 지속적인 무역발전에 견인차 역할을 하는 데 목적을 두었으며, 주된 기능인 수출입업무 이외에 이에 수반되는 수출입금융·창고·보관·운송 등의 제반업무를 포괄하는 대형 무역상사라 할 수 있다. 이러한 종합무역상사는 정부주도의 수출드라이브 정책에 따라 무역기업의 대규모를 통한 국제경쟁력의 확보로 수출성장이라는 국가적 사명을 수행하기 위한 기간산업으로서 정부에 의해 인위적으로 창조된 기업군이다.

2014년 1월 21일 부로 새롭게 도입된 전문무역상사 지정제도는 새로운 시장의 개척, 신제품 발굴 및 수출 역량이 부족한 중소기업과 중견기업의 수출확대를 지원하기 위하여 도입되었다.

 전문무역상사의 지정

2-1. 지정기준

(1) 수출실적을 갖춘 무역거래자

다음의 요건을 모두 갖춘 무역거래자는 전문무역상사로 지정받을 수 있다(시행령 제12조의2 제1항), (규정 제7조 제1항).

① 전년도 수출실적 또는 직전 3개 연도의 연평균 수출실적이 미화 100만달러 이상의 범위에서, 전년도의 수출실적 또는 최근 3년간의 평균 수출실적이 미화 100만불 이상인 자

② ①에 따른 수출실적 중 다른 중소기업(「중소기업기본법」 제2조에 따른 중소기업을 말한다. 이하 이 조 및 제12조의3에서 같다)이나 중견기업 (「중견기업 성장촉진 및 경쟁력 강화에 관한 특별법」 제2조제1호에 따른 중견기업을 말한다. 이하 이 조 및 제12조의3에서 같다)이 생산한 물품등의 수출실적 비율이 100분의 20 이상의 범위에서, 전체 수출실적 대비 타 중소·중견기업 생산 제품의 전년도 수출 비중 또는 최근 3년간 평균 수출 비중이 100분의 30 이상인 자

(2) 전략적 수출 지원 분야의 무역거래자

신시장의 개척, 신제품의 발굴 및 중소기업 또는 중견기업에 대한 효과적인 수출 지원 등을 위하여 산업통상자원부장관이 농업·어업·수산업 등 업종별 특성과 조합 등 법인의 조직 형태별 수출 특성을 고려하여 기준을 갖춘 무역거래자이다. 이에 따라 전문무역상사로 지정받을 수 있는 자는 농업·어업·수산업, 서비스업 등 수출시장 다변화를 위해 전략적 수출확대 지원이 필요한 분야에서, 다음의 어느 하나에 해당하여 주무 부처 장관의 추천을 받은 자 중 산업통상자원부장관이 그 능력이 있다고 인정하는 자로 한다(시행령 제12조의2 제2항), (규정 제7조 제2항).

① 협동조합기본법에 의한 협동조합
② 농어업경영체 육성 및 지원에 관한 법률에 따른 영농조합법인 또는 영어조합법인
③ 농업협동조합법에 따라 설립된 조합 및 조합공동사업법인
④ 수산업협동조합법에 따라 설립된 조합
⑤ 중소기업협동조합법에 따라 설립된 협동조합, 사업협동조합 또는 협동조합연합회
⑥ 대중소기업 공동출자형 수출전문기업
⑦ 업종별 협회·단체의 무역자회사
⑧ 공공기관(「공공기관의 운영에 관한 법률」 제4조에 따른 공공기관을 말한다)이 출자하여 설립한 무역상사
⑨ 기타 전문무역상사의 취지에 적합하다고 주무 부처 장관의 추천을 받아 신청한 수출조직

2-2. 지정 절차

전문무역상사로 지정을 받으려는 자는 지정신청서에 다음의 서류를 갖추어 한국무역협회 회장에게 신청하여야 한다(규정 제7조의2 제1항).

① 전문무역상사 지정신청서
② 사업자등록증
③ 중소기업 수출지원 기여에 관한 사업계획서
④ 기타 실적증명 및 활동계획서 등 전문무역상사 지정요건에 부합함을 증명하는 서류 등

한국무역협회 회장은 전문무역상사의 지정, 갱신, 지정취소 등을 심사·의결하기 위하여 전문무역상사 심사위원회(이하 이 절에서 "심사위원회"라 한다)를 구성하여 운영하여야 하며, 심사위원회를 통해 전문무역상사 지정한 경우에는 지정증을 발급하여야 한다(규정 제7조의2 제2, 3항).

2-3. 지정취소

산업통상자원부장관은 지정을 받은 전문무역상사가 지정기준에 적합하지 아니하게 된 때에는 그 지정을 취소할 수 있으며, 거짓이나 그 밖에 부정한 방법으로 지정을 받은 경우에도 그 지정을 취소하여야 한다(법 제8조의2 제3항).

제 3 편

무역의 객체관리

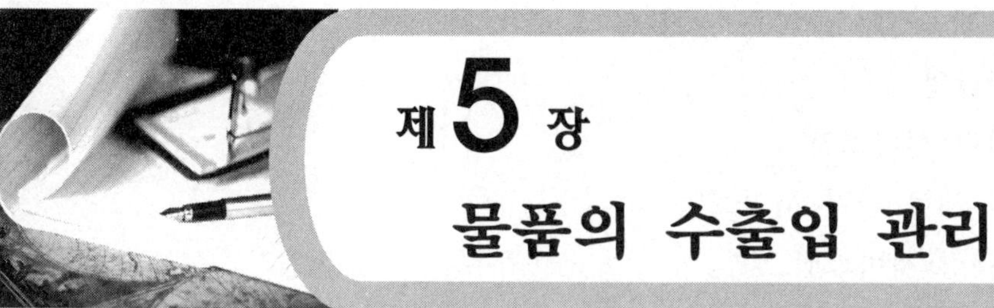

제 5 장 물품의 수출입 관리

제1절 수출입의 개념 및 원칙

1 수출과 수입의 개념

1-1. 물품 등의 개념

무역(foreign trade)이라 함은 물품 등(물품과 대통령령이 정하는 용역 또는 전자적 형태의 무체물)의 수출과 수입을 말한다(법 제2조 제1호). 즉, 한 국가의 경제주체가 외국에 물품 등을 수출하거나 수입하는 것을 의미한다.

여기에서 물품 등이라 함은 물품과 대통령이 정하는 용역 또는 전자적 형태의 무체물(無體物)을 말한다.

(1) 물품의 범위

물품(goods)이라 함은 「외국환거래법」에서 정하는 지급수단, 증권, 채권을 화체(化體)한 서류를 제외한 동산(動産)을 말한다(법 제2조 제2호).

(2) 용역의 범위

'대통령령이 정하는 용역'이라 함은 다음의 하나에 해당하는 업종의 사업을 영

위하는 자가 제공하는 용역을 말한다(시행령 제3조 제1호).

① 경영 상담업
② 법무 관련 서비스업
③ 회계 및 세무 관련 서비스업
④ 엔지니어링 서비스업
⑤ 디자인
⑥ 컴퓨터시스템 설계 및 자문업
⑦ 문화산업[1]에 해당하는 업종(문화산업진흥기본법 제2조 제1호)
⑧ 운수업
⑨ 관광사업[2]에 해당하는 업종(관광진흥법 제3조 제1항)
⑩ 그 밖에 지식기반용역 등 수출유망산업으로서 산업통상자원부장관이 정하여 고시하는 업종

또한, 국내의 법령 또는 대한민국이 당사자인 조약에 의하여 보호되는 특허권 · 실용신안권 · 의장권 · 상표권 · 저작권 · 저작인접권 · 프로그램저작권 · 반도체 집적회로의 배치설계권의 양도, 전용실시권의 설정 또는 통상실시권의 허락 등을 포함하여 지식서비스의 수출활성화를 위해 지식기반서비스로 한정한다.

(3) 전자적 형태의 무체물 범위

'대통령령이 정하는 전자적 형태의 무체물'이라 함은 디지털 형태로 제공되는

---

1) 문화상품의 기획 · 개발 · 제작 · 생산 · 유통 · 소비 등과 이에 관련된 서비스를 행하는 산업으로 다음의 하나에 해당하는 것을 포함한다.
① 영화와 관련된 산업
② 음반 · 비디오물 · 게임물과 관련된 산업
③ 출판 · 인쇄물 · 정기간행물과 관련된 산업
④ 방송영상물과 관련된 산업
⑤ 문화재와 관련된 산업
⑥ 예술성 · 창의성 · 오락성 · 여가성 · 대중성(이하 "문화적 요소"라 한다)이 체화되어 경제적 부가가치를 창출하는 캐릭터 · 애니메이션 · 디자인(산업디자인은 제외한다) · 광고 · 미술품 · 공예품과 관련된 산업
⑦ 디지털문화콘텐츠의 수집 · 가공 · 개발 · 제작 · 생산 · 저장 · 검색 · 유통 등과 이에 관련된 서비스를 행하는 산업
⑧ 그 밖에 전통의상 · 식품 등 대통령령으로 정하는 산업

2) 관광사업에는 여행업, 관광숙박업(호텔업, 관광숙박업), 관광객 이용시설업, 국제회의업, 카지노업, 유원시설업, 관광 편의시설업 등의 종류가 있다.

컨텐츠(contents)를 의미하는 것으로, 다음의 하나에 해당하는 것을 말한다(시행령 제4조).

① 소프트웨어(소프트웨어산업진흥법 제2조 제1호)[3)]

② 부호·문자·음성·음향·이미지·영상 등을 디지털방식으로 제작하거나 처리한 자료 또는 정보 등으로서 산업통상자원부장관이 정하여 고시하는 다음과 같은 자료와 정보

㉮ 영상물(영화, 게임, 애니메이션, 만화, 캐릭터를 포함)

㉯ 음향·음성물

㉰ 전자서적

㉱ 데이터베이스

③ 위의 ①, ②의 집합체 그 밖에 이와 유사한 전자적 형태의 무체물로서 산업통상자원부장관이 정하여 고시하는 것[4)]

소프트웨어 등과 같은 전자적 형태의 무체물이 CD, 디스켓, 음반 등의 형태로 거래되는 경우에는 전자적 형태의 무체물이 아니라 물품에 해당하는 것으로 보며, 물품의 수출보다는 법률·교육 소프트웨어 프로그램 등을 이용토록 하고 이에 대한 대가를 받는 순수한 서비스공급에 해당하는 행위는 대외무역법령 상의 물품 등의 범위에 포함되지 않는 것으로 본다.

1-2. 수출의 개념

(1) 대외무역법 상의 수출

수출(export)이란 매매의 목적물인 물품 등을 외국에 매각하는 것을 말한다. 즉, 국내거주자가 외국의 거래상대방에게 물품 등을 공급하고 그에 상응하는 경제적 대가를 수취하는 것으로서, 현행 대외무역법령에서의 수출의 정의는 다음과 같다(시행령 제2조 제3항).

① 매매[5)]·교환[6)]·임대차[7)]·사용대차(使用貸借)[8)]·증여[9)] 등을 원인으로 국

3) 컴퓨터·통신·자동화 등의 장치와 그 주변장치에 대하여 명령·입력·처리·저장·출력·상호작용이 가능하도록 하는 지시·명령(음성이나 영화정보 등을 포함한다)의 집합과 이를 작성하기 위하여 사용된 기술서 그 밖에 관련 자료를 말한다(소프트웨어산업진흥법 제2조 제1호).

4) 컴퓨터 등 정보처리능력을 가진 장치에 저장한 상태로 반출·반입한 후 인도·인수하는 것을 말한다.

내에서 외국[10]으로 물품이 이동하는 것(우리나라 선박에 의하여 외국에서 채취한 광물(鑛物) 또는 포획한 수산물을 외국에 매도(賣渡)하는 것을 포함한다).[11]

② 유상(有償)으로 외국에서 외국으로 물품을 인도하는 것으로서 산업통상자원부장관이 정하여 고시하는 기준에 해당하는 중계무역(한 국가내에서 이동 포함)에 의한 수출, 외국인도수출, 무환수출[12]

③ 거주자(외국환거래법 제3조 제1항 제12호의 규정에 의한 거주자)가 비거주자(외국환거래법 제3조 제1항 제13호의 규정에 의한 비거주자)에 대한 용역의 제공으로서 산업통상자원부장관이 정하여 고시하는 방법[13]으로 제공하는 것

---

5) 당사자 일방이 재산권을 상대방에게 이전할 것을 약정하고 상대방이 그 대금을 지급할 것을 약정함으로써 성립하는 계약을 말한다.

6) 당사자 쌍방이 서로 금전 이외의 재산권을 이전할 것을 약정함으로써 성립하는 계약을 말한다.

7) 당사자 일방(임대인)이 상대방(임차인)에게 유상으로 목적물을 사용하거나 수익하게 할 것을 약정하고 이에 대하여 대가를 지급할 것을 약정함으로써 성립하는 계약을 말한다. 예를 들면 산업용 기계를 임대차계약에 의해서 국내에서 외국으로 반출하는 것도 수출의 범위에 포함된다.

8) 당사자 일방(貸主)이 상대방(借主)에게 무상으로 목적물을 사용하거나 수익하게 할 것을 약정하고 이에 대하여 상대방은 사용·수익한 후 반환할 것을 약정함으로써 성립하는 계약을 말한다. 예를 들면 고려청자를 프랑스 루부르 박물관에 일정기간 전시후 재반입될 목적으로 국내에서 외국으로 무상으로 반출되어지는 경우도 수출의 범위에 포함된다.

9) 당사자 일방이 무상으로 재산을 상대방에게 수여하는 의사표시를 하고 상대방이 이를 승낙함으로써 성립하는 계약을 말한다.

10) 국내라 함은 대한민국의 주권(主權)이 미치는 지역을 의미하며, 관세법상의 보세창고, 보세판매장, 보세공장 등은 국내로 본다. 즉, 수출신고 수리된 물품을 보세구역에 장치하였다 하더라도, 대외무역법상으로는 수출로 간주하지 않으며, 물품을 선적하여 외국으로 이동한 경우에만 대외무역법상의 수출로 인정한다. 또한 외국이라 함은 국내이외의 지역을 말한다(시행령 제2조 제2,3호).

11) 우리나라 선박에 의해 공해상의 원양어로에서 채취 또는 포획한 참치 등의 수산물 등을 현지에서 직접 매도(賣渡)하는 것도 수출의 범주에 포함시키고 있는데, 이는 물품이 현지(공해 혹은 외국)에 있을지라도 우리나라 물품이고 매매의 원인에 의해서 현지에서 인도하는 것이기 때문에 비록 물품이 국내에서 외국으로 이동하는 것은 아니지만 수출의 범주에 포함시키고 있다.

12) 국내에서 외국으로 물품이 이동하는 경우는 유·무상 여부와 관계없이 수출·입으로 인정되나, 외국에서 외국으로 물품이 이동하는 경우에는 유상거래만이 대외무역법상을 수출로 인정된다.

13) ① 용역의 국경을 넘은 이동에 의한 제공, ② 비거주자의 국내에서의 소비에 의한 제공, ③ 거주자의 상업적 해외주재에 의한 제공, ④ 거주자의 외국으로의 이동에 의한 제공하는 것을 말한다(규정 제3조 제1항).

④ 거주자의 비거주자에 대한 전자적 형태의 무체물(無體物)을 정보통신망을 통한 전송 그 밖에 산업통상자원부장관이 정하여 고시하는 방법으로 인도하는 것[14)]

종전의 무역거래법에서는 통관기준에 의한 수출뿐만 아니라 국내에서 유상으로 물품을 매각하는 외화획득 행위까지 수출의 개념으로 포함하고 있었으나, 개정된 대외무역법에서는 그 범위를 축소하여 국내에서의 외화획득행위와 선·기용품을 공급하는 행위는 외화획득의 범위에만 포함시키고 수출의 범위에는 제외하고 있다. 이와 같이 수출의 범위를 축소하는 것은 과다한 수출실적에 의한 통상압력의 회피를 도모하고 대외무역의 개념을 보다 명확하게 하기 위함이다.

또한 국제적인 수출입거래가 복잡하고 다양화 되고 있는 양상을 고려하여 물품의 매매나 임대차 중심의 수출입거래에서 교환, 사용대차, 증여 등의 원인을 추가하여 그 범위를 확대하였다. 그러므로 수출의 원인을 유상원인인 매매, 교환, 임대차와 무상원인의 사용대차, 증여 등으로 분류할 수 있다.

(2) 관세법 상의 수출

관세법에서의 수출은 '내국물품을 외국으로 반출하는 것'으로 정의되고 있으며, 여기서 내국물품이라 함은 다음의 하나에 해당하는 물품을 말한다(관세법 제2조 제2, 5항).

① 우리나라에 있는 물품으로서 외국물품[15)]이 아닌 것
② 우리나라의 선박 등이 공해에서 채집하거나 포획한 수산물 등
③ 입항전수입신고가 수리된 물품[16)]
④ 수입신고수리전 반출승인을 받아 반출된 물품
⑤ 수입신고전 즉시반출신고를 하고 반출된 물품

14) 전송이라 함은 인터넷상으로 다운로드(download) 하는 행위를 의미하며, 그 밖에 산업통상자원부장관이 정하는 방법이란 노트북 등 정보처리능력을 가진 장치에 내장한 상태로 반출·반입한 후 인도·인수하는 행위를 말한다.

15) 외국으로부터 우리나라에 도착한 물품으로 수입신고가 수리(受理)되기 전의 것과 수출신고가 수리된 물품을 말하며, 여기에는 외국의 선박에 의해 공해(공해, 외국의 영해가 아닌 경제수역을 포함한다.)에서 채집하거나 포획한 수산물 등을 포함한다(관세법 제2조 4호.).

16) 관세법상 내국물품으로 인정되지만, 대외무역법상으로는 수입으로 간주하지 않는다.

특히, 대외무역법상 수출의 범위에 포함되었던 "우리나라의 선박에 의해 외국에서 채취 또는 포획한 광물 또는 수산물을 외국에 매도하는 것"은 관세법상 수출의 범주에 포함되지 않는다고 볼 수 있다. 왜냐하면 동 수산물 등은 실질적으로 국내에 있지 않기 때문에 내국물품이라고 볼 수 없기 때문이다.

따라서 대외무역법과 관세법상 수출 개념의 차이점은 대외무역법에서는 특별한 경우를 제외하고(외국인도수출, 중계무역) 물품의 이동을 기준으로 하는 반면, 관세법에서는 물품이 국내에 있다고 하더라도 통관기준인 관세선을 기준으로 구분한다.

1-3. 수입의 개념

(1) 대외무역법 상의 수입

수입(import)이라 함은 매매의 목적물인 물품 등을 외국으로부터 구매하는 것을 말한다. 즉 국내 거주자가 외국으로부터 물품 등을 수령하고 그에 상응하는 경제적 가치를 제공하는 것으로, 대외무역법령에서는 다음의 하나에 해당하는 것을 말한다(시행령 제2조 제4호).

① 매매·교환·임대차·사용대차·증여 등을 원인으로 외국으로부터 국내로 물품이 이동하는 것.

② 유상으로 외국에서 외국으로 물품을 인수하는 것으로서 산업통상자원부장관이 정하여 고시하는 기준에 해당하는 중계무역에 의한 수입, 외국인수수입, 무환수입[17]

③ 비거주자가 거주자에 대한 용역의 제공으로서 산업통상자원부장관이 정하여 고시하는 방법으로 용역을 제공하는 것

④ 비거주자가 거주자에 대한 전자적 형태의 무체물을 정보통신망을 통한 전송 그 밖에 산업통상자원부장관이 정하여 고시하는 방법[18]으로 전자적 형태의 무체물을 인도하는 것

17) 해외건설사업현장에서 사용하기 위한 시설·원료 및 기재를 외국에서 구입하여 사업현장에 송부하는 외국인수수입과 중계무역 대상물품을 국내에 반입하지 않은 상태에서 수출용으로 수입하는 경우의 중계무역 형태가 있다.

18) 컴퓨터 등 정보처리능력을 가진 장치에 저장한 상태로 반입한 후 인도하는 것을 말한다.

수입의 경우, 수출의 개념과 같으나 물품의 이동방향이 '외국에서 국내로' 이루어진다는 것이 다르다. 특히, 대외무역법에서 유상으로 외국에서 외국으로 물품을 인수하는 경우에도 수입의 범위에 포함시키고 있는 것은 대가를 지불하고 국내가 아닌 외국으로 물품을 인수하더라도 그 물품은 우리나라에 속하는 물품이 되어 수입의 개념으로 보는 것이 타당하다는 것을 뜻한다.

또한, "용역의 제공으로서 산업통상자원부장관이 정하여 고시하는 방법으로 제공하는 것"이라 함은 다음의 방법에 의하여 공급하는 것을 말한다.

① 용역의 국경을 넘은 이동에 의한 제공
② 거주자의 외국에서의 소비에 의한 제공
③ 비거주자의 상업적 국내주재에 의한 제공
④ 비거주자의 국내로 이동에 의한 제공

(2) 관세법 상의 수입

관세법에서 수입이란 다음의 하나에 속하는 외국물품을 우리나라에 반입(보세구역을 경유하는 것은 보세구역으로부터 반입하는 것)하거나 우리나라에서 소비 또는 사용하는 것(우리나라의 운송수단 안에서의 소비 또는 사용을 포함한다)을 말한다(관세법 제2조 1, 4호).

① 외국으로부터 우리나라에 도착된 물품(외국의 선박 등이 공해에서 채집하거나 포획한 수산물 등을 포함한다)으로서 수입신고가 수리(受理)되기 전의 것
② 수출의 신고가 수리된 물품

위에서 열거한 두 가지 물품은 외국으로부터 우리나라에 도착된 물품 또는 수출신고가 수리된 물품으로서 국내에 있는 물품이지만 관세법 상 외국 물품으로 규정한다. 따라서 관세법상의 수입이란 외국물품을 국내로 인취하는 것이다.

2 수출입거래의 일반원칙

2-1. 수출입의 원칙

수출입행위는 대외무역법, 외국환거래법, 관세법 등 무역관련 법규에서 별도로 정

하지 않은 사항에 대해서는 자유무역질서를 저해하지 않는 범위 내에서 수출입 당사자 간의 계약에 따라 자기의 책임 하에 자유롭게 이루어지는 것을 기본원칙으로 한다.

이러한 수출입행위의 기본원칙에 따라 대외무역법에서는 다음과 같이 수출입 원칙에 대하여 규정하고 있다. 즉, 물품의 수출입 및 이에 따른 대금의 영수 또는 지급은 이 법의 목적(대외무역을 진흥하고 공정한 거래질서를 확립하여 국제수지의 균형과 통상의 확대를 도모함으로써 국민경제 발전에 이바지함)의 범위 내에서 자유롭게 이루어져야 한다. 그리고 무역거래자는 대외신용도 확보 및 자유무역질서를 유지하기 위하여 자기책임 하에 거래를 성실히 이행하도록 하고 있다(법 제10조).

따라서 수출입 물품의 거래 원칙은 기본적으로 자유이며, 예외적으로 제한이 가해진다 하더라도 최소화한다는 입법방향을 제시하고 있다. 이러한 원칙에 의해 물품의 수출입 및 이에 따른 대금의 영수 또는 지급은 대외무역법의 목적에 벗어나면 제한될 수 있다.

또한 무역의 완전 자유화를 위한 각종 조치가 이루어짐에 따라 무역업자가 자기 책임 하에 스스로 해당 수출입거래를 성실히 이행하도록 함으로써 대외신용도를 확보하면서 자유무역질서를 유지하기 위해 수출입 거래에 대한 무역거래자의 신의·성실 원칙을 포함하고 있다.

2-2. 수출입의 제한

(1) 물품등의 제한

대외무역법 제3조(자유롭고 공정한 무역의 원칙 등)에서는 '우리나라의 무역은 자유무역을 원칙으로 하고, 국제법규의 이행 등을 위하여 제한이 필요한 경우에는 최소한의 범위에서 운영하여야 함'을 명시하고 있다.

따라서 산업통상자원부장관은 헌법에 따라 체결·공포된 조약과 일반적으로 승인된 국제법규에 따른 의무의 이행, 생물자원의 보호 등을 위하여 필요하다고 인정하면 물품 등의 수출 또는 수입을 제한하거나 금지할 수 있다(법 제11조 제1항).

(가) 제한사유

산업통상자원부장관은 다음의 하나에 해당하는 때에는 대통령령이 정하는 바에 의하여 물품 등의 수출·수입을 제한하거나 금지할 수 있다(법 제5조).

① 우리나라 또는 우리나라의 무역 상대국(이하 “교역상대국”이라 한다)에 전쟁·사변 또는 천재지변(natural disaster)이 있을 경우
② 교역상대국이 조약과 일반적으로 승인된 국제법규에서 정한 우리나라의 권익(rights and benefits)을 인정하지 아니할 경우
③ 교역상대국이 우리나라의 무역에 대하여 부당하거나 차별적인 부담 또는 제한을 가할 경우
④ 헌법(Constitution)에 따라 체결·공포된 무역에 관한 조약과 일반적으로 승인된 국제법규에서 정한 국제평화와 안전유지(international peace and security) 등의 의무를 이행하기 위하여 필요할 경우
⑤ 국제평화와 안전유지를 위한 국제공조에 따른 교역여건의 급변으로 교역상대국과의 무역에 관한 중대한 차질이 생기거나 생길 우려가 있는 경우
⑥ 인간의 생명·건강 및 안전, 동물과 식물의 생명 및 건강, 환경보전 또는 국내 자원보호를 위하여 필요할 경우

이러한 수출입물품의 제한 및 금지가 필요한 경우에는 수출입공고, 전략물자 수출입 고시 등에서 지정·고시하고 있으며, 이외의 품목은 자유롭게 수출입을 할 수 있다.

(나) 수출입공고에 의한 제한

다음의 경우에는 산업통상자원부장관이 수출 또는 수입을 제한하거나 금지할 수 있는 물품등으로, 수출 또는 수입승인 대상으로 지정·고시한 물품 등을 말한다(시행령 제16, 17조).

① 헌법에 의하여 체결·공포된 조약이나 일반적으로 승인된 국제법규상에 따른 의무를 이행하기 위하여 산업통상자원부장관이 지정·고시하는 물품 등
② 생물자원보호를 위하여 산업통상자원부장관이 지정·고시하는 물품 등
③ 교역상대국과의 경제협력 증진하기 위하여 산업통상자원부장관이 지정·고시하는 물품 등
④ 방위산업용 원료·기재, 항공기 및 동 부분품, 그 밖에 원활한 물자수급과 과학기술의 발전 및 통상·산업정책상 필요하다고 인정하여 산업통상자원부장관이 해당 품목을 관장하는 관계 행정기관의 장과 협의를 거쳐 지정·고시하는 물품 등

그러므로 이러한 물품 등을 수출하거나 수입하려는 자는 산업통상자원부장관의 승인을 받아야 한다. 다만, 긴급히 처리하여야 하는 물품 등과 그 밖에 수출 또는 수입 절차를 간소화하기 위한 물품 등으로서 대통령령으로 정하는 기준에 해당하는 물품 등의 수출 또는 수입은 그러하지 아니하다(법 제11조 제2항).

(다) 통합공고에 의한 제한

통합공고는 무역거래자의 편의를 위해 57개의 다른 법률 및 국제협약에서 정한 수출입요건확인에 관한 사항을 통합하여 공고하는 제도이다.

관계 행정기관의 장은 소관품목에 대한 수출입요령을 제정・개정하는 경우에는 해당 수출・수입요령이 그 시행일 전에 공고될 수 있도록 이를 산업통상자원부장관에게 제출하여야 하며, 산업통상자원부장관은 제출받은 수출・수입요령을 통합하여 공고하여야 한다(법 제12조).

(라) 전략물자 수출입고시에 의한 제한

산업통상자원부장관은 관계 행정기관의 장과 협의하여 대통령령으로 정하는 국제수출통제체제(이하 "국제수출통제체제"라 한다)의 원칙에 따라 국제평화 및 안전유지와 국가안보를 위하여 수출허가 등 제한이 필요한 물품등(대통령령으로 정하는 기술을 포함한다.)을 지정하여 고시하여야 한다.[19]

이에 따라 지정·고시된 물품등(이하 "전략물자"라 한다)을 수출(국내에서 국외로의 이전, 국내 또는 국외에서 대한민국 국민(국내법에 따라 설립된 법인을 포함한다)으로부터 외국인(외국의 법률에 따라 설립된 법인을 포함한다)에게로의 이전) 하려는 자는 대통령령으로 정하는 바에 따라 산업통상자원부장관이나 관계 행정기관의 장의 허가(이하 "수출허가"라 한다)를 받아야 한다. 다만, 「방위사업법」에 따라 허가를 받은 방위산업물자 및 국방과학기술이 전략물자에 해당하는 경우에는 그러하지 아니하다(법 제19조 제1, 2항).

---

19) 대통령령으로 정하는 국제수출통제체제란 바세나르체제(WA), 핵공급국그룹(NSG), 미사일기술통제체제(MTCR), 오스트레일리아그룹(AG), 화학무기의 개발·생산·비축·사용 금지 및 폐기에 관한 협약(CWC), 세균무기(생물무기) 및 독소무기의 개발·생산·비축 금지 및 폐기에 관한 협약(BWC)을 말한다.

(2) 지역등의 제한

위의 수출입의 제한 사유 중 ②, ③의 경우는 무역보복을 위한 조항이지만, 특별하게 고시된 교역상대국은 없다. 그러나 산업통상자원부에서는 ④, ⑤에 의거하여 「국제평화및안전유지등의의무이행을위한무역에관한특별조치고시」를 제정하여 수출입을 제한하고 있다.

동 고시는 국제평화와 안전유지 등의 의무이행을 위한 수출·수입에 관한 특별조치에 대한 사항을 규정함을 목적으로 UN 안전보장이사회에서 결의한 사항을 이행하기 위하여 운용되고 있다. 이 고시에서 정한 수출입 제한 내용과 대외무역법 제12조의 규정에 의한 수출입공고와 제26조의 규정에 의한 전략물자 수출입고시의 제한 내용이 동시에 적용될 경우에는 이 고시에서 정한 제한 내용과 수출입공고 및 전략물자 수출입고시 등의 제한 내용이 모두 충족되어야만 수출 또는 수입할 수 있다.

산업통상자원부장관은 이 고시에서 정한 수출입의 허가 시 국가안보 또는 외교정책 수행에 중대한 영향을 미칠 수 있다고 판단하는 경우에는 미리 외교부장관 등 관계부처의 장과 협의하여야 한다. 동 조치에서 제한하고 있는 내용을 보면 다음과 같다(특별조치 제1-3조).

(가) 무기류 및 군용물품의 수출입 제한

무기류 및 군용물품[20] 등의 수출입 제한국인 이라크, 라이베리아, 소말리아, 코트디부아르, 콩고민주공화국, 수단공화국, 에리트레아, 레바논, 리비아 등 9개 국가를 도착항으로 하는 수출과 이라크, 소말리아, 코트디부아르, 에리트레아, 리비아, 시리아[21]를 원산지 또는 선적항으로 하는 수입에 대하여 적용한다.

(나) 다이아몬드 원석 수출입제한

① 킴벌리 프로세서 체제(Kimberley Process Scheme)

동 체제는 아프리카 다이아몬드 원석 생산국 내의 반군이 합법적인 정부를 전복하기 위하여 군비조달 목적으로 거래하는 다이아몬드 원석[22]의 국제적 유통을

20) 무기, 탄약, 군용차량 및 장비, 준군용장비 및 군용관련 부품 등을 포함한다.

21) 화학무기 및 화학무기 관련 장비, 제품, 기술지원 등을 시리아로부터 수입할 수 없다.

22) HS(Harmonized Commodity Description and Coding System) 상품분류에 의하여 HS 7102.10, 7102.21, 7102.31에 해당하는 품목을 말한다.

통제하기 위해 WTO에 가입한 국가들로 구성되어 다이아몬드원석의 수출입에 관한 사항을 협의·조정하기 위해 결성된 국제적인 협의체를 말한다.

이 체제에 의하여 킴벌리 프로세스 회원국[23]에 해당하지 않는 국가에 대한 다이아몬드 원석의 수출·수입을 금지한다.

② 수출입제한 및 수출허가기관

회원국을 도착항으로 하여 다이아몬드 원석을 수출하고자 하는 자는 산업통상자원부장관에게 수출허가를 받아야 한다. 회원국을 원산지 또는 선적항으로 하여 다이아몬드 원석을 수입하는 경우에는 상대 회원국에서 발행한 킴벌리 프로세스 증명서(Kimberley Process Certification)[24]가 수입하는 다이아몬드 원석과 함께 동봉되지 않으면 수입할 수 없다. 다만, 중계무역 또는 환적등을 목적으로 다이아몬드 원석을 수입하여 보세구역 및 보세구역외 장치의 허가를 받은 장소 이외의 국내에 반입하지 아니하고 다시 수출하는 경우에는 그러하지 아니하다(특별조치 제2-1, 2조).

③ 수출입 절차 및 세관장의 권한과 책임

다이아몬드 원석의 수출허가를 받고자 하는 자는 산업통상자원부장관에게 우편, 방문, 모사전송 또는 인터넷[25]으로 신청할 수 있으며, 신청일로부터 7일 이내 증명서 3부를 발급하여야 한다. 증명서를 발급받은 무역거래자는 다이아몬드 원

---

23) 앙골라, 아르메니아, 호주, 방글라데시, 벨로루시, 보츠와나, 브라질, 캐나다, 중앙아프리카공화국, 중국, 콩고민주공화국, 코트디부아르*, 유럽공동체(the European Community: 오스트리아, 벨기에, 불가리아, 사이프러스, 체코, 덴마크, 에스토니아, 핀란드, 프랑스, 독일, 그리스, 헝가리, 아일랜드, 이탈리아, 라트비아, 리투아니아, 룩셈부르크, 몰타, 네덜란드, 폴란드, 포르투갈, 루마니아, 슬로바키아, 슬로베니아, 스페인, 스웨덴, 영국, 크로아티아), 가나, 기니, 가이아나, 인도, 인도네시아, 이스라엘, 일본, 대한민국, 라오스, 레바논, 레소토, 라이베리아, 말레이시아, 모리셔스, 멕시코 나미비아, 뉴질랜드, 노르웨이, 러시아, 콩고공화국, 시에라리온, 싱가포르, 남아프리카공화국, 스리랑카, 스위스, 탄자니아, 태국, 토고, 터키, 우크라이나, 아랍에미리트(UAE), 미국, 베네수엘라*, 베트남, 짐바브웨, 스와질란드, 카메룬, 캄보디아, 카자흐스탄, 파나마, 말리(80개국)
* 베네수엘라는 향후 고지가 있을 때까지 다이아몬드 원석 수출입을 중지함
* 코트디부아르는 현재 UN 제재하에 있으며 다이아몬드 원석을 거래하지 않음

24) 킴벌리 프로세서 회원국이 다이아몬드 원석 수출신청에 대하여 확인한 수량의 품목들의 수출을 허가할 경우 발행하는 증명서를 말한다.

25) 인터넷을 이용하여 수출허가를 받고자 하는 자는 전략물자 수출입관리정보시스템(www.YesTrade.go.kr)을 이용하여 신청할 수 있다.

석과 증명서를 동봉하여 선적하여야 한다. 이 경우, 수출하는 용기 안에 다이아몬드 원석 외 다른 물품 등을 함께 동봉하여서는 아니된다(특별조치 제2-3,4,조).

세관장은 다이아몬드 원석의 수출 통관시 증명서(우리나라 발행)의 유무 및 수출물품과 증명서의 기재내용이 일치하는 지를 확인하여야 한다. 이때 세관장은 증명서가 없거나 수출물품과 증명서의 기재내용이 일치하지 않는 경우에는 수출물품을 통관시켜서는 안되며, 동 내용이 일치하는 경우에는 증명서가 동봉된 서식(조치 별지 제2-3호)에 의한 확인증을 포장이음새에 붙여서 봉인하여야 한다.

한편, 수입통관의 경우 세관장은 수입물품에 상대 회원국이 발급한 증명서가 동봉되지 않았거나 수입물품과 발급된 증명서의 기재내용이 일치하지 않는 경우에는 수입물품을 통관시켜서는 아니된다. 규정에 의해 다이아몬드 원석을 통관시킨 경우에는 통관일로부터 7일 이내에 상대 회원국에서 발행한 증명서 원본을 관세청장을 경유하여 산업통상자원부장관에게 송부하여야 한다(특별조치 제2-12,조).

〈그림 5-1〉 다이아몬드 원석 수출 확인서

This parcel has been inspected by the Korea Customs Service for export in accordance with the Kimberley Process Certificate Scheme for rough diamonds. This can be opened by the authorized agency of importing nation

제2절 수출입의 실적

 수출입 실적의 의의

수출실적은 수출의 개념과는 다소 차이가 있으며, 무역업자는 수출입 실적에 따라 각종 사후관리 기준의 결정, 무역금융한도의 결정 등 금융 및 세제상의 지원을 받을 수 있다. 한편, 수출실적은 국가무역정책의 목표달성 및 원활한 무역거래의 촉진 등을 위한 기초 자료로 활용되고 있다.[26] 따라서 무역업자에게 중요한 개념이 되고 있는 수출입 실적의 의의를 살펴보면 다음과 같다.

첫째, 대외무역법상 수출입은 국내에서 외국으로, 외국에서 국내로 또는 외국에서 외국으로의 물품 이동을 의미하는 반면, 수출입 실적은 국내·외간의 물품 이동뿐만 아니라 수출에 제공되는 외화획득용 원료·기재의 국내공급액도 포함한다.

이와 관련한 조항에서 "수출자 또는 수출물품 등의 제조업자에 대한 외화획득용 원료 또는 물품 등의 공급 중 수출에 공하여 지는 것으로, 내국신용장(Local L/C)에 의한 공급, 구매확인서에 의한 공급, 산업통상자원부장관이 지정하는 생산자의 수출물품 포장용 골판지상자의 공급은 수출실적으로 인정한다(규정 제1항 25조, 제3호)"로 규정하고 있다.

이와 같이 국내에서 무역업자에게 수출용원자재를 공급한 경우 이것을 수출실적으로 인정해주는 것은 수출을 진흥하기 위한 정책적인 목적으로 수출물품에 대한 국산원자재의 공급을 촉진하여 외화가득률을 높이기 위한 방안이다.

둘째, 무상수출입은 수출입의 범위에는 포함되지만, 수출입 실적으로는 인정되지 않는다. 즉 대외무역법상 수출입은 유상과 무상을 구분하지 않고, 모두 수출입의 범위에 포함되는 반면, 수출입 실적의 경우 무상수출입은 원칙적으로 인정되지 않는다[27].

한편, 산업통상자원부장관은 용역이나 전자적 형태의 무체물을 수출입한 자가 수출입에 관한 지원을 받기 위하여 그 사실의 확인을 신청하면 수출입 확인을 할 수 있으며, 확인에 필요한 세부 절차 등은 산업통상자원부장관이 정하여 고시한다(시행령 제23조).

---

26) 수출통계는 수출입신고일을 기준으로 정상적인 통관을 거친 경우에만 계상되는 거시통계이나, 수출실적은 무역정책상 인정하는 수출등 개별기업 실적수치금액이므로 수출통계는 수출실적의 합계가 아니다.

27) 다만, 국내업체가 해외건설공사를 수행하기 위하여 국내 기자재를 반출하여 사용하는 경우가 자주 발생하기 때문에 이 경우에는 효율적인 건설공사의 수행을 지원하기 위하여 수출실적으로 인정하고 있다.

2 수출실적

2-1. 수출실적의 개념 및 인정범위

(1) 수출실적의 개념

"수출실적"이란 산업통상자원부장관이 정하여 고시하는 기준에 해당하는 수출통관액·입금액, 가득액과 수출에 제공되는 외화획득용 원료·기재의 국내공급액을 말한다(시행령 제2조 제11호).

(2) 수출실적의 인정범위

산업통상자원부장관이 정하고 있는 수출실적의 인정범위는 다음과 같다(규정 제25조 제1항).

① 대외무역법령상 수출 중 유상으로 거래되는 수출(대북한 유상반출실적 포함)

② 승인이 면제되는 수출 중 다음의 하나에 해당하는 수출

㉮ 외국에서 개최되는 박람회, 전람회, 견본시, 영화제 등에 출품하기 위하여 무상으로 반출하는 물품 등의 수출로서 현지에서 매각된 것

㉯ 해외에서 투자, 건설, 용역, 플랜트수출, 그 밖에 이에 준하는 사업에 종사하고 있는 우리나라 업자(현지 합작법인 포함)에게 무상으로 송부하기 위하여 반출하는 기계, 시설자재, 근로자용 생활필수품 및 그 밖에 그 사업에 관련하여 사용하는 물품으로서 주무부장관 또는 주무부장관이 지정한 기관의 장이 확인하는 물품 중 해외건설공사에 직접 공하여지는 원료·기재, 공사용 장비 또는 기계류의 수출(수출신고필증에 재반입하지 않는다는 조건이 명시된 분에 한 함)

③ 수출자 또는 수출물품 등의 제조업자에 대한 외화획득용 원료 또는 물품 등의 공급 중 수출에 공하여 지는 것으로 다음의 어느 하나에 해당하는 경우

㉮ 내국신용장(Local L/C)[28]에 의한 공급

㉯ 구매확인서[29]에 의한 공급

---

28) 한국은행총재가 정하는 바에 따라 외국환은행의 장이 발급하여 국내에서 통용되는 신용장을 말한다(규정 제2조 제19호).

29) 물품 등을 외화획득용 원료, 외화획득용 용역, 외화획득용 전자적 형태의 무체물 또는 물품으로 사용하기 위하여 국내에서 구매하려는 경우 외국환은행의 장 또는 「전자무역 촉진에 관한 법률」 제6조에 따라 산업통상자원부장관이 지정한 전자무역기반사업자가 내국

㉰ 산업통상자원부장관이 지정하는 생산자의 수출물품 포장용 골판지 상자의 공급

④ 외국인으로부터 외화를 영수하고 외화획득용 시설기재를 외국인과 임대차 계약을 맺은 국내업체에 인도하는 경우30)

⑤ 외국인으로부터 외화를 영수하고 자유무역지역(자유무역지역의 지정 및 운영에 관한 법률 제2조)으로 반입 신고한 물품 등을 공급하는 경우

2-2. 수출실적의 인정금액 및 인정시점

(1) 수출실적의 인정금액

수출실적의 인정금액은 다음의 경우를 제외하고는 수출통관액(FOB가격기준)으로 한다(규정 제26조).

① 중계무역에 의한 수출의 경우에는 수출금액(FOB가격)에서 수입금액(CIF가격)을 공제한 가득액(FOB-CIF)
즉, 중계무역은 수출입거래가 동시에 이루어지므로 각각 수출입실적으로 인정하는 경우에는 실제 외화가득액에 비해 수출입실적 계상이 과다하게 되는 등 불합리한 점이 있어 수출금액(FOB금액)에서 수입금액(CIF금액)을 공제한 가득액만 수출실적으로 인정한다.

② 외국인도수출의 경우에는 외국환은행의 입금액(단, 위탁 가공된 물품을 외국에 판매하는 경우에는 판매액에서 원자재 수출금액 및 가공임을 공제한 가득액)
즉, 위탁 가공된 물품을 외국에 판매하는 경우에는 원자재 수출금액이나 가공임 해외지급액을 모두 수출실적으로 인정한다면 수출실적이 중복될 수 있으므로 판매액에서 원자재 수출금액 및 가공임을 공제한 가득액(기타 외국인도수출의 경우에는 외국환은행의 입금액)을 수출금액으로 인정하고 있다.

③ 외국에서 개최되는 박람회, 전람회, 견본시, 영화제 등에 출품하기 위하여 무상으로 반출하는 물품 등(별표 3의 제2호 나목)의 수출로서 현지에서 매각된 것은 외국환은행의 입금액

신용장에 준하여 발급하는 증서를 말한다(규정 제2조 제18호).

30) 이 경우 물품의 이동이 국내에서 이루어지므로 수출에는 해당하지 않으나 외국인으로부터 외화를 영수하고 수출이행을 위한 물품 생산에 사용될 시설기재를 조달하는 점 등을 고려하여 수출실적으로 인정된다.

④ 원양어로에 의한 수출 중 현지경비 사용분은 외국환은행의 확인분
즉, 원양어선에 의해 외국에 직접 수출한 경우 대금회수는 외국환은행을 경유하여 결제되는데 그 중에서 현지 어로작업을 위한 경비(현지에서 사용한 유류비, 원양어선 유지수선비, 소모품비)는 입금이 되지 않는다. 따라서 수출실적시는 현지경비 사용분을 외국환은행이 확인한 금액으로 인정하여 외국환은행의 입금액보다 더 많은 금액이 된다.

⑤ 용역 수출의 경우에는 용역의 수출·수입실적의 확인 및 증명 발급기관의 장[31]이 외국환은행을 통해 입금 확인한 금액

⑥ 전자적 형태의 무체물의 수출의 경우에는 한국무역협회장 또는 한국소프트웨어산업협회장이 외국환은행을 통해 입금확인한 금액

⑦ 내국신용장(Local L/C)에 의한 공급, 구매확인서에 의한 공급, 산업통상자원부장관이 지정하는 생산자의 수출물품 포장용 골판지 상자의 공급에 의해 수출자 또는 수출물품 등의 제조업자에 대한 외화획득용 원료 또는 물품의 공급 중 수출에 공하여지는 경우는 외국환은행의 결제액 또는 확인액

⑧ 외국인으로부터 외화를 영수하고 외화획득용 시설기재를 외국인과 임대차계약을 맺은 국내업체에 인도하는 경우와 자유무역지역으로 반입신고한 물품 등을 공급하는 경우는 외국환은행의 입금액

(2) 수출실적의 인정시점

수출실적은 수출신고 수리일, 입금일 기준, 외국환은행을 통하여 결제한 경우 결제일, 당사자간의 결제일 기준으로 인정하게 되는데 다음과 같이 구분된다(규정 27조 1~2항).

① 다음 수출실적의 인정시점은 수출신고 수리일로 한다.

㉮ 수출의 정의 중 유상으로 거래되는 수출(대북한 유상반출 실적포함)

㉯ 수출승인이 면제되는 물품 등 중 해외에서 투자, 건설, 용역, 플랜트 수출, 그 밖에 이에 준하는 사업에 종사하고 있는 우리나라 업자(현지 합작법인 포함)에게 무상으로 송부하기 위하여 반출하는 시설기재, 원료, 근로자용 생활필수품 및 그 밖에 그 사업에 관련하여 사용하는 물품으

31) 한국무역협회장, 한국선주협회장(해운업의 경우만 해당한다), 한국관광협회중앙회장 및 문화체육관광부장관이 지정하는 업종별 관광협회장(관광사업의 경우만 해당한다)이다(규정 제30조 제1항).

로서 주무부장관 또는 주무부장관이 지정한 기관의 장이 확인한 물품의 수출 중 해외건설공사에 직접 공하여지는 원료·기재, 공사용 장비 또는 기계류의 수출(수출신고필증에 재반입하지 않는다는 조건이 명시된 분에 한한다.)

② 다음 수출실적의 인정시점은 입금일로 한다.

㉮ 수출의 정의 중 유상으로 거래되는 수출 중 용역 또는 전자적 형태의 무체물의 수출

㉯ 수출승인이 면제되는 물품 등 중 외국에서 개최되는 박람회, 전람회, 견본시, 영화제 등에 출품하기 위하여 무상으로 반출하는 물품 등의 수출로서 현지에서 매각된 것

㉰ 중계무역 및 외국인도수출

㉱ 외국인으로부터 외화를 영수하고 외화획득용 시설기재를 외국인과 임대차계약을 맺은 국내업체에 인도하는 경우와 자유무역지역으로 반입신고한 물품 등을 공급하는 경우의 수출

③ 무역업자 또는 수출물품 제조업자에 대한 외화획득용 원료 또는 물품의 공급 중 수출에 공하여지는 것으로서, 내국신용장(Local L/C)에 의한 공급, 구매확인서에 의한 공급, 산업통상자원부장관이 지정하는 생산자의 수출물품 포장용 골판지상자의 공급에 의한 수출실적의 인정시점은 다음과 같다.

㉮ 외국환은행을 통하여 대금을 결제한 경우에는 결제일

㉯ 외국환은행을 통하여 대금을 결제하지 아니한 경우에는 당사자간의 대금 결제일

3 수입실적

3-1. 수입실적의 개념 및 인정범위

(1) 수입실적의 개념

"수입실적"이란 산업통상자원부장관이 정하여 고시하는 기준에 해당하는 수입통관액 및 지급액을 말한다(시행령 제2조 제12호).

(2) 수입실적의 인정범위

산업통상자원부장관이 정하고 있는 수입실적의 인정범위는 국내·외 간 또는 외국에서 외국으로의 물품이동이 이루어지는 대외무역법령에 의한 수입 중 유상으로 거래되는 수입으로 한다(규정 25조 제2항).

3-2. 수입실적의 인정금액 및 인정시점

(1) 수입실적의 인정금액

수입실적의 인정금액은 수입통관액(CIF가격기준)으로 한다. 다만, 외국인수수입과 용역 또는 전자적 형태의 무체물의 수입의 경우에는 외국환은행의 지급액으로 한다(규정 제26조 제4항).

(2) 수입실적의 인정시점

수입의 정의 중 유상으로 거래되는 수입의 수입실적 인정시점은 수입신고수리일로 한다. 다만, 외국인수수입과 용역 또는 전자적형태의 무체물의 수입의 경우에는 지급일로 한다(규정 제27조 제3항).

4 수출입실적확인 및 증명발급

4-1. 수출입실적의 확인 및 증명발급

(1) 확인 및 증명발급기관

① 외국환은행의 장

수출·수입실적의 확인 및 증명의 발급기관으로 다음과 같은 경우에는 외국환은행의 장이 확인하고 증명을 발급한다. 다만, 구매확인서에 의한 공급에 대한 수출실적 인정금액의 확인 및 증명 발급기관은 대금을 영수한 외국환은행의 장으로 하며, 당사자간에 대금을 결제한 경우에는 그 구매확인서를 발급한 외국환은행의 장 또는 전자무역기반사업자로 하며, 이 경우 외국환은행의 장 또는 전자무역기반사업자는 당사자간에 대금 결제가 이루어졌음을 증빙하는 서류를 확인하여야 한다(규정 제28조 제1항).

㉮ 중계무역에 의한 수출

㉯ 외국인도수출

㉰ 수출승인이 면제되는 물품 등 중 외국에서 개최되는 박람회, 전람회, 견본시, 영화제 등에 출품하기 위하여 무상으로 반출하는 물품 중 현지에서 매각된 것

㉱ 원양어로에 의한 수출

㉲ 내국신용장(Local L/C)에 의한 공급, 구매확인서에 의한 공급, 산업통상자원부장관이 지정하는 생산자의 수출물품 포장용 골판지 상자의 공급에 의해 수출자 또는 수출물품 등의 제조업자에 대한 외화획득용 원료 또는 물품의 공급 중 수출에 공하여지는 수출

㉳ 외국인으로부터 외화를 영수하고 외화획득용 시설기재를 외국인과 임대차계약을 맺은 국내업체에 인도하는 경우와 자유무역지역으로 반입신고한 물품 등을 공급하는 경우의 수출

㉴ 외국인수수입

② 한국무역협회장

㉮ 일반적인 수출통관을 거친 물품의 수출입

㉯ 용역의 전자적 형태의 무체물의 수출입

③ 기타

㉮ 한국선주협회장 : 해운업의 수출입

㉯ 한국관광협회중앙회장 및 문화체육관광부장관이 지정하는 업종별 관광협회장 : 관광사업의 수출입

㉰ 한국소프트웨어산업협회장 : 전자적 형태의 무체물의 수출입

이외의 경우로 수출통관을 거친 물품 등의 수출은 한국무역협회장 또는 산업통상자원부장관이 지정하는 기관의 장이 확인하고 증명을 발급한다.

(2) 확인 및 증명발급 지정 및 지정 신청

수출·수입실적의 확인 및 증명 발급기관으로 지정받으려는 자는 동 증명서 발급에 필요한 인력 및 시설 등을 갖추고 있음을 입증할 수 있는 서류를 첨부하

여 산업통상자원부장관에게 신청하여야 한다. 산업통상자원부장관은 동 신청을 받은 경우 필요한 인력 및 시설 등을 갖추고 있는지를 확인하여 수출·수입실적 확인 및 증명 발급기관으로 지정하여야 한다(규정 제28조 제2, 3항).

발급기관은 수출입 실적 확인 및 증명서를 발급한 때에는 발급대장을 각각 따로 비치하고 발급상황을 기록하여야 한다(규정 제29조).

외국인도수출의 경우에는 위탁가공계약서, 원자재수출액을 증명할 수 있는 수출신고필증 및 가공임을 지급한 외화매입증명서 등 입증서류를 외화가 입금된 외국환은행에 제출하여 수출실적 증명을 발급받을 수 있다.

4-2. 거래형태상 수출입실적 인정대상 등의 비교

수출입실적의 인정대상, 인정금액, 인정시점, 증명확인 및 발급기관을 정리하면 다음과 같다.

〈표 5-1〉 수출입실적의 인정대상

<table>
<tr><th></th><th colspan="3">인정범위</th><th>인정금액</th><th>인정시점</th><th>실적확인,
증명발급기관</th></tr>
<tr><td rowspan="9">수출
실적</td><td rowspan="6">일반
수출</td><td rowspan="2">유상으로
거래되는
물품</td><td>물품</td><td>수출통관액(FOB)</td><td>수출신고
수리일</td><td rowspan="2">한국무역협회
(아래와 동일)</td></tr>
<tr><td>용역 및 전자적
형태의 무체물</td><td>외국환은행이
입금 확인한 금액</td><td>입금일</td></tr>
<tr><td colspan="2">중계무역</td><td>가득액(수출통관액 - 수입통관액 : FOB - CIF)</td><td rowspan="2">입금일</td><td rowspan="4">외국환은행</td></tr>
<tr><td colspan="2">외국인도수출</td><td>외국환은행의 입금액</td></tr>
<tr><td colspan="2">외국인도수출 중 위탁가공된
물품을 외국에 판매하는 경우</td><td>가득액 = 판매액 - (원자재 수출금액 + 가공임)</td><td>입금일</td></tr>
<tr><td colspan="2">원양어로에 의한 수출 중 현지
경비사용분</td><td>외국환은행의 확인분</td><td></td></tr>
<tr><td rowspan="2">수출
승인
면제
대상
물품</td><td colspan="2">외국에서 개최되는 박람회 등에 출품하기 위하여 무상반출된 물품 중 현지에서 매각된 것</td><td>외국환은행의 입금액</td><td>입금일</td><td>외국환은행</td></tr>
<tr><td colspan="2">해외에서 투자 등 이에 준하는 사업에 종사하는 우리나라 업자에게 무상으로 반출하는 물품 등의 수출 중 해외건설공사에 직접 공하여지는 원료, 기재, 공사용 장비 또는 기계류의 수출</td><td>수출통관액(FOB)</td><td>수출신고수리일</td><td>한국무역협회
(또는
산업통상자원
부장관이
지정하는 기관)</td></tr>
<tr><td>외화
획득</td><td colspan="2">내국신용장 및 구매확인서에
의한 공급</td><td>외국환은행의 결제액
또는 확인액</td><td>① 외국환은행
을 통하여 대</td><td>외국환은행</td></tr>
</table>

	용원료의 공급	산업통상자원부장관이 지정하는 수출물품 포장용 골판지상자의 공급		금결제한 경우: 결제일 ② 외국환은행을 통하지 않은 경우 : 당사자간의 대금결제일	
	외국인으로부터 외화를 영수하고 외화획득용 시설기재를 외국인과 임대차계약을 맺은 국내업체에 공급하는 경우		외국환은행의 입금액	입금일	
수입실적	유상으로 거래되는 수입	기타	수입통관액(CIF)	수입신고 수리일	한국무역협회 (위와 동일)
		용역 및 전자적 형태 무체물	외국환은행의 지급액	지급일	
		외국인수수입	외국환은행의 지급액	지급일	외국환은행

5 용역 또는 전자적 형태 무체물의 수출입확인

산업통상자원부장관이 용역 또는 전자적 형태의 무체물을 수출입한 자가 수출입 관련 지원을 받기 위하여 수출입 사실의 확인을 신청하는 경우에는 수출입확인을 할 수 있으며, 수출입확인에 필요한 세부절차 등은 산업통상자원부장관이 이를 정하여 고시한다(시행령 제23조). 수출입확인서는 무역금융·신용보증 한도의 산정 기준이 되며, 벤처기업 지정 기준, 병역특례 인정 기준 등의 용도로 사용된다.

5-1. 수출입의 확인 및 확인서 발급

(1) 용역의 수출입 확인 및 확인서 발급

용역의 수출입 사실의 확인을 받으려는 자는 수출입확인신청서(규정 제23호 별지 서식)에 거래 사실을 증명할 수 있는 서류를 첨부하여 다음의 하나에 해당하는 수출입확인서 발급기관의 장에게 신청하여야 한다. 이 경우 수출입확인서 발급기관의 장은 수출입 사실의 확인이 가능하고 신청 사실에 하자가 없다고 인정하는 경우에만 수출입확인서류(규정 제254호 별지 서식)를 발급하여야 한다(규정 제30조 제1항).

① 한국무역협회장

② 한국선주협회장(해운업의 경우만 해당한다)

③ 한국관광협회중앙회장 및 문화체육관광부장관이 지정하는 업종별 관광협회장(관광사업의 경우만 해당한다)

(2) 전자적 형태 무체물의 수출입 확인 및 확인서 발급

전자적 형태 무체물의 수출입사실 확인을 받으려는 자는 수출입확인 신청서(규정 별지 제26호 서식)에 거래 사실을 증명할 수 있는 서류를 첨부하여 한국무역협회장 또는 한국소프트웨어산업협회장에게 신청하여야 한다. 이 경우 한국무역협회장 또는 한국소프트웨어산업협회장은 수출입 사실의 확인이 가능하고 신청 사실에 하자가 없다고 인정하는 경우에만 수출입확인서류를 발급하여야 한다(규정 제30조 제2항).

5-2. 수출입확인서 발급심사 자료의 제출

한국무역협회장 또는 한국소프트웨어산업협회장은 전자적형태의 무체물의 수출입사실의 확인을 신청한 신청인에게 수출입확인서의 발급심사를 위해 필요한 자료의 제출을 요구할 수 있다(규정 제30조 제3항).

5-3. 수출입확인서 발급현황의 보고

한국무역협회장 또는 한국소프트웨어산업협회장은 수출입확인서를 발급한 경우에는 발급 현황 등에 관한 매분기 실적을 다음달 20일까지 산업통상자원부장관과 관세청장에게 보고하여야 한다(규정 제30조 제4항).

일반적으로 물품의 수출입은 통관절차를 거치므로 용이하게 수출입의 사실을 확인할 수 있으며, 은행에서 수출입 대금을 영수·지급하는 경우에는 실제 수출입관련 대금여부를 용이하게 확인할 수 있게 된다. 그러나 전자적 형태의 무체물은 정보통신망을 통하여 거래가 이루어지므로 저장파일 검색 등 전문적인 기술능력을 갖추고 있는 자가 수출입의 사실을 확인할 수 있을 뿐만 아니라, 은행에서 수출입 대금을 영수·지급하는 경우에는 실제 수출입관련 대금여부를 확인하는 것은 매우 어려운 실정이다. 따라서 산업통상자원부는 전자적 형태의 무체물의 수출입확인업무에 관한 권한을 그 확인업무를 수행할 수 있는 기술능력을 갖추고 있는 한국무역협회와 한국소프트웨어산업협회에 위탁하여 시행하도록 규정하고 있다. 한편 무역거래자는 한국무역협회장 또는 한국소프트웨어산업협회장으로부터 발급받은 수출입확인서를 외국환은행에 제출함으로써 외국환은행이 입금 확인한 금액이 수출실적으로 인정받게 된다.

제3절 수출입물품의 품목관리

품목관리제도

수출입품목에 대한 관리제도는 수출·수입에 대한 직접규제방식으로서 개별품목의 수출입제한여부에 대한 종합관리체계이다. 이에 따라 수출 또는 수입을 하고자 하는 자는 해당 품목의 수출입이 규제되는지 여부에 대하여 사전에 점검한 후, 만일 동 품목이 규제대상일 경우 그 규제를 해제할 수 있는 요건을 갖추어야 적법하게 수출입을 할 수 있다.

수출입 품목관리를 위한 공고체계는 대외무역법에 근거한 수출입공고 및 전략물자 수출입고시, 57개 개별법에 의한 제한 내용을 취합하여 공고하는 통합공고로 이루어져 있다.

수출입물품에 대한 관리체계는 자유무역을 원칙으로 하고 국제법규의 이행, 생물자원보호 등을 위하여 제한이 필요한 경우에 수출입 공고, 전략물자 수출입고시 등에서 지정·고시하고 있으며, 이외의 품목은 자유롭게 수출입을 할 수 있다.

수출입 공고의 품목관리

2-1. 수출입 공고의 의의

대외무역법에서는 산업통상자원부장관이 물품의 수출입 제한·금지, 승인, 신고, 한정 및 그 절차 등을 정한 경우에는 이를 공고하게 하고 있다(법 제11조 제5항).

수출입 공고란 산업통상자원부장관이 승인대상 물품의 품목별 수량·금액·규격 및 수출 또는 수입 지역 등을 한정하는 등 물품의 수출 또는 수입 및 절차 등을 정하여 공고하는 것으로서 수출입 품목관리를 위한 기본공고라 할 수 있다.

수출입 공고는 대외무역법상에 의한 규정이며, 우리나라의 수출입품목관리를 위한 기본원칙을 정하고 있다. 따라서 수출입을 하고자 하는 자는 먼저 무역을 할 수 있는 요건을 갖춘 후에 그 해당품목의 수출입 전 해당품목의 수출입에 제한이 있는지 여부에 대해 사전점검 후 만일 그 해당품목이 수출제한 및 허가와 같은 규제조치에 해당할 경우 그 요건을 갖추어 적법하게 수출입 승인이나 허가를 받을 수 있다.

종전에는 수출입 공고와 수출입 별도공고를 별도로 운용하였으나, 2002년 1월부터는 이를 통합하여 수출입 공고로 운용하고 있으며, 종전의 별도공고 중 통상정책상 필요한 물품인 [별표 3]은 통합공고에서 규정하고 있다. 한편, 수출입 공고에서 수입승인의 대상이 되는 품목은 수입자유화율의 상태를 나타내는 지표가 되는데, 2002년 1월 1일부터 우리나라의 수입자유화율은 100%에 이르고 있다.

수출입 공고는 대외무역법 제11조 제1항 내지 제5항의 규정에 의하여 물품 등의 수출 또는 수입의 제한·금지, 승인, 신고, 한정 및 그 절차 등에 관한 사항을 규정함을 목적으로 한다(수출입공고 제1조).

2-2. 수출입 공고의 품목관리원칙

수출입 공고는 우리나라의 국제수지 및 외국과의 통상관계 등을 고려하면서 한편으로는 무역자유화를 대원칙으로 하고 있다.

대외무역을 진흥하고 공정한 거래질서를 확립하여 국제수지의 균형과 통상확대를 통하여 국민경제 발전을 도모하기 위하여 무역자유화의 추세는 필연적이라고 할 수 있다.

수출의 경우에는 국내자원의 보호 상 또는 외국의 수입쿼터품목 및 수출자율규제품목 등 수출의 관리가 필요한 품목이나 국내물자 수급조정 품목 이외에는 원칙적으로 장려한다. 또한 수입의 경우에도 공안·도덕·풍속을 해치거나 불요불급한 사치성 소비재품목의 수입을 제한하는 경우 이외에는 자유화를 추구함으로써 외국의 수입개방 압력에 능동적으로 대처하여 우리나라 수출을 지속적으로 증대시킬 수 있다.

수출입 공고는 수출입 품목관리 체계의 기본이 되는 것으로 우리나라는 현재

원칙자유・예외적 제한의 원칙을 담고 있는 Negative List System 방식의 품목관리체계와 신국제통일상품분류체계(HS Code)의 원칙을 따르고 있다.

2-3. 수출입공고상의 품목표시방법

우리나라는 1967년 GATT에 가입하면서 1967년 7월 25일부터 수출입품목관리체계를 원칙제한・예외적 자유(Positive List System)에서 원칙자유・예외적 제한(Negative List System)으로 전환하였다.

(1) 허용품목 표시제

허용품목표시제도(Positive List System)는 수출입공고에 수출 또는 수입이 허용되는 품목만 표시하고 여기에 표시되지 않은 품목은 원칙적으로 수출 또는 수입이 제한 또는 금지되도록 하는 수출입공고의 품목표시방법으로 국내 산업이 아직 타국과의 경쟁 상태에 이르지 못한 국가에서 자국의 산업보호 등을 목적으로 실시되고 있다.

(2) 불허품목 표시제

불허품목 표시제도(Negative List System)는 수출입공고에 수출 또는 수입의 제한 내지 금지품목만을 표시하고 여기에 표시되지 않은 그 밖에 품목은 수출 또는 수입이 허용되도록 하는 수출입공고의 품목표시방법으로서 무역의 자유화, 국내상품과 외국상품과의 경쟁으로 국내산업의 구조개선, 일반대중의 소비생활 향상과 같은 목적에 따라 시행하고 있다. 그러므로 품목별로 수출입을 금지하거나 제한하고 있지 않으면 자유롭게 수출입 할 수 있다.

한편, 수출입공고상의 금지품목(Prohibited Item)은 구체적인 금지문언이 있는 품목이나, 제한품목 중에서 제한사항을 충족시킬 요건을 정하지 않은 품목 등이 여기에 해당한다. 그리고 제한승인품목(Restricted Approval Item)은 추천, 인정, 허가, 형식승인, 신고 등에 의해 일정한 요건을 갖출 경우 수출입이 가능한 품목을 말한다.

2-4. 수출입공고의 승인요령 공고

수출제한품목(export restricted items)의 수출요령, 수입제한품목(import restricted items)의 수입요령, 수출절차 간소화를 위한 수출요령에서 정하는 승인기관의 장은 산업통상자원부장관의 합의(승인)를 얻어 동 세부승인요령을 공고하여야 한다. 다만, 단체의 경우에는 관계 행정기관의 장을 경유하여야 한다(수출입공고 제8조).

2-5. 통합공고와의 관계

수출입 공고와 특별법에 의한 통합공고는 상호 독립적이므로 수출입공고에 따른 수출 또는 수입승인에도 불구하고 통합공고에서 수출입을 제한하고 있는 경우 그 제한 요건을 충족시켜야 한다(수출입공고 제2조). 또한 통합공고에서 정한 요건 확인의 내용과 수출입공고와 전략물자 수출입고시의 제한 내용이 동시에 적용될 경우에는 양 공고체계에 의한 제한 내용을 동시에 충족해야 수출 또는 수입할 수 있다(통합공고 제7조 제1항). 또한 1개의 요건확인품목에 대해 2개 이상의 법령이 관련되어 [별표 1, 2]의 수출입요령에서 2개 이상의 요건확인을 규정하고 있는 경우에는 당해 요건확인 품목에 대한 해당 법령의 적용대상 물품이나 고시대상 품목의 분류가 용도기준으로 된 물품 이외에는 당해 물품에 부과된 2개 이상의 요건을 이 고시가 정한 요건확인기관에서 확인받아야 한다(통합공고 제7조 제2항).

2-6. 수출입공고상 품목구분

수출입 공고상 [별표1]에 게기한 품목은 수출금지품목으로 수출이 금지된다(수출입공고 제4조). 또한 수출입제한품목은 각 품목별 수출입요령에 따라 수출입의 승인을 충족한 경우에 한하여 수출입이 허용되는 품목을 말한다(수출입공고 제5, 6조).

(1) 수출금지품목

수출금지품목(Export Embargo Items)은 수출입 공고 [별표 1]에 게기되어 있는 품목으로 수출이 금지되어 수출 할 수 없게 된다.

〈표 5-2〉 수출금지품목의 예시

H S	품 목	수 출 요 령
0208	기타의 육과 식용설육(신선·냉장 또는 냉동한 것에 한한다)	
40	고래, 돌고래류(고래목의 포유동물) 및 바다소(바다소목의 포유동물)의 것	다음의 것은 수출할 수 없음. ① 고래고기
0210	육과 식용설육(염장·염수장·건조 또는 훈제한 것에 한한다) 및 육 또는 설육의 식용의 분과 조분	
9	기타 (육 또는 설육의 분과 조분을 포함한다)	
92	고래, 돌고래류(고래목의 포유동물) 및 바다소(바다소목의 포유동물)의 것	다음의 것은 수출할 수 없음. ① 고래고기

(2) 수출제한품목

수출제한품목(Export Restricted Items)은 수출입공고 [별표 2]에 게기되어 있는 품목을 말한다.

〈표 5-3〉 수출제한품목 예시

H S	품 목	수 출 요 령
0808	사과, 배 (신선한 것에 한한다)	
10	사 과	다음의 것은 한국농림수산식품수출입조합의 승인을 받아 수출할 수 있음. ① 대만지역으로 수출되는 것
30	배	다음의 것은 한국농림수산식품수출입조합의 승인을 받아 수출할 수 있음. ① 배(대만지역으로 수출되는 것)
2505	천연모래(착색된 것인지의 여부를 불문하며, 제26류의 금속을 함유하는 모래를 제외한다)	
10	규사	다음의 것은 한국골재협회의 승인을 받아 수출할 수 있음
90	기타	① 규산분(SiO_2)이 90% 이하의 것

이에 게기된 각 품목은 수출요령에 따라 수출승인을 받아야 하며, 산업통상자원부장관은 수출절차의 간소화를 위하여 필요한 경우 [별표 2]의 수출요령에도 불구하고 수출승인기관을 따로 정하여 승인하게 할 수 있다(수출입공고 제5, 7조).

이러한 수출제한품목은 동 공고상의 수출요령에 따라 수출승인기관으로부터 승인을 받은 후 수출할 수 있다.

(3) 수입제한품목

수입제한품목(Import Restricted Item)은 [별표3]에 게기한 품목으로서 각 품목별 수입요령에 따라 수입 승인을 받아야 하며, 수출입공고에서 수입제한품목이라 할지라도 대외무역법 제16조에 따른 외화획득용 원료·기재를 수입하는 경우에는 별도의 제한 없이 수입승인 할 수 있다(수출입공고 제6조 제1, 2항). 수입제한품목은 항공기 및 동 부분품으로서 이들 폼목은 한국항공우주산업진흥협회의 승인을 받아 수입할 수 있다.

한편, 수출입승인기관의 장은 연간 수출입승인 실적을 당해 연도 경과 후 15일 이내에 산업통상자원부장관에게 보고하여야 한다(수출입공고 제9조).

3 수출입품목 분류방법

수출입 공고의 품목분류는 HS(Harmonized Commodity Description and Coding System) 상품분류에 의하며, 동 분류된 품목의 세분류는 관세·통계통합품목분류표(HSK)에 의한다(수출입공고 제3조). 우리나라는 1988년 1월1일부터 이를 채택하여 시행하고 있다.

HS상품분류체계는 현재 96 Chapter(류, 2단위), 1211 Headings(호, 4단위), 5,113 Basic(소호, 6단위)으로 구성되어 6단위까지는 세계적으로 통일된 분류체계이다. 매년 품목별 거래실적 등을 감안하여 10단위 품목분류(HSK)를 조정하고 있다.

우리나라의 수출입 공고상 품목분류체계는 1970년까지는 SITC(Standard International trade Classification)방식을 채택하였으며, 71년부터 80년까지는 BTN(Brussels Tariff Nomenclature)방식이 사용되어 오다가, 1976년 BTN의 명칭이 CCCN(Customs Cooperation Council Nomenclature)으로 변경됨으로써 1977년부터

CCCN 품목분류체계를 사용하였다. 그 당시 미국은 TSUSA (Tariff Schedules of the United States Annotated)를 사용하였다. 그 후 1983년에 HS협약이 채택되고 1987년에 발효됨에 따라 우리나라는 1988년 1월 1일부터 현재까지 HS(Harmonized System)방식을 채택하여 사용하고 있다.

3-1. 표준국제무역분류(SITC)

국제무역은 1950년대에 들어서면서 구조의 변화, 무역의 다양화 등에 따라 세계 각국이 적용할 수 있는 공통적인 품목분류방법이 요구되었다.

이에 따라 국제연합(UN) 경제사회이사회는 UN통계분과위원회의 추천으로 1950년 7월 21일 무역상품의 분류방법으로 SITC(Standard International Trade Classification)를 발표하고, 이 방법에 의해 국가별 경제분석과 상품별 무역통계를 작성하였다. 또한 UN경제사회이사회는 각국의 통계작성에 적용할 것을 권고하였으며, 우리나라에서도 1955년부터 SKTC(Standard Korean Trade Classification)을 제정하여 1971년 이전까지 이 방식을 사용하였다.

SITC는 경제분석과 상품별 무역통계 작성을 위해 무역상품분류의 통일을 꾀하고자 하는 분류방법이다. 이를 위해 식료품・원료가공품・화공약품・기계 및 운반기구와 같이 물품을 종류별로 구분하여 그 조립단계별 및 산업원천 별로 나타내어야 되므로, STIC는 무역상품을 원료품・중간제품・완제품 등의 집단으로 분류하고 있다. 1985년 5월 3차 개정된 현행 SITC는 약 45,000개의 품목을 3,119개의 기본항목으로 분류하고, 기본항목을 261개의 집단으로, 집단을 67개의 류(類)로, 그리고 류(類)를 10개의 부(section)로 분류하고 있다.

3-2. 관세협력이사회 상품분류표(CCCN)

1952년 유럽의 관세동맹 추진을 목표로 탄생한 후 세계적인 관세기구가 된 관세협력이사회(The Customs Cooperation Council : CCC)는 1950년에 체결된 “관세율표에서의 상품분류를 위한 품목표에 관한 조약”에 의거하여, 1937년에 작성된 제네바 관세품목표를 토대로 1955년 7월 브뤼셀 관세품목분류(Brussels Tariff Nomenclature : BTN)를 작성하고 국제적으로 통일된 관세품목분류의 실현을 위한 기초를 마련하였다.

BTN 방식은 그 동안 각국의 관세율표상의 품목분류가 통일되지 않음으로써 유발되는 각국 간의 통계상의 불일치를 해소하는 데 크게 기여하였다. 이로써 무역상품의 분류에 국제적 통일성이 갖춰지고 관세품목분류가 간결・단순하게 되었다. 또한 세관용어까지 통일됨으로써 일반의 이해를 증진시키고 국제적 관세교섭을 간소화하게 되었다.

그 후 1976년 6월 CCC총회에서 BTN이라는 명칭을 관세협력이사회(CCC Nomenclature)의 명칭을 딴 CCCN(CCC Nomenclature)으로 개칭하고 내용은 BTN과 같이 그대로 사용하여 왔다. CCCN 분류방식은 원료, 제조과정, 노동과정, 용도를 중심으로 분류하여 네 가지를 종합적으로 고려하여 이루어졌다.

따라서 원재료로부터 각종 제품까지를 계통적으로 분류하고 21부(section)・99류(chapter)・1,011호(heading)의 대・중・소 3항으로 분류하여 약 60.000개의 구체적 상품을 표시한다.

CCCN은 조직적인 분류체계를 갖추고 적용상의 분류통칙과 규제력을 가지는 주해가 있으므로, 최대한의 용이성과 정밀성 및 적용상의 정확을 기할 수 있다. 또한 분류항목의 명칭이 구체적으로 표기되어 있고, 분류항목마다 적용되는 범위에 대한 수출입 CCCN 분류색인서(Alphabetical Index to the Bussels Nomenclature & Explanatary Notes)가 있으므로 정확한 분류를 할 수 있었다. 우리나라는 1968년 7월 2일 CCCN에 가맹하여, 1979년 1월부터 CCCN을 개정관세율로 적용하였다.

3-3. 조화제도(HS)

종전의 SITC, CCCN 중심의 상품분류체계는 세목의 비교가 어렵고, 무역거래에 불편을 주어 시간과 경비가 많이 소요되었으며, 다양해지는 무역구조의 변화에 따른 신상품의 등장을 고려하여 새로운 체계의 품목분류방법이 요구되었다.

따라서 무역에 종사하는 자가 쉽게 사용할 수 있도록 하여 국제무역의 원활화를 도모하고자 CCCN을 골격으로 하고 SITC, CCCN, TSUSA 등을 통합하여 새로운 국제통일상품분류체계인 국제통일상품명 및 코딩시스템(The Harmonized Commodity Description and Coding System)을 만들었는데, 이를 일반적으로 Harmonized System (조화제도, HS)이라고 한다.

HS제도는 1973년 개발을 선언한 후 1983년 6월 정식으로 국제협약(International

Convention on the Harmonized Commodity Description and Coding System : 통일상품분류에 관한 국제협약, 약칭 HS협약)으로 채택되었다.

이 협약은 1988년 1월 1일부터 우리나라를 비롯한 대다수의 국가가 시행하고 있으며, 체약국들에게 자국의 관세율표와 통계품목표를 HS에 일치시킬 의무를 부과하고 있다.

〈표 5-4〉 HSK 품목분류의 단위구분

단위분류	0 0 － 0 0 － 0 0 － 0 0 0 0 (대분류) (중분류) (소분류) (세분류)
단위구분	・2단위 : 류 구분 (97류 전체 표시: 77류 유보) ・4단위 : 호 구분 (품목종류 표시) ・6단위 : 소호 구분 (개별 품목분류 : 전 세계 공통 분류) ・10단위 : 개별품목 추가 상세분류 (해당국 상세분류)

〈표 5-5〉 HS 품목분류체계

부		류	품 목
농・수・임	제1부	제1류~제5류	산 동물 및 동물성 생산품
	제2부	제6류~제14류	식물성생산품
	제3부	제15류	동식물성의 유지 및 이들의 분해생산물・조제식용지와 동물성의 납
	제4부	제16류~제24류	조제식료품과 음료・알콜・식초 및 담배와 제조한 담배 대용물
생물화공물품	제5부	제25류~제27류	광물성 생산품
	제6부	제28류~제38류	화학공업 또는 연광공업의 생산품
경공업제품	제7부	제39류~제40류	플라스틱과 그 제품 및 고무와 그 제품
	제8부	제41류~제43류	원피・가죽・모피 및 이들의 제품, 마구, 여행용구・핸드백 및 이와 유사한 용기와 동물 거트(누에의 거트를 제외한다)의 제품
	제9부	제44류~제46류	목재와 그 제품, 코르크와 그 제품, 짚・에스파르토 또는 그 밖에의 조물 재표의 제품, 농 세공물 및 지조 세공물
	제10부	제47류~제49류	목재펄프 또는 그 밖에 섬유질 셀룰로오스 재료의 펄프 및 지 또는 판지, 웨이스트와 스크랩, 자와 판지 및 이들의 제품
	제11부	제50류~제63류	방직용 섬유와 방직용 섬유의 제품
	제12부	제64류~제67류	신발류・모자류・산류・지팡이・시트스틱・및 이들의 부분품 조제우모와 그 제품, 조화, 인조제품
	제13부	제68류~제70류	석・플라스틱・시멘트・석면・운모 또는 이와 유사한 재료의 제품, 도자제품, 유리와 유리제품

	제14부	제71류	천연 또는 양식진주·귀석 또는 반귀석·귀금속을 입힌 금속 및 이들의 제품, 모조신변장식용품과 주화
기계 전기 수송 기기	제15부	제72류~제83류	비금속과 그 제품
	제16부	제84류~제85류	기계류와 전기기기 및 이들의 부분품, 녹음기와 음성 재생기·텔레비전의 영상 및 음향의 기록기와 재생기 및 이들의 부분품 부속품
	제17부	제86류~제89류	차량·항공기·선박과 수송기기 관련품
전자 정밀 기기	제18부	제90류~제92류	광학기기·사진용 기기·영화용 기기·측정기기·검사기기·정밀기기와 의료용 기기 및 이들의 부분품과 부속품
	제19부	제93류	무기·총포탄 및 이들의 부분품과 부속품
잡예 술품	제20부	제94류~제96류	잡품
	제21부	제97류	예술품·수집품과 골동품

그리고 HS는 6단위 이하로 더 세분하여 사용할 수 있으나 관세율표와 통계품목상의 6단위까지는 국제적으로 통일화하여 첨가 또는 감축 등의 변경을 하지 않고 그대로 사용해야 한다. 이 HS분류는 21개의 부(section)에 97개의 류(chapter)를 두고 1,241개의 호(heading)로 분류되어 있다.

SITC가 무역통계 목적의 상품분류방식이고, CCCN이 순수하게 관세 부과의 목적이라면, HS는 관세 및 무역 통계 등의 전 분야에서 사용될 수 있도록 보완한 다국적 상품분류방식이다.

4 전략물자 수출입고시의 품목관리

4-1. 전략물자 수출입고시의 의의

산업통상자원부장관은 관계 행정기관의 장과 협의하여 대외무역법 제19조부터 제25조까지의 조항인 전략물자의 고시 및 수출허가 등, 전략물자의 판정, 수입목적확인서의 발급, 전략물자 등에 대한 이동중지명령 등, 전략물자의 중개, 자율준수무역거래자에 관한 요령을 전략물자 수출입고시에서 규정하고 있다(법 제26조). 이 고시는 「대외무역법」제 26조에 따라 전략물자의 수출입통제에 관한 사항을 정함으로써 국제평화 및 안전유지와 국가안보에 기여함을 목적으로 한다(전략물자 수출입고시 제1조).

4-2. 전략물자 수출입고시의 대상

이러한 전략물자 수출입고시에서는 국제수출통제체제별 통제품목과 이중용도품목, 군용물자품목에 해당하는 물품(전략물자를 분리 가능한 부분품으로 포함하고 있는 물품등을 포함) 등을 고시하고 있다.

5 통합공고의 품목관리

5-1. 통합공고의 의의 및 대상

(1) 통합공고의 의의

관계행정기관의 장은 수출・수입요령(guidelines of exports or imports)을 제정 또는 개정하는 경우에는 그 수출・수입요령이 시행일 전에 공고될 수 있도록 이를 산업통상자원부장관에게 제출하여야 하며, 산업통상자원부장관은 제출받은 수출・수입요령을 통합하여 공고하여야 한다(법 제12조).

통합공고(Consolidated Public Notice)란 대외무역법 이외의 다른 법령에 의하여 물품의 수출 또는 수입요령을 정한 것이 있는 경우, 특별법 우선 적용원칙에 따라 해당 특별법에 따른 별도의 제한을 받게 되는데, 이러한 특별법에 의하여 정한 물품의 수출 또는 수입요령을 산업통상자원부장관이 제정 또는 개정내용을 관계 행정기관의 장으로부터 제출받아 하나로 통합하여 공고한 것으로 수출입요령에 관한 고시이다.

이 고시는 대외무역법 제12조의 규정에 의하여 대외무역법 이외의 다른 법령에서 해당 물품의 수출입의 요건 및 절차 등을 정하고 있는 경우에 수출입 요건확인 및 통관 업무의 간소화와 무역질서 유지를 위하여 다른 법령이 정한 물품의 수출입의 요건 및 절차에 관한 사항을 조정하고 이를 통합 규정함을 목적으로 한다(통합공고 제1조).

수출입관련 특별법에는 약사법, 마약법, 대마관리법, 먹는 물 관리법 등 57개가 있으며 이와 같은 많은 특별법에 의한 각종 수출입제한내용을 무역업자가 용이하게 파악하게 하기 위하여 산업통상자원부장관은 이를 통합하여 공고하고 있다.

수출입공고에서는 수출입을 제한하고 있지 않는 품목이라도 공중도덕보호, 국민보건 및 안전보호, 사회질서유지, 문화재보호, 환경보호 등을 위하여 해당품목을 관장하는 57개 개별법에서 수출입을 제한하고 있는 경우에는 동 개별법상의 제한요건을 충족해야만 수출입할 수 있다.

즉 통합공고상의 요건확인품목이라 하더라도, 수출입공고상의 제한품목이 아니면 수출입 승인대상에 포함되지 않는다. 이러한 경우에는 해당 개별법에서 정하고 있는 요건확인을 받은 후 세관에 수출입신고하여 수출입을 이행하면 된다.

통합공고상의 대상품목, 품목분류, 품목별 수출입요령, 수출입 공고 등과의 관계 등을 살펴보면 다음과 같다.

(2) 통합공고의 대상품목

통합공고 제3조 해당법령의 적용을 받는 수출입물품은 제8조의 별도규정을 제외하고는 [별표 1]의 품목별 수출요령과 [별표 2]의 품목별 수입요령에서 정한다. 또한 해당물품이 요건확인품목으로 지정되기 위해서는 해당법령이 적용되는 범위 내에 물품이어야 한다. 다만, 무역정책상 필요에 의해 또는 해당법령의 적용범위의 모호로 수출입 되는 물품간의 혼동 또는 전용의 우려가 있어 수출입 질서유지에 혼란을 일으키거나 해당법령의 목적수행에 차질이 있다고 판단되는 경우에는 산업통상자원부장관이 당해 물품의 수출입절차 및 요건 등을 관계부처의 장과 협의하여 결정할 수 있다.

그리고 수출입되는 물품에 관한 요건의 확인이 해당법령에서 주무부처의 장의 허가(등록 또는 승인) 사항일지라도 무역정책상 필요에 의해 이 고시의 요건확인품목에서 제외된 물품 또는 [별표 1, 2]의 품목별 수출입 요령에서 해당품목의 요건 및 절차가 다르게 정하여진 물품에 대해서는 주무부처의 장과 협의하여 이 고시에 의한 해당물품의 수출입 요건확인에 따른다(통합공고 제4조).

5-2. 통합공고의 품목분류 및 수출입요령

(1) 통합공고의 품목분류

통합공고상 요건확인품목은 HS(Harmonized Commodity Description and Coding System)에 따라 분류하여 지정함을 원칙으로 한다. 다만, 무역정책 목적 및 해당법령의 목적 수행상 필요에 의해 세분류하여 표기할 수 있다(통합공고 제5조).

(2) 통합공고의 품목별 수출입요령

통합공고의 [별표 1, 2]에서 요건확인품목으로 게기되지 아니한 물품 또는 대상 품목의 지정이 용도기준으로 된 경우에 해당용도 이외의 물품은 제8조에 별도로 정한 물품, 대외무역관리규정 및 수출입공고에서 다른 규정이 없는 한 요건확인의 절차를 거치지 아니한다. 다만, 요건확인 대상물품의 지정이 용도기준인지 여부가 불명확한 경우에는 산업통상자원부장관이 주무부처의 장 및 관세청장과 협의하여 결정한다.

또한 요건확인기관의 요건확인 세부요령의 공고 등에도 이를 준용하며, [별표 1, 2]의 품목별 수출입 요령이 요건확인품목의 용도기준에 의한 분류 또는 물품의 소관에 따라 주무부처의 장의 확인을 받아 수입할 수 있도록 한 경우에 "주무부처의 장"이라 함은 해당 수출입물품을 사용 또는 수요하는 업체와 가장 관련이 있는 관계 행정기관으로 한다. 다만, 동 기관은 해당 수출입물품과 동일 또는 유사물품을 공급하는 업체와 가장 관련이 많은 관계 행정기관에 해당 수출입 물품의 요건확인 실적을 통보하여야 한다(통합공고 제6조).

5-3. 수출입공고 등과의 관계

통합공고에서 정한 요건확인의 내용과 대외무역법 제14조의 규정에 의한 수출입공고 등의 제한 내용이 동시에 적용될 경우에는 이 고시에서 정한 요건확인의 내용과 수출입공고 등의 제한내용이 모두 충족되어야만 수출 또는 수입할 수 있다.

또한 1개의 요건확인품목에 대해 2개 이상의 법령이 관련되어 [별표 1, 2]의 수출입요령에서 2개 이상의 요건확인을 받을 것을 규정하고 있는 경우에는 해당 요건확인 품목에 대한 해당법령의 적용대상 물품이나 고시대상품목의 분류가 용도기준으로 된 물품이외에는 해당 물품에 부과된 2개 이상의 요건을 이 고시가 정한 요건확인기관에서 확인받아야 한다(통합공고 제7조).

제 6 장 수출입승인제도

제1절 수출입승인의 개요

1 수출입승인의 의의 및 법적 성질

1-1. 수출입승인의 의의

수출입승인(export approval)이란 수출입공고에 의해 예외적으로 제한하는 물품 등에 대하여 승인절차라는 방법으로 그 품목의 수출입이 가능하도록 해 주는 제도이다.

대외무역법에서는 그 목적에 의해 대외무역을 진흥하고 공정한 거래질서를 확립하기 위하여 거래물품, 거래형태, 거래지역을 비롯한 대금결제방법 등을 관리대상으로 하고 있다.

이에 대하여 물품의 수출입 및 이에 따른 대금의 영수 또는 지급은 이 법의 목적의 범위내에서 자유롭게 이루어져야 하며, 무역거래자는 대외신용도 확보 등 자유무역질서의 유지를 위하여 자기 책임하에 해당 거래를 성실하게 이행하여야 한다(법 제10조 제1-2항)라고 규정하고 있다. 다만 산업통상자원부장관은 헌법에 의하여 체결・공포된 조약과 일반적으로 승인된 국제법규에 의한 의무의 이행, 생물자원의 보호 등을 위하여 필요하다고 인정하는 경우에는 물품의 수출입을 제한하거나 금지할 수 있다(법 제11조 1항).

이에 종전에는 무역거래자가 수출입행위시 개별거래마다 산업통상자원부장관(당시 통상산업부장관)의 승인을 얻어야 하는 수출입 승인제도를, 원칙적으로 자유화하고 예외적으로 승인을 받도록 하는 "원칙자유 · 예외제한"의 네가티브제(Negative system)로 변경하였다. 또한 긴급을 요하는 물품, 그 밖에 수출입의 절차 간소화를 위하여 필요한 물품의 경우에는 승인면제제도를 운용함으로써 예외적 승인제도를 더욱 완화하고 있다.

따라서 수출입이 제한되지 않는 대부분의 품목은 무역거래자가 자기 책임하에 자유롭게 수출입을 이행할 수 있다. 그러나 수출입 승인에 관련된 대외무역법상의 규정인 수출 또는 수입 승인 대상 물품 등을 승인 또는 변경승인을 받지 아니하고 수출하거나 수입한 자, 거짓이나 그 밖의 부정한 방법으로 승인 또는 변경승인을 받거나 그 승인 또는 변경승인을 면제받고 물품 등을 수출하거나 수입한 자는 3년 이하의 징역 또는 3천만원 이하의 벌금에 처하는 행정형벌을 부과하게 된다(법 제54조 제2, 3호).

1-2. 수출입승인의 법적 성질

일반적으로 승인(承認)이라 함은 공법상, 국가 또는 지방자치단체의 기관이 다른 기관이나 개인의 특정한 행위에 대하여 부여하는 동의 · 승낙 등의 뜻으로 사용되고 있다. 그러나 수출입승인제에서 개인의 특정한 행위에 대한 승인은 그 행정행위의 효력요건이 되므로 허가적인 성격으로 상대적 금지를 특정한 경우에 해제하여 적법하게 수출입거래행위를 할 수 있도록 자유상태로 회복시켜 주는 행정행위이다. 수출입승인의 법적 성질을 살펴보면 다음과 같다.

(1) 수출입행위의 전제요건

수출입이 제한되는 품목을 수출 또는 수입하고자 할 때에는 승인을 얻어야 한다. 따라서 승인을 얻지 않은 상태에서는 수출입을 할 수 없으므로 승인은 수출입 이행의 전제조건이 될 수 있다.

(2) 기속행위

수출입승인은 법령에 규정된 요건을 충족할 경우 이를 이행하여야 한다. 허가와 같이 행정기관에게 주어진 재량행위가 아니며 특정한 행위에 대하여 부여하는 동의라고 볼 수 있다. 따라서 수출입의 승인을 거부할 이유가 없음에도 불구하고 승인을 거부하는 경우에는 위법이 된다.

(3) 산업통상자원부장관의 전속 권한

수출입승인은 산업통상자원부장관이 가지고 있는 전속 권한이다. 그러나 대외무역법령에 의하여 관계행정기관의 장, 단체의 장, 세관장 등에게 그 권한을 위임 및 위탁을 하고 있다.

(4) 대인대물의 혼합적 성질

산업통상자원부장관은 수출입승인시 거래주체 및 거래물품을 혼합하여 심사한다. 다시 말하면, 대외무역법령에 따라 무역업을 할 수 있는 자인지(수출입거래를 이행하기 전 관계 행정기관에 인적요건을 갖추어야 하는 물품 : 특별법에 의한 이중요건), 수출입하고자 하는 물품이 수출입공고에 제한되는 품목인지를 심사하여 적격여부를 판단하는 대인 및 대물의 혼합적 성격이다.

(5) 거래이행의 강제성

무역업자는 수출입승인을 받아 거래를 이행할 때에 승인 받은 내용대로 이행해야 한다. 즉 수출입 승인에는 유효기간을 두어 각각 수출대금의 회수 및 수입대금의 지급을 유효기간 내에 이행해야 하며, 그렇지 않을 시에는 수출입승인은 무효가 되는 동시에 제재를 받게 된다.

한편 당초 승인의 유효기간 내에 이행을 하지 못할 때에는 경미한 경우에는 변경신고 그 외의 경우에는 변경승인을 받고 이행해야 한다.

2 수출입승인의 대상 및 절차

2-1. 수출입승인 대상물품 및 승인기관

(1) 수출입승인 대상물품

긴급히 처리하여야 하는 물품 등과 그 밖에 수출 또는 수입 절차를 간소화하기 위한 물품 등으로서 대통령령으로 정하는 기준에 해당하는 물품 등의 수출 또는 수입을 제외하고, 헌법에 따라 체결·공포된 조약과 일반적으로 승인된 국제법규에 따른 의무의 이행, 생물자원의 보호 등을 위하여 지정하는 다음의 물품 등을 수출하거나 수입하려는 자는 산업통상자원부장관의 승인을 받아야 한다(법 제11조 제2항, 시행령 제16조 제1항).

① 헌법에 따라 체결·공포된 조약이나 일반적으로 승인된 국제법규에 따른 의무를 이행하기 위하여 산업통상자원부장관이 지정·고시하는 물품 등, 즉 산업통상자원부장관이 수출 또는 수입승인 대상으로 지정·고시한 물품 등을 말한다.

② 생물자원을 보호하기 위하여 산업통상자원부장관이 지정·고시하는 물품 등

③ 교역상대국과의 경제협력을 증진하기 위하여 산업통상자원부장관이 지정·고시하는 물품 등

④ 방위산업용 원료·기재, 항공기 및 그 부분품, 그 밖에 원활한 물자 수급과 과학기술의 발전 및 통상·산업정책상 필요하다고 인정하여 산업통상자원부장관이 해당 품목을 관장하는 관계 행정기관의 장과 협의를 거쳐 지정·고시하는 물품 등

산업통상자원부장관은 필요하다고 인정되면 승인 대상 물품 등의 품목별 수량·금액·규격 및 수출 또는 수입지역 등을 한정할 수 있으며, 이 규정에 따른 제한·금지, 승인, 승인의 유효기간 설정 및 연장, 신고, 한정 및 그 절차 등을 정한 경우에는 이를 공고하여야 한다(법 제11조 제6, 7항).

위의 규정에 의해 수출입승인 대상물품인 수출입공고에 고시된 물품을 수출입하고자 하는 자는 산업통상자원부장관으로부터 수출입승인을 받아야 한다. 다만, 긴급을 요하는 물품, 수출입절차를 간소화하기 위한 물품, 중계무역물품, 외국인도수출물품, 외국인수수입물품, 선용품[32] 등은 수출입승인이 면제된다.

수출입공고에 따른 수출 또는 수입승인에도 불구하고 대외무역법 이외의 57개 개별법에 의해 수출입 제한내용을 통합하여 고시하는 통합공고에 따라 요건확인 등을 받아야 하는 통합공고 상에 수출 및 수입하고자 하는 물품의 수출・수입요령을 정한 것이 있는 경우에는 동 요령의 요건을 충족하여야 한다.

한편, 전략물자 수출입으로 수출허가를 받거나 수출승인을 받은 자는 수출입 제한에 따른 수출승인을 받은 것으로 본다(법 제11조 제8항).

(2) 수출입승인기관

수출 또는 수입의 승인, 변경승인 및 변경사항 신고의 수리에 관한 권한은 산업통상자원부장관의 권한이다. 그러나 산업통상자원부장관은 무역관리의 효율성을 도모하기 위하여 수출입의 승인에 관한 대부분의 권한을 관계 행정기관 또는 단체의 장, 즉 승인기관(수출입공고에 산업통상자원부장관이 지정・고시한 기관・단체)의 장에게 위탁하고 있다(시행령 제91조 제7항, 규정 제8조).

종전의 대외무역법에서는 수출입 승인을 얻고자 하는 자는 추천기관의 추천을 받아 외국환은행의 장이 승인을 하였으나, 1997년부터 수출입 승인 권한은 종전의 추천기관으로 변경 시행하게 되었다. 그러므로 수출입의 승인기관은 수출입공고에 의해 산업통상자원부장관이 지정・고시한 기관・단체로 구체적인 승인기관을 살펴보면 다음과 같다.

〈표 6-1〉 수출승인기관 (2014년 1월 3일 현재)

수출제한품목(수출승인대상품목)			수출승인기관
HS류별	품목코드	품목	
08류	0808	사과, 배	한국농림식품수출입조합
25류	2505, 2517	규사, 자갈, 대리석	한국골재협회

* www.mocie.go.kr 참조

32) 음료, 식품, 연료, 소모품, 밧줄, 수리용 예비부분품 및 부속품, 집기 이와 유사한 물품으로서 해당 선박에서만 사용되는 것을 말한다(관세법 제2조 제9,10호).

〈표 6-2〉 수입승인기관 (2014년 1월 3일 현재)

수입제한품목(수입승인대상품목)			수입승인기관
HS류별	품목코드	품목	
39류	3920	항공기 및 동 부분품	한국항공우주산업진흥 협회
40류	4011~4013, 4016		
70류	7007		
84류	8407, 8409, 8411~8414, 8421, 8466, 8483		
85류	8511, 8526, 8544		
88류	8801, 8802~8805		
90류	9014, 9032		
94류	9401		

* www.mocie.go.kr 참조

2-2. 수출입 승인 절차

(1) 수출입승인 신청서류

수출・입의 승인을 받으려는 자는 수출입승인 신청서(규정 제3~5호 별지 서식) 4부(업체용, 세관용, 승인기관용(산업통상자원부용) 및 사본(신청자가 신청한 경우에 한함)에 다음의 서류를 첨부하여 수출입 승인기관의 장에게 신청하여야 한다(규정 제10조 제1항).

① 수출신용장・수출계약서 또는 주문서(수출의 경우에 한함)

② 수입계약서 또는 물품등매도확약서(수입의 경우에 한함)

③ 수출 또는 수입대행계약서(공급자와 수출자가 다른 경우 및 실수요자와 수입자가 다른 경우에 한함)

④ 수출입공고에서 규정한 요건에 충족하는 서류(단, 해당 승인기관에서 제한요건의 충족 여부를 확인할 수 있는 경우 제외)

(2) 수출입승인요건 확인

수출입승인기관의 장이 수출입 승인을 하고자 할 때에는 다음의 각 요건에 합당한지 여부를 확인하여야 한다(규정 제11조). 여기에는 인적요건(거래주체), 물적요건(제한요건충족), HS코드 적용 등이 해당한다.

① 수출·수입하려는 자가 승인을 받을 수 있는 자격이 있는 자일 것(예를 들면, 무역업 고유번호를 부여받은 무역업자 등)
② 수출·수입하려는 물품 등이 수출입공고 및 대외무역관리규정에 따른 승인요건을 충족한 물품 등 일 것
③ 수출·수입하려는 물품 등의 품목분류번호(HS)의 적용이 적정할 것

(3) 수출입승인서의 발급

수출입의 승인신청이 승인요건에 합당한 경우 수출입 승인기관의 장은 각각 수출승인서(규정 별지 제3-1호 서식), 수입승인서(단, 외화획득용 원료의 수입승인일 때에는 외화획득용 원료 수입승인서), 수출입승인서를 각각 업체용, 세관용, 승인기관용(산업통상자원부) 및 사본(신청자가 요청한 경우에 한한다) 등으로 발급하여야 한다. 다만, 수출입물품을 분할하여 통관하고자 하는 경우에는 세관용 수출입승인서를 분할하여 발급할 수 있다(규정 제10조 2항 및 제11조).

(4) 수출입승인의 유효기간

대외무역법에서는 수출입의 승인을 얻은 자가 해당물품의 수출대금의 회수 또는 수입대금의 지급을 하고자 하는 경우에는 수출입의 유효기간 내에 이행해야 한다. 이러한 수출입에 대한 유효기간을 채택하고 있는 것은 대외신용의 유지로 수출을 촉진하고 물자수급의 원활화를 도모하기 위함이다.

물품 등의 수출 또는 수입승인의 유효기간은 1년으로 한다. 다만, 산업통상자원부장관은 국내의 물가 안정·수급 조정·물품등의 인도 조건 및 거래의 특성을 고려하여 유효기간을 달리 정할 수 있다(법 11조 제3항, 시행령 제18조 제2항). 따라서 다음의 하나에 해당하는 경우에는 1년 이내 또는 20년의 범위 내에서 유효기간을 단축 또는 초과하여 설정할 수 있다(규정 제12조).

① 산업통상자원부장관이 물가안정 또는 수급조정을 위하여 1년 이내로 유효기간의 단축이 필요하다고 인정하는 경우
② 물품 등의 제조·가공기간이 1년을 초과하는 경우 등 물품 등의 선적 또는 도착기일을 감안하여 1년 이내에 물품 등의 선적이나 도착이 어려울 것으로 수출입 승인기관의 장이 인정하는 경우
③ 수출·수입이 혼합된 거래로서 수출입 승인기관의 장이 부득이하다고 인정

하는 경우

(5) 수출입의 복수승인

하나의 수출 또는 수입에 대하여 둘 이상의 승인을 받아야 하는 경우 각각의 승인은 상호 독립적으로 받아야 한다. 이 경우 두 번째 이후의 승인기관의 장은 수출입승인서상의 여백에 승인 사항을 표시한다(규정 제13조).

전략물자의 수출허가 또는 플랜트수출의 승인(법 제19조 또는 제32조)에 따라 수출허가를 받거나 수출승인을 받은 자는 수출승인을 받은 것으로 본다.(법 제11조 제8항).

(6) 수출입대금의 결제방법

수출·수입 대금(가공임, 임대료 및 임차료를 포함)은 외국환거래규정 제1-2조 제14호(외국환업무의 인가)에 따른 외국환은행[33]을 통하여 회수 또는 지급[34]하여야 한다. 다만, 외국환거래규정에서 인정하는 경우에는 그러하지 아니한다(규정 제14조). 또한, 기획재정부장관이 외국환 거래 관계 법령에 따라 무역대금 결제 방법을 정하려면 미리 산업통상자원부장관과 협의하여야 한다(법 제13조 제2항).

3 수출입승인사항의 변경

3-1. 수출입승인사항의 변경승인

(1) 수출입승인사항 변경의 의의

수출입승인을 받은 자는 그 방법에 따라 수출입을 이행하여야 한다. 그러나 거래상대방과의 계약변경 등의 사유로 인해 승인을 득한 내용을 변경할 경우가 생기게 된다. 이러한 경우 변경 사항의 정도에 따라 당초 승인기관에 변경승인을 얻거나 혹은 변경신고를 해야 한다.

이에 따라 물품의 수출입승인을 받은 자가 승인을 받은 사항 중 대통령령으로

---

33) 금융회사등(은행, 농협은행, 수산업협동조합중앙회의 신용사업부문, 한국산업은행, 한국정책금융공사, 한국수출입은행, 중소기업은행)의 외국환업무를 영위하는 국내영업소를 말한다(외국환거래법시행령 제14조 제1호, 외국환거래규정 제1-2조 제16호).

34) 외국환은행을 통하여 지급·추심 또는 수령을 하거나 외국환은행에 개설된 계정간의 이체에 의한 방법으로 지급등을 하는 것을 말한다(외국환거래규정 제1-2조 제17호).

정하는 중요한 사항을 변경하려면 산업통상자원부장관의 변경승인을 받아야 하고, 그 밖의 경미한 사항을 변경하려면 산업통상자원부장관(당초 승인기관)에게 신고(notify)하여야 한다(법 제11조 제5항).

(2) 수출입승인사항의 변경승인 및 신고 절차

(가) 변경승인 · 신고의 대상

수출입 승인을 얻은 사항 중에서 대통령령이 정하는 중요한 사항은 변경승인 대상이며, 그 외의 경미한 사항은 변경신고를 한다(법 제11조 제5항).

① 변경승인대상으로 대통령령이 정하는 중요한 사항이란 다음과 같다. 다만, 당사자의 변경은 파산 등 불가피한 경우에 신청한 것이라야 한다(시행령 제18조 제3항), (규정 제17조 4항).

㉮ 물품 등의 수량, 가격

㉯ 수출 및 수입의 당사자에 관한 사항

② 수출입승인 사항 중 변경신고의 대상은 다음에 해당하는 경미한 사항으로 당초 승인기관의 장에게 변경신고를 하여야 한다(규정 제16조).

㉮ 원산지

㉯ 도착항(다만, 수출의 경우에만 해당)

㉰ 규격

㉱ 수출입 물품 등의 용도(다만, 수출입승인 용도가 지정된 경우에만 해당)

㉲ 승인 조건

(나) 변경승인요건 및 신고수리

수출입 승인사항의 변경승인기관의 장은 수출 · 입 승인사항을 변경하고자 할 경우에는 다음 각 호의 요건에 합당한지를 확인하여야 하며, 수출 · 수입 승인사항에 관하여 변경신고가 있는 경우 이를 확인한 후 신고를 수리하여야 한다(규정 제18조 제1, 2항).

① 수출입승인을 받은 후에 수출입공고에서 수출 · 수입을 제한하는 사항이 추가된 품목으로서 관계 기관의 장의 허가 등을 추가로 요하는 품목일 때에는 그 허가 등을 받았을 것

② 수출 물품 등의 단가를 인하하거나 수입 물품 등의 단가를 인상하는 내용의 수출 또는 수입 승인 사항의 변경은 다음의 어느 하나에 해당하는 경우일 것

㉮ 거래상대방의 파산 또는 지급거절 등이 현지의 거래은행, 상공회의소 또는 공공기관에 의하여 객관적으로 확인되는 경우에 수출 물품 등을 제3자에게 전매하는 경우

㉯ 물품 등의 성질과 국제거래관행상 승인 시점에 단가를 확정할 수 없는 경우

㉰ 그 밖에 급격한 시장상황의 변화 등 변경 사유가 불가피하다고 인정되는 경우

③ 변경하려는 내용이 수출신용장, 수출입계약서, 주문서, 물품등매도확약서 등에 명시되어 있을 것. 다만, 수출신용장 등에 명시를 요하지 아니하는 경미한 사항일 경우에는 그러하지 아니하다.

④ 수출대상국가의 변경은 수출제한 사유 등을 고려할 때 타국으로 변경하여도 지장이 없을 것

(다) 변경승인 · 신고의 신청과 세관장에의 통보

수출입 승인사항을 변경하고자 하는 자는 당초 승인을 얻은 수출입승인서 또는 수출입 승인사항 변경승인 · 신고신청서(규정 제9호 별지 서식)에 변경사실을 증명하는 서류를 첨부하여 수출입 승인사항의 변경승인 기관의 장에게 신청하여야 한다(규정 제17조 제1항).

수출 · 수입승인사항의 변경은 수출 · 수입승인의 유효기간 내에 신청하여야 한다. 다만, 수입의 경우로서 수입대금을 지급하고 선적서류를 인수한 후에 수입승인 사항을 변경하려는 경우에는 수입승인의 유효기간 경과 후에도 변경승인 · 신고를 신청할 수 있다(규정 제17조 제2항).

위와 같이 유효기간 경과 후에 승인기관의 장이 변경승인 · 신고수리를 할 때에는 그 변경승인 · 신고사실을 해당 세관장에게 알려야 한다(규정 제17조 3항).

제2절 수출입승인의 면제

 수출입승인 면제의 의의

물품을 수출입하고자 하는 자는 우리나라의 무역관리제도에 의해 원칙적으로는 자유롭게 수출입할 수 있지만, 예외적으로 최소한의 제한을 하고 있다. 따라서 무역거래를 하고자 하는 자는 해당물품이 예외적으로 수출입 승인대상으로 지정·고시된 물품일 때에는 수출입승인을 받아야 한다.

그러나 예외적인 제한대상일 경우라도 대통령령이 정하는 기준에 해당하는 물품 등의 수출 또는 수입에 대하여는 승인을 면제할 수 있다. 즉, 소액거래 물품, 거래의 성질, 외교상의 이유, 출입국인의 휴대물품 등의 특수성을 감안하여 수출입 절차를 간편하고 신속하게 하여 편의를 도모해 주기 위하여 그 적용상의 특례를 인정하고 있다.

따라서 대외무역법은 이런 특수한 경우에는 무역관리의 기본적인 목적을 벗어나지 않는 범위내에서 수출입거래의 일반적인 관리에 대한 예외로서 수출입승인의 면제제도를 인정하고 있다.

이러한 수출·수입승인 면제대상거래는 수출입통관시 수출입승인서 대신 사유서에 승인면제대상 확인여부를 입증하는 증빙을 제출하면 세관장의 확인만으로 통관이 허용된다.

특히, 57개 개별법에 의해 통합공고에 고시된 요건확인 품목이라도 수출입 승인 대상에 포함되나, 수출입승인의 면제대상에 해당할 경우 통합공고 제12조[35]에 따라 별도의 요건 및 절차를 거치지 않고 수출입할 수 있다.

또한 외국환거래가 수반되지 않고 과세가격이 500만 원 이하인 수입물품은 반입목적 및 사유만 검토한 후 통관하며, 과세가격이 500만 원 이상이 되면 수출

35) 통합공고에 의한 요건 확인품목이라도 다음의 하나에 해당하는 경우에는 이 고시가 정한 요건 및 절차를 거치지 아니하고 수출입할 수 있다.
① 외화획득용 원료·기재의 수입물품, ② 중계무역물품, 외국인수수입물품, 외국인도수출물품, 선(기)용품, ③ 수출입승인의 면제 대상물품(대외무역법시행령 제19조의 규정에 의한 사유), ④ 통합공고 제3조 제1항에 해당하는 법령에서 요건확인 면제사유에 해당하는 경우

입공고 및 통합공고상의 제한내용 충족여부도 심사한다.

2 수출입승인의 면제대상

수출·수입승인이 면제되는 수출·수입의 범위는 규정 [별표 3, 4]와 같으며 (규정 제19조), 그 수출과 수입승인의 면제대상을 살펴보면 다음과 같다.

〈표 6-3〉 수출입승인의 면제대상물품

수출승인면제대상물품	수입승인면제대상물품
① 외교관 기타 산업통상자원부장관이 정하는 자의 특정물품 ② 긴급을 요하는 물품 ③ 무역거래를 원활히 하기 위하여 수출하는 물품 등 ④ 주된 사업목적 달성을 위하여 수출하는 물품 등 ⑤ 무상으로 수출하는 물품 등 ⑥ 특정지역에 대하여 수출하는 물품 등 ⑦ 공공성을 가지는 물품 등 ⑧ 기타 상행위 이외의 목적으로 수출하는 물품 ⑨ 해외이주자의 해외이주시 반출하는 물품	① 외교관 기타 산업통상자원부장관이 정하는 자의 특정물품 ② 긴급은 요하는 물품 ③ 무역거래를 원활히 하기 위하여 수입하는 물품 등 ④ 주된 사업목적 달성을 위하여 수입하는 물품 등 ⑤ 무상으로 수입하는 물품 등 ⑥ 특정지역으로부터 수입하는 물품 등 ⑦ 공공성을 가지는 물품 등 ⑧ 기타 상행위 이외의 목적으로 수입하는 물품 ⑨ 외국환거래가 수반되지 아니하는 물품

2-1. 수출승인의 면제대상

(1) 외교관 기타 산업통상자원부장관이 정하는 자의 특정물품 등

산업통상자원부장관이 정하여 고시하는 물품 등으로서 외교관이나 그 밖에 산업통상자원부장관이 정하는 자가 출국하거나 입국하는 경우에 휴대하거나 세관에 신고하고 송부하는 물품 등의 수출승인 면제대상은 다음과 같다(시행령 제19조 제1호, 규정 별표3 제1호).

① 일시적으로 출국하는 자 또는 일시적으로 입국하여 다시 출국하는 자(선박 또는 항공기에 승무하여 출국하는 승무원을 제외한다)가 출국할 때에 휴대하여 반출하는 물품 또는 별송으로 반출하는 물품으로서 출국의 목적, 여행의 기간, 출국자의 직업, 그 밖에의 사유에 의하여 세관장이 타당하다고 인

정하는 물품

② 외국에 주거를 이주할 목적으로 출국하는 자(외국에서 2년 이상 체류할 예정으로 출국하는 자와 1년 이상 체류할 예정으로 출국하는 자 중 가족을 동반한 자를 말하며 일시적으로 입국하여 출국하는 자는 제외한다)가 출국할 때에 휴대하여 반출하는 이사물품이나 별송으로 반출하는 이사물품으로서 그 출국의 사유 등에 의하여 세관장이 타당하다고 인정하는 물품

③ 우리나라와 외국간을 왕래하는 선박 또는 항공기의 승무원이 해당 선박 또는 항공기에 승무하여 출국할 때에 휴대하여 반출하는 개인용품으로서 세관장이 타당하다고 인정하는 물품

④ 우리나라에 온 외국의 원수와 그 가족 및 수행원에 속하는 물품으로서 출국시에 반출하는 물품

⑤ 외국정부의 초청으로 파견된 고문관·기술단원, 그 밖에 이에 준하는 자에게 속하는 물품으로서 주무부장관이 확인한 물품

⑥ 「해외이주법」에 의한 해외이주자가 해외이주를 위하여 반출하는 시설기계 및 원료 등의 물품으로서 외교부장관 또는 외교부장관이 지정하는 기관의 장이 타당하다고 인정하는 물품

(2) 긴급을 요하는 물품 등

긴급히 처리하여야 하는 물품 등으로서 정상적인 수출 절차를 밟아 수출하기에 적합하지 아니한 물품 등 중 산업통상자원부장관이 관계행정기관의 장과 협의를 거쳐 고시하는 물품 등은 수출승인이 면제된다(시행령 제19조 제2호 가목). 그러나 이 물품에 대해서는 대외무역관리규정의 [별표 3]에 게기되어 있지 않다.

(3) 무역거래를 원활하게 하기 위하여 부수된 거래로서 수출하는 물품 등

무역거래를 원활하게 하기 위하여 주된 수출입에 부수된 거래로서 수출하는 물품등 중 산업통상자원부장관이 관계행정기관의 장과 협의를 거쳐 고시하는 물품 등의 수출승인 면제대상은 다음과 같다(시행령 제19조 2호 나목, 규정 별표3 제2호).

① 반출하는 상품의 견품 및 광고용 물품으로서 세관장이 타당하다고 인정하는 물품. 다만, 유상으로 반출하는 경우 미화 5만 달러 상당액(신고가격 기준) 이하의 물품

② 외국에서 개최되는 박람회, 전람회, 견본시, 영화제 등에 출품하기 위하여 무상으로 반출하는 물품
③ 수출된 물품이나 수입된 물품이 계약조건과 상이하거나, 하자보증이행 또는 용도변경 등의 부득이한 사유로 대체 또는 반송을 위하여 반출하는 물품 또는 수출된 물품의 누락이나 부족품에 대하여 보충을 위하여 반출하는 물품
④ 수출품의 성능보장기간 내에 해당물품의 수리 또는 검사를 위하여 반출하는 물품
⑤ 「외국환거래법」에 따른 허가를 받고 주무부장관의 허가 또는 추천을 받아 반입한 나용선 또는 임차항공기의 반입을 위한 반출물품
⑥ 무환수탁가공무역에 의하여 수입된 원료의 잔량분 또는 수탁판매방식에 의하여 수입된 물품의 판매되지 아니한 잔량분으로서 무상으로 반출하는 물품
⑦ 「외국인투자촉진법」 및 「외국환거래법」에 의하여 기술도입계약신고를 한 자가 신고된 내용에 따라 기술대가를 현물로 지급하기 위하여 반출하는 물품
⑧ 해외에서 투자, 건설, 용역, 플랜트수출, 그 밖에 이에 준하는 사업에 종사하고 있는 우리나라 업자(현지 합작법인 포함)에게 무상으로 송부하기 위하여 반출하는 시설기재, 원료, 근로자용 생활필수품 및 그 밖에 그 사업에 관련하여 사용하는 물품으로서 주무부장관 또는 주무부장관이 지정한 기관의 장이 확인한 물품
⑨ 「수산업법」 제41조 및 제42조의 규정에 의하여 농림수산식품부장관 또는 농림수산식품부장관이 지정한 기관의 장의 허가를 받은 자가 원양어선에 무상으로 송부하기 위하여 반출하는 물품으로서 농림수산식품부장관 또는 농림수산식품부장관이 지정한 기관의 장이 확인한 물품
⑩ 외국정부와의 사업계약을 수행하기 위하여 계약자가 계약조건에 따라 반출하는 업무용품으로서 주무부장관이 확인한 물품
⑪ 우리나라 정부와의 사업계약을 수행하기 위하여 외국의 계약자가 계약조건에 따라 반입한 물품으로서 다시 반출하는 물품
⑫ 우리나라와 외국 간을 왕래하는 선박 또는 항공기 안에서 직접 그 선박 또는 항공기용으로 사용될 물품으로서 세관장이 타당하다고 인정하는 물품
⑬ 외국업자의 주문으로 제작되어 해당 수출물품의 생산에 사용된 후 반출하

려는 금형

⑭ 그 밖에 무역거래를 원활하게 하기 위하여 무상으로 반출하는 물품으로서 산업통상자원부장관이 타당하다고 인정하는 물품

(4) 주된 사업목적 달성을 위하여 수출하는 물품 등

주된 사업 목적을 달성하기 위하여 부수적으로 수출하는 물품 등 중 산업통상자원부장관이 관계행정기관의 장과 협의를 거쳐 고시하는 물품 등은 수출승인이 면제된다(시행령 제19조 제2호 다목).

(5) 무상으로 수출하는 물품

무상으로 수출하여 무상으로 수입하거나, 무상으로 수입할 목적으로 수출하는 것으로서 사업목적의 달성을 위하여 부득이하다고 인정되는 물품 등 중 산업통상자원부장관이 관계행정기관의 장과 협의를 거쳐 고시하는 물품 등의 수출승인 면제대상은 다음과 같다(시행령 제29조 제2호 라목, 규정 별표3 제3호).

① 다음과 같이 무상으로 반입하여 다시 무상으로 반출하는 물품

㉮ 금속제실린더, 컨테이너, 권사구(卷絲具) 등 물품의 운송을 위하여 반복 사용될 용기 또는 기구

㉯ 우리나라에서 영화를 촬영하기 위하여 입국하는 영화제작자가 반입하는 영화촬영용 기계 및 기구

㉰ 우리나라에 입국한 순회 흥행업자의 흥행용 물품

㉱ 텔레비전·방송국이 텔레비전 방송을 목적으로 반입한 영화필름

㉲ 공사용(수리용을 포함한다)이나 시험용의 기계 또는 기구

㉳ 우리나라에서 개최된 박람회 등의 종료 후 반출되는 물품

㉴ 항공기(부분품을 포함한다) 또는 선박

㉵ 플랜트수출의 이행에 필요하여 반입한 기계 및 장치

㉶ 대학 및 연구기관이 외국으로부터 품질이나 성능검사 등을 위탁받아 반입한 검사의뢰 물품 및 검사장비

② 다음과 같이 무상으로 반입할 예정으로 무상으로 반출하는 물품

㉮ 금속제실린더, 컨테이너, 권사구(卷絲具) 등 물품의 운송을 위하여 반복 사용될 용기 또는 기구

㉯ 항공기(부분품을 포함한다) 또는 선박

㉰ 외국에서 영화(뉴스 포함)를 촬영하기 위하여 제작자가 반출하는 영화 촬영에 사용되는 기계·기구로, 해당 영화촬영을 위하여 필요하다고 세관장이 인정하는 물품

③ 외국에서 수리 또는 검사를 받을 목적으로 반출하는 물품이나 국내에서 수리 또는 검사를 받을 목적으로 반입하는 물품으로서 다시 반출하는 물품

(6) 특정지역에 수출하는 물품

산업통상자원부장관이 정하여 고시하는 지역에 대하여 수출하는 물품 등 중 산업통상자원부장관이 관계행정기관의 장과 협의를 거쳐 고시하는 물품 등의 수출승인 면제대상은 다음과 같다(시행령 제19조 제2항 마목, 규정 별표3 제4호).

① 외국에서 물품을 보세구역에 무상으로 반입하여 가공을 하지 아니하고 다시 무상으로 반출하는 물품

② 「외국인투자촉진법」에 따라 외국인투자의 인가를 받은 기업체가 「관세법」에 따른 보세공장에서 무상 또는 계정간의 이체방식에 의하여 유상으로 수입한 원료를 가공하여 유상으로 수출하는 물품 및 동 시설보완용 부분품, 소모성 기자재 또는 시설재.(단, 산업통상자원부장관이 지정한 기관의 장이 인정하는 경우에만 해당한다.)

(7) 공공성을 가지는 물품

공공성을 가지는 물품이거나 이에 준하는 용도에 사용하기 위한 물품 등으로서 따로 수출을 관리할 필요가 없는 물품 등 중 산업통상자원부장관이 관계행정기관의 장과 협의를 거쳐 고시하는 물품 등의 수출승인 면제대상은 다음과 같다(시행령 제19조 제2호 바목, 규정 별표3 제5호).

① 우리나라 재외공관(대한무역투자진흥공사의 해외무역관을 포함한다) 또는 외교사절 등에 송부하기 위하여 반출되는 공용물품

② 외국에 있는 자에게 증여하기 위하여 반출되는 훈장, 기장 그 밖에 이에 준하는 물품

③ 해외에 파견된 우리나라 군대에 송부하기 위하여 반출하는 군공용물품

④ 우리나라의 공공기관이 외국의 공공기관에게 우호의 목적으로 기증하기 위하여 반출하는 물품

⑤ 국제운동경기대회에 참가하는 우리나라 선수단에 송부하기 위하여 반출하는 경기용 물품 및 이에 준하는 물품

⑥ 무상으로 반출하는 구호품

⑦ 정보통신부장관이 해외에 반출하는 국내우표와 정보통신부장관의 해외우표 판매허가를 받은 자가 정보통신부장관의 추천을 얻어 반출하는 국내우표

⑧ 우리나라에 있는 외국의 대사관, 공사관, 영사관, 통상대표공관, 그 밖에 이에 준하는 기관에서 반출하는 공용물품 또는 그 기관에 소속된 외무공무원 및 그 가족이 반출하는 자용물품

⑨ 국제협약 등에 의해 조사자 또는 사찰단이 협약 등에 의한 조사 또는 사찰을 위하여 반출하는 장비, 물품 및 그 구성원의 자용물품

(8) 기타 상행위 이외의 목적으로 수출하는 물품 등

그 밖에 상행위 이외의 목적으로 수출하는 물품 등 중 산업통상자원부장관이 관계행정기관의 장과 협의를 거쳐 고시하는 물품 등의 수출승인 면제대상은 다음과 같다(시행령 제19조 제2호 사목, 규정 별표3 제6호).

① 무상으로 송부하기 위하여 반출하는 기록문서와 그 밖에의 서류(사진 및 마이크로필름을 포함한다)

② 뉴스를 취재한 필름이나 녹음테이프 등으로서 우리나라의 신문사, 통신사, 방송국 또는 우리나라에 있는 외국의 신문사, 통신사, 방송국의 특파원이 있는 본사, 지사 또는 주재원 등 앞으로 송부하기 위하여 반출하는 물품

③ 유골(유체를 포함한다)

④ 「외국환거래법」에 의하여 인정된 용역계약에 따라 문화체육관광부장관의 추천을 얻어 무상으로 반출하는 국산영화

⑤ 외국환은행으로부터 수입물품을 담보로 자금을 융자받은 무역업자의 파산, 해산, 행방불명 등으로 인하여 그 무역업자에 의한 통관이 불가능한 경우에 해당 외국환은행이 담보권 행사를 위하여 보세구역 내에서 반출하는 물품

⑥ 국제공동연구를 위하여 반출하는 연구용기자재·원료 또는 국제공동연구의

결과물로서 산업통상자원부장관이 추천한 물품

⑦ 그 밖에 무상으로 반출한 물품 중 목적·사유 등에 의하여 세관장이 타당하다고 인정하는 물품

(9) 해외이주자의 해외이주시 반출하는 물품 등

「해외이주법」에 따른 해외이주자가 해외이주를 위하여 반출하는 원자재, 시설재 및 장비로서 외교부장관 또는 외교부장관이 지정하는 기관의 장이 인정하는 물품 등은 수출승인이 면제된다(시행령 제19조 제4호).

2-2. 수입승인 면제대상

(1) 외교관 기타 산업통상자원부장관이 정하는 자의 특정물품 등

산업통상자원부장관이 정하여 고시하는 물품으로서 외교관 그 밖에 산업통상자원부장관이 정하는 자가 입국하는 경우에 휴대하거나 세관에 신고하고 송부하는 물품 등의 수입승인의 면제대상은 다음과 같다(시행령 제19조 제1호, 규정 제1호 별표4).

① 일시적으로 입국하는 자 또는 일시적으로 출국하여 다시 입국하는 자(선박 또는 항공기에 승무하여 입국하는 승무원을 제외한다)가 입국할 때에 휴대하여 반입하는 물품이나 별송으로 반입하는 물품으로서 그 입국의 목적, 체류의 기간, 입국자의 직업 등의 사유에 의하여 세관장이 타당하다고 인정하는 물품

② 우리나라로 주거를 이전할 목적으로 입국하는 자(우리나라에서 1년 이상 체류할 예정으로 입국하는 자를 말하며 일시적으로 출국하여 다시 입국하는 자를 제외한다)가 입국할 때에 휴대하여 반입하는 이사물품으로서 그 입국의 사유 등에 의하여 세관장이 타당하다고 인정하는 물품

③ 우리나라와 외국간을 왕래하는 선박 또는 항공기의 승무원이 해당 선박 또는 항공기에 승무하여 입국할 때에 반입하는 개인용품으로서 세관장이 타당하다고 인정하는 물품

④ 우리나라에 온 외국의 원수와 그 가족 및 수행원에 속하는 물품으로서 입국시에 반입하는 물품

⑤ 정부와의 사업계약을 수행하기 위하여 외국의 계약자가 계약조건에 의하여

반입하는 업무용품으로서 주무부장관의 확인을 받아 반입하는 물품

⑥ 정부의 초빙이나 국제연합 또는 외국의 정부로부터 우리나라에 파견된 고문관, 사절단원의 업무용 물품

(2) 긴급을 요하는 물품

긴급히 처리하여야 하는 물품 등으로서 정상적인 수입 절차를 밟아 수입하기에 적합하지 아니한 물품 등 중 산업통상자원부장관이 관계 행정기관의 장과 협의를 거쳐 고시하는 물품 등의 수입승인 면제대상은 다음과 같다(시행령 제19조 제2호 가목, 규정 별표4 제2호).

① 조난선박의 수리 또는 구호에 필요한 비용과 해당 선박이 항해를 계속하는데 필요한 비용을 조달하기 위하여 매각하는 그 선박의 적재물품으로서 세관장이 부득이하다고 인정하여 반입하는 물품

② 긴급을 요하는 항공기의 부분품(항공용 유류 및 비상구급용품을 포함한다), 공항내에서 항공기에 전용되는 지원장비의 부분품, 수리용품 및 수리용원료를 구매 또는 임차함에 있어서 그 구매절차에 의하여 적기에 공급이 불가능하다고 국토해양부장관이 또는 국토해양부장관이 지정한 항공관계 전문기관의 장이 인정하여 반입하는 물품, 다만, 「항공법」 제112조[36]에 따라 면허를 받아 정기항공운송사업을 영위하는 자가 구매 또는 임차하는 경우에는 세관장이 인정하여 반입하는 물품

③ 긴급을 요하는 국제통신시설의 수리용 부품과 기기를 구매 또는 임차함에 있어서 일반적인 절차에 의하여서는 적기에 공급이 불가능하다고 방송통신위원회위원장이 인정하여 반입하는 물품

④ 긴급을 요하는 해난구조용품으로서 일반적인 절차에 의하여 적기공급이 불가능하다고 국토해양부장관 또는 국토해양부장관이 지정한 해난관계 전문기관의 장이 인정하여 반입하는 물품

⑤ 긴급을 요하는 견품으로서 일반적인 절차에 의하여 적기에 공급이 불가능하다고 세관장이 인정하는 물품

36) 국내항공운송사업 또는 국제항공운송사업을 경영하려는 자는 국토교통부장관의 면허를 받아야 한다. 다만, 국제항공운송사업의 면허를 받은 경우에는 국내항공운송사업의 면허를 받은 것으로 본다.

(3) 무역거래를 원활하게 하기 위하여 수입하는 물품

무역거래를 원활하게 하기 위하여 주된 수입에 부수된 거래로서 수입하는 물품이나, 주된 사업목적을 달성하기 위하여 부수적으로 수입하는 물품 등의 수입승인 면제대상은 다음과 같다(시행령 제19조 제2호 나목, 규정 별표4 제3호).

① 반입하는 상품의 견품 및 광고용 물품으로서 세관장이 타당하다고 인정하는 물품. 다만, 유상으로 반입하는 경우 미화 5만 달러 상당액(과세가격 기준) 이하의 물품

② 상품의 견품 또는 광고용 물품 제조용 원료로서 세관장이 타당하다고 인정하는 물품

③ 우리나라에서 수출된 물품으로서 수출할 때의 성질 및 형상을 변경하지 아니하고 다시 반입하는 물품

④ 수입된 물품이나 수출된 물품이 계약조건과 상이하거나, 하자보증이행 또는 용도변경 등의 부득이한 사유로 대체를 위하여 반입하는 물품 또는 수입된 물품의 누락이나 부족품에 대하여 보충을 위하여 반입하는 물품

⑤ 수입물품의 하자보증기간 내에 동 물품의 유지보수 및 성능보장을 위해 해당물품의 수출자가 무상으로 공급하는 물품

⑥ 수출물품의 성능보장기간 내에 해당물품의 수리 또는 검사를 위하여 반출한 물품으로 다시 반입하는 물품

⑦ 수출물품의 제조·가공에 공할 일부 외화획득용 원료로서 세관장이 해당 수출계약 이행에 필요하다고 인정하여 무상으로 반입하는 물품

⑧ 무상으로 라벨(LABEL), 택(TAG) 등 부자재

⑨ 「외국환거래법」에 의한 허가를 받고 주무부장관의 허가 또는 추천을 받아 반입하는 나용선과 산업통상자원부장관의 추천을 받아 반입하는 임차항공기. 다만, 장래 소유권이 이전되는 국적취득조건부의 것을 제외한다.

⑩ 위탁가공무역에 의하여 수출된 원료의 잔량분으로서 무상으로 반입하는 물품

⑪ 해외에서 투자, 건설, 용역, 플랜트수출, 그 밖에 이에 준하는 사업을 행하고 있는 우리나라 업자가 현지에서 사용한 후 무상으로 반입하는 물품으로서 주무부 장관 또는 주무부장관이 지정한 기관의 장이 확인한 물품

⑫ 우리나라의 법령에 의하여 설치된 허가나 인가 등을 받은 외국상사의 지사

나 출장소 등에 무상으로 송부된 사무용품, 소모품, 그 밖에 이에 준하는 물품으로서 세관장이 타당하다고 인정하여 반입하는 물품

⑬ 건설용역, 그 밖에 이에 준하는 업무에 종사하기 위하여 우리나라에 체류하는 외국인의 자용품으로서 세관장이 타당하다고 인정하여 반입하는 물품

⑭ 우리나라에서 외국간을 왕래하는 선박 또는 항공기 안에서 직접 그 선박 또는 항공기용으로 사용될 물품으로서 해당 운항사업을 행하는 자(해당 사업의 대리인을 포함한다)에게 무상으로 송부되어 오는 물품

⑮ 수출계약의 이행을 위하여 무상으로 반입하는 소모성 자재 또는 시료로서 해당 수출물품의 성능, 시험검사를 위하여 필요하다고 세관장이 인정하는 물품

⑯ 항공산업용으로 도입하는 중고 치공구

⑰ 그 밖에 무역거래를 원활히 하기 위하여 무상으로 반입하는 물품으로서 산업통상자원부장관이 타당하다고 인정하는 물품

(4) 주된 사업목적 달성을 위하여 수입하는 물품 등

주된 사업 목적을 달성하기 위하여 부수적으로 수입하는 물품 등 중 산업통상자원부장관이 관계행정기관의 장과 협의를 거쳐 고시하는 물품 등은 수입승인이 면제된다(시행령 제19조 제2호 다목).

(5) 무상으로 수입하는 물품 등

무상으로 수출하여 무상으로 수입하거나, 무상으로 수출할 목적으로 수입하는 것으로서 사업목적을 달성하기 위하여 부득이하다고 인정되는 물품 등 중 산업통상자원부장관이 관계행정기관의 장과 협의를 거쳐 고시하는 물품 등의 수입승인 면제대상은 다음과 같다(시행령 제19조 제2호 라목 및 규정 별표4 제4호).

① 다음과 같이 무상으로 반출할 예정으로 무상으로 반입하는 물품

㉮ 외국의 신문사, 통신사 또는 방송국의 특파원으로서 우리나라에 파견된 자가 뉴스의 취재용으로 반입하는 필름 또는 녹음테이프

㉯ 금속제실린더, 컨테이너, 권사구 등 물품의 운송을 위하여 반복 사용되는 용기 또는 기구

㉰ 우리나라에서 영화를 촬영하기 위하여 입국하는 영화제작자가 반입하는

영화촬영용 기계·기구로서 해당 영화촬영을 위하여 필요하다고 세관장이 인정하는 물품

㉣ 우리나라에 입국하는 순회 흥행업자의 흥행용 물품

㉤ 텔레비전·방송국이 텔레비전 방송을 목적으로 반입한 영화필름

㉥ 공사용(수리용을 포함한다)이나 시험용의 기계 또는 기구

㉦ 우리나라에서 개최된 박람회 등의 종료 후 반출되는 물품

㉧ 항공기(부분품을 포함한다) 또는 선박

㉨ 플랜트수출의 이행에 필요하여 반입한 기계 및 장치

㉩ 대학 및 연구기관이 외국으로부터 품질이나 성능검사 등을 위탁받아 반입한 검사의뢰 물품 및 검사장비

② 다음과 같이 무상으로 반출된 물품을 무상으로 반입하는 물품

㉮ 금속제실린더, 컨테이너, 권사구(卷絲具) 등 물품의 운송을 위하여 반복 사용될 용기 또는 기구

㉯ 항공기(부분품을 포함한다) 또는 선박

㉰ 외국에서 영화(뉴스 포함)를 촬영하기 위하여 제작자가 반출하는 영화촬영에 사용되는 기계·기구로, 해당 영화촬영을 위하여 필요하다고 세관장이 인정하는 물품

㉣ 외국에서 개최된 박람회, 전시회, 견본시, 영화제 등에 출품된 물품으로서 반송되어 온 물품

㉤ 해외에서 투자, 건설, 용역, 플랜트수출 그 밖에 이에 준하는 사업에 종사하고 있는 우리나라 업자(현지합작법인 포함)에게 무상으로 송부하기 위하여 반출한 시설기재, 원료, 근로자용 생활필수품, 그 밖에 그 사업에 관련하여 사용한 물품

로 송부하기 위하여 반출한 물품

③ 외국에서 수리 또는 검사를 받을 목적으로 반출한 물품이나 국내에서 수리 또는 검사를 받을 목적으로 외국으로부터 반입하는 물품

(6) 특정지역으로부터 수입하는 물품 등

산업통상자원부장관이 정하여 고시하는 지역으로부터 수입하는 물품 등 중 산업통상자원부장관이 관계행정기관의 장과 협의를 거쳐 고시하는 물품 등의 수입

승인 면제대상은 다음과 같다(시행령 제19조 제2호 라목 및 규정 별표4 제5호).

① 「외국인투자촉진법」에 의하여 외국인투자의 인가를 받은 기업체가 관세법의 규정에 의한 보세공장에서 가공할 것을 목적으로 무상 또는 계정간의 이체방식에 의하여 유상으로 수입하는 원료 및 시설보완용 부분품, 소모성 기자재 또는 시설재(단, 산업통상자원부장관이 지정한 기관의 장이 인정하는 경우에 한함).

② 「관세법」에 따라 보세판매장 설영특허를 받은 자의 판매용 물품으로서 관세청장이 산업통상자원부장관과 협의하여 지정하는 물품

(7) 공공성을 가지는 물품 등

공공성을 가지는 물품이거나 이에 준하는 용도에 사용하기 위한 물품 등으로서 따로 수입을 관리할 필요가 없는 물품 등 중 산업통상자원부장관이 관계행정기관의 장과 협의를 거쳐 고시하는 물품 등의 수입승인 면제대상은 다음과 같다(시행령 제19조 제2호 바목 및 규정 별표 4 제6호).

① 국가원수에게 반입되는 물품

② 우리나라에 있는 자에게 증여하기 위하여 반입되는 훈장, 기장 그 밖에 이에 준하는 물품

③ 외국에 있는 우리나라의 군대, 군함 또는 공관으로부터 반입되는 공용물품

④ 사원, 교회 등에 기증된 식전용품 및 예배용품으로서 세관장이 타당하다고 인정하여 반입되는 물품

⑤ 자선 또는 구호의 목적으로 기증된 급영품 및 「관세법」 제91조 제2호의 규정에 의한 기획재정부령에 의하여 지정된 구호시설과 사회복지시설에 기증되어 직접 사회복지용에 공하는 물품으로서 세관장이 타당하다고 인정하여 반입하는 물품

⑥ 학교, 박물관, 물품진열소 그 밖에 「관세법」 제90조 제1항 제2호 및 제4호 규정에 의하여 지정한 시설에 표본, 참고품, 학술연구 또는 교육용에 직접 공하는 세관장이 타당하다고 인정하여 반입되는 물품

⑦ 외국의 공공기관으로부터 우리나라 공공기관에 우호의 목적으로 기증되어 반입되는 물품

⑧ 정부 또는 지방자치단체에 기증된 물품으로서 해당 기관이 직접 사용하는 물품과 해당 기관에서 실시하는 공공사업에 공하기 위하여 반입되는 물품
⑨ 국제연합교육과학문화기구(유네스코)에서 발행하는 유네스코구폰과 교환으로 송부되어 반입하는 물품
⑩ 우리나라에 있는 외국의 대사관, 공사관, 영사관, 통상대표기관 그 밖에 이에 준하는 기관에서 반입하는 공영물품 그 밖에 그 기관에 소속 되는 외국 공무원 및 그 가족이 반입하는 자용품
⑪ 「박물관 및 미술관진흥법」에 의해 등록된 박물관 또는 미술관(설립자가 법인인 박물관 또는 미술관에 한함)이 같은 박물관 또는 미술관에 전시할 목적으로 수입하는 물품으로 문화체육부장관의 추천을 받은 물품
⑫ 국제공동경기에 참가한 우리나라 선수단의 경기용 물품 및 이에 준하는 물품으로 반출하였다가 다시 반입하는 물품
⑬ 국제협약 등에 의한 조사단 또는 사찰단이 협약 등에 의한 조사 또는 사찰을 위하여 반입하는 장비, 물품 및 그 구성원의 자용물품

(8) 기타 상행위 이외의 목적으로 수입하는 물품

그 밖에 상행위 이외의 목적으로 수입하는 물품 등 중 산업통상자원부장관이 관계 행정기관의 장과 협의를 거쳐 고시하는 물품 등의 수입승인 면제대상은 다음과 같다(시행령 제19조 제2호, 사목, 규정 별표 4 제7호).

① 무상으로 반입하는 간행물, 기록문서와 그 밖에의 서류(사진 및 마이크로필름을 포함한다)
② 해상사고로 인하여 우리나라 선박이 침몰 또는 폐선된 경우에 그 외국 가해자로부터 현물배상으로서 제공받아 해외공관장의 확인을 얻어 반입하는 선박
③ 우리나라의 선박 또는 항공기가 조난으로 인하여 해체된 경우에 반입하는 해체물품 및 장비품
④ 우리나라에서 출항한 선박 또는 항공기로 반출한 물품으로서 해당 선박 또는 항공기의 사고로 인하여 다시 반입하는 물품
⑤ 우리나라의 선박 또는 항공기가 국외에서 고장으로 인하여 분리된 부분품(현지 수리후 반입하는 것을 말한다)
⑥ 「관세법」 제144조에 따라 선박 또는 항공기의 전환이 있는 경우에 해당 선

박 또는 항공기에 적재되어 있는 선박용 또는 항공기용품으로서 세관장이 타당하다고 인정하는 물품

⑦ 유골(유체를 포함한다)

⑧ 외국환은행으로부터 수입물품을 담보로 자금을 융자받은 수출입업자의 파산, 해산, 행방불명 등으로 인하여 그 수출입업자에 의한 통관이 불능한 경우에 해당 외국환은행이 담보권 행사를 위하여 보세구역으로부터 다른 지역으로 반입하는 물품

⑨ 「외국환거래법」 제18조의 규정에 의하여 기획재정부장관이 정하는 바에 따라 지급을 인정하는 것으로서 다음에 열거된 물품

㉮ 외항운송업자가 경상운항경비로 구입하여 그 선박 또는 항공기용으로 사용된 식용품 및 서비스용품

㉯ 자기치료를 위한 미화 2천 달러 이하의 의약품으로서 식품의약품안전처장이 추천한 물품. 다만, 일정한 치료주기가 필요한 물품에 한하여 최소 치료주기에 대한 소요량을 명기한 경우와 각 개인에 대한 진단서를 첨부하여 2인 이상에 필요한 의약품을 수입하는 경우 2천 달러 이상의 경우라도 추천할 수 있다.

㉰ 운송사업자가 외국항공기에 공급하기 위하여 반입하는 식용품 및「관세법」 제2조제10호에 다른 기용품

⑩ 국제공동연구를 위하여 반입하는 연구기자재 또는 국제공동연구 결과물로서 산업통상자원부장관이 수입 추천하는 물품

⑪ 시험・연구를 위하여 반입하는 물품으로서 산업통상자원부장관이 추천한 물품

⑫ 신문사, 통신사 또는 방송국의 해외자사에서 구입・사용 후 내용연한이 경과된 방송・촬영장비 중 무상으로 반입하는 것으로, 반입목적 등의 사유에 의하여 그 타당성이 인정되어 산업통상자원부장관이 주무부장관과 협의하여 수입 추천하는 물품

⑬ 국내거주자가 자가 사용을 위해 정보통신망 등을 이용하여 구매신청 후 대금을 지급하는 거래에 의하여 외국으로부터 우편 등으로 반입하는 물품으로서, 가격 및 수량 등 그 반입의 목적・사유에 의하여 세관장이 타당하다

고 인정하는 경우

(9) 외국환거래가 수반되지 아니하는 물품 등

외국환 거래 없이 수입하는 물품 등으로서 그 반입의 목적, 사유 등에 의하여 세관장이 타당하다고 인정하는 물품 등을 말한다. 이 경우 세관장은 과세가격이 500만원을 초과하는 수입에 대하여 수입승인서의 제출을 요구할 수 있다(시행령 제19조 제3호, 규정 제20조). 즉, 외국환 거래가 수반되지 아니하는 물품 등의 수입의 경우에 과세가격이 500만 원이하의 경우에는 반입 목적 및 사유 등만 검토하고 수입통관이 되고, 과세가격이 500만 원 이상은 수출입공고 및 통합공고상의 제한내용 충족여부도 심사하게 된다.

수입승인면제의 확인

산업통상자원부장관은 승인을 받지 아니하고 수출 또는 수입되는 물품 등(제11조 제2항 본문에 해당하는 물품 등만을 말한다)이 수출입승인면제대상물품 등(제11조 제2항 단서에 따른 물품 등)에 해당하는지를 확인하여야 한다(법 제14조).

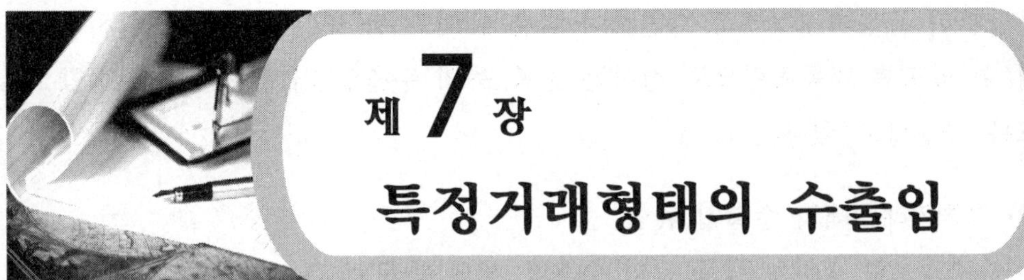

제 7 장 특정거래형태의 수출입

제1절 특정거래형태 수출입의 의의 및 종류

1 특정거래형태의 의의 및 유형

(1) 특정거래형태의 의의

수출입거래의 형태는 그 거래의 특성에 따라 다양하지만, 일반적인 수출입거래 형태는 유상거래로서 국내·외로 물품이 이동하여 세관 등 관련기관에서 물품의 이동을 파악할 수 있게 된다. 이러한 수출입거래는 자유계약의 원칙하에서 당사자 간의 교섭능력, 마케팅기법 등에 의해 자유롭게 거래할 수 있다.

그러나 무역계약은 외국 기업과의 상사계약일 뿐만 아니라 여러 가지 무역계약 조건의 특수성을 지니고 있으므로 일반적인 수출입거래 형태가 아닌 거래의 경우 어느 정도 제한 내지 규제를 할 필요성이 있게 된다. 이에 따라 물품이 여러 국가를 거쳐 생산 및 유통이 되는 점 등의 무역거래환경 변화를 반영하거나 수출입의 제한을 우회하는 것을 방지하기 위하여 별도로 관리할 필요가 있는 거래형태만을 개별적으로 수출입인정 요건을 규정하여 관리하고 있다.

대외무역법에서는 다양화되고 있는 무역거래를 촉진시키기 위하여 산업통상자원부장관이 특정거래형태와 관련하여 물품 등의 수출 또는 수입이 원활히 이루어질 수 있도록 대통령령으로 정하는 물품 등의 수출입 거래 형태를 인정할 수 있도록 규정하고 있다(법 제13조 1항).

(2) 특정거래형태의 수출입 유형

"대통령령으로 정하는 물품 등의 수출입 거래 형태"란 특정거래의 형태를 말하며, 해당 거래의 전부 또는 일부가 다음의 하나에 해당하는 수출입 거래형태로서 산업통상자원부장관이 정하여 고시하는 기준에 해당하는 거래를 말한다(시행령 제20조).

① 수출 또는 수입의 제한을 회피할 우려가 있는 거래
② 산업 보호에 지장을 초래할 우려가 있는 거래
③ 외국에서 외국으로 물품 등의 이동이 있고, 그 대금의 지급이나 영수가 국내에서 이루어지는 거래로서 대금 결제 상황의 확인이 곤란하다고 인정되는 거래
④ 대금결제 없이 물품 등의 이동만 이루어지는 거래

2 특정거래형태의 종류

2-1. 위탁판매수출

(1) 개념

"위탁판매수출(export on consignment)"이란 물품 등을 무환으로 수출하여 해당 물품이 판매된 범위안에서 대금을 결제하는 계약에 의한 수출을 말한다(규정 2조 제4호). 즉, 대부분 제조업자인 위탁자(수출업자)가 외국에 있는 수탁자(중개업자)에게 물품 등을 무환으로 수출하여 판매를 위탁하고 해당물품이 판매된 범위내에서 수출대금과 판매 잔량을 수출국으로 회수하는 방식의 거래이다.

이러한 위탁판매수출방식의 특징은 위탁자가 자기의 비용과 위험부담으로 물품을 위탁 수출하므로 물품의 소유권은 위탁자에게 있으며, 외국의 수탁자는 판매 후 그 판매대금에 대해 일정비율의 판매 수수료를 수취하고 그 공제한 대금 및 잔량을 송부하게 된다.

위탁판매수출방식은 제조업자가 새로운 신시장의 개척이나 신규상품 판매의

경우 많이 이용한다. 즉 수입국내의 광범위한 판매망을 가진 중개업자에게 판매를 위탁하여 먼저 수출대상지역의 시장성을 시험해 본 후 거래를 본격적으로 시작한다거나, 상품의 가격변동이 심할 경우에도 정식으로 수출계약을 체결하지 않고 위탁판매를 의뢰하여 가격이 가장 유리할 때 판매하도록 한다.

그러나 일정기간동안 판매되지 않고 남은 잔량을 재고품으로 처리해야 하므로 이에 따른 비용이 소요될 수 있으며, 특히 유행품이나 계절상품의 경우에 수요시기의 상실에 따른 손해배상이 발생할 수 있다. 또한 수출대금은 물품이 판매된 후 결제되므로 대금회수에 상당한 시간이 소요되거나 경우에 따라서 대금회수불능의 위험도 발생할 수 있다.

따라서 위탁판매수출방식은 수출업자보다 수입업자에게 유리한 거래형태라고 할 수 있다.

〈그림 7-1〉 수 · 위탁 판매무역방식

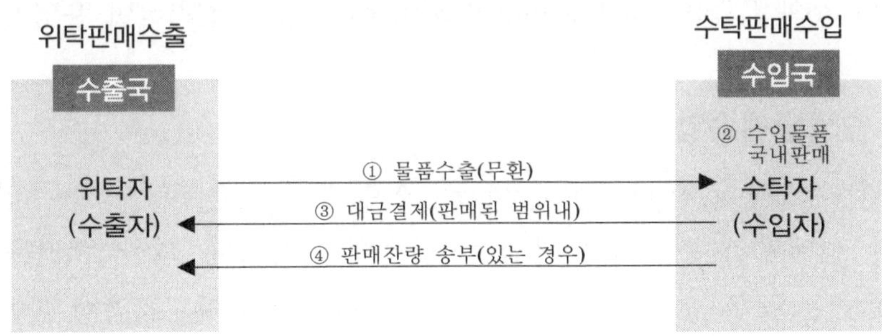

(2) 유사한 거래 형태

(가) 보세창고도거래

보세창고도거래(Bonded Warehouse Transaction, BWT)는 수출업자가 자신의 책임(비용과 위험부담)하에 해당 수입국내에 관리인(지점, 출장소 또는 대리점)을 설치하고, 거래상대국의 정부로부터 허가받은 보세창고에 상품을 무환으로 반입한 후 현지의 시장상황에 따라 상품의 구매계약이 성립되어 판매하는 일종의 위탁판매방식의 거래를 말한다.

보세창고도거래에서 수출업자는 물품을 보세창고에 보관하면서 시장상황에 따라 적당한 시기에 판매할 수 있는 장점이 있지만, 시황이 불리하여 본국으로 물품을 반송할 경우 여러 가지 비용이 발생할 수 있다. 반면, 수입업자는 보세창고에 현품을 확인하고 수입할 수 있으므로 국내거래와 같은 효과를 가져 올 수 있어, 일반수입에 비해 시간과 비용 등을 절약할 수 있고 수입시차에 따른 손실을 최대한 줄일 수 있다.

이러한 거래방식은 인도기일이 짧은 범용성 원자재나 선용품 등의 거래에 통상 활용되며 적극적인 판매활동을 통하여 수출증대를 도모한다. 우리나라는 보세창고도거래를 지원하기 위하여 파나마의 콜롱(Colon)에 이러한 보세창고를 설치하여 운영하고 있다.

(나) CTS 수출

수출업자가 해외에 현지판매법인의 설립인가를 받아 그 법인 앞으로 물품을 위탁·수출하고 그 법인은 자신의 명의로 수입하여 현지에서 직접 판매하고 판매된 범위내에서 대금을 결제하는 거래를 말한다. 우리나라는 네덜란드의 로테르담(Rotterdam)에 CTS(Central Terminal Station) 시설을 설치하여 운영하고 있다.

2-2. 수탁판매수입

"수탁판매수입(Import on Consignment)"이란 물품 등을 무환으로 수입하여 해당물품이 판매된 범위내에서 대금을 결제하는 계약에 의한 수입을 말한다(규정 제2조 제5호). 이는 물품 등을 외국에서 무환으로 수입하여 해당물품이 판매된 범위내에서 수입대금을 결제하고 일정기간후 판매 잔량은 재수출하는 조건의 거래방식을 말한다.

따라서 수입업자는 판매대리인으로서 위탁자가 지정한 조건에 따라 상품을 시판하고 그 판매대금에서 경비, 수수료 등을 공제한 잔액을 송금하므로 수입에 따른 자금부담이 전혀 없을 뿐만 아니라 판매에 대한 위험도 없다. 위탁판매수출을 수탁자의 입장에서 보면 수탁판매수입이 된다.

2-3. 위탁가공무역

가공무역이라 함은 가공임, 운임, 보험료, 이윤 등의 가득액을 얻기 위해 원료의 일부 또는 전부를 외국에서 수입하여 이를 가공한 후 다시 외국에 수출하는 거래를 말한다.

"위탁가공무역"이란 가공임을 지급하는 조건으로 외국에서 가공(제조, 조립, 재생, 개조를 포함한다)할 원자재의 전부 또는 일부를 거래상대방에게 수출하거나 외국에서 조달하여 외국에서 이를 가공한 후 가공물품 등을 수입하거나 외국으로 인도하는 수출입을 말한다(규정 제2조 6호).

여기에서 위탁 가공할 원자재의 범위는 원자재·부자재·부품 및 구성품은 물론 재생·개조를 위한 완제품도 포함되며, 원자재의 수출은 유환 또는 무환의 구별 없이 일부 또는 전부도 가능하다.

그러나 원자재거래가 유환으로 이루어질 때에는 내용상으로 위탁가공무역일지라도 거래형태상 독립된 수출과 수입이고 수출입승인도 별도로 이루어지며, 전부 유환수출인 경우에는 위탁가공계약서상에 가공임이 별도로 명기되어야 한다.

따라서 위탁가공국 또는 제3국에서 원자재를 조달하여 가공한 후 가공된 물품을 위탁가공국 또는 제3국에 판매하는 경우에도 위탁가공무역이 성립되므로, 국내의 위탁자가 위탁가공을 위한 원료를 외국에서 조달하는 외국인수수입과 위탁가공무역에 의하여 생산된 제품을 외국에 판매하는 외국인도수출도 가능하다.

〈그림 7-2〉 수·위탁 가공무역방식

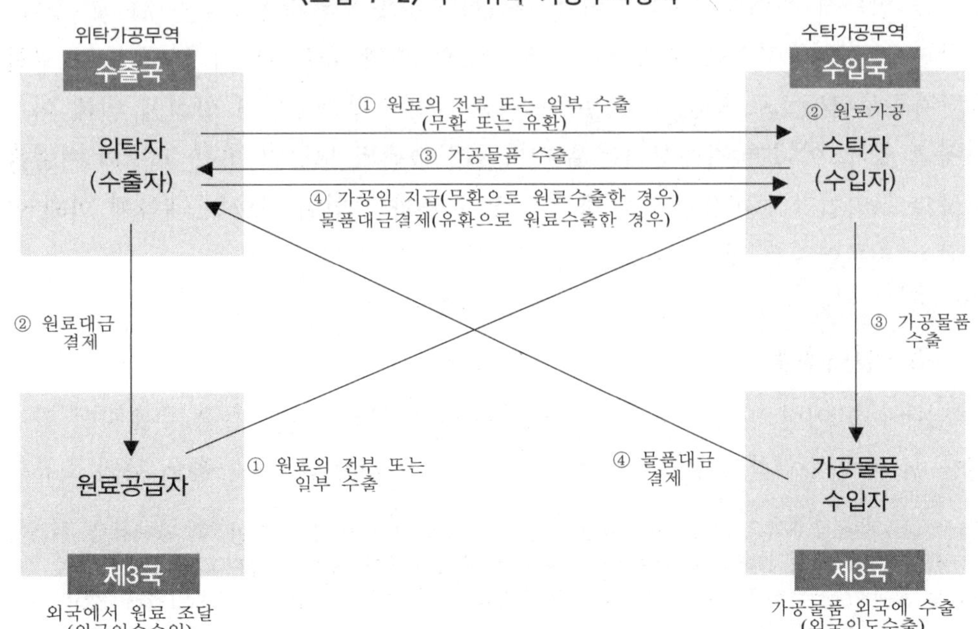

그러나 씨앗, 경작비 등을 제공하여 성장, 번식 또는 사육한 후 최종 수확물을 수입하는 거래형태는 위탁농업활동이므로 위탁가공의 대상이 되지 않는다.

이러한 거래의 형태는 자국의 임금수준이 높아서 외국의 저가공임이 저렴한 국가나 혹은 고도의 기술을 요하는 가공일 경우 기술이 상대적으로 발달한 국가로 원자재를 수출하여 가공해 줄 것을 위탁하는데 사용하는 방식으로 우리나라가 중국, 베트남 등의 동남아국가와의 거래와 개성공단에서 생산되는 물품에서 많이 활용되고 있으며, 향후 북한과의 거래에서도 많이 활용될 거래형태이다.

2-4. 수탁가공무역

"수탁가공무역"이란 가득액을 영수하기 위하여 원자재의 전부 또는 일부를 거래 상대방의 위탁에 의하여 수입하여 이를 가공한 후 위탁자 또는 그가 지정하는 자에게 가공물품 등을 수출하는 수출입을 말한다. 다만, 위탁자가 지정하는 자가 국내에 있음으로써 보세공장 및 자유무역지역에서 가공한 물품 등을 외국으로 수출할 수 없는 경우 「관세법」에 따른 수탁자의 수출·반출과 위탁자가 지정한 자의 수입·반입·사용은 이를 「대외무역법」에 따른 수출·수입으로 본다(규정 제2조 제7호). 따라서 원자재의 전부가 수입절차 없이 국내에서 조달되는 경우가 아닌 원자재의 일부는 반드시 거래상대방으로부터 수입하여야만 수탁가공무역이 될 수 있다.

한편, 수탁가공무역은 원자재의 조달방법에 따라 유환수탁가공무역[37]과 무환수탁가공무역[38]으로 구분되며, 일반적으로 무환수탁가공무역 방식에 의해 이루어지고 있다. 이러한 거래형태는 우리나라의 숙련된 노동력 또는 고도의 기술을 외국의 무역업자가 이용하고자 하는 경우 수출과 수입이 하나의 계약에 의해 연결되어 이루어지는 방식이다.

2-5. 임대수출

"임대수출"이란 임대(사용임대를 포함)계약에 의하여 물품등을 수출하여 일정 기간 후 다시 수입하거나 그 기간의 만료 전 또는 만료 후 해당 물품 등의 소유권

---

37) 유환수탁가공무역은 대상 원자재를 유환으로 수입하여 이를 가공한 후 완제품을 수출하는 거래로서 원자재의 수입대금과 완제품의 수출대금이 직접 지급되고 수취된다.

38) 무환수탁가공무역은 대상 원자재를 무환으로 수입하여 가공한 후 가공임만을 받고 그대로 수출하는 거래이다.

을 이전하는 수출을 말한다.(규정 제2조 제8호)

임대차계약에 의한 거래방식은 기계·설비 등 물품가격이 비싼 자본재를 구매할 능력이 없는 거래상대방에 대하여 단순 임대계약으로 물품을 임대하거나 일정기간 동안 임대료와 함께 물품대금을 분할 상환하도록 하고 임대기간 만료와 함께 대금상환이 완료되면 소유권을 이전하는 방식으로 물품을 매매할 경우에 주로 이용된다.[39)]

임대조건으로 수출하면 수입업자의 자금부담이 완화됨으로 수출판로가 확대되며 이들의 가동에 필요한 기술을 제공함에 따라 양국간의 경제협력체제를 이룰 수 있다. 이에 대하여 사용대차에 의한 수출은 사용료를 받지 아니하고 무상으로 대여하는 것이기 때문에 특수한 관계에 있는 거래당사자간에 이용될 수 있는 거래이며 사용대차기간이 만료하면 재수입하는 것은 임대에 의한 수출과 같다.

〈그림 7-3〉 임대차 수출입방식

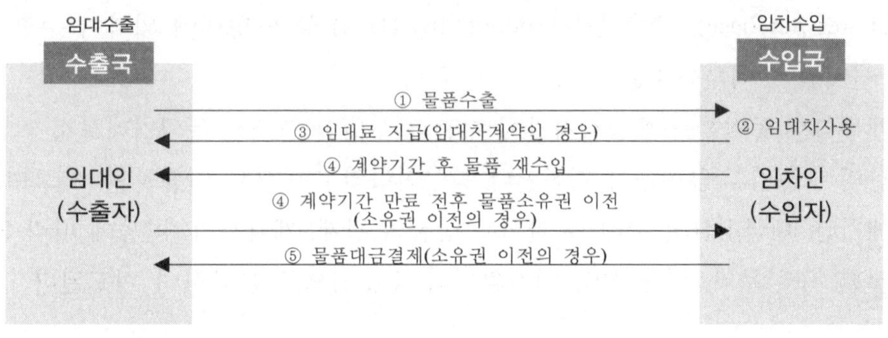

2-6. 임차수입

"임차수입"이라 함은 임차(사용임차를 포함)계약에 의하여 물품 등을 수입하여 일정기간 후 다시 수출하거나 그 기간의 만료 전 또는 만료 후 해당물품의 소유권을 이전받는 수입을 말한다(규정 제2조 제9호). 임대수출을 반대의 입장에서 보면 임차수입이 된다.

임차수입을 하면 수입업자는 시설·기재와 같은 자본재를 자금부담 없이 확보

39) 거주자와 비거주자간에 계약 건당 미화 3천만불 이하인 경우로서 부동산 이외의 물품임대차 계약을(소유권 이전하는 경우를 포함한다) 체결하는 경우 외국환거래규정(제7-46조)에 의거하여 외국환은행의 장에게 신고를 하여야 한다.

할 수 있으며, 임대인의 기술제공에 따라 시설가동에 필요한 새로운 기술을 도입할 필요가 없을 뿐만 아니라 임차한 시설을 이용하여 생산된 제품은 모두 임대인에게 수출할 수 있다.

그러나 임대인이 생산된 제품을 모두 수입하는 계약이 체결되면 가격이 임차인에게 불리하게 결정될 수 있으며, 또한 시장이 활성화 되어 수출전망이 있어도 임대인이 제시하는 수량 이상의 생산은 불가능한 단점이 있다.

이러한 거래방식은 주로 영세한 중소기업이나 외자도입업체가 추가 생산시설을 수입할 때 이용되며, 임차한 시설을 사용하여 생산한 제품을 임대인에게 수출하는 조건으로 거래하는 경우가 많다.

2-7. 연계무역

(1) 개념

"연계무역"이란 물물교환(Barter trade), 구상무역(Compensation trade), 대응구매(Counter purchase), 제품환매(Product Buy-Back) 등의 형태에 의하여 수출·수입이 연계되어 이루어지는 수출입을 말한다(규정 제2조 제10호).

연계무역은 동일한 거래당사자간에 수출과 수입이 연계된 무역거래로서 거래당사국간의 수출입의 균형을 유지하거나 통상협력의 수단으로 이용될 수 있으며, 대응구매기간, 대금정산의 형태, 교환되는 상품의 관계, 계약서의 수 등에 따라 크게 물물교환, 구상무역, 대응구매, 제품환매의 수출입으로 분류하여 비교된다.

(2) 연계무역의 형태

(가) 물물교환

물물교환(Barter trade)은 환거래가 발생하지 않고, 상품이 직접 1대1로 교환되는 방식의 단순한 무역거래형태이다. 물물교환은 하나의 매매계약서로 수출입거래가 이루어지고, 대응수입기간은 통상 1년이지만 거의 동시에 상품이 교환되며 대응수입의무를 제3국에 전가시킬 수 없다.

물물교환은 연계무역의 가장 초보적인 형태이며 양국 간에 수출·수입할 수 있는 물품이 적절할 경우에만 이용될 수 있는 한계점이 있다.

(나) 구상무역

구상무역(Compensation trade)은 수출입 물품의 대금을 그에 상응하는 수출 또는 수입으로 상쇄하는 무역거래를 말한다. 구상무역은 수입의무를 제3국에 전가할 수 있다는 점 등을 제외하고는 물물교환과 같이 하나의 계약서에 의해 수출입 거래가 이루어진다. 또한 환거래가 발생하여 쌍방간에 합의된 통화로 대금이 결제되며, 이를 위해 동시개설신용장, 기탁신용장, 토마스신용장 등의 특수한 신용장이 사용된다.

① 동시개설신용장

동시개설신용장(Back to Back L/C)은 수출입거래의 당사자 중 일방이 일정액의 수입신용장을 발행하는 경우에 거래상대방이 동액의 수입신용장을 동시에 발행할 경우에만 발행한 신용장이 유효하도록 하는 조건의 신용장을 말한다.

② 기탁신용장

기탁신용장(Escrow L/C)은 수입업자가 신용장을 발행하는 경우 그 신용장에 의하여 발행되는 어음의 매입대금이 수익자에게 직접 지급되지 않고 수익자 명의로 매입은행, 개설은행 또는 제3국의 환거래은행 기탁계정에 두었다가 수익자가 원신용장 발행국으로부터 수입하는 상품의 대금결제에만 사용하도록 하는 조건의 신용장을 말한다.

③ 토마스신용장

토마스신용장(Tomas L/C)은 수출입 쌍방이 동시에 동액의 신용장을 발행하는 것이 아니라 한쪽은 신용장을 발행하고 상대방은 일정기간 후에 동액의 신용장을 발행하겠다는 보증서를 발행해야만 내도된 신용장이 유효하도록 하는 조건의 신용장을 말한다.

(다) 대응구매

대응구매(Counter Purchase)는 대응수입계약조건 아래에서 수출액의 일정비율에 상응하는 상품을 반드시 대응구매 하겠다는 별도의 계약서를 체결하고 수출하는 거래방식이다. 구상무역과는 두 개의 계약서에 의해 쌍방간 거래(two-way trade)가 이루어지는 점이 다르다. 대응구매는 외면적으로는 완전히 분리된 별도

거래이므로 두 개의 일반신용장이 각각 개설되며, 대응수입의무를 제3국으로 전가시킬 수 있다.

이러한 대응구매는 과거 서방국가들이 동구권 국가들과의 동서교역에서 많이 활용했던 방식이며, 무역을 국영으로 하고 있는 동구제국의 다수 개발도상국간의 동서교역에서도 활용된 연계무역의 가장 보편적인 거래형태이다.[40)]

(라) 제품환매

제품환매(Buy Back)는 플랜트(plant)나 기술 등의 수출에 대응하여 그 설비나 기술로 생산되는 제품을 수입하는 형태로서, 수출설비에 의한 생산제품의 수입과 합작투자의 형태로 구분된다.

〈표 7-1〉 연계무역의 특성 비교

구분	물물교환	구상무역	대응구매	제품환매
계약서	수출・수입거래를 하나의 계약서로 작성	수출・수입거래를 하나의 계약서로 작성	수출・수입거래를 각각 별도의 계약서로 작성	수출・수입거래를 각각 별도의 계약서로 작성
환의 유무	환거래가 발생하지 않음	환거래가 발생함	환거래가 발생함	환거래가 발생함
신용장	–	통상 특수신용장 (Back to Back, Escrow, Tomas L/C) 이용	두 개의 일반신용장 개설	–
상계방법	물품에 의한 상계	합의된 결제통화로 상계	합의된 결제통화로 상계	합의된 결제통화로 상계
대응수입비율	100%	합의에 의해 결정 (20~100%)	합의에 의해 결정 (20~100%)	합의에 의해 결정 (100% 초과 가능)
대응수입기간	통상 1년 이내 (대부분 거의 동시에 교환됨)	통상 3년 이내	통상 5년 이내	통상 3~25년 이내 (대응수입이 1회에 한하지 않고 계속 됨)
수입의무의 제3국 전가여부	불가능	가능	가능	가능

40) 대응구매와 반대의 거래형태로 선 구매(advance purchase)방식이 있다. 선 구매는 수출업자가 수출 전에 수입업자로부터 미리 제품을 구매하고 일정기간이 지난 후 수입업자로 하여금 수출업자의 제품을 수입하도록 약속하는 거래방식을 말한다.

수출설비에 의한 생산제품의 수입(buy-back deal)은 플랜트, 장비, 기술 등의 수출에 대응하여 동 설비나 기술로 생산되는 제품을 다시 수입하여 수출대금을 회수하는 거래형태이다.[41] 그리고 합작투자(joint venture)는 수출업자가 일방적인 자본재 수출이 아닌 자본참여, 판매망 제공 등으로 수입업자와 합작하여 생산된 제품을 대응구매계약에 의해 수입하게 하는 수출자의 참여형식을 취하고 있다.

2-8. 중계무역

(1) 개념

"중계무역(intermediate trade)"이란 수출할 것을 목적으로 물품 등을 수입하여 보세구역(관세법 제154조) 및 보세구역 외 장치의 허가를 받은 장소(관세법 제156조) 또는 자유무역지역(자유무역지역의 지정 및 운영 등에 관한 법률 제4조) 이외의 국내에 반입하지 아니하고 수출하는 수출입을 말한다(규정 제2조 제11호). 즉 수출할 목적으로 물품 등을 외국으로부터 수입하여 이를 가공하지 않고 원형 그대로 수출하여 중계수수료(FOB-CIF)에 해당하는 가득액을 취하는 무역거래를 말한다.

최근의 중계무역은 주로 최종 수입국의 통상정책상 지역적인 수입제한조치나 차별적인 관세장벽을 회피할 목적으로 이루어지는 경향이 많으며 또한 중계국의 입장에서는 중계수수료(FOB-CIF에 해당하는 가득액)의 취득이라는 이점과 함께 자국 상품의 일반적인 수출에 미치는 영향도 고려하여야 할 것이다.

중계무역은 수수료를 얻기 위한 거래이기 때문에 물품을 가공하지 않고, 그대로 거래함에 따라 운송서류만으로 거래가 가능하기 때문에 시간, 노동, 경비를 절감할 수 있는 반면, 최종 수입국의 무역정책상 원 수출국과의 거래를 제한하고 있는 경우에는 최종수입국의 무역정책에 혼란을 야기하여 중계국의 제재에 따른 일반 수출입에 수입제한 또는 금지조치 등의 영향을 미칠 수 있다.

---

41) 이러한 방식의 제품환매는 단순한 간이 생산기기의 수출에서 첨단기술의 이전을 수반하는 거래에까지 그 범위가 광범위하며, 특히 기술이전을 수반하는 형태를 산업협력(industrial cooperation)이라고 한다.

〈그림 7-4〉 중계무역 방식

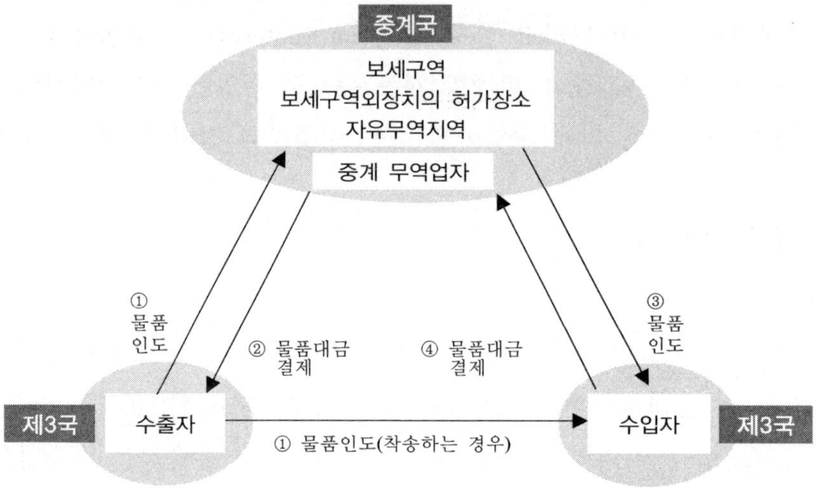

중계국
보세구역
보세구역외장치의 허가장소
자유무역지역
중계 무역업자
① 물품 인도
② 물품대금 결제
④ 물품대금 결제
③ 물품 인도
제3국
수출자
① 물품인도(착송하는 경우)
수입자
제3국

한편, 중계무역은 거주자의 책임하에 수입하여 수출하고, 수출입대금결제도 이루어지게 되므로 거주자가 수출입의 주체가 되지 않고 단순히 중개수수료만 취득하는 경우에는 대외무역법상의 중계무역에 해당하지 않는다.

유상거래에 한하여 중계무역이 가능하도록 하고 있지만 유상거래 중 수입은 무상이나 수출은 유상인 경우에도 중계무역에 해당하는 것으로 간주되며, 수출입 물품이 거래국내에서만 이동하는 거래도 중계무역으로 인정되고 있다. 특히 북한과 제3국간 중계무역의 경우에는 「남북교류협력에 관한 법률」에 의거하여 반출입승인을 받아야 한다.

(2) 유사한 거래형태

① 중개무역

중개무역(Merchandising Trade)이란 수출입 양당사자간의 거래상품이 제3국의 중개업자의 중개로 거래되는 경우에 제3국의 입장에서 본 무역의 형태로서, 물품은 중개인이 있는 제3국을 거치지 않지만, 대금결제는 중개인을 통하여 이루어진다. 이러한 중개무역은 중간상인이 중개수수료를 목적으로 수출입업자의 대리인으로서 수출입거래에 개입하게 된다. 중계무역과 중개무역의 차이점은 중간상이 계약의 당사자인지의 여부에 달려있다.

② 스위치무역

스위치무역(Switch Trade)이란 매도인과 매수인간에 직접 매매계약이 체결되고 상품도 수입국으로 직접 이전되는데, 대금결제는 제3국의 무역업자(Switcher)를 개입시켜 거래하거나 제3국의 결제통화나 계정을 사용하는 형태로, 외환관리상 금융수단의 채용을 필요로 할 때 주로 이용된다. 이는 수입국이 특정거래에서 수입물품의 대금을 특정외화로 지급해야 하지만 해당 외화의 여유가 없기 때문에 해당 특정외화를 가지고 있는 제3국을 개입시켜 물품대금을 지급하고자 하는 경우, 또는 무역수지불균형에 따라 제3국의 결제통화 또는 계정을 사용, 전환하여 지급하는 경우에도 행해질 수 있다.

③ 통과무역

통과무역(Passing or Transit Trade)이란 거래상품이 수출국으로부터 제3국을 통과하여 수입국으로 송부되는 경우에 제3국의 입장에서 본 거래로서, 수출될 때 미리 수입국을 정하여 제3국을 통과하는 것이다. 반면, 중계무역은 수출국으로부터 수출될 때 실제 수입국이 결정되지 않은 채 중계항에서 양륙된 후에 최종목적지가 정해지는 경우가 있다.

2-9. 외국인수수입

"외국인수수입"이란 수입대금은 국내에서 지급되지만 수입물품 등은 외국에서 인수하거나 제공받는 수입을 말한다(규정 제2조 제12호). 즉 국내에서 수입대금을 지급하지만 물품은 외국의 사업현장으로 직접 운송되도록 하는 수입방식이며, 그 선적 서류는 국내 외국환은행을 통하여 인수한 후 수입대금은 국내에서 지급하고 해당 운송서류를 외국으로 송부하여 수입물품을 외국에서 인수하는 거래형태이다.

〈그림 7-5〉 외국인수수입 방식

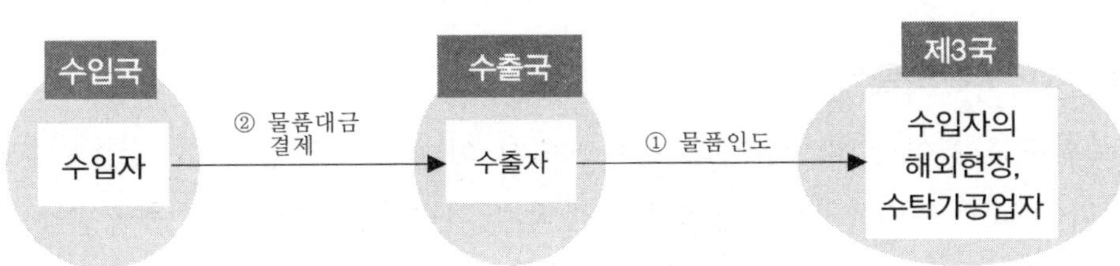

이러한 거래형태는 플랜트 수출, 해외건설, 해외투자 및 위탁가공무역 등에 의해 해외의 사업현장에 필요한 기재・자재 및 원자재를 외국에서 조달하는 데 있어서 운송시간과 경비를 절감하고 절차를 간소화하는 데 이용되는 거래방식이다.

2-10. 외국인도수출

"외국인도수출"이란 수출대금은 국내에서 영수하지만 국내에서 통관되지 아니한 수출물품 등을 외국으로 인도하거나 제공하는 수출을 말한다(규정 제2조 제13호). 즉, 국내에서 수출통관되지 않은 물품을 외국에서 외국으로 인도하여 수출하고 그 대금은 국내에서 영수하는 거래방식으로 외국에 있는 우리나라 물품을 외국으로 직접 수출할 때 이용된다.

일반거래형태로 국내에 반입한 후 다시 수출절차를 밟는 것보다 소요되는 시간이나 경비를 절감하기 위한 거래형태로 다음의 경우에 주로 이용된다.

① 해외건설현장에서 사용했던 중고시설 기자재를 국내에 반입하지 않고 이를 다시 외국으로 매각하는 경우

② 해외에서 항해중이거나 어로작업중인 선박을 현지에서 매각하는 경우

③ 위탁가공무역방식에 의해 외국의 수탁자에 의하여 가공된 물품을 국내로 반입하지 않고 외국에 수출하는 경우

〈그림 7-6〉 외국인도수출 방식

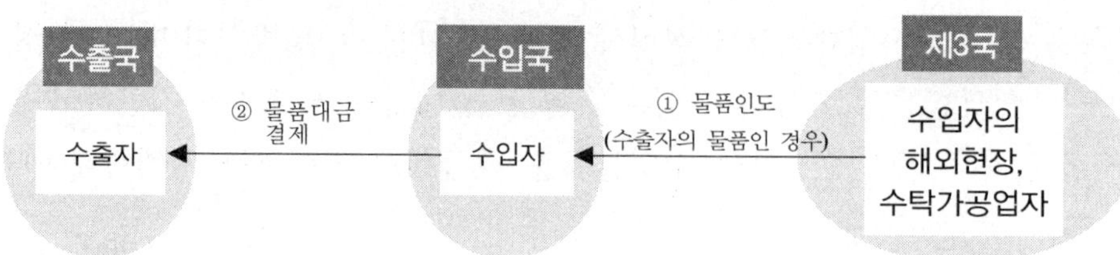

2-11. 무환수출입

"무환수출입"이란 외국환거래가 수반되지 아니하는 물품 등의 수출・수입을 말한다(규정 제2조 제14호). 즉, 외국환거래가 수반되지 아니하는 물품의 수출・수입 또는 대금결제가 수반되지 아니하고 물품의 이동만 이루어지는 거래를 의미하며, 여기

에는 대가를 지급하지 아니하는 물품의 수출입인 무상수출입도 해당된다.[42)]

국내의 수출자가 유상으로 외국에서 외국으로 물품을 거래하는 유상무환수출은 대외무역법상 수출의 범위에 포함되지만, 무상으로 외국에서 외국으로 물품을 거래하는 무상무환수출의 경우에는 대외무역법상 수출의 범위에 포함되지 않는다.

이것은 국내의 수출자가 국내·외 간에 환거래가 발생하지 않으면서 그 대가를 국내에서 받는 경우에는 유상무환수출로 인정하여 대외무역법상 수출의 범위로 포함되고 있다.

제2절 특정거래형태의 수출입 인정

1 특정거래형태의 인정대상

1-1. 인정대상의 축소

특정거래형태의 수출입은 국익의 손상을 방지하기 위한 정책의 목적에 따라 거래의 특성상 보다 엄격하게 관리하기 위해 인정 시 추가적인 의무사항을 부과할 수 있도록 하여 산업통상자원부장관의 인정[43)]을 얻어야 수출입할 수 있도록 하고 있다. 이와 같은 특정거래형태의 수출입 인정에 관하여 그 인정절차, 인정의 유효기간, 그 밖에 필요한 사항을 산업통상자원부장관이 정하여 고시한다(시행령 제20조 2항). 또한, 산업통상자원부장관은 특정거래 형태를 인정할 때에 새로운 거래 형태의 파악 등을 위하여 필요한 경우에는 관계 행정기관의 장에게 협조를 요청할 수 있다(시행령 제20조 3항).

이에 따라 산업통상자원부장관의 인정을 얻어야 수출입할 수 있는 거래는 2000년 10월 외국환거래법령의 개정으로 외국환거래가 상당부분 자유화됨에 따

42) 무환수출입에는 증여, 상속 등의 무상무환과 위·수탁판매무역, 위·수탁가공무역시 원자재 수출입, 임대차수출입, 무환상계결제(연계무역중 물물교환) 등의 유상무환으로 구분된다.

43) '인정'은 요건에 부합하는지 여부를 확인하여 주는 절차인 반면, '승인'은 어떤 요건이 충족된 경우 특정행위를 할 수 있도록 허용해 주는 것을 말한다.

라 2003년 개정 대외무역법에서도 특정거래형태 중에서 중계무역과 무환수출의 경우에만 산업통상자원부장관에게 신청을 하여 "인정"을 얻은 후 수출입이 가능하도록 규정하고 있다.

1-2. 인정대상

(1) 중계무역

중계무역으로서 대금의 영수 및 지급을 같은 외국환은행을 통하여 행하지 아니하는 송금방식의 거래와 선적서류를 같은 외국환은행을 통하여 인수 및 송부하지 아니하는 거래는 산업통상자원부장관의 인정이 있어야 거래가 가능하다(규정 제2항 제21조 제1호).

그럼에도 불구하고 중계무역거래자가 수입대금 지급은행과 다른 은행을 통해 수출대금을 영수하는 경우로서 수입대금 지급은행이 수출대금 영수은행을 지정하는 경우에는 산업통상자원부장관의 인정 없이 거래를 할 수 있다. 이 경우 중계무역 거래자는 특정거래인정(신청)서(별지 제8호 서식)의 절취선 이하 부분을 지정된 수출대금 영수은행으로부터 확인받아 수입대금 지급은행에 제출하여야 한다(규정 제21조 제3항).

〈그림 7-7〉 중계무역 수출대금영수 확인 절차

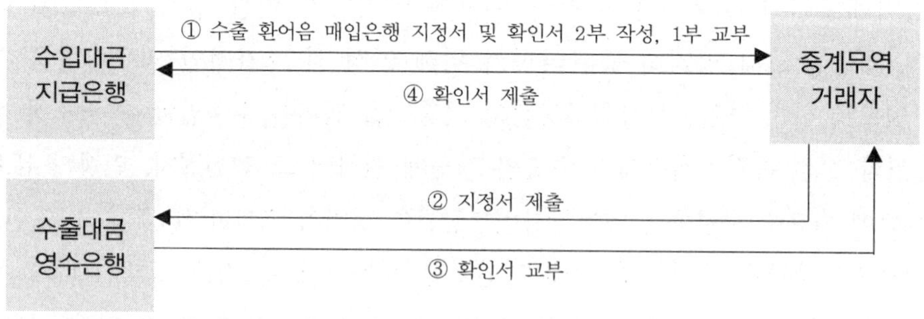

(2) 무환수출

특정거래형태의 수출입 중 수출승인대상물품인지의 여부에 관계없이 신고가격 기준 미화 5만 달러 상당액 초과물품을 국내에서 외국으로 물품이 이동하는 경우의 무환수출(해당거래의 전부 또는 일부가 무환수출과 상호결합된 거래 포함)하는 거래만이 인정대상이 된다.

다만, 다음의 경우에는 5만불 이상의 무환수출거래 일지라도 수출물품의 금액에 관계없이 인정대상에 해당되지 않는다.

① 수출승인 면제 대상물품
② 외국인도수출과 결합된 무환수출
③ 위탁판매수출, 수탁판매수입, 위탁가공무역, 수탁가공무역, 임대수출, 임차수입, 연계무역 거래를 위한 무환수출

2 특정거래형태의 수출입 인정절차

2-1. 인정신청

특정거래의 인정절차, 인정의 유효기간, 그 밖에 필요한 사항은 산업통상자원부장관이 정하여 고시하며(시행령 제20조 제2항) 인정신청에 대하여는 산업통상자원부에서 직접 처리하게 된다. 따라서 특정거래형태의 수출입 인정을 받고자 하는 자는 특정거래인정신청서(별지 3-4호 서식)와 다음의 서류를 첨부하여 산업통상자원부장관에게 신청하여야 한다(규정 22조 제1항).

① 거래요약서
② 계약서 등 거래사실을 입증할 수 있는 서류
③ 승인대상 품목인 경우 승인요건을 충족하였음을 입증할 수 있는 서류
④ 타법령에 의해 허가·승인을 받아야 하는 경우에는 그 허가 등을 받은 사실을 입증할 수 있는 서류
⑤ 그 밖에 산업통상자원부장관이 필요하다고 인정하는 서류

2-2. 인정의 유효기간

특정거래 형태의 수출입인정의 유효기간은 신고수리일(인정일)로부터 1년으로 한다(규정 제23조).

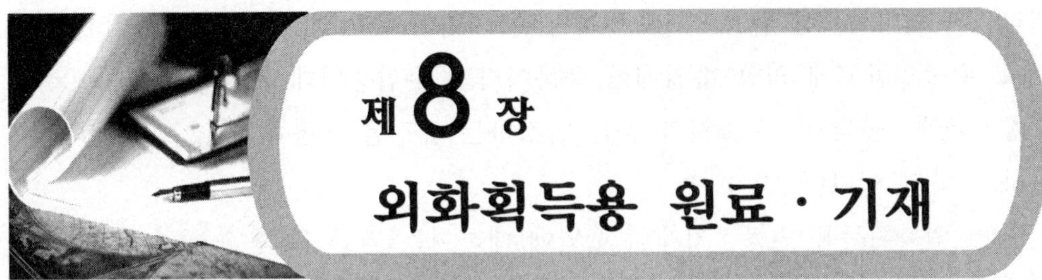

제8장 외화획득용 원료 · 기재

제1절 외화획득용 원료 · 기재 수입의 일반원칙

1 외화획득용 원료 · 기재 수입의 개념

1-1. 외화획득용 원료 · 기재 수입의 의의

일반적으로 수출입승인제도는 수출입 승인대상 품목을 국가에서 통제하기 위하여 수출입 물품을 제한하는 제도이다. 이에 비해 외화획득용 원료 · 기재의 수입승인제도는 외화획득에 사용될 원료 등의 조달을 원활하게 하는 행위를 정책적으로 지원하고 관리하여 외화획득을 촉진하기 위한 제도이다. 이 때, 외화획득용 원료 · 기재의 수입승인은 일반수입과는 다르게 외화획득의 이행을 전제로 한다. 하지만 외화획득은 수출을 포함하는 보다 넓은 개념이므로, 수출지원제도만으로는 외화획득 행위를 적절히 지원하는 데 한계가 있다.

1-2. 외화획득용 원료 · 기재 수입 시 우대조치

산업통상자원부장관은 원료 · 시설 · 기재 등 외화획득을 위하여 사용되는 물품등(이하 "원료 · 기재"라 한다)의 수입에 대하여는 수출입공고 등의 적용을 배제한다. 즉, 외화획득용 원료・기재의 수입은 외화획득 이행을 위하여 수입하는 것으로, 수출입공고에 의한 수입제한 품목이라도 수입승인대상 물품 등의 품목별 수량・금액・규격 및 수출지역 등을 한정하는 규정을 적용하지 않고 수입이 가능하게 하고 있다(법 제16조 1항).

또한, 외화획득용 원료・기재의 수입에 대하여는 외화획득용으로 수입한 원자재 등을 사용하여 생산한 물품을 수출할 경우 당초 수입통관 시 납부한 관세 등을 환급 받게 된다. 이외에도 관세담보제공 생략, 즉시반출제도 적용대상, 보세창고장치기간 무제한, 원산지표시 대상물품의 수입통관 시 원산지표시 면제 및 무역금융 지원 등의 금융 및 세제상의 우대조치의 적용을 부여하고 있다.

1-3. 외화획득용 원료・기재의 정의

"외화획득용 원료・기재"라 함은 원료・시설・기재 등 외화획득을 위하여 사용되는 물품 등으로서 외화획득용 원료, 외화획득용 시설기재, 외화획득용 제품, 외화획득용 용역 및 외화획득용 전자적 형태의 무체물을 말한다(시행령 제2조 제5호).

(1) 외화획득용 원료

"외화획득용 원료(Raw Materials for Obtaining Foreign Exchange)"란 외화획득에 제공되는 물품 등(물품과 용역 및 전자적형태의 무체물)을 생산(물품의 제조・가공・조립・수리・재생 또는 개조)하는 데에 필요한 원자재・부자재・부품 및 구성품을 말한다(시행령 제2조 제6호). 이는 그 원료에 노동, 기술, 다른 원료 등이 부가되어 새로운 형태의 생산물로 변형될 수 있다는 것이다.

(2) 외화획득용 시설기재

"외화획득용 시설기재(Facilities or Equipments for Obtaining Foreign Exchange)"란 외화획득에 제공되는 물품 등을 생산하는 데에 사용되는 시설・기계・장치・부품 및 구성품(물품 등의 하자를 보수하거나 물품 등을 유지・보수하는 데에 필요한 부품 및 구성품을 포함한다)을 말한다(시행령 제2조 제7호). 즉, 그 자체는 제품으로 변형되지 않지만 외화획득용 물품을 생산할 수 있는 설비를 말한다.

(3) 외화획득용 제품

"외화획득용 제품(Products for Obtaining Foreign Exchange)"이란 수입한 후 생산과정을 거치지 아니한 상태로 외화획득에 제공되는 물품 등을 말한다(시행령 제2조 제8호). 이는 수입된 물품이 국내에서 가공되거나 변형되지 않은 상태에서 그대로 사용되는 것을 뜻하며, 요리 등에 의한 단순변형은 제외한다. 예를 들면 외국인을 대상으로 특급관광호텔에서 사용되기 위한 관광용품과 선용품 등이 있다.

(4) 외화획득용 용역

"외화획득용 용역(Services for Obtaining Foreign Exchange)"이란 외화획득에 제공되는 물품 등을 생산하는 데에 필요한 대외무역법 시행령 제3조에 따른 용역을 말한다(시행령 제2조 제9호).

(5) 외화획득용 전자적 형태의 무체물

"외화획득용 전자적 형태의 무체물(Intangibles of Electronic Forms for Obtaining Foreign Exchange)"이란 외화획득에 제공되는 물품 등을 생산하는 데에 필요한 대외무역법 시행령 제4조에 따른 전자적 형태의 무체물을 말한다(시행령 제2조 제10호).

1-4. 외화획득용 원료 · 기재의 권한 위임 · 위탁

(1) 대상 물품을 관장하는 중앙 행정기관의 장

산업통상자원부장관은 산업통상자원부장관이 관장하는 물품 등에 대한 권한을 제외하고 다음의 권한을 그 대상 물품 등의 품목에 따라 그 물품 등을 관장하는 중앙 행정기관의 장에게 위탁한다(시행령 제91조 제1항).

① 외화획득용 원료 · 기재의 수입제한에 관한 권한

② 외화획득용 원료 · 기재의 기준소요량의 결정에 관한 권한

③ 외화획득 이행기간의 결정 및 그 연장에 관한 권한

④ 외화획득용 원료 · 기재 또는 그 원료 · 기재로 제조된 물품등(산업통상자원부장관이 정하여 고시하는 품목만 해당한다)에 대한 다음의 권한

㉮ 외화획득 이행 여부의 사후관리에 관한 권한

㉯ 사용목적 변경승인에 관한 권한

㉰ 양도 · 양수의 승인에 관한 권한

지사)에게 위임된 외화⑤ 시·도지사(특별시장·광역시장·특별자치시장·도지사 또는 특별자치도획득이행기간의 연장에 관한 권한 및 사용목적 변경승인에 관한 권한의 지휘·감독 및 자료의 제출 요령에 관한 권한

(2) 시·도지사

산업통상자원부장관은 산업통상자원부장관이 관장하는 품목에 대한 외화획득이행기간 연장에 관한 권한과 외화획득용 원료·기재의 사용목적 변경승인에 관한 권한(자유무역지역관리원의 관할구역의 입주업체에 대한 권한 제외)을 시·도지사에게 위임하고 있다(시행령 제91조 제3항).

(3) 자유무역지역관리원장

산업통상자원부장관은 산업통상자원부장관이 관장하는 품목의 물품 등으로서 시·도지사에게 위임된 권한 중 자유무역지역관리원의 관할구역의 입주업체에 대한 권한을 자유무역지역관리원장에게 위임한다(시행령 제91조 제3, 4항).

(4) 국가기술표준원장

산업통상자원부장관은 산업통상자원부장관이 관장하는 품목의 물품 등에 대한 다음의 권한을 국가기술표준원장에게 위임한다(시행령 제91조 제2항).

① 외화획득용 원료·기재(목재가구 제외)의 기준 소요량 결정에 관한 권한
② 외화획득 이행 여부의 사후 관리에 관한 권한
③ 시·도지사에게 위임된 외화획득용 원료·기재의 사용목적 변경승인에 관한 권한 사무에 대한 지휘·감독 및 자료의 제출요청에 관한 권한
④ 관계 행정기관 또는 단체에 위탁된 외화획득용 원료·기재의 수입승인에 관한 권한, 산업통상자원부장관이 관장하는 외화획득용 원료·기재에 대한 사후 관리에 관한 권한 사무에 대한 지휘·감독 및 자료의 제출 요청에 관한 권한

(5) 국립산림과학원장

산업통상자원부장관은 산업통상자원부장관이 관장하는 품목의 물품 등 중 목재가구에 대한 외화획득용 원료·기재의 기준 소요량 결정에 관한 권한을 국립산림과학원장에게 위탁한다(시행령 제91조 제2항).

(6) 관계 행정기관 또는 단체의 장

산업통상자원부장관은 수출입승인 대상물품 등에 대한 다음의 권한을 산업통상자원부장관이 지정하여 고시하는 관계 행정기관 또는 단체의 장에게 위탁한다(시행령 제91조 제7항).

① 외화획득용 원료 · 기재의 수입승인에 관한 권한

② 산업통상자원부장관이 관장하는 외화획득용 원료 · 기재에 대한 사후 관리에 관한 권한

여기에서 "산업통상자원부장관이 지정하여 고시하는 관계 행정기관 또는 단체의 장"은 수출입공고에서 산업통상자원부장관이 지정 · 고시한 기관 · 단체(이하 "승인기관"이라 한다)의 장을 말한다(규정 제8조).

1-5. 외화획득용 원료 · 기재의 수입승인

수입승인 대상으로 지정된 물품(수입이 제한되는 물품) 등을 외화획득용 원료 · 기재로 수입하려는 자는 산업통상자원부장관이 정하여 고시하는 기준에 따라 산업통상자원부장관의 승인을 받아야 한다(시행령 제24조 제1항). 이 경우 승인기관은 수출입공고 등에서 지정 · 고시한 관계 행정기관 및 단체의 장을 말한다.

또한 산업통상자원부장관은 국산 원료 · 기재의 사용을 촉진하기 위하여 외화획득용 원료 · 기재의 수입을 제한하려는 경우에는 그 제한하려는 품목[44] 및 수입에 필요한 절차를 따로 정하여 고시하여야 한다(시행령 제24조 제2항).

2 외화획득의 범위 및 이행의무

2-1. 외화획득의 범위

산업통상자원부장관은 외화획득용 원료 · 기재의 범위(categories), 품목(items) 및 수량(quantity)을 정하여 공고(publicly announce)할 수 있으며, 외화획득의 범위 · 이행기간 · 확인방법 그 밖에 필요한 사항은 대통령령으로 정한다(법 제16조 제2, 4항).

44) 종전에는 소금, 실리콘웨이퍼, 생사, 견사 등을 고시하고 있었으나 모두 삭제되어 '99년 11월부터 국산 원료 · 기재의 사용을 촉진하기 위하여 별도로 고시하고 있는 품목은 없다.

외화획득의 범위는 다음의 하나에 해당하는 방법에 따라 외화를 획득하는 것으로 한다(시행령 제26조 제1항, 규정 제31조).

① 수출
② 주한 국제연합군이나 그 밖에 외국군 기관에 대한 물품 등의 매도
③ 관광
④ 용역 및 건설의 해외 진출
⑤ 국내에서 물품 등을 매도하는 것으로서 산업통상자원부장관이 정하여 고시하는 다음의 하나에 해당하는 거래
㉮ 외국인으로부터 외화를 받고 국내의 보세지역에 물품등을 공급하는 경우
㉯ 외국인으로부터 외화를 받고 공장건설에 필요한 물품등을 국내에서 공급하는 경우
㉰ 외국인으로부터 외화를 받고 외화획득용 시설・기재를 외국인과 임대차계약을 맺은 국내업체에 인도하는 경우
㉱ 정부・지방자치단체 또는 정부투자기관이 외국으로부터 받은 차관자금에 의한 국제경쟁입찰에 의하여 국내에서 유상으로 물품 등을 공급하는 경우(대금 결제통화의 종류를 불문한다)
㉲ 외화를 받고 외항선박(항공기)에 선(기)용품을 공급하거나 급유하는 경우
㉳ 절충교역거래(off set)[45]의 보완거래로서 외국으로부터 외화를 받고 국내에서 제조된 물품 등을 국가기관에 공급하는 경우

한편, 무역거래업자가 외국의 수입업자로부터 수수료를 받고 행한 수출 알선은 외화획득의 범위에 따른 외화획득행위에 준하는 행위로 본다(시행령 제26조 2항).

45) 군수장비, 상업항공기, 고속전철차량 등 고도기술 제품을 구매할 경우 거래상대방에게 이들 제품에 소요될 부품의 일부를 동 제품의 수입국으로부터 구매하여 사용하게 하거나 기술이전 등을 요구하는 거래형태를 말한다. 이는 대응구매의 변형된 형태로서 방위산업이나 항공기산업분야에서 주로 이용된다. 예를 들어 우리나라에서 전투기를 도입할 때 미국의 수출업자로 하여금 일부부품을 우리나라에서 수입하도록 함으로써 전투기수입과 부품수출을 연계시키게 된다.

2-2. 외화획득의 이행의무

(1) 의무자

외화획득용 원료 · 기재의 수입과 관련하여 다음의 행위를 한 자는 산업통상자원부장관으로부터 외화획득용 원료 · 기재의 목적 외 사용의 승인을 얻은 경우를 제외하고, 그 수입에 대응하는 외화획득을 하여야 한다(법 제16조 제3항, 제17조 제3항).

① 외화획득용 원료 · 기재를 수입한 자

② 외화획득용 원료 · 기재의 수입을 위탁한 자

③ 외화획득용 원료 · 기재 또는 원료 · 기재로 제조된 물품 등을 양수한 자

(2) 이행 기간

외화획득의 이행기간은 다음의 구분에 따른 기간의 범위 안에서 산업통상자원부장관이 정하여 고시하는 기간으로 한다(시행령 제27조 제1항).

① 외화획득용 원료 · 기재를 수입한 자가 직접 외화획득을 이행하는 경우 : 수입통관일 또는 공급일로부터 2년

② 다른 사람으로부터 외화획득용 원료 · 기재 또는 그 원료 · 기재로 제조된 물품을 양수한 자가 외화획득을 이행하는 경우 : 양수일부터 1년

③ 외화획득을 위한 물품등을 생산하거나 비축하는 데에 2년 이상의 기간이 걸리는 경우 : 생산하거나 비축하는 데에 걸리는 기간에 상당하는 기간

한편, 외화획득 이행의무자는 외화획득 이행기간 내에 외화획득의 이행이 불가능하다고 인정되는 경우에는 산업통상자원부장관이 정하는 서류를 갖추어 그 기간의 연장을 산업통상자원부장관에게 신청하여야 하며, 산업통상자원부장관은 그 신청이 타당하다고 인정할 때에는 외화획득의 이행기간을 연장할 수 있다(시행령 제27조 제2, 3항).

3 외화획득용 원료 · 기재의 사용목적 변경

3-1. 외화획득용 원료 · 기재의 목적 외 사용

(1) 목적 외 사용 승인

외화획득용 원료 · 기재를 수입하는 자는 원칙적으로 이행 기간 내에 대응수출을 이행하여야 한다. 그러나 외화획득용 원료 · 기재로 수입한 자는 그 수입한 원

료·기재 또는 그 원료·기재로 제조된 물품을 다음의 하나에 해당하는 부득이한 사유로 인하여 당초의 목적 외의 용도로 사용하고자 할 때에는 대통령령으로 정하는 바에 따라 산업통상자원부장관의 승인을 받아야 한다(법 제17조 제1항, 시행령 제30조 제2항).

① 우리나라나 교역상대국의 전쟁·사변, 천재지변 또는 제도 변경으로 인하여 외화획득의 이행을 할 수 없게 된 경우

② 외화획득용 원료·기재로 생산된 물품 등으로서 그 물품 등을 생산하는 데에 고도의 기술이 필요하여 외화획득의 이행에 앞서 시험제품을 생산할 필요가 있는 경우

③ 외화획득 이행의무자의 책임이 없는 사유로 외화획득의 이행을 할 수 없게 된 경우

④ 그 밖에 산업통상자원부장관이 불가항력으로 외화획득의 이행을 할 수 없다고 인정한 다음의 하나에 해당하는 경우(규정 제49조 제2항).

㉮ 화재나 천재지변으로 인하여 외화획득이행이 불가능하게 된 경우

㉯ 기술혁신이나 유행의 경과로 새로운 제품이 개발되어 수입된 원료로는 외화획득이행물품의 생산에 사용할 수 없는 경우

㉰ 수입된 원료가 형질이 변화되어 외화획득 이행물품의 생산에 사용할 수 없게 된 경우

㉱ 그 밖에 수입 또는 구매한 자에게 책임을 돌릴 사유가 없이 외화획득을 이행할 수 없는 경우로서 사용목적 변경승인기관의 장이 인정하는 경우.

(2) 목적 외 사용 승인 면제대상

목적 외 사용 승인 대상으로 대통령령으로 정하는 다음의 하나에 해당하는 원료·기재 또는 그 원료·기재로 제조된 물품 등에 대하여는 사용목적 변경승인을 받지 않아도 된다(법 제17조 1항, 시행령 제30조 3항).

㉮ 평균소모량[46]에 해당되는 외화획득용 원료·기재 또는 그 원료·기재로 생산한 물품 등

㉯ 해당 품목이 수입승인 대상에서 제외됨으로써 그 수입에 대응하는 외화획득의 이행을 할 필요가 없는 경우 등 산업통상자원부장관이 사후관리를

46) 외화획득용 물품등을 생산하는 과정에서 생기는 원자재의 손모량(손실량 및 불량품 생산에 소요된 원자재의 양을 포함한다)의 평균량을 말한다.

할 필요성이 없어진 것으로 인정하는 경우에 해당하는 외화획득용 원료·기재

3-2. 외화획득용 원료·기재의 사용목적 변경승인

외화획득용 원료·기재 또는 그 원료·기재로 제조된 물품 등의 사용목적 변경승인을 얻고자 하는 자는 신청서에 산업통상자원부장관이 정하는 서류를 첨부하여 산업통상자원부장관에게 제출하여야 한다(시행령 제30조 1항).

이에 따라 외화획득용 원료 등의 사용목적 변경승인을 얻고자 하는 자는 외화획득 이행 기간 만기일 이전에 자유무역관리원장, 관할 시·도지사 및 중앙행정기관의 장에게 신청하여야 한다.

3-3. 외화획득용 원료·기재의 양수도 승인

외화획득용으로 수입한 원료·기재 또는 그 원료·기재로 제조된 물품을 당초의 목적과 동일한 용도로 사용 또는 수출하고자 하는 자에게 양도하고자 할 때에는 양도·양수하고자 하는 자가 함께 산업통상자원부장관의 승인을 얻어야 한다. 다만, 외화획득용 원료·기재의 사후관리대상에서 제외된 것은 그러하지 아니하다(법 제17조 2항).

따라서 그 수입한 원료·기재 등에 대하여 양도·양수의 승인을 얻고자 하는 자는 신청서에 산업통상자원부장관이 정하는 서류(양수도계약서, 수입신고필증 또는 기초원재료납세증명서)를 첨부하여 산업통상자원부장관에게 제출하여야 한다(시행령 제30조 제4항).

 외화획득용 원료·기재의 사후관리

4-1. 사후관리의 의의

외화획득용 원료·기재의 수입은 일반 내수용 수입과는 달리 우대조치가 적용되는데, 이는 외화획득을 통한 국제수지 균형과 국민경제의 성장을 도모하기 위한 것이다. 따라서 이러한 우대조치는 외화획득용으로 수입된 원자재를 제조·가공하여 일정기간 내에 합법적인 절차에 따라 외화획득 행위를 이행할 것을 전제로 한 것이므로 외화획득용 원료·기재를 수입한 자가 의무이행을 제대로 하였

는지 여부를 사후에 관리할 필요가 있다.

따라서 산업통상자원부장관은 승인을 받아 수입한 외화획득용 원료·기재 및 그 원료·기재로 제조된 물품 등에 대하여는 외화획득 이행의무자의 외화획득 이행 여부를 사후관리 하여야 한다(시행령 제28조 제1항).

산업통상자원부장관은 산업통상자원부장관이 정하여 고시한 요건을 갖춘 자가 수입승인을 받아 수입한 외화획득용 원료·기재에 대하여는 산업통상자원부장관이 사후관리를 해야 함에도 불구하고 수입승인을 받은 자 또는 외화획득용 원료·기재를 양수한 자로서 산업통상자원부장관이 정하여 고시한 요건을 갖춘 자가 사후 관리하도록 할 수 있다(시행령 제28조 제2항).

이러한 사후 관리는 외화획득 이행의무자별 및 품목별로 매 분기에 수입한 총량을 대상으로 행하되, 사후 관리의 방법 등에 관하여 필요한 사항은 산업통상자원부장관이 정하여 고시한다(시행령 제28조 제3항).

4-2. 사후관리의 면제대상

산업통상자원부장관의 승인을 받아 수입한 외화획득용 원료·기재로 제조된 물품 등에 대하여는 외화획득이행 의무자의 외화획득 이행여부에 대한 사후관리를 하여야 한다. 그러나 산업통상자원부장관은 다음의 하나에 해당하는 경우에는 사후 관리를 하지 아니할 수 있다(시행령 제29조).

① 품목별 외화획득 이행 의무의 미이행률이 10% 이하인 경우.

② 외화획득 이행의무자의 분기별 미이행률이 10% 이하이고 그 미이행 금액이 미화 2만 달러에 상당하는 금액 이하인 경우.

③ 외화획득 이행의무자의 책임이 없는 사유로 외화획득의 이행을 하지 못한 경우로서 산업통상자원부장관이 인정하는 경우.

④ 해당 품목이 수입승인대상에서 제외됨으로써 그 수입에 대응하는 외화획득의 이행을 할 필요가 없는 경우 등 산업통상자원부장관이 사후관리를 할 필요성이 없어진 것으로 인정하는 다음의 하나에 해당하는 경우(규정 제41조 2호).

㉮ 수입승인을 받아 수입한 품목이 수입승인 대상에서 제외되는 원료 등

㉯ 외화획득의 이행을 위해 보세공장 및 보세창고 또는 자유무역지역에 반입되는 원료 등

제2절 외화획득용 원료의 수입

 외화획득용 원료의 범위

1-1. 외화획득용 원료의 범위

외화획득용 원료란 외화획득에 제공되는 물품 등(물품과 전자적거래 형태의 무체물)을 생산(제조 · 가공 · 조립 · 수리 · 재생 또는 개조하는 것을 말한다.)하는 데에 필요한 원자재 · 부자재 · 부품 및 구성품을 말하는 것으로서, 그 범위는 다음과 같다(시행령 제2조 제6호 및 규정 제32조).

① 수출실적으로 인정되는 수출물품 등을 생산하는 데 소요되는 원료(포장재, 1회용 파렛트를 포함한다)

② 외화가득률(외화획득액에서 외화획득용 원료의 수입금액을 공제한 금액이 외화획득액에서 차지하는 비율을 말한다)이 30% 이상인 군납용 물품 등을 생산하는 데 소요되는 원료

③ 해외에서의 건설 및 용역사업용 원료

④ 국내에서 물품 등을 매도하는 것으로서 산업통상자원부장관이 정하여 고시하는 기준에 해당하는 외화획득용 범위에 따른 외화획득용 물품 등을 생산하는 데 소요되는 원료

⑤ 위의 ①~④에 해당되는 원료로 생산되어 외화획득이 완료된 물품 등의 하자 및 유지보수용 원료

1-2. 외화획득용 원료 수입의 승인 및 제한

(1) 외화획득용 원료의 수입승인

산업통상자원부장관은 수출입승인 대상물품 등에 대한 권한 중 외화획득용 원료 · 기재의 수입승인에 관한 권한, 산업통상자원부장관이 관장하는 외화획득용 원료 · 기재에 대한 사후 관리에 관한 권한을 산업통상자원부장관이 지정하여 고시하는 관계 행정기관 또는 단체의 장에게 위탁한다(시행령 제91조 제7항).

외화획득용 원료의 수입승인기관의 장[47]은 외화획득용 원료의 수입에 대하여는 수량제한을 받지 아니하고 승인할 수 있으며, 유통업자[48]가 구매확인서 또는 내국신용장을 근거로 수출품 생산자에게 직접 공급하기 위하여 외화획득용 원료를 수입하고자 할 경우에도 수량제한을 받지 아니하고 그 수입을 승인할 수 있다(규정 제33조).

외화획득용 원료의 승인기관의 장은 외화획득용 원료의 수입승인을 할 때에는 외화획득용 원료 수입승인신청서(규정 별지 제12호 서식)에 다음의 사항 등 기재사항이 적정한 지 여부를 확인하여야 한다(규정 제35조).

① 외화획득이행의무자의 사후관리기관(수입대행의 경우에는 실수요자의 사후관리기관)

② 수입승인규정에 의한 수입승인 여부

(2) 외화획득용 원료 수입의 제한

수입승인대상으로 지정된 물품 등을 외화획득용 원료·기재로 수입하고자 하는 자는 승인 대상 물품 등의 품목별 수량·금액·규격 및 수출 또는 수입지역 등을 한정하지 아니할 수 있다. 다만, 산업통상자원부장관은 국산의 원료·기재의 사용을 촉진하기 위하여 필요한 경우에는 비록 외화획득용 원료라 할 지라도 수입을 제한할 수 있다(법 제16조 1항).

그러므로 산업통상자원부장관은 국산 원료·기재의 사용을 촉진하기 위하여 외화획득용 원료·기재의 수입을 제한하려는 경우에는 그 제한하려는 품목 및 수입에 필요한 절차를 따로 정하여 고시하여야 한다(시행령 제24조 2항).

이때 제한하고자 하는 품목이 농수산물의 경우에는 해당 품목을 관장하는 중앙행정기관의 장 또는 그 중앙행정기관의 장이 지정하는 기관의 장이 정하는 수입승인요령에 따라 승인을 받아야 수입할 수 있다(규정 제33조 1항, 제34조).

47) 외화획득용 원료의 수입승인에 관한 권한을 위임·위탁받은 기관·단체의 장이 된다.

48) 대외무역관리규정 제1-0-2조 제28호에 의하면 부가가치세법에 의한 사업자등록증상의 도매업자(한국표준산업분류상의 도매업 영위자), 조달청 및 중소기업협동조합법에서 정하는 중소기업 협동조합을 말한다.

2 외화획득용 원료의 국내구매

2-1. 국내구매의 의의

국내에서 외화획득용 원료 · 기재를 구매하려는 자 또는 구매한 자는 외국환은행의 장에게 내국신용장의 개설을 의뢰하거나 외국환은행의 장 또는 전자무역기반사업자에게 구매확인서의 발급을 신청할 수 있다(규정 제37조). 이는 외화획득용 원료 · 기재를 외국으로부터 수입하지 않고 국내에서 구매함으로써 국내산업 발전을 도모하기 위함이다.

일반적으로 외화획득용 원료 등을 국내에서 구매하는 경우에는 무역금융 등을 사용할 수 있는 내국신용장제도를 이용한다. 이를 통해 수출용 수입원자재와 국내에서 생산된 수출용 원자재 또는 수출용 완제품을 구매(임가공위탁포함)하고자 하는 업체의 신청에 의하여 외국환은행장이 내국신용장을 개설(한국은행 총액한도 대출관련 무역금융 취급세칙 제12조 제1항)할 수 있다.

이에 대하여 구매확인서제도는 내국신용장을 개설할 수 있는 근거자료가 없거나(송금방식수출 등) 무역금융한도 부족 등으로 내국신용장을 사용할 수 없을 때 외화획득(수출, 군납, 관광, 용역 및 건설의 해외진출, 외화획득범위에 해당하는 국내물품) 이행에 필요한 물품을 원활하게 조달토록 하여 외화획득에 기여하고자 하는 데 목적이 있다. 구매확인서제도는 무역금융을 이용할 수는 없으나 수출실적을 인정받고자 할 때, 외화획득용 원료의 사후관리가 필요하거나 관세를 환급받고자 할 때 사용된다.

한편, 중소기업(중견 수출기업 포함)이 조달청, 중소기업협동조합, 종합무역상사에 해당하는 자로부터 외화획득용 원료를 구매하고자 할 때에는 수입원자재 구매확인서[49]의 발급을 신청할 수 있다.

---

49) 수입된 외화획득용 원료를 생산과정을 거치지 아니한 상태로 국내에서 구매하는 경우에 외국환은행의 장이 내국신용장에 준하여 발급하는 증서를 말한다.

2-2. 구매확인서의 의의

(1) 구매확인서의 정의

"구매확인서"란 물품 등을 외화획득용 원료, 외화획득용 용역, 외화획득용 전자적 형태의 무체물 또는 물품으로 사용하기 위하여 국내에서 구매하려는 경우 외국환은행의 장 또는 전자무역기반사업자[50]가 내국신용장에 준하여 발급하는 증서를 말한다(규정 제2조 제18호). 즉, 구매확인서는 단순송금방식 수출, 무역금융 부족 등으로 내국신용장을 개설할 수 없는 경우 국내에서 구매되는 원자재 또는 물품 등이 물품구매자에 의하여 외화획득용으로 사용될 것이라는 사실을 외국환은행의 장 또는 전자무역기반사업자가 확인해 주는 증서이다.

(2) 구매확인서의 용도

구매확인서는 내국신용장의 개설한도가 부족하여 내국신용장을 개설할 수 없는 경우 주로 이용되고 있으며, 다음의 용도를 목적으로 발행된다.

① 대외무역법상 수출실적 인정 : 수출실적에 따른 수출지원 혜택 및 포상, 대외홍보 및 이미지 고취

② 부가가치세 영세율 적용 : 부가가치세법에 따라 영세율을 적용받음으로서 기업 자금부담 완화

③ 관세환급

④ 무역금융 융자대상 수출실적 인정 : 한국은행총액한도 대출 관련 무역 금융 취급세칙에 따른 무역금융 융자대상 수출실적으로 인정(정부특혜저리의 금

---

50) 「전자무역 촉진에 관한 법률」 제6조에 따라 산업통상자원부장관이 지정한 전자무역기반사업자는 다음과 같은 각 업무 또는 사업을 수행할 수 있다.

① 전자무역기반시설의 운영업무

② 전자무역기반시설과 외국의 전자무역망 간의 연계업무 및 연계를 활용한 사업

③ 무역 관련 업무의 전자무역기반시설을 통한 중계·보관 및 증명 등의 업무

④ 전자무역문서의 중계사업 및 표준화에 관한 연구사업

⑤ 전자무역기반시설을 활용한 전자무역서비스 관련 사업

⑥ 전자무역문서 및 무역화물유통정보 등 무역 관련 정보(이하 "무역정보"라 한다)를 체계적으로 처리·보관하여 검색 등에 활용할 수 있는 집합체(이하 "데이터베이스"라 한다)의 제작·보급과 이를 활용한 사업

⑦ 무역업자 및 무역관계기관에 대한 전자무역문서 중계 등에 관련된 기술의 보급 및 보급한 기술에 대한 사후관리사업

⑧ 그 밖에 전자무역 촉진을 위한 교육·홍보 등 대통령령으로 정하는 사업

융 융자 수혜)

⑤ 외화획득용 원료의 사후관리시 공급이행으로 인정

(3) 내국신용장과 구매확인서의 비교

내국신용장(Local L/C)[51]과 구매확인서[52]는 모두 외화획득용 원료 등의 국내구매를 원활하게 하는데 목적이 있는데, 그 유사점과 차이점을 비교하여 보면 다음과 같다.

〈표 8-1〉 내국신용장과 구매확인서의 비교

구분		내국신용장	구매확인서
공통점	수출실적	공급자, 구매자 모두 수출실적 인정	
	부가가치세	영세율(zero tax rate) 적용	
	용 도	외화획득용 원료 등의 국내구매에 사용	
		수출용 물품의 구매	외화획득용 물품 구매
	발행제한	차수제한 없이 순차적으로 발급가능	
차이점	발급기관	외국환은행	외국환은행, 전자무역기반사업자
	관련법규	무역금융관련규정(한국은행 총액 한도대출관련 무역금융 취급세칙 및 절차)	대외무역법
	지급보증	개설은행의 지급보증	발급은행의 지급보증 없음
	발급조건	개설은행이 지급보증 (무역금융수혜대상임)	제한 없이 발급(발급근거 확인) (무역금융수혜대상이 아님)
	발급근거	① 수출신용장 ② 수출계약서(D/P, D/A 등) ③ 외화표시물품공급계약서 ④ 내국신용장 ⑤ 해당업체의 과거 수출실적 ⑥ 외화표시건설, 용역공급계약서	① 수출신용장 ② 수출계약서(D/P, D/A 등) ③ 외화표시물품공급계약서 ④ 내국신용장 ⑤ 외화입금(매입) 증명서 ⑥ 구매확인서 ⑦ 외화표시건설, 용역공급계약서

51) 한국은행총재가 정하는 바에 의해 외국환은행의 장이 발급하여 국내에서 통용되는 신용장을 말한다(대외무역관리규정 제 1-0-2조 제18호).

52) 국내에서 생산된 물품 등이나 수입된 물품을 외화획득용 원료 또는 물품으로 사용하기 위하여 구매하고자 하는 경우 외국환은행의 장이 내국신용장에 준하여 발급하는 증서를 말한다(대외무역관리규정 제 1-0-2조 제17호).

첫째, 은행의 지급확약유무에서 내국신용장은 외국환은행이 물품대금에 대한 지급보증을 하지만 구매확인서는 외국환은행의 지급보증이 없이 당사자 간에 대금결제가 이루어진다.

둘째, 구매대상의 경우 내국신용장은 국내에서 생산된 수출용 원자재 및 완제품과 수출용 수입원자재 등 수출용 물품의 구매에 한정되지만, 구매확인서는 국내에서 생산되거나 수입된 물품 및 원자재를 대상으로 수출보다 더 넓은 개념인 외화획득용 물품을 구매하는 경우에도 발급된다.

또한, 구매확인서의 경우 부가가치세 신고기한 내에는 사후발급이 가능하다.

2-3. 구매확인서의 발급

구매확인서는 「한국은행 총액한도대출관련 무역금융 취급세칙 및 절차」에 따라 내국신용장에 준하여 외국환은행의 장 또는 전자무역기반사업자가 발급하며, 대외무역관리규정에서 구매확인서의 발급과 관련하여 별도의 규정이 없는 경우에는 내국신용장에 관한 규정이 준용된다.[53]

산업통상자원부장관은 외화획득용 원료・기재를 구매하려는 자가 영(零)의 세율[54]을 적용받기 위하여 확인을 신청하면 외화획득용 원료・기재를 구매하는 것임을 확인하는 서류(이하 "구매확인서"라 한다)를 발급할 수 있다.

(1) 구매확인서의 발급 신청

국내에서 외화획득용 원료・기재를 구매하려는 자 또는 구매한 자는 외국환은행의 장 또는 전자무역기반사업자에게 구매확인서의 발급을 신청할 수 있다.(규정 제37조).

따라서, 구매확인서를 발급받으려는 자는 구매확인신청서에 다음의 서류를 첨부하여 산업통상자원부장관(외국환은행의 장 또는 전자무역기반사업자에게 위탁)에게 제출하여야 한다(시행령 제31조 제1항 및 규정 제37조 1항).

---

53) 예를 들어 임가공위탁의 경우 대외무역관리규정에서는 구매확인서의 발급과 관련하여 명문이 없으나, 「한국은행 총액한도대출관련 무역금융 취급세칙」 제12조 제1항에서는 임가공위탁을 내국신용장의 개설대상으로 명시하고 있으므로 이에 준하여 구매확인서도 발급할 수 있게 된다.

54) (부가가치세법 제11조 제1항 제4호)에 의해 수출하는 재화, 국외에서 제공하는 용역, 선박 또는 항공기의 외국항행 용역, 이외의 외화를 획득하는 재화 또는 용역으로서 대통령령이 정하는 것의 재화 또는 용역의 공급에 대하여는 영(零)의 세율을 적용한다.

① 구매자·공급자 및 외화획득용 원료·기재의 가격·수량 등에 관한 서류
② 외화획득용 원료·기재라는 사실을 증명하는 서류로서 산업통상자원부장관이 정하여 고시하는 다음 하나의 서류
㉮ 수출신용장
㉯ 수출계약서(품목·수량·가격 등에 합의하여 서명한 수출계약 입증서류)
㉰ 외화매입(예치)증명서(외화획득 이행 관련 대금임이 관계 서류에 의해 확인되는 경우만 해당한다)
㉱ 내국신용장
㉲ 구매확인서
㉳ 수출신고필증(구매한 자가 신청한 경우만 해당한다)
㉴ 외화획득에 제공되는 물품 등을 생산하기 위한 경우임을 입증할 수 있는 서류

따라서, 구매확인서를 발급받으려는 자는 구매확인신청서를「전자무역 촉진에 관한 법률」제12조에서 정하는 바에 따른 전자무역문서로 작성하여 외국환은행의 장 또는 전자무역기반사업자에게 제출하여야 하고, 위의 어느 하나에 해당하는 서류를 제출하여야 한다(규정 제37조 제2항).

(2) 구매확인서의 발급

외국환은행의 장 또는 전자무역기반사업자가 구매확인서 발급신청을 받은 경우 신청인이 구매하려는 원료·기재가 외화획득의 범위에 해당하는지를 확인[55]하여 발급 여부를 결정한 후 구매확인서를 발급하여야 한다(시행령 제31조제2항, 규정 제37조제6항).

이러한 구매확인서를 발급받은 자에 대하여는 산업통상자원부장관(외국환은행의 장 또는 전자무역기반사업자에게 위탁)은 외화획득용 원료·기재의 구매여부에 대하여 사후관리를 하여야 한다(법 제18조 제2항).

(3) 구매확인서의 발급한도 및 재발급

외국환은행의 장 또는 전자무역기반사업자는 구매확인서의 발급 신청에 따라 발급된 구매확인서에 의하여 2차 구매확인서를 발급할 수 있으며 외화획득용 원

55) "외화획득의 범위에 해당하는지를 확인"이란 외국환은행의 장 또는 전자무역기반사업자가 구매확인서 발급 신청인으로부터 해당하는 서류를 확인하는 것을 말한다(규정 제37조 제5항).

료 또는 물품의 제조·가공·유통(완제품의 유통을 포함한다)과정이 여러 단계인 경우에는 각 단계별로 순차로 발급할 수 있다(규정 제37조 제4항).

구매확인서를 발급한 후 발급근거 서류의 외화획득용 원료·기재의 내용 변경 등으로 이미 발급받은 구매확인서와 내용이 상이하여 재발급을 요청하는 경우에는 새로운 구매확인서를 발급할 수 있다(규정 제37조제5항).

(4) 발급신청의 대행

구매확인서를 발급받으려는 자가 전산설비를 갖추지 못하였거나 기타 부득이한 사유로 전자문서를 작성하지 못하는 때에는 전자무역기반사업자에게 발급신청 대행을 위탁하여 신청할 수 있다(규정 제38조).

3 외화획득용 원료의 외화획득 이행의무

3-1. 외화획득의 이행기간 및 연장

(1) 외화획득의 이행기간

외화획득 이행의무자는 외화획득용 원료의 수입신고수리일, 용역 또는 전자적 형태의 무체물의 공급일, 수입된 외화획득용 원료 또는 해당 원료로 제조된 물품 등(이하 "원료 등"이라 한다)의 구매일 또는 양수일로부터 다음의 기간이 경과된 날까지 외화획득의 이행을 하여야 한다(규정 제39조 1항).

① 외화획득 행위의 경우에는 2년
② 국내공급(양도를 포함한다)인 경우에는 1년
③ 외화획득물품의 선적기일이 2년 이상인 경우에는 그 기일까지의 기간
④ 수출이 완료된 기계류(HS 84류부터 90류까지의 규정에 해당하는 품목)의 하자 및 유지보수용 원료등인 경우에는 10년

(2) 외화획득 이행기간의 연장

외화획득이행 의무자는 외화획득의 이행기간 내에 외화획득의 이행을 할 수 없다고 인정되어 외화획득의 이행기간을 연장하고자 하는 자는 그 기간 종료일 전에 관할 시·도지사(특별시장·광역시장·도지사 또는 특별자치도지사)에게

신청을 하여야 한다(규정 제39조 제2항).

연장신청을 받은 시·도지사는 다음의 하나에 해당하는 경우 1년의 범위 내에서 외화획득 이행기간을 연장할 수 있다(규정 제39조 3항).

① 생산에 장기간이 소요되는 경우
② 제품생산을 위탁한 경우 그 공장의 도산 등으로 인하여 제품 생산이 지연되는 경우
③ 외화획득 이행의무자의 책임 있는 사유가 없음에도 신용장 또는 수출계약이 취소된 경우
④ 외화획득이 완료된 물품의 하자보수용 원료로서 장기간 보관이 불가피한 경우
⑤ 그 밖에 부득이한 사유로 외화획득 이행기간 내에 외화획득 이행이 불가능하다고 인정되는 경우

그리고 시·도지사가 외화획득 이행기간 연장을 승인한 때에는 그 사실을 신청자와 외화획득용 원료등의 사후 관리기관(외화획득용 원료의 사후관리에 관한 권한을 위임·위탁받은 기관 단체)의 장에게 알려야 한다(규정 제39조 제4항).

3-2. 농림수산물의 외화획득 이행기간

외화획득의 이행기간 및 이행기간 연장의 규정에도 불구하고, 농림수산물 중 해당 품목을 관장하는 중앙행정기관의 장 또는 그 중앙행정기관의 장이 지정하는 기관의 장으로부터 수입승인을 받은 원료 등의 외화획득 이행기간 및 그 연장에 대하여는 중앙행정기관의 장이 정한다(규정 제40조).

4 외화획득용 원료 등의 사후관리

4-1. 사후관리대상 및 면제

외화획득용 원료의 사후 관리기관의 장은 수입승인을 받아 수입한 외화획득용 원료 등에 대하여 외화획득 이행의무자의 외화획득 이행여부에 대한 사후 관리를 하여야 한다(규정 제41조). 즉, 수입승인대상품목을 외화획득용 원료로 수입·사용하

여 국내에서 제조가공한 물품에 대하여는 사후관리를 하여야 한다.

다만, 다음의 하나에 해당하는 경우에는 사후 관리를 하지 아니할 수 있다(시행령 제29조, 규정 제41조).

① 품목별 외화획득 이행의무의 미이행률이 10% 이하인 경우

② 외화획득 이행의무자의 분기별 미이행률이 10% 이하이고 그 미이행 금액이 미화 2만 달러에 상당하는 금액 이하인 경우

③ 외화획득 이행의무자의 책임이 없는 사유로 외화획득의 이행을 하지 못한 경우로서 산업통상자원부장관이 인정하는 경우

④ 해당 품목이 수입승인 대상에서 제외됨으로써 그 수입에 대응하는 외화획득의 이행을 할 필요가 없는 경우 등 산업통상자원부장관이 사후관리를 할 필요성이 없어진 것으로 인정하는 다음의 하나에 해당하는 경우

㉮ 수입승인을 받아 수입한 품목이 수입승인 대상에서 제외되는 원료 등

㉯ 외화획득의 이행을 위하여 보세공장 및 보세창고 또는 자유무역지역에 반입되는 원료 등

한편, 국가기술표준원장은 위의 사후관리 면제대상 중 ①, ②, ④의 경우에는 사후관리를 자동면제하며, ③의 경우에는 제재심사위원회의 심의를 거쳐 사후관리를 면제할 수 있다. 제재심사위원회의 구성 및 운영 등 필요한 사항은 국가기술표준원장이 정한다(규정 제53조 제2, 3항).

4-2. 사후 관리기관

외화획득용 원료의 사후 관리기관은 다음과 같다(규정 제42조).

① 외화획득용 원료 중 승인을 받도록 정한 품목의 농림수산물에 대한 사후관리는 해당품목을 관장하는 중앙행정기관의 장 또는 중앙행정기관의 장이 지정하는 기관의 장

② 승인을 받도록 정한 품목의 농림수산물 원료등을 제외한 원료등의 사후관리는 해당 외화획득용 원료의 승인기관의 장

③ 승인을 받도록 정한 품목의 농림수산물 원료등을 제외한 원료등 중 자율관리기업으로 선정된 자가 수입(국내구매 또는 양수를 포함한다)한 원료등의 사후 관리는 해당 자율관리기업의 장

4-3. 자율관리기업

(1) 자율관리기업의 선정요건

산업통상자원부장관은 민간기업의 자율적 관리를 통해 무역관리의 효율성을 도모하고 있다. 따라서 산업통상자원부장관은 산업통상자원부장관이 정하여 고시한 요건을 갖춘 자가 승인을 얻어 수입한 외화획득용 원료 · 기재에 대하여는 사후관리를 해야 함에도 불구하고 수입승인을 받은 자 또는 외화획득용 원료 · 기재를 양수한 자로서 산업통상자원부장관이 정하여 고시한 요건을 갖춘 자가 이를 사후관리하도록 할 수 있다(시행령 제28조 제2항).

따라서 산업통상자원부장관의 자율관리기업(자율적으로 사후관리를 할 수 있는 기업) 선정요건은 다음과 같이 정하고 있다(규정 제43조 제1항).

① 전년도 수출실적이 미화 50만 달러 상당액 이상인 업체, 수출 유공으로 포상(훈 · 포장 및 대통령표창을 말한다. 이하 같다)을 받은 업체(84년도 이후 포상받은 업체에 한한다) 또는 중견수출기업[56]

② 과거 2년간 미화 5천 달러 상당액 이상 외화획득 미이행으로 보고된 사실이 없는 업체

(2) 자율관리기업의 신청 및 선정

자율관리기업은 국가기술표준원장이 수시로 해당업체를 선정하며, 자율관리기업으로 선정받으려는 자는 다음의 서류를 첨부하여 국가기술표준원장에게 신청하여야 한다(규정 제43조 제2, 3항).

① 수출실적증명서

② 외화획득 원료의 승인기관 장의 외화획득의무 성실이행확인서(과거 2년간 미화 5천 달러 상당액 이상 외화획득 미이행으로 보고된 사실이 없다는 사실 확인 내용을 포함)

③ 자율관리규정

④ 외화획득용 원료 등을 용도 외에 사용하지 아니할 것임을 약속하는 각서

---

56) 산업통상자원부장관이 정한 "수출유망중소기업 지원요령"에 따라 수출유망중소기업으로 지정된 업체를 말한다(대외무역관리규정 제2조 제17호).

(3) 자율관리기업의 선정통보 및 취소

기술표준원장은 자율관리기업을 선정한 때에는 산업통상자원부장관, 세관장에게 그 사실을 알려야 하고, 자율관리기업으로 선정받은 자는 자율관리규정에 따라 사후관리를 하여야 한다. 또한 자율관리기업은 매 반기 종료 다음 달 말일까지 대응 외화획득이행내역(규정 제28호 별지 서식)을 기술표준원장에게 보고하여야 한다(규정 제43조 제6항)

한편, 기술표준원장은 자율관리기업으로 선정받은 자가 다음의 하나에 해당하는 경우에는 그 선정을 취소할 수 있다. 이때 취소된 기업은 취소한 날로부터 3년 이내에는 재선정될 수 없다(규정 제43조제7항).

① 외화획득용 원료 등을 타 상사에 공급하고 공급이행 내역을 통보하지 아니하거나 승인 없이 외화획득용 원료 등을 사용목적 이외의 용도에 사용하거나 양도 또는 양수한 때

② 파산 등으로 사후관리가 불가능할 때

③ 대외무역법 또는 동 법에 의한 명령이나 처분에 위반한 때

4-4. 사후관리대상 원료의 분류

외화획득용 원료 등의 사후관리는 다음의 경우를 제외하고는 외화획득 이행의 무자별로 외화획득용 원료 등의 품목분류번호(HS 10단위)별로 분기마다 수입 및 구매한 총량을 대상으로 한다(규정 제44조).

① 품목분류번호(HS 10단위)가 다르더라도 원료 등의 성질상 동일 품목이거나 유사한 품명은 품명 단위별로 분기마다 수입 및 구매한 총량을 대상으로 관리한다.

② 의류 및 가방 등의 부재료로 사용되는 지퍼는 품목분류번호(HS 10단위)별로 분기마다 수입 및 구매한 양의 총길이로 관리한다.

4-5. 구매내역 신고 및 사후관리카드의 정리

사후 관리대상 품목을 구매한 자는 분기 중에 구매한 원료 등의 건별 내역을 '사후관리대상품목의 분류 등'의 규정에 따라 품목분류하여 외화획득용 원료수입(구매)내역신고서(규정 별지 제15호 서식)에 작성하여 분기종료 후 다음달 20

일까지 외화획득용 원료 등의 사후관리기관의 장에게 신고하여야 한다(규정 제45조).

한편, 외화획득용 원료의 사후관리기관의 장은 외화획득용 원료 등의 구매내역 신고서 및 신고 받은 공급이행신고서를 외화획득 이행의무자별로 수입신고수리일 또는 원료 등의 구매일 순으로 관리하여야 한다.

또한 수입승인된 원료 등과 신고된 원료 등에 대하여 품목분류번호(HS 10단위)별로 분기마다 수입 또는 구매한 총량과 금액 등을 "외화획득용 원료 사후관리이행정리카드"(규정 별지 제29호 서식)에 기재하여야 한다(규정 제46조).

4-6. 외화획득 및 공급의 이행신고

(1) 외화획득 이행신고

수입제한품목을 수입한 외화획득이행 의무자는 외화획득을 이행하고 다음의 서류를 첨부하여 수출선적일 또는 외화입금일로부터 3개월 이내에 외화획득용 원료 등의 사후 관리기관의 장에게 신고하여야 한다(규정 제47조 제1항).

① 외화획득이행신고서(규정 별지 제16호 서식)

② 수출신고필증(또는 외화입금증명서) 원본

③ 자율소요량계산서

한편 외화획득 이행신고자와 수출신고필증의 명의가 상이한 경우에는 내국신용장, 구매확인서, 수출대행계약서 또는 물품 등 구매계약서 등 거래관계를 입증하는 서류를 제출하여야 한다. 또한 외화획득용 원료의 사후 관리기관의 장은 제1항에 따른 신고가 있을 때에는 지체 없이 외화획득 이행신고서에 표시된 원료 등의 양을 별지 제29호 서식에 의한 외화획득용원료 사후 관리이행 정리카드에서 차감하여 정리하고 해당 수출신고필증 원본(또는 외화입금증명서 원본)의 뒷면에 사후관리 사실을 확인 표시하여야 한다.(규정 제47조 제2, 3항)

(2) 공급이행신고

사후관리대상품목을 원료 등으로 공급한 자는 다음의 서류를 첨부하여 공급일로부터 3개월 이내에 외화획득용 원료의 사후관리기관의 장에게 신고하여야 한다. 다만, 공급업자가 유통업자인 경우에는 아래의 ③항의 서류를 면제한다(규정 제48조 제1항).

① 인수자의 날인 또는 물품 등 수령증을 받은 외화획득용원료공급이행신고서

(규정 별지 제17호 서식) 3부(공급자 외화획득용 원료의 사후관리기관용, 인수자 외화획득용 원료의 사후관리기관용 및 인수자용)

② 내국신용장 또는 구매확인서

③ 자율소요량계산서

그리고 공급자 외화획득용 원료사후관리기관의 장은 공급이행정리하고 내국신용장 등의 뒷면에 사후관리 사실을 확인 표시하여야 하며, 또한 외화획득용 원료공급 이행신고서에 확인 날인한 후 1부는 인수자 외화획득용 원료의 사후관리기관의 장, 1부는 인수자에게 통보하여야 한다(규정 제48호 제2,3항).

한편, 원료 등을 보세공장에 반입한 자는 세관장이 발행한 반입확인서를 외화획득용 원료의 사후관리기관의 장에게 제출하여야 하며, 반입확인서를 받은 사후관리기관의 장은 '사후관리사실의 확인·표시'의 규정에 준하여 공급이행정리를 하여야 한다(규정 제48조 제4항).

그리고 자율관리기업이 사후관리 대상기업에 원료 등을 공급한 경우에는 공급이행신고서 2부를 작성하여 공급일로부터 3개월 이내에 1부는 인수자 외화획득용 원료의 사후관리기관의 장에게, 1부는 인수자에게 통보하여야 한다. 다만, 자율관리기업이 공급하는 경우에는 인수자에게만 알린다(규정 제48조 5항).

5 외화획득용 원료의 사용목적 변경

5-1. 외화획득용 원료의 사용목적 변경승인

외화획득용 원료 등의 사용목적 변경승인을 얻고자 하는 자는 다음의 서류를 구비하여 외화획득 이행기간 만기일 이전에 관할 시·도지사 또는 "외화획득용 사후관리기관의 장"(해당 품목을 관장하는 중앙행정기관의 장 또는 중앙행정기관의 장이 지정하는 기관의 장)에게 신청하여야 한다(규정 제49조 제1항).

① 외화획득용 사용목적 변경승인신청서(규정별지 제18호 서식) 4부

② 사용목적 변경신청사유서

③ 변경하려는 물량을 확인할 수 있는 서류

④ 변경신청하려는 사유를 인정할 수 있는 서류

⑤ 그 밖에 사용목적 변경승인기관의 장이 필요하다고 인정하는 서류

그리고 사용목적 변경승인을 한 기관의 장은 승인서를 신청자 외화획득용 원료의 사후관리기관의 장, 신청자의 관할세무서장에게 각각 알려야 한다(규정 제49조 제3항).

5-2. 외화획득용 원료의 양도승인

외화획득용 원료 등에 대한 양도·양수의 승인을 받으려는 자는 다음 각 호의 서류를 구비하여 양도인 또는 양수인의 외화획득용 원료 등의 사후 관리기관의 장 또는 해당 품목을 관장하는 중앙행정기관의 장 또는 중앙행정기관의 장이 지정하는 기관의 장에게 신청하여야 한다(규정 제50조 1항).

① 외화획득용원료 양도승인신청서(규정별지 제19호 서식) 3부

② 양수·도 계약서

③ 수입신고필증 또는 기초원재료 납세증명서

그리고 자율관리기업이 다른 자율관리기업에 외화획득용 원료를 양도하려는 경우에는 양도인의 외화획득용 원료의 사후 관리기관의 장에게 신청하여야 하며, 양도인 및 양수인의 외화획득용 원료의 사후 관리기관의 장은 승인한 원료 등을 "공급이행신고의 규정"에 준하여 처리하여야 한다(규정 제50조 제2~3항).

6 지도감독 및 보고

6-1. 지도감독

기술표준원장은 시·도지사, 외화획득용 원료 등의 사후관리기관의 장 및 자율관리기업의 장에 대하여 다음의 내용을 지도감독을 하여야 한다(규정 제51조).

① 사후관리업무 담당자의 교육

② 사후관리대장 정리실태

③ 공급이행신고서 통보실태

④ 미이행 보고실태

⑤ 그 밖에 재규정 이행실태

6-2. 불이행보고 및 제재

(1) 불이행 보고

외화획득용 원료의 사후관리기관의 장은 원료 등을 수입 또는 구매한 후 외화획득이행 만기일까지 외화획득을 미이행한 자에 대하여 그 내역을 "대응외화획득미이행내역"(규정 제30호 별지 서식)에 따라 해당 만기일 경과 후 20일까지 미이행자에게 알려야 한다(규정 제52조 제1항).

이에 따라 외화획득 미이행자에게 통보한 날부터 30일 이내에 이행신고가 없는 경우 외화획득용 원료의 사후 관리기관의 장은 그 내역을 "대응외화획득 미이행내역"에 따라 기술표준원장에게 보고하여야 한다. 다만, 수입승인된 농림수산물(규정 제34조4)등은 해당 중앙행정기관의 장에게 보고하여야 한다(규정 제52조 2항).

또한, 외화획득용 원료의 사후관리기관의 장은 정기보고 이외에 사후관리 대상업체의 파산 등으로 사후 관리가 불가능하다고 판단되는 경우에는 즉시 그 내역을 기술표준원장에게 보고하여야 한다. 다만, 외화획득용 원료로 수입승인된 농림수산물의 보고는 해당 중앙행정기관의 장에게 보고하여야 한다(규정 제52조 제3항).

(2) 제재

중앙행정기관의 장(외화획득용 원료로 수입승인된 농림수산물을 제외한 분은 기술표준원장)은 보고된 다음의 외화획득 미이행자에 대하여는 "3년 이하의 징역 또는 3천만원 이하의 벌금"의 규정에 따른 제재에 필요한 조치를 하여야 한다(법 제54조 제2~4호), (규정 제53조 제1항).

① 수입에 대응하는 외화획득을 하지 아니한 자

② 승인을 받지 아니하고 목적 외의 용도로 원료·기재 또는 그 원료·기재로 제조된 물품 등을 사용한 자

③ 승인을 얻지 아니하고 원료·기재 또는 그 원료·기재로 제조된 물품을 양도한 자

제3절 자율소요량계산서

자율소요량계산제도

1-1. 자율소요량계산제도의 의의

수출을 목적으로 사용되는 원자재는 외화획득용 원료로서 수입될 때 내수용 물품의 수입보다 금융·세제상의 많은 혜택을 부여받고 있으며, 소요량은 수출용 원자재의 수출로 인한 특혜가 발생하는 경우 그 기준으로서의 역할을 담당한다.

따라서 각종 혜택이 주어지는 외화획득용 원료의 조달 시에는 원료의 양을 정확히 산출할 필요가 있으며, 책임 있는 기관이 외화획득용 물품에 필요한 원료의 양을 책정하고 이를 증명함으로써 외화획득용 원료의 수입에 대한 우대조치의 적정화를 기할 목적으로 도입된 제도가 소요량증명제도이다.

만약 소요량이 과소하게 책정 또는 계산되면 수출업자의 대응수출이행에 막대한 지장을 초래할 수 있으며, 한편으로 과다하게 책정 또는 계산되면 여러 우대조치에 의해 수입된 수출용 원자재가 국내에 유출될 염려가 있게 된다. 이와 같이 소요량증명서는 수출용 원자재의 수입인증·관세환급·대응수출의 완료에 따른 사후관리 및 무역금융 등의 경우에 주로 이용된다.

한편 소요량증명제도는 그 운용에 있어서 많은 인력이 뒷받침되어야 하는 등 여러 가지 문제점이 있어 2001년에 폐지되었고, 업체에서 외화획득용 물품의 생산에 사용되는 원자재의 양을 스스로 계산하는 자율소요량계산제도로 전환되었다.

이러한 자율소요량계산제도는 수입제한품목으로서 승인기관의 소요량 관리가 필요한 품목에 대해서는 수입승인기관 또는 업체의 신청에 의하여 기술표준원장이 기준소요량을 고시하여 이를 기준으로 소요량을 산정토록 하고, 이외의 수입제한품목에 대하여는 해당 업체에서 외화획득용 물품의 생산에 사용되는 원자재의 양을 스스로 계산하도록 하였다.

1-2. 기준소요량의 책정방법 및 고시

(1) 관련용어의 정의

외화획득용 원료·기재의 수량은 외화획득을 위한 물품 등의 1단위를 생산하기 위하여 제공되는 외화획득용 원료·기재의 기준소요량을 말하며, 산업통상자원부장관은 외화획득용 원료·기재의 기준 소요량을 정하는 경우에는 해당 물품 등을 생산하는 데에 필요한 실제 수량 외에 생산 공정에서 생기는 평균 손모량(損耗量)을 포함시킬 수 있다.(시행령 제25조 제1, 2항). 자율소요량계산제도와 관련된 용어를 살펴보면 다음과 같다(규정 제2조, 제20~26호).

① "평균 손모량"이란 외화획득용 물품 등을 생산하는 과정에서 생기는 원자재의 손모량(손실량 및 불량품 생산에 소요된 원자재의 양을 포함한다)의 평균량을 말한다.

② "손모율"이란 평균 손모량을 백분율로 표시한 값을 말한다.

③ "단위실량"이란 외화획득용 물품 등 1단위를 형성하고 있는 원자재의 양을 말한다.

④ "기준 소요량"이란 외화획득용 물품 등의 1단위를 생산하는 데에 소요되는 원자재의 양을 고시하기 위한 것으로서 단위실량과 평균 손모량을 합한 양을 말한다.

⑤ "단위자율소요량"이란 기준 소요량이 고시되지 아니한 품목에 대하여 외화획득용 물품 등 1단위를 생산하는 데에 소요된 원자재의 양을 해당 기업이 자율적으로 산출한 것으로서 단위실량과 평균 손모량을 합한 양을 말한다.

⑥ "소요량"이란 외화획득용 물품 등의 전량을 생산하는 데에 소요된 원자재의 실량과 손모량을 합한 양을 말한다.

⑦ "자율소요량계산서"란 외화획득을 이행하는 데에 소요된 원자재의 양을 해당 기업이 자체 계산한 서류를 말한다.

(2) 기준소요량의 책정방법

기준소요량은 현장조사, 문헌조사, 실물 및 카탈로그 조사, 신청자 제시자료에 의한 조사, 유사품의 소요량 적용 중 하나의 방법에 따라 책정하며 「부가가치세법 시행령」제69조제1항, 「소득세법 시행령」 제144조제1항 및 「법인세법 시행령」

제105조제1항에 따른 생산수율을 감안하여 책정할 수 있다(규정 제54조, 제1항).

기준소요량을 책정할 때에는 제조공정 및 공정도, 공정별 손모율·손모상태 및 그 발생원인, 원료 등의 배합비율 중 필요한 최소한의 사항만을 조사하여야 한다(규정 제54조, 제2항). 기준소요량은 수출업체에서 수출품을 처음으로 생산하거나 공정이 표준화 된 물품에 적용할 수 있으며, 수출품의 규격이나 공정이 복잡하여 기준소요량 고시를 적용할 수 없을 경우 단위소요량을 책정한다.

소요량은 평균개념으로 업체별 생산기술의 수준 차이 등으로 인하여 과부족이 발생하는 문제점이 있다. 즉, 기술수준이 높을 경우에는 소요량의 과다 책정으로 원자재가 시중에 유출되거나 과다 환급될 우려가 있으며, 기술수준이 낮은 경우에는 소요량이 상대적으로 과소 책정되어 원자재 부족, 과소 환급의 문제가 발생할 수 있다.

(3) 기준소요량 고시

기준소요량이란 고시된 수출품 1단위를 생산하는 데 소요된 원자재의 양으로써 단위실량과 평균손모량을 합한 양을 말한다.

이에 따라 외화획득용 물품 등의 생산을 관장하는 중앙행정기관의 장(산업통상자원부장관이 관장하는 품목 중 목재가구는 국립산림과학원장, 그 밖의 품목은 기술표준원장)은 소관 품목 중 사후 관리 대상 원료 등에 대하여 책정한 기준 소요량을 고시할 수 있다(규정 제55조 제1항).

한편, 사후 관리기관 또는 수출업체는 기준 소요량이 고시되지 않은 해당 품목이 계속적인 수출이 예상되는 등 기준 소요량의 고시가 필요하다고 판단되는 때에는 해당 품목에 대하여 기준 소요량 책정자료를 첨부하여 고시기관에 기준 소요량 고시를 요청할 수 있으며 고시기관은 이를 가능한 한 고시하여야 한다. 다만, 기준 소요량이 빈번히 바뀌거나 농산물인 경우에는 그러하지 아니할 수 있다(규정 제55조 제2항).

그리고 수출 물품 등의 생산을 관장하는 중앙행정기관의 장(산업통상자원부장관이 관장하는 품목 중 목재가구는 국립산림과학원장, 그 밖의 품목에 대하여는 국가기술표준원장)은 기준 소요량을 고시하는 데에 필요한 자료를 해당 외화획득 행위를 하는 자에게 제출하게 할 수 있다(규정 제55조 제2항).

2 자율소요량계산서 작성

외화획득용 원료·기재의 품목별 소요량에 관한 계산서의 작성 기준 및 방법 등에 관하여 필요한 사항은 산업통상자원부장관이 정하여 고시한다(시행령 제25조 제3항).

① 사후 관리 대상 품목을 외화획득용 원료 등으로 사용하거나 공급한 업체는 자율소요량계산서(규정 별지 제20호의 서식)에 따라 해당 업체가 자율적으로 작성하며, 자율소요량계산서는 단위자율소요량 또는 기준 소요량에 외화획득용 물품 등의 수량을 곱한 물량으로 표시하며 단위자율소요량의 산출근거를 품목 및 규격별로 명확히 표시하여야 한다(규정 제56조 제1,2항).

② 기준 소요량이 고시된 품목이라 하더라도 수출계약서 등의 관련 서류에 소요원료의 품명·규격 및 수량 등이 표시된 경우에는 이에 따라 자율소요량계산서를 작성할 수 있다(규정 제56조 제3항).

3 세부절차 협의

기준소요량 고시기관이 업무수행을 위하여 필요한 세부지침을 정하려는 경우에는 미리 산업통상자원부장관과 협의하여야 하며, 해당 외화획득용 물품 등의 생산을 관장하는 중앙행정기관의 장이 분명하지 아니할 경우에도 산업통상자원부장관과 협의하여야 한다(규정 제57조 제1, 2항).

4 지도감독

국가기술표준원장은 자율소요량계산서의 작성 및 운용에 관련하여 다음의 사항을 지도·감독할 수 있다. 이 경우 필요한 때에는 기준소요량을 고시한 중앙행정기관의 장과 합동으로 지도·감독할 수 있다(규정 제58조).

① 자율소요량계산서 작성업무에 대한 교육

② 자율소요량계산서의 작성 및 운용실태 조사

③ 자율소요량계산서제도와 관련한 제규정 이행실태

제4절 외화획득용 제품의 수입

1 외화획득용 제품의 범위

외화획득용 제품은 수입한 후 생산과정을 거치지 아니한 상태로 외화획득에 제공되는 물품 등을 말하며(시행령 제2조 제8호), 외화획득용 원료와 마찬가지로 일반 수입과는 달리 우대관리하고 있다. 그리고 외화획득용 제품은 수출이 목적이 아니라 국내에서 외화를 획득하기 위한 것으로서 주로 외국인 관광객이나 국내 거주 외국인등에게만 공급하도록 제한적으로 운용된다. 외화획득용 제품의 범위는 다음과 같다(규정 제59조).

① 주식회사 한국관광용품센타(이하 "관광용품센타"라 한다)가 수입하는 식자재 및 부대용품, 즉 관광호텔용 물품

② 「항만운송사업법」에 따라 수입 물품 공급업의 등록을 하고 세관장에 등록한 자(이하 "수입 물품 공급업자"라 한다)가 수입하는 선용품

③ 군납업자가 수입하는 군납용 물품

2 외화획득용 제품의 수입승인기관

외화획득용 제품(단, 수출입공고 등에 의하여 제한되는 품목만 해당)의 수입승인기관은 다음과 같다(규정 제60조).

2-1. 문화체육관광부장관

관광용품센터가 관광호텔 등에 공급하기 위하여 수입하는 물품 중 수출입 제한에 따른 승인 대상 물품으로서 주방용품, 소모성기계, 기자재류 및 객실 또는 부대업장용 소모성 물품

2-2. 수출입공고의 승인기관의 장

군납업자가 주한 국제연합군, 그 밖에 외국군기관에 공급하는 군납용 물품

〈표 8-2〉 관광호텔용 식자재 및 부대용품(규정 별표 5)

HS	품 명
0201, 0202	쇠고기
기타	법 제11조 제2항의 규정에 의한 승인대상물품으로서 주방용품, 소모성기계, 기자재류 및 객실 또는 부대업장용 소모성 물품

〈표 8-3〉 수입물품 공급업자의 선용품 공급물품(규정 별표 6)

HS	품 명
0201, 0202	쇠고기
기타	신조선 및 수리선박에 공급하기 위한 물품은 선용품 공급계약을 맺고 관세청장의 추천을 받은 품목

3 외화획득용 제품의 사후관리

3-1. 관광호텔용 물품의 공급 및 사후관리

(1) 관광호텔용 물품의 공급

관광용품센터는 관광호텔용 물품을 다음의 하나에 해당하는 자에게만 공급할 수 있으며, 관광용품센터가 관광호텔용 물품을 공급하려는 경우에는 해당 구매자가 시설규모 및 식자재 구입실적 등을 감안하여 적정량을 공급하여야 한다(규정 제62조).

① 관광숙박업 중 「관광진흥법」에 의하여 등록된 호텔업 및 명의이용허가를 득한 식음료업장

② 문화체육관광부장관의 허가를 받아 설립된 외신기자클럽, 서울클럽 및 한국언론회관내 멤버스클럽과 기자클럽

③ 외화획득 및 관광진흥에 기여도가 높은 관광시설 중 문화체육관광부장관의 추천에 의하여 산업통상자원부장관이 지정한 [별표 7]에 게기한 시설

④ 「청소년기본법」에 의하여 문화체육관광부장관에 신고된 서울올림픽파크텔

⑤ 올림픽, 아시안게임 등 대규모 국제대회의 선수촌, 기자촌, 프레스센터 등의 관련시설로서 산업통상자원부장관의 협의를 거쳐 문화관광부장관이 기간을

정하여 지정하는 급식장(단, 문화체육관광부장관이 정하는 기간 이후의 잔여물량에 대하여는 관광용품센터 또는 판매대상업소에 같은 기간 종료후부터 30일 이내에 양도하고 문화체육관광부장관에게 이를 보고하여야 한다)

⑥ 관세법에 의하여 설영특허를 받은 외교관 면세매점

〈표 8-4〉 관광업소(규정 별표 7)

업 소 명	주 소
철도그릴 및 열차식당	철도청장이 지정하는 철도그릴 및 열차식당
세종문화회관 및 그릴	서울특별시 종로구 세종로 81-2
한국무역협회 회원식당	서울특별시 강남구 삼성동 159-1 부산광역시 중구 중앙동 4가 87-7
김포공항 국제그릴(4층)	서울특별시 강서구 공항동 150
김포국제공항식당(4층)	서울특별시 강서구 공항동 150
(주)조선호텔 공항외식사업부	서울특별시 강서구 방화동 712-1
코엑스 컨벤션센터내 (주)조선호텔 운영식당	서울특별시 강남구 삼성동 159
(주)세종호텔 공항외식사업부	서울특별시 강서구 방화동 712-1
전국경제인연합회관	서울특별시 영등포구 여의도동 28-1
대한생명 63빌딩 (국제회의장 및 특급전문식당)	서울특별시 영등포구 여의도동 60
한국의 집	서울특별시 중구 필동 2가 80-2
관광식당	「관광진흥법」제3조제1항제5호의 규정에 의거 관광편의 시설의 일종으로서 문화체육관광부장관이 지정하는 관광식당

(2) 관광호텔용 물품의 사후관리

관광호텔용 물품(관광용품센터가 수입한 식자재 및 부대용품)은 승인권자의 사후관리를 받아야 하며, 승인권자가 사후관리에 필요한 세부지침을 정하려는 경우에는 산업통상자원부장관과 협의하여야 한다(규정 제61조).

3-2. 선용품의 사후관리

수입물품 공급업자가 수입하는 선용품의 사후관리는 관세청장이 행한다(규정 제66조 제1항).

3-3. 군납용 물품의 사후관리

군납업자는 수입되는 물품을 군납 외의 용도에 사용하거나 유출하여서는 아니 되며, 양도 또는 폐기하고자 할 경우에는 미리 승인기관의 장의 승인을 받아야 한다(규정 제69조 제1, 2항).

외화획득용 제품의 관리

4-1. 관광호텔용 물품의 관리

① 관광용품센터는 보관중인 관광호텔을 물품에 대하여 년 2회 이상 정기재고조사를 실시하여야 하며, 그 결과를 승인권자에게 보고하여야 한다.

② 관광용품센터는 관광호텔용 물품의 운송, 보관 및 공급과정에서 파손 등으로 해당물품의 용도에 사용하기가 곤란한 물품은 손망실품대장에 기재하고 그 사실을 입증할 수 있는 서류 등을 첨부하여 보관하여야 한다.

③ 관광용품센터는 관광호텔용 물품의 수입, 재고 및 판매현황에 대한 대장을 비치하고 기록보관하여야 하며 관광용품센타로부터 관광호텔용 물품을 구매한 자는 구매 및 소비현황에 대한 대장을 비치하고 기록 보관하여야 한다.

④ 관광용품센터는 분기별 관광호텔용 물품의 수입 및 판매현황을 작성하여 분기종료 후 10일 이내에 승인권자에게 보고하여야 한다.

⑤ 관광용품센터로부터 관광호텔용 물품을 구매한 자는 월별 구입 및 소비현황을 다음 달 10일까지 관광용품센터에 제출하여야 한다(규정 제63조).

4-2. 선용품의 관리

수입물품 공급업자는 선용품의 수입, 재고 및 공급현황에 대한 대장을 비치하고 기록・보관하여야 하며, 선용품의 수입, 공급(외화 및 국내통화 구분) 및 재고현황을 작성하여 매분기 종료 후 10일 이내에 관세청장에게 제출하여야 한다(규정 제67조).

4-3. 군납용품물품의 관리

수입된 군납용 물품에 의한 군납계약 이행 후 15일 이내에 외화획득상황을 군납대금회수증명서를 첨부하여 승인기관의 장에게 보고하여야 한다(규정 제69조 제3항).

 외화획득용 제품의 용도 외 사용금지 및 제재

5-1. 관광호텔용 물품

관광용품센타로부터 관광호텔용 물품을 구매한 자는 해당 사업 이외의 용도에 사용하거나 유출하여서는 안되며, 관광용품센타는 관광호텔용 물품을 용도 외에 사용하거나 유출한 자에 대하여는 문화체육관광부장관에게 이를 보고하여야 한다(규정 제64조 제1,2항).

또한, 승인권자는 관광호텔용 물품을 용도 외로 사용한 자에 대하여는 "3년 이하의 징역 또는 3천만원 이하의 벌금"에 처하도록 하는 제재를 요청하거나 「관광진흥법」에 의한 행정처분을(또는 문화체육부장관에게 행정처분을 요청)하여야 한다(규정 제65조).

5-2. 선용품

수입물품공급업자는 수입선용품을 다음의 하나에 해당하는 자 이외의 자에게 공급하거나 유출하여서는 아니된다(규정 제66조 제2항).

① 국내항에 정박 중인 외항선박(원양어선을 포함한다)

② 신조선박 및 수리선박

한편, 관세청장은 수입선용품을 신조선박 및 수리선박이나 국내항에 정박 중인 외항선박 이외의 자에게 공급하거나 유출한 수입물품 공급업자에게는 "3년 이하의 징역 또는 3천만원 이하의 벌금"에 처하도록 하는 제재를 요청하여야 한다(규정 제68조).

5-3. 군납용 물품

군납업자는 수입되는 물품을 군납 외의 용도에 사용하거나 유출하여서는 안되며, 승인기관의장은 수입되는 물품을 군납 외의 용도에 사용하거나 유출한 군납업자에게는 "3년 이하의 징역 또는 3천만원 이하의 벌금"에 처하도록 하는 제재를 요청한다(규정 제69조 제4항).

제 9 장 전략물자의 수출입

제1절 전략물자의 수출입관리

1 전략물자 수출입 관리의 의의 및 국제체제

1-1. 전략물자 수출입 관리의 의의

전략물자의 무분별한 거래는 국제평화와 안전에 위해를 가져올 수 있으며, 이로 인해 자유로운 무역거래가 제한될 수 있다. 이를 방지하기 위해 전략물자 수출통제제도가 도입되었으며, 이 제도를 준수하는 기업만이 이러한 물품을 합법적으로 수출입할 수 있게 되었다.

우리나라는 1989년 전략물자 수출허가제도라는 이름으로 대외무역법 시행령에 그 근거를 신설하고, 1992년 대외무역법에 정식으로 반영하였다. 그 후 2004년 12월에 전략물자 수출입공고를 전면 개정하여 "전략물자 수출입고시" 로 그 운영절차를 세부적으로 규정하고 있다.

국제적으로 전략물자 수출통제는 1949년 11월 제2차 세계대전 이후 구소련을 중심으로 한 공산권 국가와 미국 중심의 서방자유주의 국가 사이에 최초로 논의되었고, 1950년 1월 對공산권 수출통제위원회(COCOM : Coordinating Committee for Multilateral Export Controls)가 설립되어 활동을 개시하였다. 이를 통해 서방국가들은 공산권 국가에 전략적 물자 및 기술의 제공을 엄격히 통제하였고, 우리나라도 COCOM 협력국으로써 전략물자 수출통제제제에 참여하게 되었다.

그러나 수출통제가 적용되는 물자, 기술, 국가는 국제안보환경에 따라 수시로 변화되어 왔다. 과거 동서 냉전구조는 1990년 독일의 통일, 1991년 구소련의 붕괴로 인하여 그 목표나 의미가 퇴색되었다. 또한 신생 러시아가 공산주의 통치를 고수하지 않고 미국과 서방에 COCOM 체제의 해체를 요청함에 따라 1994년 3월 COCOM 체제가 해체되었다. 오늘날 초강대국 사이의 큰 전쟁이나 무력충돌의 가능성은 감소하였으나, 중동 걸프만, 팔레스타인, 인도, 파키스탄, 아프리카 등 종교와 인종, 영토분쟁 등으로 인한 지역적인 분쟁이나 테러리스트에 의한 안보위협은 지속되고 있으며, 생화학이나 핵무기, 미사일을 보유하려는 우려국가(concerned countries)도 여전히 존재하고 있다.

따라서 생화학무기나 핵무기, 미사일 및 그 운반수단의 확산을 통제하는 국제협의체가 핵공급그룹(NSG), 호주그룹(AG), 미사일기술통제체제(MTCR)로 구성되고, 해체된 COCOM은 1996년 7월 재래식 무기를 통제하는 협정형태인 바세나르체제(WA)로 다시 출범하게 되었다.

이와 같이 전략물자 수출통제체제는 생화학무기, 핵무기나 미사일, 재래식 무기가 전쟁 우려국가나 테러리스트 조직에 확산되지 않도록 하기 위하여 대량파괴무기의 개발, 제조 등에 관련된 물자 및 기술의 이전을 통제하기 위한 제도이다. 전략물자 수출통제는 냉전 또는 대립 구도의 국제환경 속에서 가입국에게 요구되는 안보측면의 규범에서 출발하였으므로, 기업의 자유로운 수출을 제한하는 무역질서, 정부의 역할과 기업 책임이라는 특성을 가지고 있다. 이 점을 감안한 선진기업은 기업자율준수제도(Compliance Program)를 채택하여 이에 부응하고 있다.

1-2. 전략물자의 국제수출통제체제

전략물자에 대한 비확산조약이 국제적인 목표를 정하고 가입국이 이를 준수하게 함으로써 확산을 저지하려 했으나, 미가입국이나 수입국에 대한 확산을 저지할 수 없는 문제점이 있었다. 따라서 대량파괴무기의 생산, 제조에 사용될 수 있는 물자, 기술을 공급할 수 있는 국가들이 수출을 할 때 우려용도로 공급되지 않도록 통제하는 효과적인 체제인 수출통제협의체가 결성되었다. 이는 우려국가나 테러리스트에게 전략물자가 이전되지 않도록 관리해야 할 통제물품리스트를 작성하여 운영하고 회원국은 자발적으로 이행할 수 있다.

〈그림 9-1〉 전략물자 국제수출통제체제(2014년 1월 현재)

핵무기	생・화학무기	미사일	재래식무기
NSG	AG(CWC, BWC)	MTCR	WA
원자력 전용 및 이중용도 품목 통제	화학물질, 생물물질 및 이중용도 설비, 기술 통제	미사일 체계 완성품(300kg/500km 이상), 무인항공기 시스템 및 생산설비, 이중용도 통제	재래식 무기 및 전용 가능 이중용도 품목, 기술 통제
48개 참여국	41개 참여국	34개 회원국	41개 회원국

주) 1. NSG (Nuclear Supply Group) : 핵공급그룹
2. AG (The Austratia Group) : 호주그룹
3. MTCR (Missile Technology Control Regime) : 미사일기술통제체제
4. WA (Wassenaar Arrangement) : 바세나르체제
5. CWC (Chemical Weapons Convention) : 화학무기의 개발·생산·비축·사용 금지 및 폐기에 관한 협약
6. BWC (Biological Weapons Convention) : 세균무기(생물무기) 및 독소 무기의 개발·생산·비축 금지 및 폐기에 관한 협약

1-3. 전략물자 수출입관리 품목

(1) 전략물자 등의 개념

"전략물자 등"이란 전략물자 또는 상황허가 대상인 물품등을 말한다(전략물자 수출입 고시).

(가) 전략물자의 의의

"전략물자(Strategic goods of materials)"란 산업통상자원부장관이 관계 행정기관의 장과 협의하여 대통령령으로 정하는 국제수출통제체제[57]의 원칙에 따라 국

57) "대통령령으로 정하는 국제수출통제체제"란 다음 각 호를 말한다.
① 바세나르 체제 (WA), ② 핵공급국그룹(NSG), ③ 미사일기술통제체제(MTCR), ④ 오스트레일리아그룹(AG), ⑤ 화학무기의 개발・생산・비축・사용 금지 및 폐기에 관한 협약

제평화 및 안전유지와 국가안보를 위하여 수출허가 등 제한이 필요하여 지정·고시한 물품 등(대통령령으로 정하는 기술을 포함한다)을 말한다(법 제19조 제1항 및 영 제32조).

즉, "전략물자"란 전략물자 수출입고시 [별표 2](이중용도품목) 및 [별표 3](군용물자품목)에 해당되는 물품등(전략물자를 분리 가능한 부분품으로 포함하고 있는 물품등을 포함)을 말하는 것으로, 여기에서 "물품등"이란 물품(물질, 시설, 장비, 부품), 소프트웨어 등 전자적 형태의 무체물 및 기술을 말한다(고시 제2조 제1,2호).

(나) 상황허가 대상 물품등의 의의

전략물자에는 해당되지 아니하나 대량파괴무기와 그 운반수단인 미사일((이하 "대량파괴무기등"이라 한다)의 제조·개발·사용 또는 보관 등의 용도로 전용될 가능성이 높은 물품등을 말한다(법 제19조 제3항).

2 전략물자에 관한 관련 법규

산업통상자원부장관은 관계 행정기관의 장과 협의하여 전략물자 수출입의 규정에 관한 요령을 고시하여야 한다(법 제26조).

우리나라의 전략물자 수출관리와 관련한 법령으로 종전에는 대외무역법 제21조 및 동법시행령 제41조의 규정에 따른 "전략물자 수출입공고"와 기술개발촉진법 제13조 및 동법시행령 제25조 규정에 따른 "전략기술 수출공고"가 있었다. 그 후, 이 를 통합하여 "전략물자·기술수출입통합공고"(과학기술부 고시 제2005-1호, 산업통상자원부 고시 제2005-19 : 이하 '공고'라 한다)가 제정·고시되었으며, 2009년 4월 24일에 다시 "전략물자 수출입고시"로 개정되어 현재 산업통상자원부고시 제2014-15호로 고시되었다.

이 고시는 전략물자 수출관리와 관련한 구체적인 내용으로, 전략물자등의 해당여부 판정, 전략물자 수출허가 등, 자율준수체제 및 자율준수무역거래자 지정, 수출통제 품목, 전략물자 수출지역 구분, 외국의 전략물자 거래부적격자명단 및 전략물자 수출통제 지침 등을 규정하고 있으며, 국제평화 및 안전유지와 국가안보

(CWC), 세균무기(생물무기) 및 독소무기의 개발·생산·비축 금지 및 폐기에 관한 협약(BWC)(시행령 제32조)

에 기여함을 목적으로 한다.

또한 이를 통해 첨단제품시장에 새롭게 진입하는 우리 기업이 이 시장에 대한 거래규칙을 위반함으로써 발생할 수 있는 선진국들의 보복조치로부터 우리 기업을 보호하고, 기술선진국들이 주요 회원국으로 참여하고 있는 이 체제에 가입함으로써 우리나라가 분쟁지역이라는 이유로 첨단제품의 기술 이전을 꺼리는 것을 방지하여 우리 산업 발전에 필요한 제품과 기술을 원활하게 도입할 수 있다.

 전략물자 수출의 허가

3-1. 전략물자 수출허가의 의의

산업통상자원부장관은 국제평화 및 안전유지, 국가안보를 위하여 필요하다고 인정하는 때에는 관계 행정기관의 장과 협의하여 대통령령으로 정하는 국제수출통제체제의 원칙에 따라 수출허가 등 제한이 필요한 물품 등(대통령령으로 정하는 기술[58]을 포함한다)을 지정하여 고시하여야 한다. 이에 따라 지정ㆍ고시된 물품 등(이하 "전략물자"라 한다)을 수출하려는 자는 대통령령으로 정하는 바에 따라 산업통상자원부장관이나 관계 행정기관의 장의 허가(이하 "수출허가"라 한다)를 받아야 한다(법 제19조 제1, 2항).

전략물자 수출입고시에 따른 허가의 유형은 수출허가, 상황허가, 경유ㆍ환적허가 및 중개허가로 구분되다. 또한 수출허가는 개별수출허가[59]와 포괄수출허가 및 원자력플랜트기술수출허가[60]로 구분되며, 포괄수출허가는 사용자포괄수출허

58) 국제수출통제체제에서 정하는 물품의 제조ㆍ개발 또는 사용 등에 관한 기술로서 국내에서 국외로의 이전하거나 국내 또는 국외에서 대한민국 국민(국내법에 따라 설립된 법인을 포함한다)으로부터 외국인(외국의 법률에 따라 설립된 법인을 포함한다)에게로의 이전하는 경우에도 산업통상자원부장관이나 관계 행정기관의 장의 허가를 받아야 한다.

59) 허가기관의 장이 전략물자의 개별 수출허가신청 건에 대하여 해당 품목과 수량, 최종사용자와 사용용도를 확인하여 허가하는 것을 말하며, 전략물자 중 기술을 수출하는 경우에는 수량은 확인하지 아니한다. 전략물자 수출자의 수출허가 신청을 받은 허가기관의 장은 수출허가 신청서 접수일부터 15일 이내(다만, "가"지역으로 수출하고자 하는 경우의 허가신청은 5일 이내)에 허가번호가 기재된 수출허가서를 발급하거나 거부 처리를 하여야 한다. 개별수출허가 유효기간은 1년이다.

60) 원자력안전법과 동법 시행령에 규정된 원자로 및 관계시설 또는 핵연료주기시설 일체를 말하는 원자력플랜트 수출사업에 대하여 원자력안전위원회 위원장이 원자력전용품목에 해당하는 기술의 수출을 사업 기간 동안 일괄하여 허가하는 것을 말한다.

가[61])와 품목포괄수출허가[62])로 구분된다(고시 제3조).

(1) 전략물자의 수출허가의 대상

전략물자를 수출하려는 자는 대통령령으로 정하는 바에 따라 "수출허가"(산업통상자원부장관 또는 관계 행정기관의 장의 허가)를 받아야 한다(법 제19조 제2항).

그러나 다음의 어느 하나에 해당하는 기술은 허가의 대상에서 제외한다.

① 일반에 공개된 기술 : 이미 일반에 공개된 기술 또는 일반에 공개되는 것을 목적으로 이전되는 기술로서 다음의 어느 하나에 해당하는 것을 포함하는 기술

㉮ 책, 정기간행물 등 인쇄물의 형태 또는 홈페이지 등 전자적 형태 등을 통해 이미 일반에 공개된 기술

㉯ 견학, 강의, 전시회 등 일반에 공개된 장소에서 구두 또는 행위를 통해 이전되는 기술

㉰ 학회 발표자료 또는 전시회 배포자료 등의 송부, 정기간행물에의 기고 등 일반에 공개되는 것을 목적으로 이전되는 기술

㉱ 소스코드가 공개되어 있는 프로그램

② 기초과학연구에 관한 기술 : 새로운 지식의 획득을 목적으로 하는 이론적, 실험적 활동과 관련된 기술로 특정 제품의 설계 또는 제조를 목적으로 하지 않는 기술

③ 특허출원에 필요한 최소한의 기술 : 출원명세서, 보충자료, 거절이유를 통보받은 경우 의견서 등 특허권 등 지적재산권의 출원 또는 등록을 위해 필요한 최소한의 기술

④ 허가의 대상이 아니거나 이미 허가를 득한 물품등의 설치, 운용, 유지 및 보수 등에 필요한 최소한의 기술

---

61) 허가기관의 장이 제79조제2항에 따라 자율준수무역거래자로 지정된 수출자(이하 '자율준수무역거래자'라 한다)에게 별표8에 속하는 품목(기술을 제외한다, 이하 이절에서 같다)을 그 구매자, 목적지국가, 최종수하인을 지정하여 일정한 기간 동안 수출하도록 허가하는 것으로서, 그 기간 동안 해당 품목의 수출여부 및 수출수량은 수출자가 최종사용자의 사용용도를 고려하여 자율적으로 결정할 수 있는 것을 말한다.(고시 제28조제1항)

62) 허가기관의 장이 자율준수무역거래자에게 별표8에 속하는 품목을 특정한 구매자, 최종목적지국가, 최종수하인, 최종사용자, 최종사용용도에 따라 일정한 기간 동안 수출하도록 허가하는 것으로서, 그 기간 동안 수출자가 대상 품목 및 그 수출여부와 수출량을 자율적으로 결정할 수 있는 것을 말한다.(고시 제34조제1항)

(2) 대량파괴무기등의 상황허가 대상

"대량파괴무기등"(전략물자에는 해당되지 아니하나 대량파괴무기와 그 운반수단인 미사일)의 제조·개발·사용 또는 보관 등의 용도로 전용될 가능성이 높은 물품 등을 수출하려는 자는 해당 물품 등의 수입자나 최종 사용자가 그 물품 등을 대량파괴무기등의 제조·개발·사용 또는 보관 등의 용도로 전용할 의도가 있음을 알았거나 그 수출이 다음의 하나에 해당되어 그러한 의도가 있다고 의심되면 대통령령으로 정하는 바에 따라 "상황 허가"(산업통상자원부장관이나 관계 행정기관의 장의 허가)를 받아야 한다(법 제19조 제3항).

① 수입자가 해당 물품 등의 최종 용도에 관하여 필요한 정보 제공을 기피하는 경우
② 수출하려는 물품 등이 최종 사용자[63]의 사업 분야에 해당되지 아니하는 경우
③ 수출하려는 물품 등이 수입국가의 기술수준과 현저한 격차가 있는 경우
④ 최종 사용자가 해당 물품 등이 활용될 분야의 사업경력이 없는 경우
⑤ 최종 사용자가 해당 물품등에 대한 전문적 지식이 없으면서도 그 물품등의 수출을 요구하는 경우
⑥ 최종 사용자가 해당 물품등에 대한 설치·보수 또는 교육훈련 서비스를 거부하는 경우
⑦ 해당 물품 등의 최종 수하인(受荷人)[64]이 운송업자인 경우
⑧ 해당 물품 등에 대한 가격 조건이나 지불 조건이 통상적인 범위를 벗어나는 경우
⑨ 특별한 이유 없이 해당 물품등의 납기일이 통상적인 기간을 벗어난 경우
⑩ 해당 물품등의 수송경로가 통상적인 경로를 벗어난 경우
⑪ 해당 물품등의 수입국 내 사용 또는 재수출[65] 여부가 명백하지 아니한 경우
⑫ 해당 물품등에 대한 정보나 목적지 등에 대하여 통상적인 범위를 벗어나는 보안을 요구하는 경우

---

63) "최종사용자"란 해당 물품등을 제3자에게 이전하지 아니 하고 직접 사용하는 자를 말한다(전략물자수출입고시 제2조 제11호).

64) "최종수하인"이란 해당 물품등을 최종적으로 인수하는 자를 말한다. 다만, 「대외무역관리규정」제2조제7호에 따른 "수탁가공무역"일 경우에는 위탁자와 직접적인 계약을 체결한 당사자를 최종수하인으로 본다(전략물자수출입고시 제2조 제10호).

65) "재수출"이란 국내에서 수출한 물품등을 수입국에서 다른 제3국으로 원형대로 수출하는 것과 부품 또는 부분품으로 사용하여 제조가공한 물품등을 수출하는 것을 말한다(전략물자수출입고시 제2조 제12호).

⑬ 그 밖에 국제정세의 변화 또는 국가안전보장을 해치는 사유의 발생 등으로 산업통상자원부장관이나 관계 행정기관의 장이 상황허가를 받도록 정하여 고시하는 경우

〈표 9-1〉 전략물자 수출허가 현황

(단위 : 년, 건)

구분	신청		허가		반려		거부	
	일반방산	이중용도	일반방산	이중용도	일반방산	이중용도	일반방산	이중용도
2005	–	602	–	546	–	26	–	2
2006	–	760	–	656	–	66	–	1
2007	–	1,427	–	1,303	–	154	–	3
2008	–	1,556	–	1,408	–	139	–	3
2009	31	1,709	20	1,476	8	214	3	0
2010	205	2,164	11	1,966	5	222	3	3
2011	54	2,705	35	2,748	17	20	3	3
2012	81	3,535	61	3,535	20	17	0	0
2013	62	4,300	37	4,102	9	9	0	0

주) 실적은 일반방산물자 및 기술, 경유·환적, 중개 포함.

자료 : 전략물자관리원(www.kosti.or.kr)

이에 따라 경유 또는 환적 허가를 받으려는 자는 그 허가신청서에 경유 또는 환적 허가에 필요한 서류로서 산업통상자원부장관이 정하여 고시하는 서류를 첨부하여 산업통상자원부장관 또는 관계 행정기관의 장에게 제출하여야 한다.

경유·환적허가에 필요한 절차 등은 개별수출허가에 정한 관련 조항의 규정을 준용한다.

3-2. 전략물자 수출허가의 신청

(1) 전략물자의 수출허가 및 대량파괴무기 등의 상황허가신청

전략물자 또는 “대량파괴무기 등”(전략물자에는 해당되지 아니하나 대량파괴무기 등)의 제조·개발·사용 또는 보관 등의 용도로 전용(轉用)될 가능성이 높은 물품 등을 수출하려는 자는 전략물자수출허가신청서나 상황허가신청서에 다음의 서류를 첨부하여 산업통상자원부장관 또는 관계 행정기관의 장에게 제출하

여야 한다(시행령 제33조 제1항).

① 수출계약서, 수출가계약서(輸出假契約書) 또는 이에 준하는 서류
② 수입국의 정부가 발행하는 수입목적확인서 또는 이에 준하는 서류
③ 수출하는 물품 등의 용도와 성능을 표시하는 서류
④ 수출하는 물품 등의 기술적 특성에 관한 서류
⑤ 수출하는 물품등의 용도 등에 관한 최종 사용자의 서약서
⑥ 그 밖에 수출허가나 상황허가에 필요한 서류로서 산업통상자원부장관이 정하여 고시하는 서류

(2) 전략물자의 수출허가 및 상황허가의 기준

산업통상자원부장관 또는 관계 행정기관의 장은 수출허가 신청이나 상황허가 신청을 받으면 국제평화 및 안전유지와 국가안보 등 대통령령으로 정하는 다음의 기준에 따라 수출허가나 상황허가를 할 수 있다(법 제19조 제4항. 및 영 제34조)

① 해당 물품 등이 평화적 목적에 사용되는지 여부
② 해당 물품 등의 수출이 안전유지와 국가안보에 영향을 미치는지 여부
③ 해당 물품 등의 수입자와 최종사용자 등이 거래에 적합한 자격을 가졌는지 여부 및 그 사용 용도를 믿을 수 있는지 여부
④ 그 밖에 국제수출통제체제의 원칙 중 산업통상자원부장관이 정하여 고시하는 사항을 지키는지 여부

3-3. 전략물자 수출 및 상황허가의 기간

전략물자 수출허가신청이나 상황허가신청을 받은 산업통상자원부장관 또는 관계 행정기관의 장은 15일 이내에 수출허가나 상황허가의 여부를 결정하고 그 결과를 신청인에게 알려야 한다. 다만, 수출허가나 상황허가를 신청한 물품 등에 대하여 별도의 기술 심사, 관계 행정기관과의 협의 또는 현지조사가 필요한 경우에는 그 협의나 현지조사를 하는 데에 걸리는 시간은 본문에 따른 기간에 산입하지 아니한다(영 제33조 제2항).

3-4. 전략물자 수출의 허가기관

(1) 전략물자의 수출허가기관

전략물자수출입고시 [별표 2] 및 [별표 3]의 전략물자·기술[66] 허가기관은 다음과 같으며, 그 세부사항은 [별표 5](허가기관별 소관품목)에서 정한다(고시 제4조 제1항).

① 산업통상자원부장관 : 별표 2(이중용도품목)의 제1부부터 제9부까지에 해당되는 물품등과 별표 3(군용물자품목) 중「방위사업법 시행령」제39조제2항에 따른 일반방산물자[67] 및 기술

② 원자력안전위원회 위원장 : 별표 2(이중용도품목) 제10부 (원자력 전용품목)에 해당되는 물품등

③ 방위사업청장 : 별표 3(군용물자품목)에 해당되는 물품등(「방위사업법 시행령」제39조제2항에 따른 일반방산물자 및 기술 제외)와 별표 2(이중용도품목)에 해당되는 물품등 가운데 수입국 정부가 군사목적으로 사용할 경우

상기의 ① 의 규정에도 불구하고 기술이 전략물자와 함께 수출되는 경우에는 해당 전략물자의 수출허가기관이 수출허가를 한다(고시 제4조 제2항).

(2) 대량파괴무기 등의 상황허가기관

상황허가는 산업통상자원부장관이 한다. 다만,「관세법 시행령」제98조의 관세·통계통합품목분류표상의 제28류 중 방사성동위원소의 유기 또는 무기화합물, 제84류 중 원자로 및 이들의 부분품에 대한 상황허가는 원자력안전위원회 위원장이 하며, 하며, 최종사용자가 수입국의 국방 및 군 관련 기관에 해당하는 군수품에 대한 상황허가는 방위사업청장이 한다.(고시 제4조 제3항).

---

66) "전략기술"이라 함은 제1호에 따른 전략물자의 개발, 제조, 사용 및 저장등에 사용되는 별표 2 및 별표 3의 기술을 말한다(전략물자기술수출입통합고시 제2조 제2호).

67) 일반방산물자는 주요방산물자(① 총포류 그 밖의 화력장비, ② 유도무기, ③ 항공기, ④ 함정, ⑤ 탄약, ⑥ 전차·장갑차 그 밖의 전투기동장비, ⑦ 레이더·피아식별기 그 밖의 통신·전자장비, ⑧ 야간투시경 그 밖의 광학·열상장비, ⑨ 전투공병장비, ⑩ 화생방장비, ⑪ 지휘 및 통제장비, ⑫ 그 밖에 방위사업청장이 군사전략 또는 전술운용에서 중요하다고 인정하여 지정하는 물자) 외의 방산물자로 한다(방위사업법 시행령 제39조 제2항).

3-5. 허가의 일반원칙 및 지역

(1) 허가의 일반원칙

전략물자등에 대한 허가는 해당 물품등이 평화적 목적에 사용되는 경우에 한하여 허가한다. 다만, 미사일기술통제체제 통제품목에 해당되는 물품등에 대한 허가는 대량파괴무기 및 운반체계(유인항공기 제외)개발 이외의 경우에 한하여 허가한다.

또한, 화학무기의 개발・생산・비축・사용 금지 및 폐기에 관한 협약(이하 "화학무기금지협약"이라 한다.)에 해당되는 물품등에 대한 허가는 화학무기금지협약에서 금지한 이외의 목적으로 사용되는 것으로서 다음 어느 하나에 해당하는 경우에 한하여 허가한다(고시 제6조).

① 공업・농업・의료・제약・연구 또는 그 밖의 평화적 목적

② 독성화학물질 및 화학무기로부터 사람의 생명・신체와 환경을 보호하는 데 직접적으로 관련된 목적

③ 화학무기의 사용과 관련되지 아니하고 전투수단으로서 화학물질의 독성 사용에 의존하지 아니하는 군사적 목적

④ 폭동진압에 관한 법령의 집행목적

(2) 허가지역의 구분

산업통상자원부장관은 국제수출통제체제 가입여부 등을 고려하여 전략물자 수출지역을 다음 각 호와 같이 "가"지역과 "나"지역으로 구분한다(고시 제10조, 별표6).

① 가 지역 : 바세나르체제(Wassenaar Arrangement : WA), 핵공급국그룹(Nuclear Suppliers Group : NSG), 오스트레일리아그룹(Australia Group : AG) 및 미사일기술통제체제(Missile Technology Control Regime : MTCR) 등 4개 국제수출통제체제에 모두 가입한 국가로 29개국[68]이 있다.

② 나 지역 : 북한(제3국을 경유하여 재수출되는 경우에 한함) 등 ① 이외의 국가

수출지역의 구분은 최종목적지를 기준으로 한다. 다만 최종목적지가 "가"지역

---

68) 아르헨티나, 호주, 오스트리아, 불가리아, 벨기에, 캐나다, 체코, 덴마크, 핀란드, 프랑스, 독일, 그리스, 헝가리, 아일랜드, 이탈리아, 일본, 룩셈부르크, 네덜란드, 뉴질랜드, 노르웨이, 우크라이나, 폴란드, 포르투갈, 스페인, 스웨덴, 스위스, 터키, 영국, 미국 등 29개국이 있다.(고시 별표 6 전략물자 수출지역 구분)

이라 하더라도 "나"지역을 경유하는 경우에는 "나"지역으로 전략물자를 수출하는 것으로 간주한다.

3-6. 관계부처와의 협의 및 허가의 취소

(1) 관계부처와의 협의

전략물자등에 대한 허가기관의 장은 허가 시 국가안보 또는 외교정책의 수행에 중대한 영향을 미칠 수 있다고 판단하는 경우 미리 외교부장관과 협의하여야 한다.

또한, 산업통상자원부장관은 별표 4의 오스트레일리아그룹 통제품목에 해당되는 전략물자 중 미생물에 대한 허가시 농림축산부장관 또는 보건복지부장관과 미리 협의하여야 하며, 별표3(군용물자)중 「방위사업법」제57조에 따른 국방과학기술을 제외한 기술 수출시 군사적 주요사안에 대하여는 미리 방위사업청장과 협의하여야 한다.

한편, 원자력안전위원회 위원장은 별표 2의 제10부(원자력 전용품목)에 해당되는 전략물자의 허가 시 군사용으로 전용이 우려되는 경우에는 방위사업청장과, 일반산업용 목적인 경우에는 산업통상자원부장관과 각각 미리 협의하여야 한다.

방위사업청장은 특허출원에 필요한 최소한의 기술에 따른 허가 시 군사적 주요사안에 대하여는 국방부장관과 미리 협의하여야 한다(고시 제9조).

(2) 허가의 취소 등

전략물자등에 대한 수출허가기관의 장은 거짓 또는 부당한 방법으로 허가를 받은 사실이 발견된 경우나 전쟁, 테러 등 국가 간 안보 또는 대량파괴무기 이동·확산 우려 등과 같은 국제정세의 변화에 해당하는 경우 허가의 유형에 속하는 제반 허가의 효력을 정지시키거나 취소할 수 있다(고시 제11조).

이에 따라 허가의 효력을 정지 또는 취소한 허가기관의 장은 그 사실을 관세청장(세관장) 및 관계 행정기관의 장에게 즉시 통보하여야 한다.

3-7. 허가의무 위반자 등에 대한 교육명령

산업통상자원부장관 또는 관계 행정기관의 장은 다음의 하나에 해당하는 자에게 대통령령으로 정하는 바에 따라 8시간 이내로 교육명령을 부과할 수 있다.

① 수출허가 또는 상황허가를 받지 아니하고 수출한 자
② 거짓이나 그 밖의 부정한 방법으로 수출허가 또는 상황허가를 받은 자
③ 경유 또는 환적 허가 및 중개허가를 받지 아니하고 경유·환적·중개한 자
④ 거짓이나 그 밖의 부정한 방법으로 경유 또는 환적 허가 및 중개허가를 받은 자

또한, 산업통상자원부장관 또는 관계 행정기관의 장은 전략물자관리원, 한국원자력통제기술원, 그 밖에 산업통상자원부장관이 정하여 고시하는 기관에서 교육을 실시하도록 할 수 있다. 교육에 필요한 사항은 산업통상자원부장관이 관계 행정기관의 장과 협의하여 정한다(법 제49조, 영 제48조).

3-8. 전략물자등의 중개허가

(1) 중개허가의 대상

대한민국 국민(국내법에 따라 설립된 법인을 포함한다)이나 국내 거주 외국인(외국법인 포함)이 전략물자등을 제3국에서 다른 제3국으로 이전하거나 매매를 위하여 수출을 중개하고자 할 때는 허가기관의 장에게 허가를 신청하여야 한다. 다만, 그 전략물자등의 이전·매매가 수출국으로부터 국제수출통제체제의 원칙에 따른 수출허가를 받은 경우 등 다음의 어느 하나에 해당되는 경우에는 그러하지 아니하다.

① 국제수출통제체제의 원칙에 따라 수출국으로부터 수출허가를 받은 때
② 중개의 대상이 되는 수출의 수출국 또는 수입국이 "가"지역에 속하는 경우

(2) 중개허가 신청

전략물자를 중개하려는 자는 전략물자등 중개허가신청서에 다음의 서류를 첨부하여 산업통상자원부장관이나 관계 행정기관의 장에게 제출하여야 한다(영 제41조 제1항).

① 거래계약서, 거래가계약서(去來假契約書) 또는 이에 준하는 서류
② 해당 중개에 관련된 수출자, 수입자, 중개자 등에 관한 서류
③ 중개하는 전략물자등의 용도와 성능을 표시하는 서류
④ 중개하는 전략물자등의 기술적 특성에 관한 서류

⑤ 중개하는 전략물자등의 용도 등에 관한 최종 사용자의 서약서
⑥ 그 밖에 전략물자등의 중개허가에 필요한 서류로서 산업통상자원부장관이 정하여 고시하는 서류

(3) 중개허가기준

산업통상자원부장관과 관계 행정기관의 장은 중개허가의 신청을 받으면 국제평화 및 안전유지와 국가안보 등 대통령령으로 정하는 다음의 기준에 따라 중개허가를 할 수 있다(법 제24조 제2항 및 영 제42조).

① 해당 물품등이 평화적 목적에 사용되는지 여부
② 해당 물품등의 중개가 안전유지와 국가안보에 영향을 미치는지 여부
③ 해당 물품등의 수출자, 수입자, 최종 사용자 등이 거래에 적합한 자격을 가졌는지 여부 및 그 사용 용도를 믿을 수 있는지 여부
④ 그 밖에 국제수출통제체제의 원칙 중 산업통상자원부장관이 정하여 고시하는 사항을 지키는지 여부

3-9. 전략물자등의 경유·환적허가

전략물자등을 국내 항만이나 공항을 경유하거나 국내에서 환적(換積)하려는 자[69]로서 대통령령으로 정하는 자는 대통령령으로 정하는 바에 따라 산업통상자원부장관이나 관계 행정기관의 장의 허가를 받아야 한다(법 제23조 제3항).

① 대량파괴무기 등의 제조·개발·사용 또는 보관 등의 용도로 전용되거나 전용될 가능성이 있다고 인정되는 전략물자등(전략물자나 상황허가 대상인 물품 등을 말한다)을 경유하거나 환적하려는 자
② 산업통상자원부장관 또는 관계 행정기관의 장으로부터 경유 또는 환적 허가를 받아야 하는 것으로 통보받은 자

69) 물류정책기본법에 따른 국제물류주선업자 또는 해운법, 항만운송사업법 및 항공운송사업진흥법에서 규정하는 운송사업자 등을 말한다(고시 제56조).

4 전략물자의 판정 등

4-1. 전략물자 판정의 구분

전략물자등의 판정이란 대상 물품등이 별표 2(이중용도품목), 별표 2의2(상황허가 대상품목) 및 별표 3(군용물자품목)에서 규정하는 물품등에 해당되는 것인지 여부를 판단하는 것을 말한다.

전략물자등의 판정은 무역거래자가 자체적으로 판단하는 자가판정과 사전판정기관에 의한 사전판정으로 구분되며, 기술에 대한 허가는 사전판정만을 유효한 것으로 본다. 다만, 자율준수무역거래자의 지정등급에 따라 AA등급 또는 AAA등급으로 지정된 자율준수무역거래자가 수행한 자가판정은 그러하지 아니하다(고시 제12조).

(1) 자가판정

자가판정을 하고자 하는 자는 별표 2(이중용도품목), 별표 2의2(상황허가 대상품목) 및 별표 3(군용물자품목)에서 규정하는 물품등에 해당되는지 여부를 확인하여야 한다. 또한 판정기관의 장은 매반기 자가판정서의 기재사항 미비 등 부실여부를 점검하여 필요한 경우 자가판정인에 대한 교육 등 지도를 실시할 수 있다.

(2) 사전판정의 신청

물품 등의 무역거래자(기술이전 행위의 전부 또는 일부를 위임하거나 기술이전 행위를 하는 자, 자율준수무역거래자를 포함한다.)는 대통령령으로 정하는 바에 따라 산업통상자원부장관이나 관계 행정기관의 장에게 수출하려는 물품등이 전략물자 또는 상황허가 대상인 물품등에 해당하는지에 대한 사전판정을 신청할 수 있다.

따라서, 해당 물품 등이 전략물자 또는 상황허가 대상인 물품등에 해당하는지에 대하여 서전판정을 받으려는 자는 다음의 서류를 구비하여 산업통상자원부장관이나 관계 행정기관의 장(전략물자관리원에 위탁함)에게 제출하여야 한다(영 제36조 제1항).

① 전략물자 또는 상황허가 판정신청서

② 물품 등의 용도와 성능을 표시하는 서류

③ 물품 등의 기술적 특성에 관한 서류

④ 그 밖에 전략물자 또는 상황허가 대상인 물품등의 판정에 필요한 서류로서 산업통상자원부장관이 정하여 고시하는 서류

4-2. 전략물자의 판정기관

전략물자의 사전판정기관은 전략물자의 수출허가(상황허가)기관과 같다. 다만, 산업통상자원부장관은 전략물자관리원에 전략물자의 판정업무를 위탁한다(고시 제7조 제1항).

그러므로 산업통상자원부장관이나 관계 행정기관의 장은 전략물자관리원장 또는 대통령령으로 정하는 관련 전문기관[70]에 판정을 위임하거나 위탁할 수 있는 바, 전략물자의 판정 또는 통보에 관한 권한을 전략물자관리원에 위탁한다(법 제20조 제2항 및 영 제91조 제12항).

한편, 사전판정기관의 장은 판정업무를 수행하기 위하여 필요한 경우 전략물자기술자문단 등 전문기관에게 자문을 구할 수 있다. 이때 전략물자관리원장은 산업통상자원부장관이 정하는 바에 따라 전략물자 사전판정신청인으로부터 판정료를 청구할 수 있다(고시 제7조 제2, 3항).

4-3. 전략물자 사전판정의 처리 및 효력

(1) 사전판정의 처리 및 유효기간

전략물자의 사전판정 신청을 받은 사전판정기관의 장은(전략물자관리원에 위탁함)은 사전판정신청서를 접수한 날부터 15일 이내에 전략물자 또는 상황허가 대상인 물품등에 해당하는지를 판정하여 신청인에게 통지하여야 한다. 다만, 판정을 신청한 물품 등에 대하여 별도의 기술 심사나 다른 관계 행정기관과의 협의가 필요한 경우 그 기술 심사나 협의를 하는 데에 필요한 기간은 본문에 따른 기간에 산입하지 아니 한다(영 제36조 제2, 3항).

사전판정 신청청인은 사전판정기관으로부터 판정결과를 통지 받은 날로부터 15일 이내에 이의신청의 취지와 이유를 적어 필요한 자료를 첨부하여 이의 신청을 할 수 있다. 이의신청을 받은 사전판정기관은 15일 이내에 이의 신청에 대한 결과를 통보해야 한다. 다만, 관련 전문가의 자문 등으로 별도의 심사가 필요하거나 기타 부득이한 사유가 있는 경우에는 처리기간을 연장 할 수 있다(고시 제15조).

---

70) 「원자력안전법」제6조에 따른 한국원자력통제기술원을 말한다.

(2) 사전판정의 효력

사전판정 결과는 해당 신청인에 한하여 효력이 있으며, 그 유효기간은 판정일로부터 2년으로 한다. 다만, 통제품목이 개정된 경우 그 개정 고시 일에 해당 품목에 대한 사전판정의 유효기간이 만료된 것으로 본다.

이러한 경우에도 불구하고 해당 물품의 품목명, 모델명, 형식 및 규격 등이 변경되지 않았고, 통제품목의 개정이 되지 않은 경우에는 유효기간이 2년간 연장된 것으로 보며, 사전판정 결과는 당초 사전판정을 받은 자로부터 판정결과에 대한 활용 동의를 받은 제3자에게도 효력이 있는 것으로 본다.

한편, 당초 사전판정을 받은 자가 사전판정 결과의 공개에 동의하는 경우 해당 신청인 외의 제3자에게도 효력이 있는 것으로 보고, 전략물자수출입관리정보시스템을 통하여 해당 판정결과를 공개할 수 있다.

이에 따라 사전판정 결과를 활용하고자 하는 제3자는 사전판정을 받은 품목과 판정결과를 활용하려는 품목이 동일한 것인지 여부를 스스로의 책임으로 판단하여야 한다.(고시 제16조)

〈표 9-2〉 전략물자/기술 판정 현황

(단위 : 건)

구분	사전판정				자가판정		
	신청	해당	비해당	반려	신청	해당	비해당
2005	677	29	427	221	3,708	103	3,605
2006	917	57	760	100	2,919	122	2,797
2007	2,943	194	2,476	273	10,952	1,990	8,962
2008	3,475	303	2,909	263	13,707	1,362	12,345
2009	2,965	347	2,448	170	11,893	2,931	8,962
2010	3,930	483	3,218	229	8,614	1,160	7,454
2011	4,108	465	3,643	0	9,491	3,088	6,403
2012	7,708	1,491	5,842	375	11,912	1,705	10,207
2013	12,966	2,504	10,447	15	18,039	3,310	14,729

자료 : 전략물자관리원(www.kosti.or.kr)

(3) 판정된 물품 등의 공고

산업통상자원부장관은 전략물자 수출입 통제업무를 효율적으로 수행하기 위하여 필요한 경우 전략물자로 판정된 물품 등에 대하여 그 명칭, 규격, 통제번호 등 해당 물품 등이 전략물자라는 사실을 확인할 수 있는 객관적 사항에 관한 것으로서 산업통상자원부장관이 정하여 고시하는 사항을 공고할 수 있다(영 제36조 제4항).

4-4. 전략물자와 관련된 서류의 보관의무

물품 등의 무역거래자는 다음의 서류를 5년간 보관하여야 하며, 허가기관의 장이 요청한 경우 이를 제출하여야 한다. 다만, 전략물자수출입관리정보시스템을 통하여 관련 자료를 제출한 경우에는 이를 적용하지 아니한다(법 제24조2).

① 전략물자의 판정을 신청한 경우에는 그 판정에 관한 서류(자가판정서 및 전략물자관리원 등으로부터 통보받은 사전판정서 등의 판정자료)

② 전략물자 등을 수출・경유・환적・중개한 자의 경우 그 수출허가・상황허가, 경유 또는 환적 허가, 중개허가에 관한 서류

③ 수입목적확인서, 수입계약서 등 전략물자의 수입에 관련된 서류

5 전략물자수입목적확인서의 발급 및 이동중지명령

5-1. 전략물자수입목적확인서의 발급신청

(1) 전략물자수입목적확인서의 정의

"수입목적확인서"라 함은 수입자가 해당 전략물자를 수입하여 사용하고자 하는 목적과 그 전략물자를 제3국으로 전송, 환적 또는 수출하지 않을 것임을 서약한 사실을 정부가 확인해 주는 서류를 말한다(고시 제2조 제5호).

(2) 전략물자수입목적확인서의 발급신청

전략물자를 수입하려는 자는 대통령령으로 정하는 바에 따라 산업통상자원부장관이나 관계 행정기관의 장에게 수입목적 등의 확인을 내용으로 하는 수입목적확인서를 발급을 신청할 수 있다(법 제22조).

따라서, 전략물자 수입목적확인서를 발급받으려는 자는 전략물자 수입목적확

인서 발급신청서에 그 전략물자의 최종사용자 및 사용 목적을 증명할 수 있는 서류 등 전략물자의 수입 목적을 확인하는 데에 필요한 서류로서 산업통상자원부장관이나 관계 행정기관의 장이 정하여 고시하는 서류를 첨부하여 산업통상자원부장관이나 관계 행정기관의 장에게 제출하여야 한다(시행령 제40조 제1항). 수입목적확인서 발급기관은 전략물자의 수출허가(상황허가)기관과 같다(고시 제8조).

5-2. 전략물자수입목적확인서의 발급

산업통상자원부장관과 관계 행정기관의 장은 수입목적 등의 확인 신청 내용 사실인지 확인한 후 수입목적확인서를 발급할 수 있다(법 제22조).

따라서, 전략물자 수입목적확인서의 발급신청을 받은 산업통상자원부장관이나 관계 행정기관의 장은 7일 이내에 전략물자 수입목적확인서를 발급하여야 한다. 다만, 수입목적 확인을 신청한 물품 등에 대하여 별도의 기술 심사나 관계 행정기관과의 협의가 필요한 경우 그 기술심사나 협의를 하는 데에 필요한 기간은 본문에 따른 기간에 산입하지 아니하며, 발급한 전략물자 수입목적확인서의 유효기간은 1년으로 한다(영 제40조 제2, 3항).

5-3. 전략물자 등의 (긴급)이동중지명령

(1) 전략물자 등의 이동중지명령

산업통상자원부장관과 관계 행정기관의 장은 "전략물자 등"(전략물자나 상황허가 대상인 물품 등)이 "불법수출"(허가를 받지 아니하고 수출되거나 거짓이나 그 밖의 부정한 방법으로 허가를 받아 수출되는 것)을 막기 위하여 필요하면 적법한 수출이라는 사실이 확인될 때까지 전략물자 등의 이동중지명령을 할 수 있다(법 제23조 제1항).

(2) 전략물자 등의 긴급 이동중지명령

이동중지명령에도 불구하고 산업통상자원부장관과 관계 행정기관의 장은 전략물자 등의 불법수출을 막기 위하여 긴급하게 그 이동을 제한할 필요가 있으면 적법한 수출이라는 사실이 확인될 때까지 직접 그 이동을 중지시킬 수 있다(법 제23조 제2항).

(3) 전략물자등의 이동조치에 대한 협조요청

산업통상자원부장관 또는 관계 행정기관의 장은 이동중지조치나 경유 또는 환적의 허가를 하기가 적절하지 아니하면 다른 행정기관에 협조를 요청할 수 있다. 이 경우 협조를 요청받은 행정기관은 국내 또는 외국의 전략물자 등의 국가 간 불법수출을 막을 수 있도록 협조하여야 한다(법 제23조 제4항).

이동중지조치를 하는 공무원은 그 권한을 표시하는 증표를 지니고 이를 관계인에게 내보여야 하는 공무원 권한표시의 제시의무가 있다(법 제23조 제5항).

이동중지명령 및 이동중지조치의 기간과 방법은 전략물자 등의 국가 간 불법수출을 막기 위하여 필요한 최소한도에 그쳐야 한다(법 제23조 제6항).

제2절 자율준수체제 및 자율준수무역거래자

자율준수체제

1-1. 자율준수체제의 의의

수출품목의 『최종 사용용도』 및 『최종 사용자』에 대한 우려 용도로의 전용 여부에 대한 판단이 필요한 상황허가(Catch-all) 제도가 9.11 이후 전세계적으로 시행됨에 따라, 기업 측에서의 행정절차 간소화 및 수출 선적의 적기 실행 용이성, 행정기관 측에서의 업무부담 절감에 따른 실질적 통제임무 수행의 용이성 등을 위하여 기업이 자율적으로 전략물자의 수출 통제를 하는 수단으로 자율준수체제(CP, Compliance Program)[71]가 도입되었다.

"자율준수체제"라 함은 기업 또는 대통령령으로 정하는 대학 및 연구기관이 독립적인 수출거래심사기구(이하 "자율수출관리기구"라 한다)를 갖추고, 전략물

71) 자율준수체제(CP, Compliance Program)는 2005년에 도입된 제도로서, "기업 또는 대통령령으로 정하는 대학 및 연구기관"이 독립적인 수출거래심사기구(이하 "자율수출관리기구"라 한다)를 갖추고, 전략물자수출관리업무에 대한 운영규정(이하 "자율수출관리규정"이라 한다)에 따라 수출거래를 심사한 후 수출거래를 거부하거나 허가기관의 장에게 사전판정 및 수출허가 등을 신청하는 일련의 절차 및 제도를 말한다.

자수출관리업무에 대한 운영규정(이하 "자율수출관리규정"이라 한다)에 따라 수출거래를 심사한 후 수출거래를 거부하거나 허가기관의 장에게 사전판정 및 수출허가 등을 신청하는 일련의 절차 및 제도를 말한다(고시 제70조 제1항).

1-2. 운영원칙

자율준수체제는 해당 무역거래자의 사업형태 및 규모를 고려하여 구성・운영하되, 자율수출관리기구를 영업부문과 독립적으로 구성・운영하여야 하며, 수출관리업무와 관련된 의사결정에 있어서 최고책임자로부터 실무담당자에 이르기까지 그 책임소재가 명확해야한다(고시 제70조 제2항).

2 자율준수무역거래자의 지정

2-1. 자율준수무역거래자의 특례

자율준수체제의 도입에 따라 자율준수무역거래자로 지정(인증)된 자는 다음의 특례가 부여된다.[72]

① 자율준수무역거래자로 지정(인증)된 경우 일정기간(1~2년) 유효한『포괄수출허가』를 신청할 수 있는 자격이 부여된다. 즉, 개별 수출허가시의 행정적 부담과 무역 거래상의 번거로움을 해결할 수 있다.

② 전략물자 수출허가신청 첨부서류 중 상당부분을 수출 후 7일 이내 제출할 수 있다("나"지역), 여기에서 "나"지역은 전략물자 수출입고시상 "가"지역인 29개국을 제외한 전 국가를 말한다.

③ 자율준수무역거래자에 대하여는 전략물자 수출통제 관련법규 위반시 고의가 아닐 경우, 행정제재시 경감을 받을 수 있다.

2-2. 자율준수무역거래자의 지정

산업통상자원부장관은 기업 또는 대통령령으로 정하는 대학 및 연구기관[73]의

72) http://www.yestrade.go.kr/

73) 대학, 산업대학, 전문대학 및 기술대학, 과학기술분야 정부출연연구기관, 기업부설연구소, 산업기술연구조합, 국・공립 연구기관, 특정연구기관, 전문생산기술연구소 등이 있다(시

자율적인 전략물자 관리능력을 높이기 위하여 전략물자 여부에 대한 판정능력, 수입자 및 최종 사용자에 대한 분석능력 등 "대통령령으로 정하는 다음의 능력"을 갖춘 무역거래자를 자율준수무역거래자로 지정할 수 있다(법 제25조 제1항 및 영 제43조 제1,2항).

① 전략물자 해당 여부에 대한 판정능력 보유여부
② 구매자, 최종수하인, 최종 사용자 및 사용용도에 대한 분석능력 보유여부
③ 자율수출관리기구의 구축 및 운용능력 보유여부
④ 허가기관과의 협조체계 구축여부
⑤ 전략물자 불법수출에 의한 수출제한 여부

(1) 지정신청

자율준수무역거래자로 지정받으려는 자는 다음의 서류를 산업통상자원부장관에게 제출하여야 한다(영 제43조 제3항).

① 자율준수무역거래자지정신청서
② 대통령령으로 정하는 능력을 갖추었음을 증명하는 서류
③ 자율적인 수출통제 업무 관리를 위한 업무규정 및 조직도
④ 그 밖에 자율준수무역거래자의 지정에 필요한 서류로서 산업통상자원부장관이 정하여 고시하는 서류

산업통상자원부장관은 자율준수무역거래자를 지정하는 경우 대통령령으로 정하는 능력을 갖춘 정도에 따라 자율준수무역거래자의 등급을 달리 정할 수 있다.

(2) 지정등급 및 신청자격

자율준수무역거래자의 지정은 등급심사기준(이하 "등급심사기준"이라 한다)에 따라 A, AA 및 AAA의 3개 등급으로 구분하며, 등급별 신청자격은 다음과 같다.

① A등급, AA등급 : 전략물자등을 취급하는 모든 무역거래자, 대학 및 연구기관
② AAA등급 : AA등급의 자율준수무역거래자로서 산업통상자원부장관으로부터 지정된 날로부터 1년 이상 경과한 자

(3) 평가위원회와 심의위원회

산업통상자원부장관은 자율준수무역거래자 제도의 효과적인 운영을 위하여 자

행령 제43조제1항).

율준수무역거래자 평가위원회와 심의위원회를 둘 수 있다. 이 경우 산업통상자원부장관은 전략물자관리원에 평가위원회의 구성 및 운영을 위탁할 수 있다.

① 심의위원회는 위원장인 산업통상자원부 무역안보팀장과 산업통상자원부장관이 국제수출통제제도에 대한 학식과 경험이 풍부한 자 가운데 위촉하는 임기 2년의 10인 이내의 위원으로 구성한다. 또한 심의위원회는 자율준수무역거래자의 지정여부 및 등급의 결정, 자율준수무역거래자 지정의 변경・취소 및 등급의 조정, 기타 산업통상자원부장관이 필요하다고 인정하는 사항을 심의한다.

② 평가위원회는 서면심사 및 현장심사, 기타 산업통상자원부장관이 필요하다고 인정하는 사항에 대한 검토 업무를 수행한다. 평가위원회의 조직 및 운영 등에 필요한 사항은 전략물자관리원장이 정하고, 심의위원회의 조직 및 운영 등에 필요한 사항은 심의위원회가 정한다.

(4) 자율준수무역거래자의 지정여부 통보

자율준수무역거래자 지정 신청을 받은 산업통상자원부장관은 40일 이내에 그 지정 여부[74]와 그 등급(자율준수무역거래자로 지정된 경우만 해당한다)을 신청인에게 알려야 한다(시행령 제43조 제3항). 자율준수무역거래자 지정의 유효기간은 지정된 날로부터 3년으로 한다.

참고로, 산업통상자원부는 자율준수무역거래자 지정 희망기업을 모집하여, 교육을 통해 자율준수무역거래자로 육성하고 있는데, 2013년 기준으로 대기업 71개 사와 중소기업 142 개 사로 전체 213개 사가 자율준수무역거래자로 지정되었다.

〈표 9-3〉 전략물자 자율준수무역거래자(CP) 현황

(단위 : 업체 수)

구분	'05년	'06년	'07년	'08년	'09년	'10년	'11년	'12년	'13년
자율준수 무역거래자	4	7	31	64	98	130	150	162	213

자료 : 전략물자관리시스템(www.yestrade.go.kr)

74) 자율준수무역거래자 지정서를 교부하거나, 등급별 기준을 충족하지 못한 것으로 인정되는 경우 자율준수무역거래자 부적격 통보 조치를 취하여야 한다.

2-3. 자율관리업무의 범위

산업통상자원부장관은 지정을 받은 자율준수무역거래자에게 대통령령으로 정하는 바에 따라 전략물자에 대한 수출통제업무의 일부를 자율적으로 관리하게 할 수 있다. 이에 따라 산업통상자원부장관은 자율준수무역거래자에게 전략물자의 수출허가(법 제19조)에 관하여 다음 각 호의 수출통제업무를 자율적으로 관리하게 할 수 있으며, 등급에 따라 수출통제업무의 자율적인 관리 내용을 달리 정할 수 있다.

① 수출허가를 받은 물품등의 최종 사용자에 관한 관리 업무
② 수출허가를 받은 물품등의 최종 용도에 관한 관리 업무
③ 그 밖에 전략물자 수출허가 제도를 효율적으로 운용하기 위하여 산업통상자원부장관이 정하여 고시하는 업무

2-4 자율준수무역거래자의 보고 및 지정취소

(1) 자율준수무역거래자의 보고

자율준수무역거래자는 자율적으로 관리하는 전략물자의 수출실적 등을 다음 각 호의 사항별로 해당 기간 내에 자율준수체제 운영현황 현황 및 허가건별 포괄허가수출실적 및 관련자료 등을 산업통상자원부장관에게 보고하여야 한다(영 제45조).

① 전략물자 수출허가의 반기별(半期別) 실적 : 다음 반기의 1개월 이내
② 대통령령으로 정하는 기업 또는 대학 및 연구기관에 관한 연간 현황 : 다음 해의 1개월 이내

(2) 자율준수무역거래자의 지정취소

산업통상자원부장관은 다음의 어느 하나에 해당하는 경우에는 자율준수무역거래자의 지정을 취소하거나 등급을 조정할 수 있다(고시 제85조).

① 대통령령으로 정하는 기업 또는 대학 및 연구기관의 능력을 유지하지 못하는 경우
② 고의나 중대한 과실로 수출허가를 받지 아니하고 전략물자를 수출한 경우
③ 고의나 중대한 과실로 상황허가를 받지 아니하고 상황허가 대상인 물품 등을 수출한 경우

④ 고의나 중대한 과실로 중개허가를 받지 아니하고 전략물자를 중개한 경우
⑤ 고의나 중대한 과실로 경유·환적허가를 받지 아니하고 전략물자를 경유 또는 환적한 경우
⑥ 자율준수무역거래자 지정 이후 전략물자 불법수출에 따른 행정처분을 받은 경우
⑦ 고의 또는 중대한 과실로 서류보관의무를 이행하지 아니한 경우
⑧ 보고의무를 정당한 사유 없이 이행하지 아니한 경우
⑨ 그 밖에 자율수출관리규정을 준수하지 아니한 경우

산업통상자원부장관은 자율준수무역거래자에 대한 지정취소 및 등급조정을 하려는 때에는 심의위원회의 심의를 거쳐야 하며, 지정 취소 및 등급조정을 받은 무역거래자는 해당 조치를 받은 날로부터 6개월 이내에 자율준수무역거래자 지정신청을 할 수 없다.

(3) 이의제기

자율준수무역거래자 지정을 신청한 자 또는 지정취소 및 등급조정을 받은 자는 산업통상자원부장관의 조치에 대하여 지정서 또는 통보를 받은 날로부터 10일 이내에 이의신청서를 제출함으로써 이의를 제기할 수 있으며, 산업통상자원부장관은 이의제기를 받은 날로부터 40일 이내에 심의위원회의 심의를 거쳐 재심사 또는 기각여부를 결정하여야 한다.

제3절 전략물자관리원 및 수출입관리 정보시스템구축

3-1. 전략물자관리원

(1) 설립

전략물자의 수출입 업무와 관리 업무를 효율적으로 지원하기 위하여 전략물자관리원을 설립한다. 전략물자관리원은 법인으로 하며, 정관으로 정하는 바에 따라 임원과 직원을 두며, 그 주된 사무소의 소재지에서 설립등기를 함으로써 성립한다.

(2) 업무

전략물자관리원은 정부의 전략물자 관리정책에 따라 다음 업무를 수행한다.

① 전략물자 판정 업무

② 전략물자 수출입관리 정보시스템의 운영 업무

③ 전략물자의 수출입자에 대한 교육 업무

④ 무역에 관한 조약과 일반적으로 승인된 국제법규에서 정한 국제평화와 안전유지 등의 의무 이행 및 무역의 진흥을 위한 조치 이행을 위한 정보 제공 등 지원업무

⑤ 그 밖에 대통령령으로 정하는 다음의 업무

㉮ 전략물자 수출입관리에 관한 조사·연구 및 홍보 지원 업무

㉯ 전략물자 수출입통제와 관련된 국제협력 지원 업무

㉰ 전략물자 자율준수무역거래자의 지정 및 관리에 대한 지원 업무

㉱ 전략물자의 판정 및 통보에 관하여 산업통상자원부장관이 위탁하는 업무

전략물자관리원의 장은 산업통상자원부장관의 승인을 받아 위의 업무에 관하여 관리원을 이용하는 자에게 일정한 수수료를 징수할 수 있으며, 전략물자관리원에 관하여 「대외무역법」에서 정한 것 외에는 「민법」 중 재단법인에 관한 규정을 준용한다. 또한 정부는 전략물자관리원의 설립·운영에 필요한 경비를 예산의 범위에서 출연하거나 지원할 수 있다.

3-2. 전략물자 수출입관리 정보시스템 구축·운영

산업통상자원부장관은 다음 각 호의 업무를 수행하기 위하여 관계 행정기관의 장 및 전략물자관리원과 공동으로 전략물자 수출입관리 정보시스템을 구축·운영할 수 있으며, 전략물자 수출입관리 정보시스템의 구축·운영에 필요한 사항은 대통령령으로 정한다(법 제28조). 현재 전략물자관리원은 전략물자관리시스템(www.yestrade.go.kr)을 통하여 전략물자의 수출입을 관리하고 있다.

① 수출허가, 상황허가, 판정, 수입목적확인서의 발급 등에 관한 업무

② 전략물자의 수출입통제에 필요한 정보의 수집·분석 및 관리 업무

3-3. 전략물자 수출입통제 협의회

(1) 구성

산업통상자원부장관과 관계 행정기관의 장은 전략물자의 수출입통제와 관련된 부처간 협의를 위하여 공동으로 전략물자 수출입통제 협의회(이하 이 조에서 "협의회"라 한다)를 구성할 수 있다.

협의회의 위원장은 다음 사항별로 소관 행정기관의 장이 되고, 협의회의 위원장은 소관 사항별로 참석 행정기관의 범위를 정하여 협의회를 소집한다.

① 미래창조과학부 : 과학기술 및 정보통신기술 중 전략물자 관련 기술의 수출입통제에 관한 사항

② 외교부: 외교에 영향을 주는 사항 및 전략물자의 수출입통제와 관련된 국제규범에 관한 사항

③ 통일부: 「남북교류협력에 관한 법률」에 따른 반출·반입 승인 대상 품목 중 전략물자에 관한 사항 및 남북 교류·협력에 영향을 미치는 사항

④ 국방부 : 「방위사업법」에 따른 방위산업물자·국방과학기술의 수출입통제에 관한 사항 및 국가안보에 영향을 미치는 사항

⑤ 산업통상자원부 : 「대외무역법」에 따른 전략물자(원자력 전용 품목은 제외한다)의 수출입통제 및 통상교섭에 영향을 주는 사항

⑥ 원자력안전위원회 : 「대외무역법」에 따른 전략물자 중 원자력 전용 품목의 수출입통제에 관한 사항

(2) 운영

협의회의 위원은 소집되는 행정기관의 고위공무원단에 속하는 공무원으로서 전략물자의 수출입통제 관련 업무를 담당하는 자로 한다. 또한 협의회를 효율적으로 운영하기 위하여 필요하면 실무협의회를 둘 수 있으며, 협의회와 실무협의회의 운영에 필요한 사항은 관계 행정기관의 장이 협의하여 정한다.

협의회의 회의는 관계 행정기관의 소관 업무별로 그 소관 관계 행정기관의 장이 주재하며, 협의회는 협의회의 안건에 관하여 필요하면 대통령령으로 정하는 정보수사기관[75]의 장 또는 관세청장에게 조사·지원을 요청할 수 있다.

75) 국가정보원, 검찰청, 경찰청, 해양경찰청, 국군기무사령부 등의 기관을 말한다.

3-4. 전략물자기술자문단

산업통상자원부장관은 다음의 사항에 관한 자문을 하기 위하여 전략물자기술자문단을 구성하여 운영할 수 있으며, 전략물자기술자문단의 구성·운영 등에 필요한 사항은 산업통상자원부장관이 정하여 고시한다.

① 해당 물품등이 대량파괴무기등의 제조, 개발, 사용 또는 보관 등의 용도로 전용될 가능성에 관한 사항

② 국제수출통제체제의 통제대상 물품등에 대한 평가·분석에 관한 사항

③ 전략물자 해당 여부의 판정에 관한 사항

3-5. 전략물자등의 수출입 제한 등

산업통상자원부장관 또는 관계 행정기관의 장은 다음의 하나에 해당하는 자에게 3년 이내의 범위에서 일정 기간 동안 전략물자등의 전부 또는 일부의 수출이나 수입을 제한할 수 있으며, 관계 행정기관의 장은 전략물자등의 수출입 제한에 해당하는 자가 있음을 알게 되면 즉시 산업통상자원부장관에게 통보하여야 한다(법 제31조).

① 수출허가를 받지 아니하고 전략물자를 수출한 자

② 상황허가를 받지 아니하고 상황허가 대상인 물품 등을 수출한 자

③ 전략물자의 수출이나 수입에 관한 국제수출통제체제의 원칙을 위반한 자로서 대통령령으로 정하는 자

산업통상자원부장관 또는 관계 행정기관의 장은 전략물자의 수출입을 제한한 자와 외국 정부가 자국의 법령에 따라 전략물자등의 수출입을 제한한 자의 명단과 제한 내용을 공고할 수 있다.

제10장 플랜트수출과 정부간 수출계약

제1절 플랜트수출

1 플랜트수출의 의의 및 특성

1-1. 플랜트수출의 개념

플랜트수출(Plant Export)은 각종 상품을 제조하기 위한 기계, 장치 등의 기자재와 그 설치에 필요한 엔지니어링, know-how, 건설시공 등의 소프트웨어(soft ware)가 결합된 생산단위체의 종합수출을 의미한다.

플랜트라는 용어는 종전에 산업설비수출촉진법을 제정하는 과정에서 산업설비가 플랜트라는 외래어로 해석되면서 사용되기 시작했으며, 산업설비의 수출을 실무적으로 플랜트수출과 동의어로 사용하고 있다.

플랜트는 좁게는 직접 생산활동을 영위하기 위하여 설치하는 석유화학시설, 철강생산시설, 자동차생산시설 등 대외무역법에서의 플랜트를 의미하며, 넓게는 댐·항만·도로 등의 사회간접시설개발 플랜트와 학교, 병원, 주택 등의 사회개발 플랜트를 뜻한다. 넓은 의미의 플랜트는 건설공사로 분류하여야 하며, 다만, 시행령 제52조 '시공'에서의 토목·건축공사는 산업설비를 설치하기 위한 공사를 말하는 것이다.

대외무역법에서 규정하는 플랜트수출이란 다음의 하나에 해당하는 수출을 말한다(법 제32조제1항, 시행령 제51조 및 규정 제70조).

① 농업·임업·어업·광업·제조업, 전기·가스·수도사업, 운송·창고업 및 방송·통신업을 경영하기 위하여 설치하는 기재·장치 및 대통령령으로 정하는 설비[76] 중 산업통상자원부장관이 정하는 일정 규모[77] 이상의 산업설비의 수출

② 산업설비·기술용역 및 시공을 포괄적으로 행하는 수출(이하 "일괄수주방식에 의한 수출"이라 한다)

여기에서 "시공"이란 토목공사, 건축공사, 플랜트 설치공사를 수행하는 것을 말한다. 다만, 플랜트수출자나 수출용 기자재를 설계·제작하는 자가 제작한 기계 및 장치를 직접 설치하는 공사는 제외한다(시행령 제52조 제1항). 그럼에도 불구하고「해외건설촉진법 시행령」에 따른 해외공사실적을 인정받으려는 경우에만 산업통상자원부장관은 플랜트수출자나 수출용 기자재를 설계·제작하는 자가 제작한 기계 및 장치를 직접 설치하는 공사를 플랜트 설치공사로 인정할 수 있다(시행령 제52조 제2항).

1-2. 플랜트수출의 특성

플랜트는 발전소, 담수공장 건설 등과 같은 대규모의 기술집약적 산업이다. 이러한 특성으로 인하여 플랜트수출은 이를 이행하고 대금을 회수하는데 장기간이 소요된다. 따라서, 수출대금 회수기간의 장기화로 인한 자금부담을 완화하고, 유리한 조건으로 해외수주를 하는 데 연불수출금융 지원이 결정적인 역할을 한다. 또한 거래의 성공여부에 따라 국제사회에서 우리나라의 이미지 및 경제적 파급효과에 많은 영향을 미치므로, 일반수출입과 달리 특별관리가 필요하다. 따라서

76) "대통령이 정하는 설비"란 다음과 같은 설비를 말한다. 다만, 해외건설공사와 함께 일괄수주방식에 의하여 수출하는 설비는 제외한다.
발전설비, 담수 설비 및 용수처리설비, 해양설비 및 수상구조설비, 석유 처리설비 및 석유화학설비, 정유설비 및 송유설비, 저장탱크 및 저장기지설비, 냉동 및 냉장설비, 제철·제강설비 및 철강재구조설비, 공해방지설비, 공기조화설비, 신에너지 및 재생에너지 설비, 정치식(定置式) 운반하역설비 및 정치식 건설용설비, 시험연구설비, 그 밖에 산업 활동을 위하여 필요한 설비

77) FOB가격으로 미화 50만 달러 상당액 이상인 산업설비를 말한다.

플랜트 수출의 특성을 살펴보면 다음과 같다.[78)]

① 거래단위가 대규모이다.

② 수출이행 및 대금회수에 장기간이 소요된다.

③ 수출착수금 영수대상에 포함된다.

④ 연불수출금융지원(한국수출입은행의 융자)이 가능하다.

⑤ 지식 및 기술집약적 수출이다,

⑥ 경제협력 수단으로 활용 가능하다.

⑦ 용역, 건설, 물품의 수출이 혼합되어 이루어지는 거래형태이다.

2 플랜트수출의 승인

2-1. 플랜트수출 승인대상

산업통상자원부장관은 플랜트수출을 하려는 자가 신청하는 경우에는 대통령령으로 정하는 바에 따라 그 플랜트수출을 승인(approval)할 수 있다. 승인한 사항을 변경할 때에도 또한 같다(법 제32조 제1항).

또한 산업통상자원부장관은 일괄수주방식에 의한 수출로서 건설용역 및 시공부문의 수출에 관하여는「해외건설촉진법」에 의한 해외건설업자에 한하여 이를 승인 또는 변경승인할 수 있다(법 제32조 제4항).

플랜트수출은 일정규모 이상의 큰 거래일 경우 경제에 미치는 효과가 크기 때문에 「대외무역법」에서는 단순 플랜트만 수출하는 경우도 플랜트수출에 포함하여 관리하고 있다.

2-2. 플랜트수출 승인기관

(1) 승인신청

플랜트 수출의 승인을 받으려는 자는 다음의 서류를 구비하여 승인기관에 신청하여야 한다(규정 제71조 제1항).

① 플랜트수출승인신청서(규정 별지 제21호 서식)(승인기관용, 세관용, 업체용,

78) 도중권 외, 최신대외무역법, 도서출판 두남, 2004, pp.286~287.

한국기계산업진흥회용 및 일괄수주방식에 의한 수출로서 연불 금융지원의 경우에는 한국수출입은행용)

② 일반수출승인시 첨부해야 하는 다음 서류(관리규정 제10조제1항제1호, 제3호 및 제4호에 따른 서류)

㉮ 수출신용장, 수출계약서 또는 주문서(수출의 경우만 해당한다)

㉯ 수출 또는 수입대행계약서(공급자와 수출자가 다른 경우 및 실수요자와 수입자가 다른 경우만 해당한다)

㉰ 수출입공고에서 규정한 요건을 충족하는 서류(다만, 해당 승인기관에서 승인 요건의 충족 여부를 확인할 수 있는 경우를 제외한다)

③ 통합공고에 의하여 허가, 추천 등을 요하는 경우에는 그 허가 등을 받은 사실을 증명하는 서류

또한 플랜트수출의 변경승인을 얻고자 하는 자는 플랜트수출승인사항 변경승인신청서에 수출승인서 사본, 변경사유서를 첨부하여 당초 수출승인기관의 장에게 신청하여야 한다(규정 제71조 2항).

(2) 승인기관

플랜트수출의 승인기관은 다음과 같다(규정 제71조).

① 일괄수주방식에 의한 수출인 경우에는 산업통상자원부장관

② 연불금융지원거래인 경우에는 한국수출입은행장

③ 그 밖에의 경우에는 한국기계산업진흥회의 장에게 신청하여야 한다.

2-3. 플랜트수출승인의 동의요청 및 통보

(1) 플랜트수출승인의 동의요청

산업통상자원부장관은 플랜트 수출승인 또는 변경승인을 하기 위하여 필요한 때에는 플랜트수출의 타당성에 관하여 관계행정기관의 장의 의견을 들어야 한다. 이 경우 의견을 요구받은 관계행정기관의 장은 정당한 사유가 없는 한 지체 없이 산업통상자원부장관에게 의견을 제시하여야 한다(법 제32조 2항).

또한, 산업통상자원부장관이 일괄수주방식에 의한 수출을 승인 또는 변경승인하고자 할 때에는 미리 국토교통부장관(Ministry of Land, Infrastructure and Transport)

의 동의를 받아야 한다. 이 경우 동의 요청을 받은 국토교통부장관은 특별한 사유가 없으면 동의 요청을 받은 날부터 10일 이내에 동의 여부를 산업통상자원부장관에게 알려야 한다(시행령 제53조 2항).

(2) 플랜트수출승인의 처리 및 통보

플랜트 수출승인기관의 장은 플랜트수출승인 또는 변경승인 신청이 있는 경우 접수일부터 5일 이내에 이를 처리하여야 한다. 다만, 다른 기관과의 협의가 필요한 경우 그 협의기간은 처리기간에 산입하지 아니한다(규정 제71조 제3항).

그리고 산업통상자원부장관은 플랜트수출의 승인 또는 변경승인을 한 때에는 이를 관계 행정기관의 장에게 지체 없이 알려하여야 한다(규정 제71조 제5항). 그러나, 거짓이나 그 밖의 부정한 방법으로 플랜트수출의 승인 또는 변경 승인을 받은 자는 3년 이하의 징역 또는 3천만원 이하의 벌금에 처한다(법 제54조).

3 플랜트수출 촉진기관의 지정 및 보고

3-1. 플랜트 수출촉진기관의 지정

산업통상자원부장관은 플랜트수출을 촉진하기 위하여 그에 관한 제도 개선, 시장조사(market research), 정보교환(information exchange), 수주(reception of order) 지원, 수주질서 유지, 전문인력의 양성, 금융지원, 우수기업의 육성 및 협동화사업(project for cooperative undertakings)을 추진할 수 있다. 이 경우 산업통상자원부장관은 플랜트수출 관련 기관 또는 단체를 지정하여 이들 사업을 촉진시키기 위한 활동을 수행하게 할 수 있다(법 제32조제6항).

산업통상자원부장관은 플랜트수출에 관한 시장조사 등의 사업을 촉진하기 위한 사업을 담당할 관련기관 또는 단체(이하 “플랜트수출촉진기관”이라 한다)를 지정하고자 하는 때에는 다음 사항을 종합적으로 검토하여야 한다(시행령 제54조 1항).

① 플랜트수출자에 대한 대표성

② 시장조사 등 사업계획

이에 대하여 산업통상자원부장관은 플랜트수출촉진기관으로 한국기계산업진흥회 및 한국플랜트산업협회로 지정하고 있다(규정 제72조).

3-2. 플랜트 수출촉진기관의 보고

산업통상자원부장관은 지정된 플랜트수출촉진기관에 대하여 플랜트수출의 시장조사 등의 사업의 촉진과 관련하여 다음 사항을 보고하게 할 수 있다(시행령 제54조 2항).

① 플랜트수출동향

② 플랜트수출에 관한 시장조사·정보교환·수주·협동화사업의 촉진실적 등 촉진활동에 관한 사항

③ 그 밖에 플랜트수출에 관하여 산업통상자원부장관이 요청하는 사항

제2절 정부간 수출계약

1 정부간 수출계약의 의의 및 원칙

1-1. 정부간 수출계약의 의의

정부간 수출(G2G)계약은 거래의 양 당사자가 정부로서, 기존 해외 정부의 조달시장 거래 형태의 하나인 민간-정부(B2G) 계약의 어려움을 보완하기 위해 만들어진 무역거래의 종류다. 이러한 정부간 수출계약 제도의 도입은 해외 정부의 조달시장에 진입하는 데 어려움을 겪는 국내 수출기업들을 위해 정부가 수출 거래 당사자로 대신 나서는 방식으로 거래의 투명성과 신뢰성이 인정되어 활용 빈도가 증가할 것으로 예상된다.

이에 따라 앞으로 특정 국가에서 정부간 수출계약을 요청해올 경우 KOTRA가 계약 당사자로 참여해 해당 국내 기업들과 물품 공급 등 계약을 맺고 해당 기업은 보증 등의 책임을 지는 형태로 계약이 이뤄진다.

1-2. 정부간 수출계약의 보증 및 원칙

정부는 국내 기업의 원활한 정부간 수출계약을 지원하기 위하여 대통령령으로 정하는 보증·보험기관[79]으로 하여금 국내 기업의 외국 정부에 대한 정부간 수

출계약 이행 등을 위한 보증사업을 하게 할 수 있다(법 제32조 1항).

또한, 정부는 정부간 수출계약과 관련하여 어떠한 경우에도 경제적 이익을 갖지 아니하고, 보증채무 등 경제적 책임 및 손실을 부담하지 아니한다.

2 정부간 수출계약의 절차 및 전담기관

2-1. 정부간 수출계약의 절차

"정부간 수출계약"이란 외국 정부의 요청이 있을 경우, 정부간 수출계약 전담기관이 대통령령으로 정하는 절차에 따라 국내 기업을 대신하여 또는 국내 기업과 함께 계약의 당사자가 되어 외국 정부에 물품등(「방위사업법」 제38조제1항제4호에 따른 방산물자등은 제외한다)을 유상(有償)으로 수출하기 위하여 외국 정부와 체결하는 수출계약을 말한다(법 제2조 4호). "대통령령으로 정하는 정부간 수출계약의 절차"란 다음에 규정된 절차를 말한다(시행령 제4조의2).

① 외국 정부의 물품등 구매의사에 관한 정부간 수출계약 전담기관의 확인
② 국내 기업의 정부간 수출계약 이행능력에 관한 평가 및 추천. 다만, 외국 정부가 물품등을 수출할 국내 기업을 지정하는 경우에는 추천을 생략할 수있다.
③ 전담기관과 국내 기업의 정부간 수출계약 이행에 관한 약정의 체결
④ 전담기관과 외국 정부와의 수출에 관한 계약의 체결(국내 기업과 함께 계약의 당사자가 되어 체결하는 경우를 포함한다.

2-2. 정부간 수출계약의 전담기관

(1) 업무

정부간 수출계약의 전담기관은 「대한무역투자진흥공사법」에 따른 대한무역투자진흥공사(이하 "전담기관"이라 한다)를 말하며, 전담기관은 정부간 수출계약과 관련하여 다음의 업무를 수행한다(법 제32조의3 제1, 2항).

① 정부간 수출계약에서 당사자 지위 수행

79) 국내에서 수출·수입 등 대외거래에 대한 보증 또는 보험 업무를 10년 이상 영위하고 있는 자 중 산업통상자원부장관이 보증사업의 수행에 필요한 재정능력, 수출·수입 등 대외거래의 당사자에 대한 신용정보의 수집·분석 및 평가에 관한 능력, 수출·수입 등 대외거래에서 발생한 채권에 대한 관리체계 등의 사항을 평가하여 지정하는 기관을 말한다(시행령 54조의2).

② 외국 정부의 구매요구 사항을 이행할 국내 기업의 추천
③ 그 밖에 정부간 수출계약 업무의 수행을 위하여 산업통상자원부장관이 필요하다고 인정하는 업무

(2) 권한과 책임

전담기관의 권한과 책임은 다음과 같으며, 전담기관의 장은 정부간 수출계약 의 체결 및 이행과 관련한 업무를 수행하기 위하여 필요한 경우에는 관계 행정기관 및 관련 단체에 대하여 공무원 또는 임직원의 파견 근무의 협조를 요청할 수 있다. 다만, 공무원의 파견을 요청할 때에는 미리 주무부장관과 협의하여야 한다(법 제32조의3 제3, 4항).

① 정부간 수출계약이 체결된 경우 국내 기업으로 하여금 보증·보험의 제공 등 대통령령으로 정하는 계약 이행 보증 조치[80]를 취하도록 하여야 한다.
② 국내 기업의 계약 이행 상황을 확인하기 위하여 필요한 경우에는 국내 기업에 대하여 관련 자료의 제출을 요구할 수 있다.
③ 그 밖에 전담기관의 권한과 책임에 관하여는 대통령령으로 정한다.

(3) 보고

전담기관은 정부간 수출계약이 체결된 경우 다음의 구분에 따라 정부간 수출계약 심의위원회(이하 "위원회"라 한다)에 보고하여야 한다.

① 국내 기업의 정부간 수출계약 이행 상황을 확인하여 반기별로 1회 이상 보고 할 것
② 위원회의 심의 대상에서 제외되는 사항은 그 변경 등이 있은 날부터 2주 이내에 보고할 것

2-3. 정부간 수출계약 심의위원회

(1) 심의·의결 사항

정부간 수출계약의 체결, 변경, 해지 등 대통령령으로 정하는 사항을 심의·의

80) 정부간 수출계약의 내용에 따른 선수금의 반환, 계약 내용의 이행, 하자의 보수 등에 대하여 「금융실명거래 및 비밀보장에 관한 법률」에 따른 금융회사등으로부터 보증을 받아 제공하는 것과 외국 정부에 대한 정부간 수출계약 이행 등에 대하여 보증·보험기관으로부터 보증을 받아 제공하는 것을 말한다. 다만, 외국 정부와 국내 기업이 합의한 경우에는 위의 규정된 계약 이행 보증 조치의 일부를 생략할 수 있다(시행령 54조의3).

결하기 위하여 전담기관에 정부간 수출계약 심의위원회(이하 이 절에서 “위원회”라 한다)를 두며, “정부간 수출계약의 체결, 변경, 해지 등 대통령령으로 정하는 사항”은 다음의 사항을 말한다(법 제32조의4, 시행령 제54조의5).

① 외국 정부와 체결하려는 정부간 수출계약의 수용 여부, 국내 기업의 이행능력 평가, 국내 기업으로 하여금 조치하도록 할 계약 이행 보증 내용의 적정성 등에 관한 사항

② 계약기간·계약금액 등 정부간 수출계약의 변경에 관한 사항. 다만, 다음의 사항으로서 위원회에서 정하는 경미한 사항은 제외한다.

㉮ 물품등의 인도 횟수, 인도 장소의 변경

㉯ 부품·사양의 변경

㉰ 대금의 지급방법 및 지급횟수의 변경

㉱ 그 밖에 ㉮~㉰까지의 사항에 준하는 사항

③ 국내 기업이 조치를 한 계약 이행 보증 세부 사항의 적정성에 관한 사항

④ 국내 기업의 정부간 수출계약에 따른 물품등의 공급 의무 불이행, 인가·허가·면허 등의 취소·정지 등으로 인한 계약 이행능력의 상실, 부정한 방법에 의한 계약의 체결, 그 밖의 원인으로 인한 정부간 수출계약의 해지 또는 해제에 관한 사항

⑤ 그 밖에 위원회의 위원장이 정부간 수출계약과 관련하여 위원회의 심의·의결에 부치는 사항

심의에 필요한 경우 국내 기업 및 관계 기관 등에 자료 등의 제출을 요구할 수 있다(법 제32조의4).

(2) 구성

위원회는 위원장 1명을 포함한 7명 이상 15명 이내의 위원으로 구성하고, 위원장은 대한무역투자진흥공사 사장이 되며, 위원장을 제외한 위원회의 위원은 다음의 사람이 된다(법 제32조의4, 시행령 제54조의6 제1항).

① 산업통상자원부 및 조달청의 고위공무원단에 속하는 공무원 중 소속 기관의 장이 지명하는 사람 각 1명

② 전담기관의 임원 중 전담기관의 장이 지명하는 사람 2명

③ 정부간 수출계약의 해당 물품등과 관련이 있다고 위원회의 위원장이 인정하는 중앙행정기관의 고위공무원단에 속하는 공무원 중에서 소속 기관의 장이 지명하는 사람
④ 보증・보험기관의 임원 중 해당 기관의 장의 추천으로 위원회의 위원장이 지명하는 사람
⑤ 정부간 수출계약과 관련된 분야에 학식과 경험이 풍부한 사람 중 7명 이내의 범위에서 위원장이 위촉하는 사람, 위촉위원의 임기는 2년으로 하되, 연임할 수 있다.

(3) 운영

위원장은 위원회의 회의를 소집하고, 그 의장이 되며, 위원장이 부득이한 사유로 그 직무를 수행할 수 없을 때에는 위원장이 미리 지명한 위원이 그 직무를 대행한다. 위원회의 회의는 재적위원 과반수의 출석으로 개의(開議)하고, 출석위원 3분의 2 이상의 찬성으로 의결한다.

또한, 위원회는 국내 기업의 이행능력 평가를 효율적으로 수행하기 위하여 소위원회를 구성・운영할 수 있으며, 위원회의 구성 및 운영에 필요한 사항은 위원회의 의결을 거쳐 위원장이 정한다(시행령 제54조의6 제3~7항).

2-4. 국내 기업의 책임 등

정부간 수출계약에 따른 국내 기업의 책임 등은 다음과 같다(법 제32조의5).
① 정부간 수출계약이 체결된 경우 그 계약 내용을 성실히 이행하여야 한다.
② 보증・보험의 제공 등 대통령령으로 정하는 계약 이행 보증 조치[81]를 취하여야 한다.
③ 전담기관의 계약 이행 상황 확인 및 심의위원회의 심의에 따른 국내 기업에 자료제출 요구가 있을 경우 특별한 사정이 없으면 이에 따라야 한다.
④ 국내 기업이 ② 또는 ③을 위반할 경우 전담기관은 그 사실을 외국 정부에 통보할 수 있고, 위원회는 해당 기업의 정부간 수출계약에 대한 심의를 거부할 수 있다.

81) 국내 기업의 계약 이행 보증 조치는 정부간 수출계약의 이행 보증 조치에 따른 조치를 말한다.

제11장 원산지제도

제1절 원산지제도의 개요

1 원산지의 개념

원산지(origin of goods)란 특정 물품이 성장(growth), 생산(production), 제조(manufacture) 또는 가공(processing)된 지역으로서 원칙적으로 정치적 실체를 지닌 한 국가를 의미한다. 그러나 홍콩 등과 같이 국가는 아니지만 독립 관세영역이거나 자치권을 보유한 지역도 원산지가 될 수 있다.[82] 즉, 원산지는 어떤 물품의 생산지를 의미하므로 물품을 단순히 조립한 조립국이나 가공과정을 거치지 않고 단순히 경유한 경유국 또는 적출국과는 구별되는 개념이다.

교토협약의 원산지규정에 관한 부속서(D.1)에서는 원산지국가로 국가군(A group of countries), 국가의 특정지역 또는 일부를 포함시킬 수 있다고 규정하고 있으나, EU 등과 같이 국가군을 원산지로 할 경우 원산지 본래의 의미를 상실할

82) 자본의 투자국, 디자인 수행국, 기술의 제공국, 상표의 소유국 등과는 무관한 개념이다. 그러나 사이판 등과 같이 국경선 밖에 있는 보호령, 홍콩 등과 같이 독립된 관세영역이나 자치권을 보유한 지역, 스코틀랜드와 같이 국제상거래 관행상 지역명이 원산지로 인정되는 지역 등도 원산지가 될 수 있다.

우려가 있으므로 정치적으로 한 국가군이라 하더라도 경제·문화·지역의 특성 등을 고려하여 원산지를 표시하여야 한다.

원산지제도는 수출입물품의 원산지규정(원산지의 판정 및 확인)과 원산지표시에 관한 제반 규율체계로서, 크게 원산지규정 및 원산지표시로 구분하여 1991년 7월1일부터 대외무역법에 도입되어 시행되고 있다. 이러한 원산지제도는 소비자에게 물품의 생산지에 관한 정확한 정보를 알려줌으로써 소비자가 원하는 상품을 선택할 수 있도록 하고, 불공정 수입행위를 근절하는 것을 그 목적으로 하며, 국내 산업을 보호하고 관세 편익을 제공하는 등 중요한 무역정책수단으로도 활용되고 있다.

2 원산지규정의 구분

세계 각국은 1973년 교토협약의 원산지규정, 1995년 WTO 원산지규정에 관한 협정(Agreement on Rules of Origin)을 시행하였으며, 최근에는 이보다 더 명확한 국제적인 원산지규정을 만들기 위하여 통일원산지규정(Harmonized Rules of Origin)의 제정을 추진하고 있다.

원산지규정(Rules of Origin)은 특정제품의 원산지 국가(생산·제조국)를 결정하기 위해 적용하는 제반 법규 및 행정적 절차를 말하는 것으로 원산지판정방법 및 확인 절차에 관한 규정을 두고 있다. 이 규정은 두 가지로 나눌 수 있다.

2-1. 특혜원산지 규정

특혜원산지 규정(Preferential Rules of Origin)은 유럽연합(EU), 북미자유무역협정(NAFTA) 등 지역경제공동체 또는 자유무역지대의 운영이나 일반특혜관세제도(GSP), 개도국간의 특혜관세제도(GFTP), 다자간 무역협정인 방콕협정(ESCAP) 등의 관세상의 특혜를 부여하기 위하여 운영된다.

2-2. 비특혜원산지 규정

비특혜원산지 규정(Non-Preferential Rules of Origin)은 원산지표시, 수입제한·반덤핑관세·상계관세 등의 무역조치를 취하거나 통계목적에 이용하기 위하여 운영되고 있다.

우리나라에서는 특혜원산지 규정은 대외무역법, 관세법 등에서 규정하고 있으며, 비특혜원산지 규정은 대외무역법에서 원산지판정, 원산지표시 등을 규정하고 있다. 또한 자유무역협정(FTA)의 특례법에 의한 특혜원산지규정이 제정되어 있다.

대외무역법에서 규정하는 원산지규정의 3대 요소는 원산지표시, 원산지판정, 원산지확인 등으로 구성되어 있다.

제2절 수출입물품의 원산지표시제도

원산지표시제도의 의의

원산지표시제도(Marks of Origin)는 특정 물품의 원산지에 관한 정보를 소비자에게 정확하게 알려주기 위하여 해당 물품 또는 포장, 용기에 원산지를 표시하도록 하는 제도이다.

산업통상자원부장관이 공정한 거래 질서의 확립과 생산자 및 소비자 보호를 위하여 원산지를 표시하여야 하는 대상으로 공고한 물품 등(이하 "원산지표시 대상물품"이라 한다)을 수출하거나 수입하려는 자는 그 물품 등에 대하여 원산지를 표시하여야 한다(법 제33조).

그러므로 수출입물품에 원산지를 표시하도록 함으로써 소비자에게 정확한 상품정보를 제공하여 국내소비자 보호 및 유통거래질서를 확립하고, 국제적으로 인정되는 원산지 적용기준을 마련하여 불공정 수출입행위를 근절하는 데 주된 목적이 있다. 또한 대외적으로는 관세의 양허, 수입수량의 제한, 우회수입을 포함한 특정지역으로부터의 수입 관리 등 무역정책의 실효성을 확보하는데 그 목적이 있다.

원산지표시는 제품가격이나 이미지와 직결되므로 소비자행동 및 기업의 마케팅 전략에도 영향을 미치게 된다. 즉, 동일한 브랜드일지라도 원산지에 따라 제품의 가격에 차이가 있을 수 있다.

우리나라에서는 2014년 현재 기준으로 소비재를 중심으로 671개(HS 4단위 기준) 품목에 대하여 원산지 표시를 표시하도록 하고 있으며(전체 1,244개 품목 중 53.9%), 원산지 표시방법 등 구체적인 사항에 대하여는 대외무역관리규정(별표 8)에 규정되어 있다.

2 수입물품의 원산지표시 대상물품

2-1. 원산지표시 대상물품

원산지표시 대상물품이란 산업통상자원부장관이 공정한 거래질서의 확립과 소비자보호를 도모하기 위하여 원산지를 표시하여야 하는 대상으로 공고한 물품 등(이하 "원산지표시 대상물품"이라 한다)을 [규정 별표 8]에 게기된 수입물품을 말한다.

따라서 원산지표시 대상물품을 수출 또는 수입하려는 자는 그 물품 등에 대하여 원산지의 표시를 하여야 한다. 그러므로 원산지표시 대상물품으로 지정된 수입물품에 원산지를 표시하여야 한다(규정 제75조 제1항).

원산지표시 대상물품은 일반소비자가 직접 구매하여 사용하는 품목으로서 HS 4단위를 기준으로 약 600개 품목으로 전체 품목의 약 50%를 대상으로 하고 있다. 원산지표시의 범위는 해당 수입물품뿐만 아니라 재사용이 가능한 포장용품 또는 해당 수입품과 구분판매가 가능한 부속품 및 부분품 등 부장품까지 포함하고 있다.

다만, 원산지표시 대상물품이 해당 물품에 원산지를 표시하는 것이 불가능하거나, 실질적인 가치를 저하시키는 등의 경우에는 해당 물품에 원산지를 표시하지 않고 해당 물품의 최소포장, 용기 등에 수입 물품의 원산지를 표시할 수 있다(규정 제75조 제2항).

2-2. 원산지표시 대상물품의 공고

수입된 원산지표시 대상물품에 대하여 대통령령으로 정하는 단순한 가공활동[83]을 거침으로써 해당 물품 등의 원산지 표시를 손상하거나 변형한 자는 그

83) 판매목적의 물품포장 활동, 상품성 유지를 위한 단순한 작업 활동 등 물품의 본질적 특

단순 가공한 물품 등에 당초의 원산지를 표시하여야 한다. 이 경우 다른 법령에서 단순한 가공활동을 거친 수입 물품 등에 대하여 다른 기준을 규정하고 있으면 그 기준에 따른다(법 제33조 제2항).

원산지표시 대상물품의 경우 원산지의 표시방법·확인 그 밖에 표시에 관하여 필요한 사항은 대통령령으로 정하며(법 제33조 제3항), 산업통상자원부장관은 원산지표시 대상물품을 공고하려면 해당 물품을 관장하는 관계 행정기관의 장과 미리 협의하여야 한다(영 제55조).

2-3. 원산지표시 면제 대상물품

원산지표시제도는 최종소비자를 보호할 목적으로 하고 있으므로 해당 물품에 원산지를 표시하는 것이 곤란하거나 원산지를 표시할 필요가 없다고 인정하여 산업통상자원부장관이 정하여 고시하는 기준에 해당하는 경우에는 산업통상자원부장관이 정하여 고시하는 바에 따라 원산지를 표시하거나 원산지 표시를 생략할 수 있다(시행령 제56조 제2항). 물품 또는 포장·용기에 원산지를 표시하여야 하는 수입물품이 다음의 하나에 해당되는 경우에는 원산지를 표시하지 아니할 수 있다(규정 제82조 제1항).

① 외화획득용 원료 및 시설기재로 수입되는 물품
② 개인에게 무상 송부된 탁송품·별송품 또는 여행자 휴대품
③ 수입 후 실질적 변형을 일으키는 제조공정에 투입되는 부품 및 원재료로서 실수요자가 직접 수입하는 경우(실수요자를 위하여 수입을 대행하는 경우를 포함)
④ 판매 또는 임대목적에 제공되지 않는 물품으로서 실수요자가 직접 수입하는 경우. 다만, 제조에 사용할 목적으로 수입되는 제조용 시설 및 기자재(부분품 및 예비용 부품을 포함한다)는 수입을 대행하는 경우 인정할 수 있다.
⑤ 연구개발용품으로서 실수요자가 수입하는 경우(실수요자를 위하여 수입을 대행하는 경우를 포함)
⑥ 견본품(진열·판매용이 아닌 것에 한함) 및 수입된 물품의 하자보수용 물품

성을 부여하기에 부족한 가공활동을 말하며, 그 가공활동의 구체적인 범위는 관계 중앙행정기관의 장과 협의하여 산업통상자원부장관이 정하여 고시한다.

⑦ 보세운송·환적 등에 의하여 우리나라를 단순히 경유하는 통과 화물
⑧ 재수출조건부 면세 대상물품 등 일시 수입물품
⑨ 우리나라에서 수출된 후 재수입되는 물품
⑩ 외교관 면세 대상 물품
⑪ 개인이 자가소비용으로 수입하는 물품으로서 세관장이 타당하다고 인정하는 물품
⑫ 그 밖에 관세청장이 산업통상자원부장관과 협의하여 타당하다고 인정하는 물품

그리고 세관장은 원산지표시가 면제되는 물품에 대하여 외화획득이행여부, 목적 외 사용 등을 사후 확인할 수 있다(규정 제82조 제2항).

3 원산지 표시방법

3-1. 원산지 표시방법의 일반원칙

(1) 수입물품의 원산지 표시방법

원산지표시 대상물품을 수입하려는 자는 다음의 방법에 따라 해당 물품에 원산지를 표시하여야 한다(시행령 제56조 제1항), (규정 제76조 제1~6항).

① 한글·한문 또는 영문으로 표시할 것
　㉮ "원산지: 국명" 또는 "국명 산(産)"
　㉯ "Made in 국명" 또는 "Product of 국명"
　㉰ "Made by 물품 제조자의 회사명, 주소, 국명"
　㉱ 수입물품의 크기가 작아 ㉮~㉰의 방식으로 해당 물품의 원산지를 표시할 수 없을 경우에는 국명만을 표시할 수 있음
　㉲ "Brewed in 국명" 또는 "Distilled in 국명" 등 그 밖에 최종구매자가 원산지를 오인할 우려가 없거나 "Assembled in 국명" 등에서의 국명이 수입물품의 원산지와 동일한 경우
　㉳ 물품의 주요 부분품 원산지가 다른 경우 부분품별 원산지를 표시할 수 있음
② 최종구매자가 용이하게 판독할 수 있는 활자체로 표시할 것

즉, 수입물품의 원산지는 최종 구매자가 해당 물품의 원산지를 쉽게 판독할 수 있는 크기의 활자체로 표시하여야 한다(규정 제76조 제2항).

③ 식별하기 쉬운 위치에 표시할 것

즉, 수입물품의 원산지는 최종 구매자가 식별하기 쉬운 곳에 표시하여야 한다. 식별하기 쉬운 곳이라 함은 최종 구매자가 정상적인 물품구매과정에서 표시된 원산지를 쉽게 발견할 수 있는 곳을 의미한다(규정 제76조 제3항).

④ 표시된 원산지가 쉽게 지워지거나 떨어지지 아니하는 방법으로 표시할 것

즉, 표시된 원산지는 쉽게 지워지지 않으며 물품(또는 포장·용기)에서 쉽게 떨어지지 않아야 한다(규정 제76조 제4항).

⑤ 수입 물품의 원산지는 제조단계에서 인쇄(printing), 등사(stenciling), 낙인(branding), 주조(molding), 식각(etching), 박음질(stitching) 또는 이와 유사한 방식으로 원산지를 표시하는 것을 원칙으로 한다. 다만, 물품의 특성상 위와 같은 방식으로 표시하는 것이 부적합하거나 물품을 훼손할 우려가 있는 경우에는 날인(stamping), 라벨(label), 스티커(sticker), 꼬리표(tag)를 사용하여 표시할 수 있다(규정 제76조 제5항).

⑥ 최종 구매자가 수입물품의 원산지를 오인할 우려가 없는 경우에는 다음과 같이 통상적으로 널리 사용되고 있는 국가명이나 지역명 등을 사용하여 원산지를 표시할 수 있다.

㉮ United States of America를 USA로

㉯ Switzerland를 Swiss로

㉰ Netherlands를 Holland로

㉱ United kingdom of Great Britain and Northern Ireland를 UK 또는 GB로

㉲ UK의 England, Scotland, Wales, Northern Ireland

㉳ 기타 관세청장이 산업통상자원부장관과 협의하여 타당하다고 인정하는 국가나 지역명(규정 제76조 제6항).[84]

⑦ 「품질경영 및 공산품안전관리법」, 「식품위생법」 등 다른 법령에서 원산지 표시방법 등을 정하고 있는 경우에는 이를 적용할 수 있다(규정 제76조 제7항).

---

84) 통관 후 국내에서 원산지표시만 제거하여 한국산으로 오인케 하는 사례를 방지하고 소비자 구매단계에 이르기까지 원산지 표시를 일관되게 유지토록 하기 위한 규정이다.

(2) 수출물품의 원산지 표시방법

수출 물품에 대하여 원산지를 표시하는 경우에는 수입물품의 원산지 표시방법에 따라 원산지를 표시하되, 그 물품에 대한 수입국의 원산지 표시규정이 이와 다르게 표시하도록 되어 있으면 그 규정에 따라 원산지를 표시할 수 있다. 다만, 수입한 물품에 대하여 국내에서 단순한 가공활동을 거쳐 수출하는 경우에는 우리나라를 원산지로 표시하여서는 아니 된다(시행령 제56조 제5항).

3-2. 원산지 표시방법의 특례

(1) 원산지 표시가 곤란하거나 필요 없을 경우의 원산지표시

수입 물품의 원산지 표시방법에 관하여 필요한 사항은 산업통상자원부장관이 정하여 고시한다. 다만, 수입물품을 관장하는 중앙행정기관의 장은 소비자를 보호하기 위하여 필요한 경우에는 산업통상자원부장관과 협의하여 해당 물품의 원산지 표시에 관한 세부적인 사항을 따로 정하여 고시할 수 있다(시행령 제56조 제3항). 원산지표시 대상물품이 다음의 어느 하나에 해당되는 경우에는 해당 물품에 원산지를 표시하지 않고 해당 물품의 최소포장, 용기 등에 수입 물품의 원산지를 표시할 수 있다(규정 제75조 제2항).

① 해당 물품에 원산지를 표시하는 것이 불가능한 경우

② 원산지 표시로 인하여 해당 물품이 크게 훼손되는 경우(예: 당구공, 콘택즈렌즈, 포장하지 않은 집적회로 등)

③ 원산지 표시로 인하여 해당 물품의 가치가 실질적으로 저하되는 경우

④ 원산지 표시의 비용이 해당 물품의 수입을 막을 정도로 과도한 경우(예: 물품값보다 표시비용이 더 많이 드는 경우 등)

⑤ 상거래 관행상 최종구매자에게 포장, 용기에 봉인되어 판매되는 물품 또는 봉인되지는 않았으나 포장, 용기를 뜯지 않고 판매되는 물품(예 : 비누, 칫솔, VIDEO TAPE 등)

⑥ 실질적 변형을 일으키는 제조공정에 투입되는 부품 및 원재료를 수입 후 실수요자에게 직접 공급하는 경우

⑦ 물품의 외관상 원산지의 오인 가능성이 적은 경우(예 : 두리안, 오렌지, 바나나와 같은 과일·채소 등)

⑧ 관세청장이 산업통상자원부장관과 협의하여 타당하다고 인정하는 물품

(2) 원산지 오인우려 수입물품의 원산지표시

무역거래자 또는 물품등의 판매업자는 원산지를 거짓으로 표시하거나 원산지를 오인(誤認)하게 하는 표시를 하는 행위, 원산지의 표시를 손상하거나 변경하는 행위, 원산지표시 대상물품에 대하여 원산지 표시를 하지 아니하는 행위(무역거래자의 경우만 해당), 규정에 위반되는 원산지표시대상물품을 국내에서 거래하는 행위를 하여서는 아니된다(법 제33조 제4항).

① 원산지오인 우려 표시물품은 원산지표시 대상물품이 다음의 하나에 해당되는 물품을 말한다(규정 제77조 제1항).

㉮ 주문자 상표부착(OEM)방식에 의해 생산된 수입물품의 원산지와 주문자가 위치한 국명이 상이하여 최종구매자가 해당 물품의 원산지를 오인할 우려가 있는 물품

㉯ 물품 또는 포장·용기에 현저하게 표시되어 있는 상호·상표·지역·국가 또는 언어명이 수입물품의 원산지와 상이하여 최종구매자가 해당 물품의 원산지를 오인할 우려가 있는 물품

② 원산지 오인우려 수입물품은 해당물품 또는 포장·용기의 전면에 원산지표시의 일반원칙에 따라 원산지를 표시하여야 하며, 물품의 특성상 전후면의 구별이 어렵거나 전면에 표시하기 어려운 경우 등에는 원산지 오인을 초래하는 표시와 가까운 곳에 표시하여야 한다. 다만, 해당물품에 원산지가 적합하게 표시되어 있고, 최종판매단계에서 진열된 물품 등을 통하여 최종구매자가 원산지 확인이 가능하며, 국제 상거래 관행상 통용되는 방법으로 원산지를 표시하는 경우 세관장은 산업통상자원부장관과 협의하여 포장·용기에 표시된 원산지가 원산지 오인을 초래하는 표시와 가깝지 않은 곳에 있어도 원산지 오인이 없는 것으로 볼 수 있다(규정 제77조 제2항).

③ 원산지 오인우려 수입물품을 판매하는 자는 판매 또는 진열시 소비자가 알아볼 수 있도록 상품에 표시된 원산지와는 별도로 스티커, 푯말 등을 이용하여 원산지를 표시하여야 한다(규정 제77조 제3항).

(3) 단순 가공물품 등의 원산지표시

단순 가공물품이라 함은 외국산 원재료를 수입하여 국내에서 제조·가공된 물품이 실질적 변형을 겪지 않은 경우를 말하며, 수입물품을 단순한 가공활동을 수행하여 국산품으로 판매하는 것을 방지하기 위하여 단순한 가공물품 등에 대한 원산지 표시의무를 부과하고 있다.

수입된 원산지표시 대상물품에 대하여 대통령령으로 정하는 단순한 가공활동을 거침으로써 해당 물품의 원산지 표시를 손상하거나 변형한 자는 그 단순 가공한 물품에 수입물품의 원산지 표시방법에 따라 당초의 원산지를 표시하여야 한다(법 제33조 제2항).

"대통령령으로 정하는 단순한 가공활동"이란 판매목적의 물품포장 활동, 상품성 유지를 위한 단순한 작업 활동 등 물품의 본질적 특성을 부여하기에 부족한 가공활동을 말하며, 그 가공활동의 구체적인 범위는 관계 중앙행정기관의 장과 협의하여 산업통상자원부장관이 정하여 고시한다(시행령 제55조 제2항).

수입 후 단순한 가공활동을 수행한 물품등의 원산지 표시는 다음 하나의 방법에 따라 원산지를 표시하여야 한다(규정 제78조 제1항).

① 원산지표시 대상물품이 수입된 후, 최종구매자가 구매하기 이전에 국내에서 단순 제조·가공처리되어 수입 물품의 원산지가 은폐·제거되거나 은폐·제거될 우려가 있는 물품의 경우에는 제조·가공업자(수입자가 제조업자인 경우를 포함한다)는 완성 가공품에 수입 물품의 원산지가 분명하게 나타나도록 원산지를 표시하여야 한다.

② 원산지표시 대상물품이 대형 포장 형태로 수입된 후에 최종구매자가 구매하기 이전에 국내에서 소매단위로 재포장되어 판매되는 물품인 경우에는 재포장 판매업자(수입자가 판매업자인 경우를 포함한다)는 재포장 용기에 수입 물품의 원산지가 분명하게 나타나도록 원산지를 표시하여야 한다. 재포장되지 않고 낱개 또는 산물로 판매되는 경우에도 물품 또는 판매용기·판매장소에 스티커 부착, 푯말부착 등의 방법으로 수입품의 원산지를 표시하여야 한다.

③ 원산지표시 대상물품이 수입된 후에 최종구매자가 구매하기 이전에 다른 물품과 결합되어 판매되는 경우에는 제조·가공업자(수입자가 제조업자인

경우를 포함한다)는 수입된 해당 물품의 원산지가 분명하게 나타나도록 "(해당 물품명)의 원산지: 국명"의 형태로 원산지를 표시하여야 한다.

다만, ①~③의 규정에서 달리 규정하지 아니한 사항에 대하여는 "수입물품의 원산지표시 대상물품 등"(제75조), "오인 우려 수입 물품의 원산지 표시"(제77조), "수입 세트물품의 원산지표시"(제79조), "수입용기의 원산지 표시"(제80조), "수입 물품 원산지 표시방법의 세부사항"(제81조)의 규정을 준용한다(규정 제78조 제1항).

이때, 세관장이 수입자에게 수입 통관 후 법령에 따른 원산지 표시를 준수하도록 명할 수 있으며, 해당되는 물품을 수입하는 자가 같은 물품을 제3자(중간 구매업자 또는 판매자 등)에게 양도(제3자가 재양도하는 경우를 포함한다)하는 경우에는 양수인에게 서면으로 법령에 따른 원산지 표시의무를 준수하여야 할 것을 알려야 한다(규정 제78조 제2, 3항).

(4) 수입 세트물품의 원산지표시

<규정 별표 10>에 열거된 수입 세트물품의 경우 해당 세트물품을 구성하는 개별 물품들의 원산지가 동일하고 최종 구매자에게 세트물품으로 판매되는 경우에는 개별 물품에 원산지를 표시하지 아니하고 그 물품의 포장·용기에 원산지를 표시할 수 있다.

또한 세트물품을 구성하는 개별 물품들의 원산지가 2개국 이상인 경우에는 개별 물품에 각각의 원산지를 표시하고, 세트물품의 포장·용기에는 개별 물품들의 원산지를 모두 나열·표시하여야 한다. (예: Made in China, Taiwan, ……)(규정 제79조)

〈표 11-1〉 수입세트 물품(규정 별표 10)

HS 번호	품 목 명
3006.50	구급상자와 구급대
3407.00.20.00	치과용 왁스 또는 치과용 인상 재료 중 세트의 것
6103.21-6103.29	남자 또는 소년용의 앙상블(메리야스 편물 또는 뜨개질 편물의 것)
6104.21-6104.29	여자 또는 소녀용의 앙상블(메리야스 편물 또는 뜨개질 편물의 것)
6203.21-6203.29	남자 또는 소년용의 앙상블(메리야스 편물 또는 뜨개질 편물의 것은 제외)

6204.21–6204.29	여자 또는 소녀용의 앙상블(메리야스 편물 또는 뜨개질 편물의 것은 제외)
6308	HS 6308 중 러그, 테피스트리, 자수한 테이블보 또는 서비에트용 직물 및 실로 구성된 세트
8206	HS 8202 내지 8205에 해당하는 둘 이상의 공구가 소매용으로 세트가 되어 있는 것
8214.20	HS 8214.20 중 매니큐어 또는 페디큐어 세트
8215.10–8215.20	스푼・포크・국자・스킴머・케이크 서버・생선용 칼・버터용 칼・설탕집게 및 이와 유사한 부엌 또는 식탁용품이 조합된 세트
8518.30.30.00	마이크로폰・스피커 복합 세트
8518.50	음향증폭세트
9017	HS 9017 중 제도세트(Drawing Set)
9503	HS 9503 중 세트 제품
9605	개인용의 여행세트

(5) 수입용기의 원산지표시

관세율표에 따라 용기로 별도 분류되어 수입되는 물품의 경우에는 용기에 "(용기명)의 원산지 : (국명)"에 상응하는 표시를 하여야 한다(예: "Bottle made in 국명"). 이러한 규정에도 불구하고 1회 사용으로 폐기되는 용기의 경우에는 최소판매단위의 포장에 용기의 원산지를 표시할 수 있으며, 실수요자가 이들 물품을 수입하는 경우에는 용기의 원산지를 표시하지 않아도 무방하다(규정 제80조).

〈표 11-2〉 수입용기의 원산지표시

구분	재사용가능 용기	1회용 용기
채워진 상태로 수입	내용물품과 수입용기의 원산지를 용기에 각각 표시("Content made in 국명", "Bottle made in 국명")	해당 수입용기의 원산지를 용기에 표시("Bottle made in 국명")
빈 상태로 수입	해당 내용물품의 원산지를 용기에 표시("Made in 국명")	해당 수입용기의 최소판매단위의 포장에 원산지 표시. 다만, 실수요자가 수입하는 경우 표시 면제함.

3-3. 원산지 표시의 세부방법

(1) 수입물품 원산지 표시방법의 세부사항

관세청장은 산업통상자원부장관과의 사전협의를 거쳐 원산지 표시방법(규정 제75조부터 제80조까지)에 따라 물품의 특성을 감안한 세부적인 표시방법을 정할 수 있으며, 관세청장은 수입 물품의 원산지 표시방법에 관한 세부사항을 정할 경우 이를 고시하여야 한다(규정 제81조 제1, 2항).

(2) 원산지 표시의 확인 및 검사

원산지표시대상물품을 수입하려는 자는 해당 물품의 통관시 원산지 표시 여부에 대하여 세관장의 확인을 받아야 한다. 또한 세관장은 수출·수입되는 물품이 원산지표시 규정에 위반되는 것으로 인정되는 경우에는 원산지의 표시·정정·말소 등 적절한 조치를 지시할 수 있다.

한편 관계 행정기관의 장, 시·도지사는 수입신고 후 통관된 물품이 원산지표시 규정에 위반되는 것으로 인정되는 경우에는 원산지의 표시·정정·말소 등 적절한 조치를 지시할 수 있다(규정 제83조).

산업통상자원부장관 또는 시·도지사는 수입물품의 원산지표시 규정을 위반하였는지 확인하기 위하여 필요하다고 인정하면 수입한 물품등과 다음과 같은 대통령령으로 정하는 관련 서류를 검사할 수 있다(법 제33조 제5항).

① 수입한 물품등의 무역거래자 및 판매업자의 정보에 관한 서류

② 수입한 물품등의 가격, 수량, 품질 및 제조 또는 가공 공정에 관한 서류

③ 그 밖에 원산지의 표시에 대한 위반 여부를 확인하기 위하여 산업통상자원부장관이 필요하다고 인정하는 서류

산업통상자원부장관은 원산지표시 대상물품을 수입하는 자에 대하여 해당 물품이 통관할 때 원산지의 표시방법 및 표시 여부 등을 확인할 수 있다. 이 경우 확인방법과 확인절차 등에 관하여는 산업통상자원부장관이 정하여 고시 한다(시행령 제57조 제4항).

(3) 원산지 표시방법의 확인 및 이의제기

원산지 표시방법에 따라 원산지를 표시하여야 하는 자는 해당 물품이 수입되기 전에 문서로 그 물품의 적절한 원산지 표시방법에 관한 확인을 산업통상자원부장

관(관세청장에게 위탁)에게 요청할 수 있다(시행령 제57조 제1항). 이에 따른 산업통상자원부장관의 원산지 표시방법의 확인에 관하여 이의가 있는 자는 확인 결과를 통보받은 날부터 30일 이내에 서면으로 산업통상자원부장관(관세청장에게 위탁)에게 이의를 제기할 수 있다(시행령 제57조 제2항). 원산지 표시방법에 대한 확인 요청과 확인 결과에 대한 이의제기에 필요한 사항은 산업통상자원부장관이 정하여 고시한다.

산업통상자원부장관의 원산지표시의 확인에 관한 권한은 세관장에게 위탁되어 있으며, 세관장에게 위탁된 사무에 대한 지휘·감독 및 자료의 제출 요청에 관한 권한은 관세청장에게 위탁되어 있다.

이에 따라 관세청장은 적정한 원산지 표시방법에 관한 확인을 요청받은 경우에는 신청을 접수한 날부터 30일 이내에 해당 물품의 적정한 표시방법을 확인하여 요청인에게 알려야 한다(규정 제84조 제1항). 또한 이러한 통보 내용에 대하여 이의제기를 접수한 관세청장은 접수한 날부터 30일 이내에 이의제기에 대하여 결정을 하고 이를 요청인에게 알려야 한다(규정 제84조 제2항).

관세청장은 원산지 표시 사전확인 및 이의제기에 필요한 사항을 산업통상자원부장관과 협의하여 별도로 정할 수 있다.

3-4. 원산지 표시 위반에 대한 시정명령 등

(1) 시정명령 등의 조치

산업통상자원부장관 또는 시·도지사는 원산지 표시방법을 위반하거나 원산지 표시를 손상하거나 변형한 자 등의 원산지의 표시 규정을 위반한 자에게 판매중지, 원상복구, 원산지 표시 등 대통령령으로 정하는 시정조치를 명하거나, 3억원 이하의 과징금[85]을 부과할 수 있다(법 제33조의2 제1, 2항).

85) 행정청이 일정한 행정상의 의무를 위반한 자에게 부과하는 금전적 제재이다. 종류로는 수수료, 사용료, 특허료, 납부금 등이 있다. 과징금은 주로 경제법상의 의무를 위반한 자가 위반행위를 함으로써 경제적 이익을 얻을 것이 예정되어 있을 경우 부과한다. 이것은 위반행위로 인한 불법적인 경제적 이익을 박탈하고 오히려 경제적 불이익이 생기게 하려는 것이다. 과태료와는 이득환수라는 점에서 차이가 있다.

(2) 과징금 부과와 징수

산업통상자원부장관 또는 시・도지사는 과징금을 부과하려면 그 위반행위의 종류와 과징금의 금액을 명시하여 과징금을 낼 것을 서면으로 알려야 한다. 이에 따라 통보를 받은 자는 납부 통지일부터 20일 이내에 과징금을 산업통상자원부장관 또는 시・도지사가 정하는 수납기관에 내야 한다. 다만, 천재지변이나 그 밖의 부득이한 사유로 납부기한까지 과징금을 낼 수 없는 경우에는 그 사유가 없어진 날부터 7일 이내에 내야 한다.

한편, 과징금을 받은 수납기관은 과징금을 낸 자에게 영수증을 발급하여야 하며, 과징금을 받으면 지체 없이 그 사실을 산업통상자원부장관 또는 시・도지사에게 알려야 한다(시행령 제59조).

(3) 과징금 납부기한의 연장 및 분할납부

산업통상자원부장관 또는 시・도지사는 과징금을 부과받은 자(이하 "과징금납부의무자"라 한다)가 내야 할 과징금의 금액이 1억원 이상인 경우로서 다음에 해당하는 사유로 인하여 과징금의 전액을 한꺼번에 내기 어렵다고 인정되는 경우에는 그 납부기한을 연장하거나 분할납부하게 할 수 있으며, 이 경우 필요하다고 인정하는 때에는 담보를 제공하게 할 수 있다(시행령 제59조2 제1항).

① 재해나 천재지변, 화재 등으로 재산에 현저한 손실을 입은 경우

② 경제 여건이나 사업 여건의 악화로 사업이 중대한 위기에 있는 경우

③ 과징금을 한꺼번에 내면 자금사정에 현저한 어려움이 예상되는 경우

④ 그 밖에 ①~③까지의 규정에 준하는 사유가 있는 경우

과징금 납부기한의 연장 또는 분할납부를 하려는 자는 그 납부기한의 10일 전까지 납부기한의 연장 또는 분할납부의 사유를 증명하는 서류를 첨부하여 산업통상자원부장관 또는 시・도지사에게 신청하여야 한다(시행령 제59조2 제2항).

납부기한의 연장은 그 납부기한의 다음 날부터 1년을 초과할 수 없으며, 분할납부를 하게 하는 경우 각 분할된 납부기한 간의 간격은 4개월을 초과할 수 없으며, 분할 횟수는 3회를 초과할 수 없다(시행령 제59조2 제3,4항).

(4) 연장 및 분할납부의 취소

산업통상자원부장관 또는 시・도지사는 다음에 해당하는 경우에는 납부기한이

연장되거나 분할납부가 허용된 과징금 납부의무자에 대하여 그 납부기한의 연장 또는 분할납부 결정을 취소하고 한꺼번에 징수할 수 있다(시행령 제59조2 제5항).

① 분할납부가 결정된 과징금을 그 납부기한까지 내지 아니한 경우

② 담보의 제공에 관한 산업통상자원부장관 또는 시·도지사의 명령을 이행하지 아니한 경우

③ 강제집행, 경매의 개시, 파산선고, 법인의 해산, 국세 또는 지방세의 체납처분을 받은 때 등 과징금의 전부 또는 잔여분을 징수할 수 없다고 인정되는 경우

(5) 과징금 위반행위의 종류와 금액

과징금을 부과하는 위반 행위의 종류와 정도에 따른 과징금의 금액과 그 밖에 필요한 사항은 대통령령으로 정하며, 과징금을 부과하는 위반행위의 종류와 위반 정도에 따른 과징금의 금액은 <표 11-3>과 같다(시행령 별표 2).

〈표 11- 3 〉 위반행위의 종류와 과징금의 금액

위반행위	근거 법조문	과징금금액
수입된 원산지표시대상물품에 대하여 단순한 가공활동을 거침으로써 해당 물품등의 원산지 표시를 손상하거나 변형한 자가 그 단순 가공한 물품등에 당초의 원산지를 표시하지 아니하거나 다르게 표시한 행위	법 제33조의 2제2항	해당 위반물품등의 수출입 신고금액(판매업자의 경우에는 판매한 물품등과 판매하지 아니한 물품등을 구분하여 판매한 물품등의 매출가액과 판매하지 아니한 물품등의 매입가격을 합한 금액을 말한다)의 100분의 10에 해당하는 금액이나 1억원 중 적은 금액
원산지의 표시방법을 위반한 행위, 무역거래자가 원산지 표시대상물품에 대하여 원산지표시를 하지 아니하는 행위	법 제33조의 2제2항	해당 위반물품등의 수출입 신고금액의 100분의 10에 해당하는 금액이나 2억원 중 적은 금액
무역거래자 또는 물품등의 판매업자가 물품등의 원산지를 거짓으로 표시하거나 원산지를 오인(誤認)하게 하는 표시를 하는 행위, 원산지 표시를 손상하거나 변경하는 행위	법 제33조의 2제2항	해당 위반물품등의 수출입 신고금액(판매업자의 경우에는 판매한 물품등과 판매하지 아니한 물품등을 구분하여 판매한 물품등의 매출가액과 판매하지 아니한 물품등의 매입가격을 합한 금액을 말한다)의 100분의 10에 해당하는 금액이나 3억원 중 적은 금액

산업통상자원부장관 또는 시·도지사는 해당 무역거래자 등의 수출입 규모, 위반 정도 및 위반 횟수 등을 고려하여 과징금 금액의 2분의 1의 범위에서 가중하거나 경감할 수 있다. 다만, 가중하는 경우에도 과징금의 총액은 3억원을 넘을 수 없다(시행령 제60조).

3-5. 원산지 표시의무 위반자의 공표

(1) 공표 대상자

산업통상자원부장관 또는 시·도지사는 과징금을 내야 하는 자가 납부기한까지 내지 아니하면 국세 또는 지방세 체납처분의 예에 따라 징수하며, 과징금 부과처분이 확정된 자에 대해서는 대통령령으로 정하는 바에 따라 그 위반자 및 위반자의 소재지와 물품등의 명칭, 품목, 위반내용 등 처분과 관련된 사항을 공표할 수 있다(법 제33조의2). 공표의 대상자는 과징금 부과처분이 확정된 자로서 다음의 어느 하나에 해당하는 자로 한다(시행령 제60조의2 제1항).

① <표 11-3>의 구분에 따른 해당 위반물품등의 수출입 신고 금액(판매업자의 경우에는 판매한 물품등과 판매하지 아니한 물품등을 구분하여 판매한 물품등의 매출가액과 판매하지 아니한 물품등의 매입가액을 합한 금액을 말하며, 이하 이 항에서 "원산지 표시 위반물품등의 가액"이라 한다)이 10억원(「관세법」 별표에 따른 품목 중 제1류부터 제24류까지의 품목 및 소금의 경우에는 5억원을 말한다) 이상인 자

② 「관세법」 별표에 따른 품목 중 제1류부터 제24류까지의 품목 및 소금에 대한 <표 11-3>의 무역거래자 또는 물품등의 판매업자가 물품등의 원산지를 거짓으로 표시하거나 원산지를 오인(誤認)하게 하는 표시를 하는 행위, 원산지 표시를 손상하거나 변경하는 행위에 해당하는 원산지 표시 위반물품등의 가액 중 다음 각 목의 위반행위로 인한 가액을 합산한 금액이 5천만원 이상인 자

㉮ 원산지를 국내산으로 거짓 표시하거나 원산지를 국내산으로 오인하게 하는 표시를 하는 행위

㉯ 원산지 표시를 국내산으로 변경하는 행위

③ 다음의 요건을 모두 갖춘 자

㉮ 과징금 부과처분(법 제33조의2제2항에 따라)을 받은 날부터 과거 2년 이내의 기간(초일을 산입한다) 동안 과징금 부과처분을 받은 횟수가 3회 이상일 것

㉯ ㉮에 따른 과징금 부과처분 중 확정된 처분이 3회 이상일 것

㉰ ㉯에 따른 확정된 과징금 부과처분의 사유가 된 원산지 표시 위반물품등의 가액을 합산한 금액이 5천만원 이상일 것

④ 「관세법」 별표에 따른 품목 중 제1류부터 제24류까지의 품목 및 소금에 대한 원산지 표시의무를 위반한 경우로서 다음의 요건을 모두 갖 춘 자

㉮ 과징금 부과처분(법 제33조의2제2항에 따라)을 받은 날부터 과거 2년 이내의 기간(초일을 산입한다) 동안 과징금 부과처분을 받은 횟수가 3회 이상일 것

㉯ ㉮에 따른 과징금 부과처분 중 확정된 처분이 3회 이상일 것

(2) 공표 사항

산업통상자원부장관 또는 시·도지사는 공표 대상자에 대해서는 다음의 사항을 산업통상자원부 또는 시·도의 홈페이지에 공표하여야 한다(시행령 제60조의2 제2항).

① "「대외무역법」에 따른 원산지 표시의무 위반사실의 공표"라는 표제

② 위반자의 성명 또는 명칭(법인의 경우에는 대표자의 성명을 포함한다) 및 주소(법인의 경우 주된 영업소의 주소와 원산지 표시의무 위반행위를 한 사업장 주소를 말한다)

③ 원산지 표시 위반물품등의 종류, 명칭 및 위반내용

④ 원산지 표시 위반행위에 대한 처분권자, 처분일, 처분 내용

(3) 자료의 요청

산업통상자원부장관은 수출입 물품등의 원산지의 표시 및 표시 위반에 대한 시정명령등에 따른 업무가 통일적이고 원활하게 집행되도록 하기 위하여 해당 업무에 대한 자료의 제출을 지방자치단체의 장에게 요청할 수 있다(시행령 제60조의3).

제3절 수출입 물품의 원산지 판정 제도

 원산지 판정의 의의

글로벌기업의 발달로 생산공정의 국제분업이 보편화됨에 따라 하나의 제품이 여러 나라에서 생산되는 현상이 일반화되고 있다. 이에 따라 어떤 제품의 원산지를 판정하기가 쉽지 않게 되어 원산지판정에 대한 국제적인 통일규범 제정의 필요성이 커졌다.

원산지판정은 원산지판정기준에 의해 어떤 물품의 원산지가 어디인지를 판정하는 것을 말하며, 원산지확인은 통관단계에서 신고한 원산지가 맞는지 확인하는 것을 말한다. 또한 원산지표시는 소비자에게 상품정보를 제공하기 위하여 해당 물품에 모든 정보를 표시하는 것을 뜻한다.

이러한 원산지규정 중에서 가장 중요한 원산지판정기준은 품목별로 따로 정하는 경우도 있으나, 대부분의 국가에서는 전체 물품의 원산지를 완전생산기준, 세번변경기준, 부가가치기준 또는 공정기준에 의하여 판정하고 있다.

우리나라도 원산지판정기준을 완전생산기준, 세번변경기준을 원칙으로 하고 있으며, 예외적으로 부가가치기준 또는 가공공정기준에 의하여 원산지를 판정하고 있다.

2 수입 물품의 원산지 판정기준

산업통상자원부장관은 필요하다고 인정하면 수출 또는 수입 물품등의 원산지 판정을 할 수 있으며, 원산지판정의 기준은 대통령령이 정하는 바에 따라 산업통상자원부장관이 정하여 공고한다(법 제34조 제1, 2항).

이에 따라 수입물품의 원산지판정기준으로 완전생산물품, 실질적 변형, 단순한 가공활동의 기준 등을 정하고 있으며, 원산지판정기준에 관한 구체적인 사항은 관계 중앙행정기관의 장과 협의하여 산업통상자원부장관이 정하여 고시한다. 수입 물품에 대한 원산지 판정은 다음의 어느 하나의 기준에 따라야 한다(시행령 제61조 제1, 2항).

① 수입 물품의 전부가 하나의 국가에서 채취되거나 생산된 물품(이하 "완전생산물품"이라 한다)인 경우에는 그 국가를 그 물품의 원산지로 할 것
② 수입 물품의 생산·제조·가공 과정에 둘 이상의 국가가 관련된 경우에는 최종적으로 실질적 변형을 가하여 그 물품에 본질적 특성을 부여하는 활동(이하 "실질적 변형"이라 한다)을 한 국가를 그 물품의 원산지로 할 것
③ 수입 물품의 생산·제조·가공 과정에 둘 이상의 국가가 관련된 경우 단순한 가공활동을 하는 국가를 원산지로 하지 아니할 것

또한 수출 물품에 대한 원산지 판정은 수입물품의 원산지판정기준을 준용하여 판정하되, 그 물품에 대한 원산지 판정기준이 수입국의 원산지 판정기준과 다른 경우에는 수입국의 원산지 판정기준에 따라 원산지를 판정할 수 있다(시행령 제61조 제3항).

2-1. 완전생산기준(Wholly Produced Criterion)

완전생산물품이란 수입 물품의 전부가 하나의 국가에서 채취되거나 생산된 다음의 하나에 해당하는 물품으로 이러한 물품은 그 국가를 그 물품의 원산지로 한다(시행령 제61조 제1항 제1호), (규정 제85조 제1항).

① 해당국 영역에서 생산한 광산물, 농산물 및 식물성 생산물
② 해당국 영역에서 번식, 사육한 산동물과 이들로부터 채취한 물품
③ 해당국 영역에서 수렵, 어로로 채포한 물품
④ 해당국 선박에 의하여 채포한 어획물, 그 밖에 물품
⑤ 해당국에서 제조, 가공공정 중에 발생한 잔여물
⑥ 해당국 또는 해당국의 선박에서 ①부터 ⑤까지의 물품을 원재료로 하여 제조·가공한 물품

이와 같이 완전생산물품은 천연생산품(농수산물, 동·식물, 지하자원 등의) 및 이들 천연생산품만을 원재료로 하여 한 나라에서 제조된 물품이 일반적이다. 예를 들면, 뉴질랜드에서 자란 양에서 양모를 채취하여 이를 원재료로 하여 뉴질랜드에서 제조한 직물 등을 말한다.

따라서 완전생산기준의 원산지판정은 당초 생산국 이외의 국가에서 단순한 가공이 이루어진 경우나 수입원재료 또는 원산지 불명의 원재료를 사용하여 제조·가공한 경우에는 적용될 수 없다.

2-2. 실질적 변형기준(Substantial Transformation Criterion)

실질적 변형기준은 2개국 이상에 걸쳐 생산된 물품의 경우 해당 물품이 실질적으로 변화되는 생산 공정을 최종적으로 행한 국가를 원산지로 보는 판정기준으로서, 세번변경기준(tariff shift criterion), 부가가치기준(value added criterion), 가공공정기준(processing operation criterion) 등으로 나누어 보다 구체적이고 비교적 집행이 용이하도록 운영되고 있다. 세번변경기준과 주요공정기준은 기술적인 기준이며, 부가가치기준은 경제적인 기준이라 할 수 있다.

예를 들면 해외 위탁가공물품의 경우 원·부자재가 모두 위탁국에서 공급하였다 하더라도 그 물품의 실질적 변형[86]을 일으키는 가공공정을 시행한 가공국가가 원산지가 된다.

이러한 실질적 변형에도 불구하고 산업통상자원부장관이 특정수입물품의 원산지(규정 별표9)에서 별도로 정하는 품목에 대하여는 부가가치, 주요부품 또는 주요공정 등에 의하여 해당물품의 원산지를 판정할 수 있다(규정 제85조 제4항).

따라서 대외무역법령에서는 실질적 변형이 행해진 경우 원칙적으로는 세번변경기준이 적용되고, 예외적으로 부가가치기준, 주요부품 또는 주요공정기준이 적용되고 있다.

(1) 세번변경기준(Change of Tariff Classification)

수입물품의 생산·제조·가공과정에서 2개국 이상이 관련된 경우에는 최종적으로 실질적 변형을 행하여 그 물품의 본질적 특성을 부여하는 활동을 수행한 국가를 해당 물품의 원산지로 하는 기준이다.

여기에서 "실질적 변형"이라 함은 해당국에서의 제조·가공과정을 통하여 원재료의 세번과 상이한 세번(HS 6단위기준)의 제품을 생산하는 것을 말한다 (규정 제85조 제2항).

또한, 산업통상자원부 장관은 관세율표상에 해당 물품과 그 원재료의 세번이 구분되어 있지 아니함으로 인하여 제조·가공 과정을 통하여 그 물품의 본질적 특성을 부여하는 활동을 가하더라도 세번(HS 6단위 기준)이 변경되지 아니하는 경우에는 관계기관의 의견을 들은 후 실질적 변형 여부를 판단할 수 있다 (규정 제85조 제3항). 일반적으로 단순가공활동이란 운송을 위한 가공, 포장, 통풍, 냉동·냉

86) 최종적으로 실질적 변형을 행하여 그 물품의 본질적인 특성을 부여하는 활동을 말한다.

장 등을 말한다.

대외무역법령에서는 실질적 변형이 행해지는 경우 부가가치기준이나 주요공정기준이 적용되는 물품을 제외하고는 원칙적으로 세번변경기준이 적용되고 있다.

(2) 부가가치기준(Value added Criterion)

부가가치기준은 세번변경기준 원칙에도 불구하고 특정 수입물품의 원산지에 대하여는 부가가치기준과 주요공정기준을 적용한다. 이는 세번변경이 실질적 변형을 반영하지 못하는 경우 또는 주요부품이나 주요공정을 측정하기 어려운 경우에 주로 사용되는 것으로, 특정 제품의 전체가치 중에서 부가가치의 비율[87]이 몇 % 이상인 국가를 원산지로 보는가 하는 기준이다. 이 기준은 상업송장에 의하여 수입 원료의 가격을 확인할 수 있기 때문에 정확하고 간이하다는 장점이 있다.

부가가치의 비율을 산정하는 경우 해당물품의 제조·생산에 사용된 원료 및 구성품의 가격은 다음의 하나에서 정하는 가격으로 한다(규정 제85조 제5, 7항).

① 해당 제조·생산국에서 외국으로부터 수입 조달한 원료 및 구성품의 가격은 각기 수입단위별 FOB가격

② 해당 제조·생산국에서 국내적으로 공급된 원료 및 구성품의 가격은 각기 구매단위별 공장도가격

〈표 11-4〉 부가가치기준의 적용 품목 예시(규정 별표 9)

품 목 명	원산지판정기준
HS 9006.51 렌즈를 통하여 볼 수 있는 파인더(싱글렌즈레플렉스)를 갖춘 것 (폭이 35밀리미터 이하의 롤필름용인것에 한하며 특수용도사진기 또는 일회용 사진기는 제외) HS 9006.53 그 밖에(폭이 35밀리미터의 롤필름용인 것에 한하며 특수용도 사진기 또는 일회용 사진기는 제외)	다음 각 호의 기준을 순차적으로 적용한다. 1. 해당 물품에 사용된 원료 및 부품의 부가 가치가 완제품 부가가치의 35%이상인 경우 해당 원료 및 부품을 생산 또는 최초로 공급한 국가 2. 제1호의 국가가 없거나 2개국 이상인 경우는 주요부품(셔터, 렌즈, 줌경통, 파인더)이 차지하는 부가가치의 비율이 높은 국가

87) 해당 물품의 제조·생산에 사용된 원료 및 구성품의 원산지별 가격누계가 해당물품의 수입가격(FOB가격기준)에서 점하는 비율로 한다.

대외무역관리규정의 특정수입물품(규정 별표9)에 의하면, 부가가치기준이 적용되는 품목은 현재 카메라에 대해 규정하고 있으며, 이 규정에 의하면 해당 물품에 사용된 원료 및 부품의 부가가치가 완제품 부가가치의 35% 이상인 경우 해당 원료 및 부품을 생산 또는 최초로 공급한 국가를 원산지로 본다.

예를 들면 A국이 B, C국으로부터 부품을 수입하여 제조한 물품을 한국에 수출하는 경우, A국의 부가가치율이 16%, B국의 부가가치율이 37%, C국의 부가가치율이 25%, 수출국(A국)의 경비 · 이윤이 18%라고 한다면, 이때의 원산지는 B국으로 본다.

〈표 11-5〉 원산지판정기준 사례(1)

구분	A국	B국	C국	수출국의 경비 · 이윤
부가가치율(%)	16	37	25	18
원산지		o		

(3) 주요공정기준(Processing Operation Criterion)

주요공정기준의 원산지판정은 각 품목별로 기술적으로 중요한 제조 · 가공공정을 열거하여 가장 객관적인 기준으로 제조공정 중 특정한 공정을 수행하거나 특정한 부품을 사용한 국가를 원산지로 하는 기준이다. 대외무역관리규정에서 별도 정하는 품목(규정 별표9)으로서 부가가치율이 35% 이상 생산되는 국가가 없거나 2개국 이상인 경우는 주요부품이 차지하는 부가가치율이 높은 국가를 원산지로 본다. 즉, 주요공정(부품)이 이루어진 국가를 원산지로 본다(규정 제85조 제6항). 따라서 다음과 같이 주요 부품을 생산한 국가 또는 주요공정이 이루어진 국가를 원산지로 본다.

〈표 11-6〉 원산지판정기준 사례(2)

구분	A국	B국	C국	D국	수출국의 경비 · 이윤
주요부품 부가가치율(%)	13	48	16	18	16
완제품 부가가치율(%)	15	24	29	13	20
원산지		o			

① 해당 주요 부품의 원료 및 구성품의 부가가치생산에 최대로 기여한 국가가 해당 완제품의 부가가치비율 기준 상위 2개국 중 어느 하나에 해당하는 경우는 해당 국가

② 해당 주요부품의 원료 및 구성품의 부가가치생산에 최대로 기여한 국가가 해당 완제품의 부가가치비율 기준 상위 2개국 중 하나에 해당하지 아니하는 경우는 해당 완제품을 최종적으로 제조한 국가

〈표 11-7〉 원산지판정기준 사례(3)

구분	A국	B국	C국	D국	수출국의 경비·이윤
주요부품 부가가치율(%)	13	48	16	18	16
완제품 부가가치율(%)	23	17	29	13	21
원산지	해당 완제품을 최종적으로 제조한 국가				

현재, 주요공정기준이 적용되는 품목으로는 가축과 섬유류를 표시하고 있다. 즉 소, 돼지, 그 밖에 가축, 편직된 의류 및 그 부속품, 편직을 제외한 의류 및 그 부속품, 제품으로 된 방직용 섬유제품에 대한 기준규정이 적용되고 있다.

예를 들면, 가축의 경우 출생국과 사육국이 다를 경우 소는 6개월 이상, 돼지는 2개월 이상, 그 밖에 가축의 경우에는 1개월 이상 사육된 경우에는 해당 사육국을 원산지로 하고, 각각 그 기간에 미달하는 경우에는 출생국을 원산지로 한다.

〈표 11-8〉 가공공정기준 적용 품목 예시

품목명	원산지판정기준
HS 0102 소	·출생국에서 사육된 경우 : 출생국 ·출생국과 사육국이 다른 경우 (6개월이상 사육된 경우 : 사육국) (6개월 미만 사육된 경우 : 출생지)
HS 0103 돼지	소의 경우와 동일하며, 다만 2개월 기준
그 밖의 가축으로서 HS 01류의 것	소의 경우와 동일하며, 다만 1개월 기준

2-3. 단순한 가공활동의 기준

수출입물품의 생산 · 제조 · 가공과정에 2개국 이상의 국가가 관련되는 경우 단순한 가공활동을 수행하는 국가를 원산지로 하여서는 안 된다. 여기서 다음의 하나에 해당하는 것을 "단순한 가공활동"으로 보며, 이러한 단순한 가공활동을 수행하는 국가에는 원산지를 부여하지 아니한다(규정 제85조 제8항).

① 운송 또는 보관 목적으로 물품을 양호한 상태로 보존하기 위해 행하는 가공활동

② 선적 또는 운송을 용이하게 하기 위한 가공활동

③ 판매목적으로 물품의 포장 등과 관련된 활동

④ 제조 · 가공결과 HS 6단위가 변경되는 경우라도 다음의 하나에 해당되는 가공과 이들이 결합되는 가공은 단순한 가공활동의 범위에 포함된다.

㉮ 통풍

㉯ 건조 또는 단순가열(볶거나 굽는 것 포함)

㉰ 냉동, 냉장

㉱ 손상부위의 제거, 이물질 제거, 세척

㉲ 기름칠, 녹방지 또는 보호를 위한 도색, 도장

㉳ 거르기 또는 선별(sifting or screening)

㉴ 정리(sorting), 분류 또는 등급선정(classifying, or grading)

㉵ 시험 또는 측정

㉶ 표시나 라벨의 수정 또는 선명화

㉷ 가수, 희석, 흡습, 가염, 가당, 전리(ionizing)

㉸ 각피(husking), 탈각(shelling or unshelling), 씨제거 및 신선 또는 냉장육류의 냉동, 단순 절단 및 단순혼합

㉹ 특정수입물품(별표 6-2)으로 정한 HS 01류의 가축을 수입하여 국내에서 도축하는 경우 품목별 사육기간 미만의 기간 동안 국내에서 사육한 가축의 도축(slaughtering)

㉺ 펴기(spreading out), 압착(crushing)

㉻ ㉮ ~ ㉺의 규정에 준하는 가공으로서 산업통상자원부장관이 별도로 판정하는 단순한 가공활동

예를 들면, 고사리(HS 070900)가 건조되어 건고사리(HS 071290)로 되거나 해삼이(HS 0307913) 냉동되어 냉동해삼(HS 030799)으로 되는 경우 또는 대구(HS 030250)가 절단되어 대구포(HS 030420)로 되는 경우 등은 제조·가공결과 세번(HS 6단위기준)이 변경되더라도 실질적인 변형이 일어난 것으로 보지 않고 단순한 가공활동으로 본다.

2-4. 수입원료를 사용한 국내생산 물품등의 원산지 판정 기준

산업통상자원부장관은 공정한 거래질서의 확립과 생산자 및 소비자 보호를 위하여 필요하다고 인정하면 수입원료를 사용하여 국내에서 생산되어 국내에서 유통되거나 판매되는 물품등(이하 이 조에서 "국내생산물품등"이라 한다)에 대한 원산지 판정에 관한 기준을 관계 중앙행정기관의 장과 협의하여 정할 수 있다. 다만, 다른 법령에서 국내생산물품등에 대하여 다른 기준을 규정하고 있는 경우에는 그러하지 아니하다. 이에 따라 산업통상자원부장관은 국내생산물품등에 대한 원산지 판정에 관한 기준을 정하면 이를 공고하여야 한다(법 제35조).

(1) 적용 대상물품

수입원료를 사용한 국내생산물품 등의 원산지 판정 기준 적용 대상물품은 <규정 별표 8>에 의한 수입 물품 원산지표시대상물품 중 국내 수입후 단순한 가공활동을 한 물품과 1류~24류(농수산물·식품), 30류(의료용품), 33류(향료·화장품), 48류(지와 판지), 49류(서적·신문·인쇄물), 50류~58류(섬유), 70류(유리), 72류(철강), 87류(8701~8708의 일반차량), 89류(선박)에 해당되지 않는 물품이다. 이러한 적용 대상물품에서 다음의 어느 하나에 해당하는 경우 우리나라를 원산지로 하는 물품으로 본다(규정 제86조 제1, 2항).

① 우리나라에서 제조·가공과정을 통해 수입원료의 세번과 상이한 세번(HS 6단위 기준)의 물품을 생산하거나 세번 HS 4단위에 해당하는 물품의 세번이 HS 6단위에서 전혀 분류되지 아니한 물품으로, 해당 물품의 총 제조원가 중 수입원료의 수입가격(CIF가격 기준)을 공제한 금액이 총 제조원가의 51% 이상인 경우

② 우리나라에서 단순한 가공활동이 아닌 제조·가공과정을 통해 ①의 세번

변경이 안된 물품을 최종적으로 생산하고, 해당 물품의 총 제조원가 중 수입원료의 수입가격(CIF가격 기준)을 공제한 금액이 총 제조원가의 85% 이상인 경우

그러나 이에도 불구하고 천일염은 외국산 원재료가 사용되지 않고 제조되어야 우리나라를 원산지로 본다.

(2) 원산지 표시방법

국내생산물품 등의 원산지를 우리나라로 볼 수 있는 경우에는 원산지 표시의 일반원칙의 규정을 준용하여 표시할 수 있다. 그러나 수입원료를 사용한 국내생산물품 중 우리나라를 원산지하는 규정을 충족하지 아니한 물품의 원산지 표시는 다음의 방법에 따라 표시할 수 있다(규정 제86조 제5항).

① 우리나라를 "가공국" 또는 "조립국" 등으로 표시하되 원료 또는 부품의 원산지를 동일한 크기와 방법으로 병행하여 표시

② ①의 원료나 부품이 1개국의 생산품인 경우에는 "원료(또는 부품)의 원산지 : 국명"을 표시

③ ①의 원료나 부품이 2개국 이상(우리나라를 포함한다)에서 생산된 경우에는 완성품의 제조원가의 재료비에서 차지하는 구성비율이 높은 순으로 2개 이상의 원산지를 각각의 구성비율과 함께 표시(예: "원료 (또는 부품)의 원산지 : 국명(○%), 국명(○%)")

2-5. 원산지 판정 기준의 특례

원산지 판정 기준의 특례에 대한 규정은 다음과 같다(규정 제87조).

① 기계·기구·장치 또는 차량에 사용되는 부속품·예비부분품 및 공구로서 기계 등과 함께 수입되어 동시에 판매되고 그 종류 및 수량으로 보아 정상적인 부속품, 예비부분품 및 공구라고 인정되는 물품의 원산지는 해당 기계·기구·장치 또는 차량의 원산지와 동일한 것으로 본다.

② 포장용품의 원산지는 해당 포장된 내용품의 원산지와 동일한 것으로 본다. 다만, 법령에 의하여 포장용품과 내용품을 각각 별개로 구분하여 수입신고하도록 규정된 경우에는 포장용품의 원산지는 내용품의 원산지와 구분하여 결정한다.

③ 촬영된 영화용 필름은 그 영화제작자가 속하는 나라를 원산지로 한다.

즉, 촬영된 영화필름의 경우 제3국에서 촬영된 것이라도 그 영화의 제작자가 속하는 국가를 원산지로 본다.

3 수출입 물품의 원산지 판정 절차

3-1. 원산지 판정 및 이의신청의 의의

수출입물품의 원산지 판정 및 이의신청제도는 원산지 표시물품의 생산과정이 복잡하여 원산지를 확정하기에 곤란한 경우 수출입업자 및 이해관계인의 요청에 의하여 원산지를 결정함으로서 수출입물품의 통관 및 관세율 적용 등의 적정화를 기하고자 하는 것이다.

원산지 판정제도는 대외무역법과 관세법에 규정되어 있는데, 일반적으로 비특혜원산지판정은 산업통상자원부(관세부과물품은 제외), 특혜원산지판정은 관세청(관세부과물품 포함)에서 하고 있다.

비특혜원산지는 소비자의 알 권리 충족을 위한 원산지표시, 수출입 지역 및 수량제한, 무역통계 등에 대한 것이며, 특혜원산지는 편익관세 적용 등에 관한 사항들이다. 산업통상자원부장관의 원산지의 판정 및 이의제기의 처리에 관한 권한을 관세청장에게 위탁되어 있다(시행령 제91조 제6항 제2호)

3-2. 원산지 판정의 절차

(1) 원산지 판정 요청

물품을 수출입하기 전에 무역거래자 또는 물품등의 판매업자 등은 수출 또는 수입 물품등의 원산지 판정을 산업통상자원부장관에게 요청할 수 있으며(법 제34조 제3항), 이에 따라 수출 또는 수입 물품의 원산지 판정을 받으려는 자는 산업통상자원부장관(관세청장에게 위탁)에게 다음의 구비서류를 첨부하여 제출하여야 한다(시행령 제62조 제1항).

① 대상물품의 관세·통계통합품목분류표(관세법시행령 제98조의 관세·통계통합품목분류표)상의 품목번호, 품목별(모델명 포함), 요청사유, 요청자가 주장하는 원산지 등을 명시한 요청서

② 견본 1개(다만, 물품의 성질상 견본을 제출하기 곤란하거나 견본이 없어도

그 물품의 원산지판정에 지장이 없다고 인정되는 경우에는 견본의 제출을 생략할 수 있다)

③ 그 밖에 원산지판정에 필요한 자료

〈그림 11-1〉 원산지 판정 절차

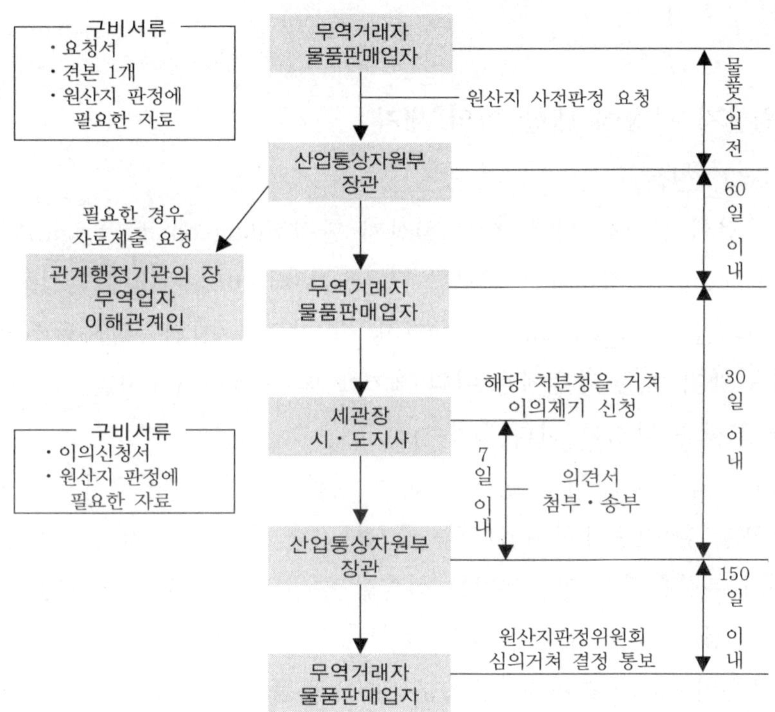

(2) 원산지 사전판정 자료요청

산업통상자원부장관은 제출된 요청서 등이 미비하여 수출 또는 수입 물품의 원산지를 판정하기 곤란한 경우에는 기간을 정하여 자료의 보정(補正)을 요구할 수 있으며, 그 기간 내에 보정하지 아니하면 요청서 등을 되돌려 보낼 수 있다(시행령 제62조 제2항). 또한 산업통상자원부장관은 원산지판정을 위하여 필요한 경우 해당 사안과 관련된 행정기관의 장, 무역업자 및 그 밖에 이해관계인에게 자료의 제출을 요청할 수 있다(규정 제88조).

(3) 원산지 사전판정결과 통보

산업통상자원부장관은 원산지 판정의 요청을 받은 경우에는 60일 이내에 원산지 판정을 하여 그 결과를 요청한 사람에게 문서로 알려야 하며, 원산지 사전판정 결과가 요청인의 주장과 다른 경우에는 판정의 근거 등을 기재하여야 한다. 다만, 해당 판정과 관련된 자료수집 등을 위하여 필요한 기간은 이에 산입하지 아니한다(시행령 제62조 제3항).

3-3. 원산지 판정에 대한 이의 제기

(1) 이의제기 신청

원산지 판정의 통보를 받은 자가 원산지 판정(ruling on the origin)에 대하여 불복(dissatisfied)하는 경우에는 통보를 받은 날부터 30일 이내에 산업통상자원부장관에게 이의를 제기(raise an objection)할 수 있으며, 산업통상자원부장관은 이러한 이의를 제기 받은 경우에는 이의 제기를 받은 날부터 150일 이내에 이의제기에 대한 결정을 알려야 한다(법 제34조 제5, 6항).

또한 대외무역법령 등의 규정에 의하여 세관장 또는 시·도지사의 원산지에 관한 결정 또는 확인에 대하여 이의를 제기하고자 하는 자는 해당 처분청을 거쳐 산업통상자원부장관에게 이의제기를 신청할 수 있다. 이 경우 이의제기 절차 등은 원산지 판정에 관한 규정에 따른다(규정 제89조 제1항),(시행령 제57조 제1항).

① 대상물품의 관세·통계통합품목분류표상의 품목번호, 품목명(모델명을 포함한다), 이의제기의 사유, 신청자가 주장하는 원산지 등을 기재한 이의신청서

② 원산지 판정에 필요한 자료

이의제기를 접수한 처분청은 이를 접수한 날부터 7일 이내에 의견서를 첨부하여 산업통상자원부장관에게 송부하여야 한다(규정 제89조 제2항).

(2) 이의제기 신청에 대한 자료보정요구

산업통상자원부장관은 제출된 신청서 등이 미비하여 이의제기에 대한 결정을 하기 곤란한 경우에는 기간을 정하여 자료의 보정을 요구할 수 있으며, 그 기간 내에 보정하지 아니할 때에는 신청서 등을 되돌려 보낼 수 있다(시행령 제63조 제2항). 이 때 보정기간은 이의제기 결정기간에 산입하지 아니한다(규정 제90조).

(3) 이의제기에 대한 결정통보

산업통상자원부장관은 이의를 제기받은 경우에는 이의제기에 대한 결정을 하기 위하여 관계 전문가에게 자문하거나 이해관계자 등의 의견을 들을 수 있으며, 이의제기를 받은 날부터 150일 이내에 이의제기에 대한 결정을 알려야 한다(법 제34조 제6항).

제4절 수입 물품등의 원산지확인제도

1 원산지확인 대상물품

원산지 확인제도는 수출입공고·통합공고 등에서 요건확인 및 수출입을 제한하고 있는 물품의 우회수입 방지, 호혜통상협정이 체결된 국가간의 수입물품에 대한 협정세율 적용, 원산지 허위표시 방지 등을 위하여 원산지증명서 등 관련 자료의 제출을 받는 것을 말한다.

원산지 확인물품은 수입금지 또는 수입제한지역을 정하고 있는 경우에 해당된다. 원산지 확인대상은 수입승인상의 원산지와 현품에 표시된 원산지가 상이한 물품, 국내 또는 해외 유명상표 제품, 원산지를 오인할 가능성이 큰 물품(OEM방식 생산품 등) 중 정밀 검사할 필요성이 있는 물품, 원산지 허위표시에 대한 정보입수 등 우범성이 있다고 인정되는 물품 등이다.

2 수출입물품의 원산지증명제도

2-1. 원산지증명서

(1) 원산지증명서의 의의

원산지증명서(Certificate of Origin, C/O)는 수입 또는 수출대금 결제 시 구비서류의 하나로 물품이 해당국에서 생산, 제조 또는 가공되었다는 사실을 증명하는 서류이다. 원산지증명서는 특정국가나 지역으로부터 수입을 금지 또는 제한하기 위한 정책적 목적, 호혜통상협정이 체결된 지역으로부터의 수입물품에 대한 협정 세율의 적용을 위한 관세 감면 혜택의 부여 목적, 선진국의 개발도상국에 대한 특혜관세의 공여 목적, 그 밖에 나라별 수입통계의 목적으로 발급되는 경우가 일반적이다.

(2) 원산지증명서의 종류

원산지증명서는 수출입의 품목에 따라 수출품 원산지증명서와 수입품의 원산지증명서로 구분된다.

수출물품 원산지증명서는 수출물품이 우리나라에서 재배, 사육, 제조 또는 가공된 것임을 증명하는 문서[88]로서, "일반수출물품 원산지증명서"와 "관세양허대상 수출물품 원산지증명서[일반특혜관세제도(GSP)[89], GATT 개발도상국 간 관세양허협정, 아시아-태평양 무역협정(APTA), 개발도상국 간 특혜무역제도(GSTP)에 관한 협정, 자유무역협정(FTA) 등에 의한 수출품의 원산지증명서]로 구분된다.[90]

수입물품 원산지증명서는 수입물품이 해당국에서 재배, 사육, 제조 또는 가공된 것임을 증명하는 문서를 말한다.

① 일반수출물품 원산지증명서

일반수출물품 원산지증명서는 관세양허대상이 아닌 유상 또는 무상으로 수출하는 모든 물품에 대하여 발급하는 원산지증명서를 말한다.

② 일반특혜관세(GSP) 원산지증명서

일반특혜관세(GSP) 원산지증명서는 각 일반특혜관세공여국에서 정한 일반특혜관세 대상품목에 대하여 발급하는 원산지증명서를 말한다.

③ GATT 개발도상국간 관세양허수출물품의 원산지증명서

GATT 개발도상국간 관세양허수출품의 원산지증명서는 GATT 개발도상국

88) 수출품목원산지증명발급규정 제1-3조

89) 일반특혜관세제도(Generalized System of Preferences; GSP)란 선진국이 개발도상국의 수출증대 및 공업화의 촉진을 위해 개발도상국으로부터 수입되는 농수산물, 공산품의 제품 또는 반제품에 대하여 조건 없이 일방적으로 무관세를 적용하거나 저율의 관세를 부과하는 관세 상의 특혜를 말한다.

90) 수출물품원산지증명발급규정 제1-2조.

간 관세양허협정의 협정국에서 정한 국별 관세양허품목에 대하여 발급하는 원산지증명서를 말한다.

④ 아시아-태평양 무역협정(Asia-Pacific Trade Agreement ; APTA 협정)에 의한 관세양허대상 수출물품의 원산지증명서 아시아-태평양 무역협정(Asia-Pacific Trade Agreement ; APTA 협정)에 의한 관세양허대상 수출물품의 원산지증명서는 "APTA 협정"의 협정국에서 정한 국별 관세양허대상품목에 대하여 발급하는 원산지증명서를 말한다.

⑤ 자유무역협정(FTA)에 의한 관세양허수출물품의 원산지증명서
자유무역협정(FTA)에 의한 관세양허 수출물품의 원산지증명서는 우리나라를 원산지로 하는 수출물품에 대하여 대한민국 정부와 상대국 정부 간의 자유무역협정에서 양허한 품목에 대하여 발급하는 원산지증명서를 말한다.

2-2. 수입 물품등의 원산지증명서 등의 제출

산업통상자원부장관은 원산지를 확인하기 위하여 필요하다고 인정하면 물품등을 수입하려는 자에게 그 물품 등의 원산지 국가 또는 물품등을 선적(船積)한 국가의 정부 등이 발행하는 원산지증명서를 제출하도록 할 수 있으며, 원산지증명서의 제출과 그 확인에 필요한 사항은 대통령령으로 정한다.(법 제36조 제1, 2항).

산업통상자원부장관(세관장에게 위탁)은 산업통상자원부장관이 정하여 고시하는 지역으로부터 산업통상자원부장관이 정하여 고시하는 물품을 수입하려는 자에게 다음의 기관에서 발행하는 원산지증명서를 그 물품을 수입할 때에 제출하도록 할 수 있다. 그 밖에 원산지증명서에 관하여 필요한 사항은 산업통상자원부장관이 정하여 고시한다(시행령 제65조).

① 그 물품의 원산지 국가
② 그 물품을 선적(船積)한 국가의 정부
③ 그 물품의 원산지국가 또는 선적한 국가의 정부가 인정하는 기관

2-3. 원산지증명서 제출 대상 및 면제 대상

(1) 원산지등명서 제출 대상

대외무역법령 등의 규정에 의하여 원산지 확인이 필요한 다음의 물품을 수입

하는 자는 수입신고 전까지 원산지증명서 등 관계자료를 제출하고 확인을 받아야 하며, 원산지증명 등 관계 자료를 제출받은 세관장은 해당 자료의 발행기관에 이의 확인을 요청할 수 있다(규정 제91조 제2항).

① 통합공고에 의하여 특정지역으로부터 수입이 제한되는 물품(식물방역법상의 수입금지식물, 식물위생법상의 우제류 동물의 것 등)

② 원산지 허위표시, 오인·혼동표시 등을 확인하기 위하여 세관장이 필요하다고 인정하는 물품(수입승인서 상의 원산지와 현품에 표시된 원산지가 상이한 물품, 국내 또는 해외 유명상표 제품, OEM방식 생산품 등 원산지를 오인할 가능성이 큰 물품 중 정밀심사할 필요성이 있는 물품, 원산지 허위표시에 대한 정보입수 등 우범성이 있다고 인정되는 물품 등)

③ 그 밖에 법령에 의하여 원산지 확인이 필요한 물품(남북교류협력에 관한 법률상의 북한반입물품, 관세법상의 각종 특혜관세대상물품)

(2) 원산지증명서 등의 제출 면제 대상

원산지증명서 제출대상임에도 불구하고 다음의 하나에 해당하는 물품은 원산지증명서 등의 제출을 면제한다(규정 제92조).

① 과세가격(종량세의 경우에는 이를 관세법 제15조의 규정에 준하여 산출한 가격)이 15만원 이하인 물품

② 우편물(관세법 제258조 제2항에 해당하는 것은 제외)

③ 개인에게 무상 송부된 탁송품, 별송품 또는 여행자의 휴대품

④ 재수출조건부 면세 대상 물품 등 일시 수입 물품

⑤ 보세운송, 환적 등에 의하여 우리나라를 단순히 경유하는 통과화물

⑥ 물품의 종류, 성질, 형상 또는 그 상표, 생산국명, 제조자 등에 의하여 원산지가 인정되는 물품

⑦ 그 밖에 관세청장이 산업통상자원부장관과 협의하여 타당하다고 인정하는 물품

2-4. 수출물품의 원산지증명서의 발급

헌법에 따라 체결·공포된 조약과 일반적으로 승인된 국제법규를 이행하기 위하여 또는 교역상대국 무역거래자의 요청으로 수출 물품의 원산지증명서를 발급

받으려는 자는 산업통상자원부장관에게 원산지증명서의 발급을 신청하여야 한다. 이 경우 수수료를 내야 한다. 이에 따른 원산지증명서의 발급기준·발급절차, 유효기간, 수수료와 그 밖에 발급에 필요한 사항은 대통령령으로 정한다(법 제37조 제1, 2항).

(1) 발급신청 및 발급

수출 물품의 원산지증명서의 발급기준은 헌법에 따라 체결·공포된 조약이나 협정과 일반적으로 승인된 국제법규 또는 상대 수입국에서 정한 원산지증명서 발급기준으로 한다. 수출 물품의 원산지증명서를 발급받으려는 자는 수출물품 원산지증명서 발급신청서에 다음의 서류를 첨부하여 산업통상자원부장관(세관장, 대한상공회의소, 자유무역지역관리원장에게 위탁 또는 위임)에게 제출하여야 한다.

① 구매자·공급자와 수출 물품의 가격·수량 등에 관한 서류

② 그 밖에 수출물품의 원산지를 증명하는 데에 필요한 서류로서 산업통상자원부장관이 정하여 공고하는 서류

산업통상자원부장관은 수출물품의 원산지증명서 발급신청을 받은 경우 발급기준에 적합한지를 조사·확인하여 발급 여부를 결정한 후 수출 물품의 원산지증명서를 발급하여야 한다(시행령 제66조 제2, 3항).

(2) 유효기간

발급된 원산지증명서의 유효기간은 1년으로 한다. 다만, 헌법에 따라 체결·공포된 조약이나 협정과 일반적으로 승인된 국제법규에서 그 유효기간을 다르게 정하고 있는 경우에는 그 유효기간으로 한다. 그 외 수출 물품의 원산지증명서의 발급 등에 필요한 세부사항은 산업통상자원부장관이 정하여 고시한다(시행령 제66조 제4,5항).

3 원산지확인에 있어서의 직접운송원칙

수입 물품의 원산지는 그 물품이 원산지 국가 이외의 국가(비원산국)를 경유하지 아니하고 원산지 국가로부터 직접 우리나라로 운송반입된 물품에만 해당물품의 원산지를 인정한다(규정 제93조 제13항).

다만, 다음의 어느 하나에 해당하는 경우에는 해당 물품이 비원산지국의 보세구역 등에서 세관 감시 하에 환적 또는 일시장치 등이 이루어지고, 이들 이외의

다른 행위가 없었음이 인정되는 경우에만 이를 우리나라로 직접 운송된 물품으로 본다. 이러한 물품의 경우에는 관세청장이 정하는 서류를 원산지증명서와 함께 세관장에게 제출하여야 한다(규정 제93조 제1, 2항).

① 지리적 또는 운송상의 이유로 비원산국에서 환적 또는 일시장치가 이루어진 물품의 경우

② 박람회, 전시회 그 밖에 이에 준하는 행사에 전시하기 위하여 비원산지국으로 수출하였던 물품으로서 해당 물품의 전시목적에 사용 후 우리나라로 수출한 물품의 경우

이와 같은 원산지증명서에 의한 원산지 인정은 해당 원산지 국가에서 직접 우리나라로 운송, 반입된 물품에 한하여 적용하며, 제3국을 경유한 때에는 이를 증명하는 별도의 서류를 제출하여 확인을 받아야 한다.

제5절 외국산 물품등을 국산 물품등으로 가장하는 행위의 금지

1 국산 물품 등으로 가장하는 행위 금지의 의의

한국산이 외국산보다 양질의 고가품으로 인식되면서 외국산 수입품이 한국산으로 둔갑하여 국내 기업과 소비자들이 피해를 보는 사례가 증가하고 있다. 예를 들면 중국산 소금을 수입하여 약간의 가공과정을 거쳐 한국산이라고 표시하여 판매하는 경우에 원산지가 어디인지를 판단할 명백한 기준이 없는 실정이다.

따라서 고급제품을 만드는 국내 기업이 제값을 받고 팔 수 있도록 하여 제조업 공동화에 대처하고 국내 소비자 보호를 위해 외국산과 국내산을 구분할 수 있는 기준의 마련이 필요하다.

2 국내 생산물품 등의 원산지 판정기준

누구든지 원산지증명서를 위조 또는 변조하거나 거짓된 내용으로 원산지증명서를 발급받거나 물품등에 원산지를 거짓으로 표시하는 등의 방법으로 외국에서 생산된 물품등(외국에서 생산되어 국내에서 대통령령으로 정하는 단순한 가공활동을 거친 물품 등을 포함한다)의 원산지가 우리나라인 것처럼 가장(假裝)하여 그 물품 등을 수출하거나 외국에서 판매하여서는 아니 된다(법 제38조).

외국산 물품 등의 국산 물품 등으로의 가장(假裝) 금지 의무를 위반한 자는 5년 이하의 징역 또는 1억원 이하의 벌금에 처한다(법 제53조 제2항).

제 4 편

수출입 질서 유지와 행정벌

제12장 수입제한조치 및 수출입 질서유지

제1절 수입수량제한조치

1 수입제한조치

무역위원회는「불공정무역행위조사및산업피해구제에관한법률」제17조에 근거하여 직권 또는 신청에 의해 국내산업 피해 정도를 조사한 후 관련기관에 세이프가드(safeguard) 조치를 권고할 수 있다. 세이프가드(safeguard) 조치 방법은 다음과 같은 세 가지에 해당한다.

① 특정물품에 대한 관세율 조정을 기획재정부장관에 건의하는 방법

② 일정기간 동안 특정물품의 수입수량제한을 해당 부처에 건의하는 방법

③ 해당 국내산업의 구조조정을 해당 부처에 건의하는 방법이다.

무역위원회의 이러한 세이프가드 조치 건의에 따른 수입수량제한조치 시행을 위해 대외무역법에서 그 법적근거를 마련하였다.

2 수입수량제한조치

2-1. 발동요건

산업통상자원부장관은 특정 물품의 수입 증가로 인하여 동종 물품 혹은 직접

적인 경쟁관계에 있는 물품을 생산하는 국내산업이 심각한 피해를 입거나, 피해를 입을 우려가 있음이 「불공정무역행위조사및산업피해구제에관한법률」 제17조에 의한 무역위원회 조사를 통하여 확인되고 보호조치가 건의된 경우, 해당 국내산업을 보호할 필요가 인정되는 때에는 해당 물품의 국내산업에 대하여 심각한 피해 등을 방지하거나 치유하고 조정을 촉진하기 위하여 필요한 범위 안에서 물품의 수입수량을 제한하는 조치(이하 "수입수량제한조치"라 한다)를 시행할 수 있다(법 제39조 1항).

이에 따라 수입수량제한조치를 시행할 경우 무역위원회의 건의, 해당 국내산업 보호의 필요성, 국제통상 관계, 수입수량제한조치의 시행에 따른 보상수준 및 국민경제에 미치는 영향 등을 검토하여 수입수량제한조치의 시행여부 및 내용을 결정한다(법 제39조 2항).

한편, 산업통상자원부장관이 수입수량을 제한하는 경우 그 제한수량은 최근의 대표적인 3년 간의 수입량을 연평균수입량으로 환산한 수량(이하 "기준수량"이라 한다) 이상으로 하여야 한다. 이 경우 최근의 대표적인 연도를 정함에 있어서는 통상적인 수입량과 비교하여 수입량이 급증하거나 급감한 연도는 제외한다(시행령 제68조 1항).

또한, 기준수량 이상으로 수입수량제한조치를 하는 경우 해당 산업의 심각한 피해를 방지하거나 구제하기 어렵다고 명백하게 인정되는 때에는 기준수량 미만으로 수입수량을 제한할 수 있으며, 이때 산업통상자원부장관은 제한되는 수입수량을 각 국가별로 할당할 수 있다(시행령 제68조 2~3항).

2-2. 이해당사국과의 무역보상 협의

정부는 수입수량제한조치를 시행하려면 이해 당사국과 수입수량제한조치의 부정적 효과에 대한 적절한 무역보상에 관하여 협의할 수 있다(법 제39조 3항).

2-3. 적용대상 및 기간과 공고

수입수량제한조치는 조치 시행일 이후 수입되는 물품에 한하여 적용되며, 그 적용기간은 4년을 넘어서는 아니 된다. 또한 동 조치의 대상물품·수량·적용기간 등을 '수출입공고'에 고시하여야 한다(법 제39조 4~6항).

2-4. 적용기간의 특례

산업통상자원부장관은 수입수량제한조치의 대상이었거나 「관세법」 제65조에 따른 긴급관세(이하 "긴급관세"라 한다) 또는 같은 법 제66조에 따른 잠정 긴급관세(이하 "잠정긴급관세"라 한다)의 대상이었던 물품에 대하여는 그 수입수량제한조치의 적용기간, 긴급관세의 부과기간 또는 잠정긴급관세의 부과기간이 끝난 날부터 그 적용 기간 또는 부과기간에 해당하는 기간(적용기간 또는 부과기간이 2년 미만인 경우에는 2년)이 지나기 전까지는 다시 수입수량제한조치를 시행할 수 없다. 다만, 다음의 요건을 모두 충족하는 경우에는 180일 이내의 수입수량제한조치를 시행할 수 있다(법 제39조 8항).

① 해당 물품에 대한 수입수량제한조치가 시행되거나 긴급관세 또는 잠정긴급관세가 부과된 후 1년이 지날 것

② 수입수량제한조치를 다시 시행하는 날부터 소급하여 5년 안에 그 물품에 대한 수입수량제한조치의 시행 또는 긴급관세의 부과가 2회 이내일 것

2-5. 관계행정기관의 장 및 이해관계인의 협조요청

산업통상자원부장관은 수입수량제한조치의 시행여부를 결정하기 위하여 필요하다고 인정하는 때에는 관계행정기관의 장 및 이해관계인 등에게 관련 자료의 제출 등 필요한 협조를 요청할 수 있다(법 제39조 제7항).

2-6. 내용의 변경 및 적용기간의 연장

산업통상자원부장관은 무역위원회의 건의가 있고 필요하다고 인정하면 수입수량제한조치의 내용을 변경하거나 적용기간을 연장할 수 있다. 이 경우 변경되는 조치 내용 및 연장되는 적용기간 이내에 변경되는 조치 내용은 최초의 조치 내용보다 완화되어야 한다(법 제40조 제1항).

산업통상자원부장관은 시행 중인 수입수량 제한조치에 대하여 무역위원회가 그 조치 내용의 변경이나 적용기간의 연장을 건의하면 그 건의가 접수된 날부터 1개월 이내(연장의 경우 수입수량 제한조치의 적용기간이 끝나는 날 이전)에 그 조치의 변경이나 조치 기간의 연장 여부를 결정하고 그 내용을 무역위원회에 통

보하여야 한다(시행령 제69조).

수입수량제한조치의 적용기간을 연장하는 때에는 수입수량제한조치의 적용기간과 긴급관세 또는 잠정긴급관세의 부과기간 및 그 연장기간을 전부 합산한 기간이 8년을 넘어서는 아니 된다(법 제40조 제2항).

 특정국 물품에 대한 특별수입수량제한조치

3-1. 시행요건

산업통상자원부장관은 헌법에 따라 체결・공포된 조약 또는 일반적으로 승인된 국제법규에 따라 허용되는 한도에서 대통령령으로 정하는 국가[1]를 원산지로 하는 물품의 수입으로 인하여 다음의 어느 하나에 해당하는 경우가 초래된다고 무역위원회의 조사를 통하여 확인되고 이를 구제하기 위한 조치가 건의되는 경우에는 피해를 구제하거나 방지하기 위하여 필요한 범위에서 특별 수입수량 제한조치(이하 이 조에서 "특별수입수량제한조치"라 한다)를 시행할 수 있다(법 제41조 제1항).

① 그 물품의 수입 증가로 인하여 같은 종류의 물품 또는 직접적인 경쟁관계에 있는 물품의 국내 시장이 교란되거나 교란될 우려가 있는 경우

② 세계무역기구(WTO) 회원국이 해당 물품의 수입 증가에 대하여 자국의 시장 교란을 구제하거나 방지하기 위하여 취한 조치로 인하여 중대한 무역전환이 발생하여 그 물품이 우리나라로 수입되거나 수입될 우려가 있는 경우

③ 해당 물품이 「섬유 및 의류에 관한 협정」의 대상이 되는 품목인 경우에는 그 물품의 수입이 국내 시장을 교란하여 같은 품목의 교역 발전을 해치거나 해칠 우려가 있는 경우

특별수입수량제한조치의 시행에 관하여는 제39조제2항・제4항・제7항 및 제40조제1항을 준용한다(법 제41조 7항).

3-2. 적용시한

위의 ① 및 ②에 따른 경우에 해당되어 중국을 원산지로 하는 물품에 시행하는

1) 중화인민공화국(홍콩과 마카오는 제외한다. 이하 이 조에서 "중국"이라 한다)을 말한다.

특별 수입수량 제한조치는 2013년 12월 10일까지 수입신고되는 물품에만 적용하고, 같은 항 제3호에 따른 경우에 해당되어 중국을 원산지로 하는 물품에 시행하는 특별 수입수량 제한조치는 2008년 12월 31일까지 수입신고되는 물품에만 적용한다.

이때, ①, ②에 따른 경우에 해당되어 중국을 원산지로 하는 물품에 시행하는 특별 수입수량 제한조치는 2013년 12월 10일까지 수입신고되는 물품에만 적용하고, ③에 따른 경우에 해당되어 중국을 원산지로 하는 물품에 시행하는 특별 수입수량 제한조치는 2008년 12월 31일까지 수입신고되는 물품에만 적용한다(시행령 제70조 2항).

정부는 특별수입수량제한조치를 시행하려는 때에는 이해 당사국과 해결 방안을 모색하기 위하여 사전협의를 할 수 있다(법 제41조 2항).

3-3. 잠정특별수입수량제한조치의 시행 및 해제

(1) 시행

산업통상자원부장관은 무역위원회가 위의 ①에 관한 조사가 시작된 물품에 대하여 잠정적인 조치를 건의한 경우로서 그 조사기간에 발생하는 피해 등을 방지하지 아니하면 회복하기 어려운 피해 등이 초래되거나 초래될 우려가 있다고 판단되면 피해의 구제 등을 위하여 잠정 특별수입수량제한조치(이하 이 조에서 "잠정특별수입수량제한조치"라 한다)를 시행할 수 있다. 이 경우 잠정특별수입수량제한조치의 적용기간은 200일 이내로 한다(법 제41조 3항). 잠정특별수입수량제한조치의 시행에 관하여는 제39조제2항·제4항 및 제7항을 준용한다(법 제41조 8항).

(2) 해제

산업통상자원부장관은 ①에 관한 무역위원회의 조사 결과 국내 시장이 교란되거나 교란될 우려가 있다고 판단되지 아니한다는 무역위원회의 통보가 있으면 잠정특별수입수량제한조치를 해제하여야 한다.

또한 시행한 특별수입수량제한조치의 원인이 된 다른 세계무역기구 회원국의 조치가 종료된 때에는 해당 조치의 종료일부터 30일 이내에 그 특별수입수량제한조치를 해제하여야 한다(법 제41조 제4, 5항).

3-4. 공고

산업통상자원부장관은 특별수입수량제한조치 또는 잠정특별수입수량제한조치를 시행하는 때에는 그 대상 물품, 수량, 적용기간 등을 공고하여야 한다.

제2절 수출입의 질서유지

1 수출입물품 등의 가격조작 금지

무역거래자는 외화도피의 목적으로 물품 등의 수출 또는 수입 가격을 조작(造作)하여서는 아니 된다(법 제43조). 수출입물품 등의 가격조작 금지(prohibition of price manipulation) 규정은 무역거래자가 외화를 도피할 목적으로 외국의 거래상대방과 공모하여 부당하게 수출가격을 낮게 하거나 수입가격을 높게 책정하여 그 차액을 외국으로 도피하는 경우를 규제하기 위한 규정이다.

2 무역분쟁의 해결

2-1. 무역분쟁의 신속한 해결

국제무역거래에서 발생할 수 있는 무역분쟁은 거래당사자 간의 문제이다. 이런 무역분쟁이 당사자 간에 원만하게 해결되지 않을 경우 소송에 의한 해결을 할 수밖에 없는데, 이러한 해결은 시간이 오래 걸릴 수도 있기 때문에 양 당사자 모두에 재정적으로 어려움을 가져올 수 있다. 그러므로 무역거래에서는 소송에 의한 해결보다는 상사중재제도를 활용하여 신속한 분쟁해결을 도모하고 있다.

따라서 무역거래자는 그 상호 간이나 교역상대국의 무역거래자와 물품 등의 수출·수입과 관련하여 분쟁이 발생한 때에는 정당한 사유없이 그 분쟁의 해결을 지연시켜서는 안 된다(법 제44조 제1항). 대외무역법에서 이러한 무역분쟁의 신속한 해결을 의무화하고 있는 것은 수출입의 질서유지와 우리나라 수출물품의 대외신용도를 유지하기 위함이다.

2-2. 무역분쟁의 통지

무역분쟁이 발생하여 대한민국재외공관의 장이 교역상대국의 무역거래자 및 무역분쟁해결기관의 장으로부터 무역분쟁 사실의 신고를 받거나 업무를 수행하면서 무역분쟁 사실을 알게 된 경우에는 지체 없이 그 사실을 산업통상자원부장관에게 알려야 한다. 대한무역투자진흥공사, 수출입조합, 그 밖에 수출·수입과 관련된 기관의 경우에도 또한 같다(시행령 제75조 제1항).

그리고 산업통상자원부장관은 무역분쟁 사실의 통지를 받은 경우 그 분쟁을 신속하게 해결하기 위하여 필요하다고 인정할 때에는 조정(조정) 또는 알선을 할 수 있다(시행령 제75조 제2항).

2-3. 무역분쟁의 조사

산업통상자원부장관은 물품 등의 수출·수입과 관련하여 분쟁이 발생한 경우 무역거래자에게 분쟁의 해결에 관한 의견을 진술하게 하거나 그 분쟁과 관련되는 서류의 제출을 요구할 수 있다(법 제44조 제2항).

이때 산업통상자원부장관으로부터 무역분쟁 관련 서류의 제출을 요구받은 무역거래자는 다음의 사항을 기재하여 이를 산업통상자원부장관에게 제출하여야 한다(규정 제94조).

① 무역분쟁의 당사자

② 무역분쟁의 발생경위 및 내용

③ 그 밖에 필요한 서류

그리고 산업통상자원부장관은 서류를 제출받거나 의견을 들은 후에 필요하다고 인정하면 그 분쟁에 관하여 사실 조사를 할 수 있다.

2-4. 중재계약 체결권고

산업통상자원부장관은 분쟁을 신속하고 공정하게 처리하는 것이 필요하다고 인정하거나 무역분쟁 당사자의 신청을 받으면 대통령령으로 정하는 바에 따라 분쟁을 조정하거나 분쟁의 해결을 위한 중재(仲裁) 계약의 체결을 권고할 수 있다(법 제44조 제4항).

제3절 조정에 의한 수출입질서유지

 선적 전 검사와 관련한 분쟁조정

1-1. 선적 전 검사제도(Pre-shipment Inspection: PSI)

선적 전 검사는 수입국 정부로부터 위임받은 전문검사기관이 수출국에서 물품을 선적하기 직전에 수입국 정부나 수입업자를 대신하여 수출물품의 품질과 수량을 검사하고 수입물품의 거래가격이 원산지에서 일반적으로 통용되는 수출시장가격과 일치하는지 여부를 평가하는 활동이다. 이는 주로 개도국의 정부나 기업들이 물품을 수입할 때 수입물품에 대하여 선적 전에 전체적인 강제적 검사를 행하는 것으로서, 그 검사결과는 수입국에서의 수입통관 및 관세평가의 자료로 이용된다.

선적 전 검사제도(PIS)는 무역거래 시 민간검사기관에 의하여 행해지는 물품검사의 일종으로서, 수입 시에 품질과 수량검사, 가격비교를 수행하는 것을 목적으로 한다. 즉, 수입물품에 대하여 선적 전에 그 내용을 검사함으로써 물품의 생산지, 저장지 및 운송지에서 물리적으로 수입물품의 품질과 수량이 당초의 수입허가 내역과 일치하는지 여부를 사전에 확인할 수 있고, 수입가격이 수출국 현지 또는 국제시장에서 일반적으로 통용되는 수출가격과 일치하는지 여부를 확인함으로써 수출입 거래당사자간의 거래가격 조작으로 인한 외화도피나 관세평가의 왜곡을 방지할 수 있다.

하지만 수입국의 정부기관 또는 중앙은행이 지정한 선적 전 검사기관이 행하는 가격판정, 수량판정, 관세율 적용 등에 있어서 수출자가 불만이 있어 선적전검사기관에 이의신청을 할 경우에도 해당 검사기관이 수입국 정부의 기준이라는 이유로 책임을 회피하는 경우가 있어 분쟁이 빈발하였고, 양자의 입장을 중립적으로 판단할 수 있는 국내적·제도적 장치의 필요성이 대두되었다.

이에 따라 WTO 출범과 함께 선적 전 검사에 관한 협정이 체결되었으며, 우리나라에서도 대외무역법에서 선적 전 검사의 분쟁해결을 위한 개정 법률이 채용되어 제도적 장치가 마련되었다.

1-2. 선적전검사와 관련한 분쟁해결

수입국 정부와의 계약체결 또는 위임에 의하여 기업이 수출하는 물품 등에 대하여 국내에서 선적 전에 검사를 실시하는 기관(이하 "선적전검사기관"이라 한다)은 「세계무역기구(WTO) 선적 전 검사에 관한 협정」을 지켜야 한다. 이 경우 선적전검사기관은 선적 전 검사가 기업의 수출에 대한 무역장벽으로 작용하도록 하여서는 아니 된다(법 제45조 제1항).

이에 따른 선적전검사기관이 선적 전 검사를 하면서「세계무역기구 선적 전 검사에 관한 협정」 제2조를 위반하여 수출 이행에 장애를 초래하였을 때에 그 선적 전 검사는 무역장벽으로 작용한 것으로 본다(시행령 제76조).

또한 산업통상자원부장관은 선적 전 검사와 관련하여 수출자와 선적전검사기관 간에 분쟁이 발생하였을 경우에는 그 해결을 위하여 필요한 조정을 할 수 있다(법 제45조 제2항).

1-3. 선적전검사중재기관

선적전검사기관과 수출자 간에 분쟁이 발생하였을 경우 그 분쟁에 관한 중재를 담당할 수 있도록 대통령령이 정하는 바에 의하여 독립적인 중재기관을 설치할 수 있는 바(법 제45조 제3항), 중재기관은 「중재법」 제40조에 따라 산업통상자원부장관이 지정하는 사단법인(이하 "대한상사중재원"이라 한다)으로 한다. 이 규정에 의한 중재에 대하여는 「중재법」의 규정을 적용한다(시행령 제85조 제1,2항).

1-4. 세계무역기구협정 상의 분쟁 해결절차와의 관계

대외무역법에 따른 선적 전 검사와 관련한 분쟁의 해결절차는 세계무역기구협정 상의 분쟁 해결절차를 방해하지 아니한다(시행령 제86조).

한편, 조정단계에서 분쟁이 해결되지 않을 경우 중재법에 의한 중재절차, 민사소송 및 세계무역기구에의 제소 등에 의하여 문제를 해결할 수 있으며, 분쟁조정과 세계무역기구에의 제소는 동시에 진행될 수 있다.

1-5. 분쟁조정절차

(1) 분쟁조정의 신청

무역거래 또는 선적 전 검사와 관련한 분쟁이 발생한 경우 당사자의 일방 또는 쌍방은 산업통상자원부장관에게 분쟁의 조정을 신청할 수 있으며, 그 신청절차 등 신청에 관하여 필요한 사항은 산업통상자원부장관이 따로 정하여 고시한다(시행령 제80조 제1,2항).

산업통상자원부장관은 분쟁을 신속하고 공정하게 처리하는 것이 필요하다고 인정하거나 무역분쟁 당사자의 신청을 받으면 대통령령으로 정하는 바에 따라 분쟁을 조정하거나 분쟁의 해결을 위한 중재(仲裁) 계약의 체결을 권고할 수 있다. 또한, 선적 전 검사와 관련하여 수출자와 선적전검사기관 간에 분쟁이 발생하였을 경우에는 그 해결을 위하여 필요한 조정(調整)을 할 수 있다(법 제44조, 45조).

(2) 신청의 접수 및 통지

조정을 신청하려는 자(이하 "신청인"이라 한다)는 조정비용의 예납과 함께 다음의 사항을 기재한 조정신청서 5부를 대한상사중재원장(이하 "중재원장"이라 한다)에게 제출하여야 한다(규정 제98조 제1항).

① 당사자의 성명 및 주소(다만, 법인인 경우는 법인의 명칭 및 주소와 그 대표자의 성명 및 주소를 병기)

② 조정을 구하는 취지 및 이유

③ 그 밖에 분쟁조정을 위한 참고자료

한편, 중재원장은 조정의 신청을 접수하였을 때에는 이를 당사자에게 서면으로 통지하여야 하며, 접수된 사항의 추가 또는 변경하고자 하는 때에도 또한 같다. 다만, 경미한 사항에 대하여는 그러하지 아니하다(규정 제98조 제2항).

(3) 답변

조정신청통지를 받은 조정의 피신청인(이하 "피신청인"이라 한다)은 3일 이내에 중재원에 서면으로 이에 대한 의견을 제출할 수 있다(규정 제99조).

(4) 반대신청

피신청인은 조정신청 통지를 받은 날부터 3일 이내에 반대신청을 할 수 있다. 다만, 반대신청이 정상적인 조정절차를 방해한다고 인정되는 경우 중재원장은 직권으로 이를 허가하지 아니할 수 있다(규정 제100조 제1항).

피신청인의 반대신청은 신청인의 조정신청과 병합하여 심리하며, 반대신청의 경우에 '조정신청의 접수 및 통지, 답변'을 준용한다.(규정 제100조 제2,3항).

(5) 조정의 자문 및 의견수렴

산업통상자원부장관은 조정신청을 받은 때에는 30일 이내에 조정안을 작성하여 당사자에게 제시하여야 하며, 조정안에는 다음의 사항이 포함되어야 한다(시행령 제81조 제1,2항).

① 조정 사건의 표시

② 조정의 일시 및 장소

③ 당사자의 성명 또는 명칭

④ 조정안의 주요 내용

(6) 조정안의 통지

산업통상자원부장관은 조정안이 작성된 경우에는 당사자에게 알려야 한다. 이에 따라 조정안을 통지받은 분쟁 당사자는 7일 이내에 조정안에 대한 수락 여부를 서면으로 산업통상자원부장관에게 알려야 한다(시행령 제82조).

(7) 조정의 종료

산업통상자원부장관(대한상사중재원에 위탁)은 다음의 하나에 해당하는 경우에는 해당 조정 사건을 끝낼 수 있으며, 조정이 끝난 경우에는 당사자에게 알려야 한다(시행령 제83조).

① 당사자 간 합의가 이루어지거나 조정안이 수락된 경우

② 조정신청인이나 당사자가 조정신청을 철회한 경우

③ 당사자가 조정안을 거부한 경우

④ 당사자 간 합의가 성립될 가능성이 없다고 인정되는 경우나 그 밖에 조정이

불필요하다고 판단되는 경우

1-6. 조정비용

산업통상자원부장관은 조정과 관련하여 당사자에게 조정비용을 부담하도록 할 수 있으며, 조정비용은 신청요금, 경비 및 수당으로 구분하며, 조정비용의 금액, 예납절차(예납절차) 등에 관하여 필요한 사항은 산업통상자원부장관이 정하여 고시한다(시행령 제84조).

(1) 조정비용기준

조정비용은 당사자의 신청에 의한 경우 조정위원 및 간사의 소요경비, 증인 또는 감정인의 소요경비, 검사 또는 조사경비, 통역 또는 번역경비 등 조정에 소요되는 일체의 경비는 해당 당사자가 부담한다. 다만 그 경비가 조정위원회의 요청에 의한 것일 경우에는 당사자간에 따로 정함이 없는 경우 신청인이 부담한다(규정 제101조). 조정비용기준은 <표 12-1>과 같다.

〈표 12-1〉 분쟁조정비용(규정 별표 12)

구 분	수 수 료
조정사건당	50,000원
조정위원 수당 조정안 작성수당	100,000원 50,000원

(2) 예납방법

조정신청을 하고자 하는 신청인은 조정비용을 중재원에 예납하여야 하며, 예납액이 부족한 경우 중재원장은 신청인에게 추가예납을 요청할 수 있다.

또한 당사자가 조정비용의 예납요청을 받은 날부터 3일 이내에 이를 이행하지 않는 때에는 조정위원회는 조정절차를 정지하거나 종료할 수 있다. 다만, 일방의 당사자가 다른 당사자가 지급하여야 할 조정비용을 지급한 경우에는 그러하지 아니하며, 중재원장은 조정이 종료된 때에는 예납된 조정비용을 정산하고 잔액이 있는 경우는 이를 당사자에게 반환하여야 한다(규정 제102조).

2 조정명령

2-1. 의의

수출 중 플랜트수출 등과 같은 국제입찰의 경우 과당경쟁으로 인해 낮은 가격에 수주되어 우리나라 업체 상호 간에 피해를 입고, 수주업체도 정상이윤을 얻지 못해 부실공사 등으로 클레임을 받는 등의 부작용이 많아 이러한 부당한 거래에 대해 산업통상자원부가 조정명령을 발동할 수 있도록 하고 있다.

2-2. 조정명령 발동요건

산업통상자원부장관은 다음에 해당하는 경우에 무역거래자에게 수출하는 물품 등의 가격·수량·품질 그 밖에 거래조건 또는 그 대상지역에 관하여 필요한 조정(調整)을 명할 수 있다(법 제46조 제1항).

① 헌법에 의하여 체결·공포된 조약과 일반적으로 승인된 국제법규에 의한 의무이행을 위하여 필요한 경우

② 우리나라 또는 교역상대국의 관련법령에 위반되는 경우

③ 그 밖에 물품 등의 수출의 공정한 경쟁을 교란할 우려가 있거나 대외신용을 손상하는 행위를 방지하기 위한 것으로서 다음에 해당하는 경우

㉮ 물품 등의 수출과 관련하여 부당하게 다른 무역거래자를 배제하는 경우

㉯ 물품 등의 수출과 관련하여 부당하게 다른 무역거래자의 상대방에 대하여 다른 무역거래자와 거래하지 아니하도록 유인하거나 강제하는 경우

㉰ 물품 등의 수출과 관련하여 부당하게 다른 무역거래자의 해외에서의 사업활동을 방해하는 경우

또한, 산업통상자원부장관은 조정을 명하는 경우에는 다음의 사항을 고려하여야 한다(법 제46조 제2항).

① 수출기반의 안정, 새로운 상품의 개발 또는 새로운 해외시장의 개척에 기여할 것

② 다른 무역거래자의 권익을 부당하게 침해하거나 차별하지 아니할 것

③ 물품 등의 수출·수입의 질서유지를 위한 목적에 필요한 정도를 초과하지

아니할 것

이러한 조정을 명하는 절차 등에 관하여 필요한 사항은 대통령령으로 정하며(법 제43조 제3항), 조정명령을 하고자 하는 경우에는 청문을 실시하여야 한다(법 제49조).

2-3. 조정명령의 구체적 기준

대외무역법에서는 조정명령의 발동요건을 구체화하여 행정쟁송 및 통상마찰 가능성을 경감하고, 기업이 사전에 예측할 수 있도록 세부기준을 마련하고 있다. 여기에서 "조정을 명할 수 있는 경우에 대한 기준"이라 함은 다음의 경우를 말한다.

① "부당하게 다른 무역거래자를 배제하는 경우"라 함은 물품 등을 수출함에 있어 정당한 이유 없이 그 수출에 소요되는 비용보다 낮은 가격으로 수출함으로써 다른 무역거래자를 배제시킬 우려가 있는 경우를 말한다.

② "부당하게 다른 무역거래자의 상대방에 대하여 다른 무역거래자와 거래하지 아니하도록 유인하거나 강제하는 경우"라 함은 정상적인 거래관행에 비추어 부당한 이익을 제공 또는 제공할 제의를 하여 다른 무역거래자의 상대방을 자기와 거래하도록 유인하는 행위를 말한다.

③ "부당하게 다른 무역거래자의 해외에서의 사업활동을 방해하는 경우"라 함은 다음의 경우를 말한다.

〈표 12-2〉 조정명령의 세부기준

법(제34조) 내용	세부기준(규정 제7-2-9조)
다른 무역거래자 배제	정당한 이유없이 수출 소요비용보다 낮은 가격으로 수출하는 경우(사례 : A회사가 수주가격을 타회사의 가격에 비해 현저히 낮게 입찰하여 공정한 경쟁을 교란하는 경우)
다른 무역거래자와 거래 하지 않도록 유인·강제	정상적인 거래관행을 비추어 부당한 이익을 제공 또는 제공할 제의를 하여 다른 무역거래자의 상대방을 자기와 거래하도록 유인하는 경우
다른 무역거래자의 해외 사업활동 방해	다른 무역거래자와 기술·영업정보의 부당한 사용 또는 다른 무역거래자의 인력을 부당유인·패용하는 경우

㉮ 기술, 영업정보의 부당사용 : 다른 무역거래자의 기술 또는 영업정보를 부당하게 이용하여 다른 무역거래자의 해외에서의 사업활동을 곤란하게 할 정도로 방해하는 행위

㉯ 인력의 부당유인·채용 : 다른 무역거래자의 인력을 부당하게 유인·채용하여 다른 무역거래자의 해외에서의 사업활동을 곤란하게 할 정도로 방해하는 행위

2-4. 조정명령의 방법

산업통상자원부장관은 필요하다고 인정하는 경우에는 조정을 명할 수 있는 경우에 대한 기준을 정하여 고시할 수 있다. 이 경우 산업통상자원부장관은 미리 해당 품목을 관장하는 관계 중앙행정기관의 장의 의견을 들어야 한다(시행령 제87조).

2-5. 승인 및 승인관련절차의 중지

산업통상자원부장관은 무역거래자에게 수출하는 물품 등의 가격·수량·품질 그 밖에 거래조건 또는 그 대상지역 등에 관하여 필요한 조정을 명하는 경우에 필요하다고 인정할 때에는 승인을 하지 아니하거나, 관계기관의 장으로 하여금 승인에 관련된 절차를 중지(cease)하게 할 수 있다(법 제46조 제4항).

2-6. 독점규제 및 공정거래에 관한 법률과의 관계

산업통상자원부장관의 조정명령의 이행에 대하여는 독점규제 및 공정거래에 관한 법률을 적용하지 아니하며, 조정명령이 '독점규제 및 공정거래에 관한 법률' 제2조제1호의 규정에 의한 사업자간의 국내시장에서의 경쟁을 제한하는 것인 때에는 공정거래위원회와 미리 협의하여야 한다(법 제51조).

제13장 행정벌

제1절 행정벌의 개요

각종 행정법규에는 행정상의 목적을 실현하기 위하여 국민에게 여러 가지 명령이나 금지를 부과하고, 이에 따른 의무 또한 부과하며, 그 의무를 위반하였을 경우에는 일정한 제재를 가할 수 있는 벌칙을 규정함으로써 행정법규의 실효성의 확보를 기하고 있다.

행정벌(Velwatungsstrafe)이란 이러한 행정법규상의 명령 또는 금지의 위반에 대하여 일반통치권에 의거하여 과해지는 제재로서의 처벌을 말한다. 이와 같은 행정법규의 취지에 의해 대외무역법에서는 여러 가지 행정벌울 규정하고 있다.

행정벌은 일정한 의무위반에 대한 제재로 과해지는 벌이라는 점에서 다른 종류의 벌과 차이는 없지만, 처벌의 목적·절차 및 권한 등이 다른 분야의 벌과 다르며, 그 성질상 징계벌·집행벌 및 형사벌과 구별된다.

행정벌에는 형법에 형명(刑名)이 있는 형벌(사형, 징역, 금고, 자격 상실, 자격정지, 벌금, 구류, 과료[科料], 몰수 등)을 과하는 행정형벌과 행정질서벌로서의 과태료, 조례에 의한 과태료 등 세 종류로 구분할 수 있다.

제2절 행정벌의 내용

 행정형벌

1-1. 7년 이하의 징역 또는 물품등의 가격 5배 이하의 벌금형

전략물자등의 국제적 확산을 꾀할 목적으로 다음의 어느 하나에 해당하는 위반행위를 한 자는 7년 이하의 징역 또는 수출·경유·환적·중개하는 물품등의 가격의 5배에 해당하는 금액 이하의 벌금에 처한다(법 제53조 제1항).

① 전략물자 수출허가를 받지 아니하고 전략물자를 수출한 자(제19조 제2항)
② 상황허가를 받지 아니하고 상황허가 대상인 물품등을 수출한 자(제19조 제3항)
③ 경유 또는 환적 허가를 받지 아니하고 전략물자등을 경유 또는 환적한 자(제23조 제3항)
④ 중개허가를 받지 아니하고 전략물자등을 중개한 자(제24조)

1-2. 5년 이하의 징역 또는 물품가격 3배 이하의 벌금형

다음의 어느 하나에 해당하는 자는 5년 이하의 징역 또는 수출·수입·경유·환적·중개하는 물품등의 가격의 3배에 해당하는 금액 이하의 벌금에 처한다(법 제53조 제2항).

① 무역에 관한 제한 등 특별조치(법 제5조)의 규정에 의한 수출 또는 수입의 제한이나 금지조치를 위반한 자
② 수출허가를 받지 아니하고 전략물자를 수출한 자(제19조 제2항)
③ 거짓이나 그 밖의 부정한 방법으로 수출허가를 받은 자(제19조 제2항)
④ 상황허가를 받지 아니하고 상황허가 대상인 물품등을 수출한 자(제19조 제3항)
⑤ 거짓이나 그 밖의 부정한 방법으로 상황허가를 받은 자(제19조 제3항)
⑥ 경유 또는 환적 허가를 받지 아니하고 전략물자등을 경유 또는 환적한 자(제23조 제3항)
⑦ 거짓이나 그 밖의 부정한 방법으로 경유 또는 환적 허가를 받은 자(제23조 제3항)

⑧ 중개허가를 받지 아니하고 전략물자등을 중개한 자(제24조)
⑨ 거짓이나 그 밖의 부정한 방법으로 중개허가를 받은 자(제24조)
⑩ 물품 등의 수출과 수입의 가격을 조작한 자(제43조)
⑪ 조정명령을 위반한 자(제46조 제1항)

1-3. 5년 이하의 징역 또는 1억원 이하의 벌금형

다음 어느 하나에 해당하는 자는 5년 이하의 징역 또는 1억원 이하의 벌금에 처한다. 이 경우 징역과 벌금은 병과(倂科)할 수 있다.

① 수출입 물품 등의 원산지 표시를 위반한 무역거래자 또는 물품 등의 판매업자(제33조제4항제1호 또는 제2호)
② 수출입 물품 등의 원산지 표시를 위반하여 원산지표시 대상물품에 대하여 원산지 표시를 하지 아니한 무역거래자(제33조제4항제3호)
③ 원산지 표시방법 위반에 따른 시정조치 명령을 위반한 자(제33조제6항)
④ 외국산 물품 등의 국산 물품 등으로의 가장(假裝) 금지 의무를 위반한 자(제38조)

1-4. 3년 이하의 징역 또는 3천만원이하의 벌금

다음의 하나에 해당하는 자는 3년 이하의 징역 또는 3천만원 이하의 벌금에 처한다(법 제54조).

① 무역에 관한 조약의 이행을 위한 자료의 정보를 누설하거나 사용목적 외의 용도로 사용하는 등을 위반하여 직무상 습득한 기업정보를 타인에게 제공 또는 사용 목적 외의 용도로 사용한 자(제9조제2항)
② 승인 또는 변경승인을 받지 아니하고 수출 또는 수입 승인 대상 물품 등을 수출하거나 수입한 자(제11조제2항 또는 제3항)
③ 거짓이나 그 밖의 부정한 방법으로 승인 또는 변경승인을 받거나 그 승인 또는 변경승인을 면제받고 물품 등을 수출하거나 수입한 자(제11조 제2항 또는 제3항)
④ 수입에 대응하는 외화획득을 하지 아니한 자(제16조제3항 본문(제17조 제3

항에서 준용하는 경우))

⑤ 승인을 받지 아니하고 목적 외의 용도로 원료・기재 또는 그 원료・기재로 제조된 물품 등을 사용한 자(제17조제1항)

⑥ 승인을 받지 아니하고 원료・기재 또는 그 원료・기재로 제조된 물품 등을 양도한 자(제17조제2항)

⑦ 비밀 준수 의무를 위반한 자(제27조)

⑧ 거짓이나 그 밖의 부정한 방법으로 승인 또는 변경 승인을 받은 자(제32조)

1-5. 미수범

다음의 하나에 해당하는 미수범(Attempted Crimes)은 각각 해당하는 본 죄에 준하여 처벌한다(법 제55조).

① 전략물자의 국제적 확산을 꾀할 목적으로 수출허가를 받지 아니하고 전략물자를 수출한 자, 상황허가를 받지 아니하고 상황허가 대상인 물품 등을 수출한 자, 경유 또는 환적 허가를 받지 아니하고 전략물자등을 경유 또는 환적한 자, 중개허가를 받지 아니하고 전략물자를 중개한 자 : 7년 이하의 징역 또는 수출・중개하는 물품 등의 가격의 5배에 해당하는 금액 이하의 벌금

② 수출허가를 받지 아니하고 전략물자를 수출한 자, 상황허가를 받지 아니하고 상황허가 대상인 물품 등을 수출한 자, 중개허가를 받지 아니하고 전략물자를 중개한 자 : 3년이하의 징역 또는 3천만원 이하의 벌금

③ 원산지를 거짓으로 표시하거나 오인(誤認)하게 하는 표시를 하는 행위 및 원산지의 표시를 손상하거나 변경하는 행위를 한 무역거래자 또는 물품등의 판매업자, 원산지표시대상물품에 대하여 원산지 표시를 하지 아니한 무역거래자, 외국산 물품 등의 국산 물품 등으로의 가장(假裝) 금지 의무를 위반한 자 : 5년 이하의 징역 또는 1억원 이하의 벌금

1-5. 과실범

중대한 과실로 다음의 하나에 해당하는 행위를 한 과실범(Negligent Crimes)은 2천만원 이하의 벌금에 처한다(법 제56조).

〈표 13-1〉 행정형벌 벌칙조항

벌칙조항	내 용	관련조항	미수범	과실범
제53조	무역에 관한 특별조치 위반시	제5조		
	전략물자와 관련한 위반시	제19조	O	
	외국산 물품 등의 국산 물품 등으로의 가장 금지의무 위반시	제38조	O	
	수출입가격의 조작시	제43조		
	산업통상자원부장관의 조정명령 위반시	제46조제1항		
제55조	(수출입제한에 대한) 허위, 부정한 방법으로 승인, 변경승인을 얻거나 면제받고 수출입시 - 조약, 국제법규, 생물자원 등 - 물품 등의 수량, 가격, 승인유효기간, 수출입당사자	제11조 제2, 3항		
	(외화획득 관련) 대응 회회획득 미이행, 목적외 사용, 미승인 양도시	제16, 17조 제1, 2항		
	(플랜트 수출시) 허위·부정한 방법으로 (변경)승인시	제32조		
	(원산지 관련) - 허위표시 및 오인표시 - 표시의 손상, 변경, 대상물품 미표시, 시정조치 위반시	제33조 (시정조치)	O	O

① 원산지를 허위 또는 오인하게 표시하는 행위, 원산지표시를 손상 또는 변경하는 행위한 무역거래자 또는 물품 등의 판매업자(법 제33조 제4항 제1호 또는 제2호)

② 원산지표시 대상물품에 대하여 원산지의 표시를 하지 아니한 무역거래자(법 제33조 제4항 제3호)

2 행정질서벌

2-1. 과태료(Fine for Negligence)

(1) 다음의 하나에 해당하는 자는 2천만원 이하의 과태료에 처한다(법 제59조 제1항).

① 무역분쟁의 해결에 관련되는 서류를 제출하지 아니한 자

② 무역분쟁에 관한 사실조사를 거부·방해 또는 기피한 자

③ 수출이 제한되거나 금지된 물품 등이나 공고된 전략물자에 대한 수출허가를 받은 자 또는 수출허가를 받지 아니하고 수출하거나 수출하려고 한 자가 보고 또는 자료의 제출을 하지 아니하거나 허위의 보고 또는 자료를 제출한 자

④ 소속공무원에 의한 장부·서류 그 밖에 물건의 검사에 대하여 그 검사를 거부·방해 또는 기피한 자

(2) 다음의 하나에 해당하는 자는 1천만원이하의 과태료에 처한다(법 제59조 제2항).

① 서류 보관의무를 위반한 자

② 수입물품의 원산지표시위반의 확인을 위한 검사를 거부, 방해 또는 기피한 자(제33조제5항)

③ 교육명령을 이행하지 아니한 자(제49조)

3 양벌규정

법인의 대표자나 법인 또는 개인의 대리인, 사용인, 그 밖의 종업원이 그 법인 또는 개인의 업무에 관하여 위반행위를 하면 그 행위자를 벌하는 외에 그 법인 또는 개인에게도 해당 조문의 벌금형을 과(科)한다. 다만, 법인 또는 개인이 그 위반행위를 방지하기 위하여 해당 업무에 관하여 상당한 주의와 감독을 게을리하지 아니한 경우에는 그러하지 아니하다(법 제57조).

대외무역법은 행위자를 처벌하는 이외에 법인을 처벌함으로써 행정법에 관한 법인의 범죄능력을 명문으로 인정하고 있다. 이 경우에 법인의 대표자가 법인의 업무에 관하여 대외무역법상의 의무위반행위(법 제53조~제56조에 해당하는 행우)를 하였을 때 법인은 대위책임이 아닌 자기책임을 지는 것이며, 종업원의 비행 또한 선임감독 의무를 태만히 한 과실책임으로 보는 것이 일반적이다. 또 개인의 대리인, 사용인, 그 밖에 종업원이 개인의 업무에 관하여 대외무역법의 벌칙에 해당하는 행위를 한 때에도 양벌규정이 적용된다.

이 경우에 개인(사업주)이 타인의 비행에 대하여 지는 책임의 본질은 타인을 대신하여 지는 대위책임이거나 무과실책임이 아니고, 자기의 생활범위 안에 속하

는 자가 법령위반행위를 하지 아니하도록 주의·감독할 의무를 태만히 한 과실책임이다.

 벌칙 적용 시의 공무원 의제

정부의 전략물자 관리 정책에 따라 전략물자 관리 업무를 수행하는 전략물자관리원의 임직원과 산업통상자원부장관이 '권한의 위임·위탁' 규정에 의하여 위탁한 사무에 종사하는 한국은행, 한국수출입은행, 외국환은행, 다음의 그 밖에 대통령령이 정하는 법인 또는 단체의 임원 및 직원은 공무원으로 보아 그 밖에 법률에 의한 벌칙을 적용하며(법 제58조), 여기에서 그 밖에 대통령이 정하는 법인·단체는 다음과 같다(시행령 제93조).

① 한국무역협회
② 한국소프트웨어산업협회
③ 한국선주협회
④ 「관광진흥법」에 따른 한국관광협회중앙회 및 업종별 관광협회
⑤ 제91조제7항에 따라 지정된 단체
⑥ 한국기계산업진흥회
⑦ 대한상사중재원
⑧ 대한상공회의소
⑨ 제91조제10항에 따라 지정된 법인

부록

대외무역법

[시행 2014.7.22] [법률 제12285호, 2014.1.21, 일부개정]

제1장 총칙

제1조(목적) 이 법은 대외 무역을 진흥하고 공정한 거래 질서를 확립하여 국제 수지의 균형과 통상의 확대를 도모함으로써 국민 경제를 발전시키는 데 이바지함을 목적으로 한다.

제2조(정의) 이 법에서 사용하는 용어의 뜻은 다음과 같다. <개정 2014.1.21>

1. "무역"이란 다음 각 목의 어느 하나에 해당하는 것(이하 "물품등"이라 한다)의 수출과 수입을 말한다.
   가. 물품
   나. 대통령령으로 정하는 용역
   다. 대통령령으로 정하는 전자적 형태의 무체물(無體物)
2. "물품"이란 다음 각 목의 것을 제외한 동산(動産)을 말한다.
   가. 「외국환거래법」에서 정하는 지급수단
   나. 「외국환거래법」에서 정하는 증권
   다. 「외국환거래법」에서 정하는 채권을 화체(化體)한 서류
3. "무역거래자"란 수출 또는 수입을 하는 자, 외국의 수입자 또는 수출자에게서 위임을 받은 자 및 수출과 수입을 위임하는 자 등 물품등의 수출행위와 수입행위의 전부 또는 일부를 위임하거나 행하는 자를 말한다.
4. "정부간 수출계약"이란 외국 정부의 요청이 있을 경우, 제32조의3제1항에 따른 정부간 수출계약 전담기관이 대통령령으로 정하는 절차에 따라 국내 기업을 대신하여 또는 국내 기업과 함께 계약의 당사자가 되어 외국 정부에 물품등(「방위사업법」 제38조제1항제4호에 따른 방산물자등은 제외한다)을 유상(有償)으로 수출하기 위하여 외국 정부와 체결하는 수출계약을 말한다.

제3조(자유롭고 공정한 무역의 원칙 등) ①우리나라의 무역은 헌법에 따라 체결·공포된 무역에 관한 조약과 일반적으로 승인된 국제법규에서 정하는 바에 따라 자유롭고 공정한 무역을 조장함을 원칙으로 한다.

②정부는 이 법이나 다른 법률 또는 헌법에 따라 체결·공포된 무역에 관한 조약과 일반적으로 승인된 국제 법규에 무역을 제한하는 규정이 있는 경우에는 그 제한하는 목적을 달성하기 위하여 필요한 최소한의 범위에서 이를 운영하여야 한다.

제4조(무역의 진흥을 위한 조치) ①산업통상자원부장관은 무역의 진흥을 위하여 필요하다고 인정되면 대통령령으로 정하는 바에 따라 물품등의 수출과 수입을 지속적으로 증

대하기 위한 조치를 할 수 있다. <개정 2008.2.29, 2013.3.23>

②산업통상자원부장관은 제1항에 따른 무역의 진흥을 위하여 필요하다고 인정되면 대통령령으로 정하는 바에 따라 다음 각 호의 어느 하나에 해당하는 자에게 필요한 지원을 할 수 있다. <개정 2008.2.29, 2013.3.23>

1. 무역의 진흥을 위한 자문, 지도, 대외 홍보, 전시, 연수, 상담 알선 등을 업(業)으로 하는 자
2. 무역전시장이나 무역연수원 등의 무역 관련 시설을 설치・운영하는 자
3. 과학적인 무역업무 처리기반을 구축・운영하는 자

제5조(무역에 관한 제한 등 특별 조치) 산업통상자원부장관은 다음 각 호의 어느 하나에 해당하는 경우에는 대통령령으로 정하는 바에 따라 물품등의 수출과 수입을 제한하거나 금지할 수 있다. <개정 2008.2.29, 2013.3.23, 2013.7.30>

1. 우리나라 또는 우리나라의 무역 상대국(이하 "교역상대국"이라 한다)에 전쟁・사변 또는 천재지변이 있을 경우
2. 교역상대국이 조약과 일반적으로 승인된 국제법규에서 정한 우리나라의 권익을 인정하지 아니할 경우
3. 교역상대국이 우리나라의 무역에 대하여 부당하거나 차별적인 부담 또는 제한을 가할 경우
4. 헌법에 따라 체결・공포된 무역에 관한 조약과 일반적으로 승인된 국제법규에서 정한 국제평화와 안전유지 등의 의무를 이행하기 위하여 필요할 경우

   4의2. 국제평화와 안전유지를 위한 국제공조에 따른 교역여건의 급변으로 교역상대국과의 무역에 관한 중대한 차질이 생기거나 생길 우려가 있는 경우

5. 인간의 생명・건강 및 안전, 동물과 식물의 생명 및 건강, 환경보전 또는 국내 자원 보호를 위하여 필요할 경우

제6조(무역에 관한 법령 등의 협의 등) ①무역에 관하여는 이 법에서 정하는 바에 따른다.

②관계 행정기관의 장은 물품등의 수출 또는 수입을 제한하는 법령이나 훈령・고시 등(이하 "수출・수입요령"이라 한다)을 제정하거나 개정하려면 미리 산업통상자원부장관과 협의하여야 한다. 이 경우 산업통상자원부장관은 관계 행정기관의 장에게 그 수출・수입요령의 조정을 요청할 수 있다. <개정 2008.2.29, 2013.3.23>

제2장 통상의 진흥

제7조(통상진흥 시책의 수립) ①산업통상자원부장관은 무역과 통상을 진흥하기 위하여 매년 다음 연도의 통상진흥 시책을 세워야 한다. <개정 2008.2.29, 2013.3.23>

②제1항에 따른 통상진흥 시책에는 다음 각 호의 사항이 포함되어야 한다. <개정 2009.4.22>

1. 통상진흥 시책의 기본 방향
2. 국제통상 여건의 분석과 전망
3. 무역・통상 협상 추진 방안과 기업의 해외 진출 지원 방안

4. 통상진흥을 위한 자문, 지도, 대외 홍보, 전시, 상담 알선, 전문인력 양성 등 해외시장 개척 지원 방안
5. 통상 관련 정보수집·분석 및 활용 방안
6. 원자재의 원활한 수급을 위한 국내외 협력 추진 방안
7. 그 밖에 대통령령으로 정하는 사항

③산업통상자원부장관은 제1항에 따른 통상진흥 시책의 수립을 위한 기초 자료를 수집하기 위하여 교역상대국의 통상 관련 제도·관행 등과 기업이 해외에서 겪는 고충 사항을 조사할 수 있다. <개정 2008.2.29, 2013.3.23>

④산업통상자원부장관은 해외에 진출한 기업에 제1항에 따른 통상진흥 시책의 수립에 필요한 자료를 요청하고, 필요한 경우 지원할 수 있다. <개정 2008.2.29, 2013.3.23>

⑤산업통상자원부장관은 제1항에 따라 통상진흥 시책을 세우는 경우에는 미리 특별시장, 광역시장, 특별자치시장, 도지사 또는 특별자치도지사(이하 "시·도지사"라 한다)의 의견을 들어야 하고, 통상진흥 시책을 수립한 때에는 이를 시·도지사에게 알려야 한다. 이를 변경한 경우에도 또한 같다. <개정 2008.2.29, 2013.3.23, 2013.7.30>

⑥제5항에 따라 통상진흥 시책을 통보받은 시·도지사는 그 관할 구역의 실정에 맞는 지역별 통상진흥 시책을 수립·시행하여야 한다.

⑦시·도지사는 제6항에 따라 지역별 통상진흥 시책을 수립한 때에는 이를 산업통상자원부장관에게 알려야 한다. 이를 변경한 때에도 또한 같다. <개정 2008.2.29, 2013.3.23>

제8조(민간 협력 활동의 지원 등) ①산업통상자원부장관은 무역·통상 관련 기관 또는 단체가 교역상대국의 정부, 지방정부, 기관 또는 단체와 통상, 산업, 기술, 에너지 등에서 협력활동을 추진하는 경우 대통령령으로 정하는 바에 따라 필요한 지원을 할 수 있다. <개정 2008.2.29, 2013.3.23>

②산업통상자원부장관은 기업의 해외 진출을 지원하기 위하여 무역·통상 관련 기관 또는 단체로부터 정보를 체계적으로 수집하고 분석하여 지방자치단체와 기업에 필요한 정보를 제공할 수 있다. <개정 2008.2.29, 2009.4.22, 2013.3.23>

③산업통상자원부장관은 제2항에 따른 정보의 수집·분석 및 제공을 위하여 필요한 경우 관계 중앙행정기관의 장, 시·도지사, 무역·통상 및 기업의 해외 진출과 관련한 기관 또는 단체에 자료 및 통계의 제출을 요청할 수 있다. <신설 2009.4.22, 2013.3.23>

④산업통상자원부장관은 기업의 해외 진출과 관련된 상담·안내·홍보·조사와 그 밖에 기업의 해외 진출에 대한 지원 업무를 종합적으로 수행하기 위하여 「대한무역투자진흥공사법」에 따른 대한무역투자진흥공사에 해외진출지원센터를 둔다. <신설 2009.4.22, 2013.3.23>

⑤제4항에 따른 해외진출지원센터의 구성·운영 및 감독 등에 필요한 사항은 대통령령으로 정한다. <신설 2009.4.22>

제8조의2(전문무역상사의 지정 및 지원) ① 산업통상자원부장관은 신시장 개척, 신제품 발굴 및 중소기업·중견기업의 수출확대를 위하여 수출실적 및 중소기업 제품 수출비중 등을 고려하여 무역거래자 중에서 전문무역상사를 지정하고 지원할 수 있다.

② 제1항에 따른 지정의 기준 및 절차, 지원내용 등에 관하여 필요한 사항은 대통령령으로 정한다.

③ 산업통상자원부장관은 제1항에 따라 지정을 받은 전문무역상사가 제2항에 따른 지정기준에 적합하지 아니하게 된 때에는 그 지정을 취소할 수 있다. 다만, 거짓이나 그 밖에 부정한 방법으로 지정을 받은 경우에는 그 지정을 취소하여야 한다.

[본조신설 2014.1.21]

제9조(무역에 관한 조약의 이행을 위한 자료제출) ① 산업통상자원부장관은 우리나라가 체결한 무역에 관한 조약의 이행을 위하여 필요한 때에는 대통령령으로 정하는 바에 따라 관련 공공기관, 기업 및 단체 등으로부터 필요한 자료의 제출을 요구할 수 있다. <개정 2013.3.23>

② 제1항에 따라 무역에 관한 조약의 이행을 위하여 필요한 자료를 직무상 습득한 자는 자료 제공자의 동의 없이 그 습득한 자료 중 기업의 영업비밀 등 비밀유지가 필요하다고 인정되는 기업정보를 타인에게 제공 또는 누설(漏泄)하거나 사용 목적 외의 용도로 사용하여서는 아니 된다.

[전문개정 2009.4.22]

제3장 수출입 거래

제1절 수출입 거래 총칙

제10조(수출입의 원칙) ①물품등의 수출입과 이에 따른 대금을 받거나 지급하는 것은 이 법의 목적의 범위에서 자유롭게 이루어져야 한다.

②무역거래자는 대외신용도 확보 등 자유무역질서를 유지하기 위하여 자기 책임으로 그 거래를 성실히 이행하여야 한다.

제11조(수출입의 제한 등) ①산업통상자원부장관은 헌법에 따라 체결·공포된 조약과 일반적으로 승인된 국제법규에 따른 의무의 이행, 생물자원의 보호 등을 위하여 필요하다고 인정하면 물품등의 수출 또는 수입을 제한하거나 금지할 수 있다. <개정 2008.2.29, 2013.3.23>

②산업통상자원부장관이 헌법에 따라 체결·공포된 조약과 일반적으로 승인된 국제법규에 따른 의무의 이행, 생물자원의 보호 등을 위하여 지정하는 물품등을 수출하거나 수입하려는 자는 산업통상자원부장관의 승인을 받아야 한다. 다만, 긴급히 처리하여야 하는 물품등과 그 밖에 수출 또는 수입 절차를 간소화하기 위한 물품등으로서 대통령령으로 정하는 기준에 해당하는 물품등의 수출 또는 수입은 그러하지 아니하다. <개정 2008.2.29, 2013.3.23>

③ 제2항 본문에 따른 수출 또는 수입 승인(제8항에 따라 수출승인을 받은 것으로 보는 경우를 포함한다)의 유효기간은 1년으로 한다. 다만, 산업통상자원부장관은 국내의 물가 안정, 수급 조정, 물품등의 인도 조건 및 거래의 특성을 고려하여 대통령령으로 정하는 바에 따라 유효기간을 달리 정할 수 있다. <신설 2013.7.30>

④ 제3항에 따른 수출 또는 수입 승인의 유효기간은 대통령령으로 정하는 바에 따라 1년을 초과하지 아니하는 범위에서 산업통상자원부장관의 승인을 받아 연장할 수 있다. <신설 2013.7.30>

⑤제2항에 따라 승인을 받은 자가 승인을 받은 사항 중 대통령령으로 정하는 중요한 사항을 변경하려면 산업통상자원부장관의 변경승인을 받아야 하고, 그 밖의 경미한 사항을 변경하려면 산업통상자원부장관에게 신고하여야 한다. <개정 2008.2.29, 2013.3.23, 2013.7.30>

⑥산업통상자원부장관은 필요하다고 인정하면 제1항과 제2항에 따른 승인 대상 물품등의 품목별 수량·금액·규격 및 수출 또는 수입지역 등을 한정할 수 있다. <개정 2008.2.29, 2013.3.23, 2013.7.30>

⑦산업통상자원부장관은 제1항부터 제6항까지의 규정에 따른 제한·금지, 승인, 승인의 유효기간 설정 및 연장, 신고, 한정 및 그 절차 등을 정한 경우에는 이를 공고하여야 한다. <개정 2008.2.29, 2013.3.23, 2013.7.30>

⑧제19조 또는 제32조에 따라 수출허가를 받거나 수출승인을 받은 자는 제2항에 따른 수출승인을 받은 것으로 본다. <개정 2013.7.30>

제12조(통합 공고) ①관계 행정기관의 장은 수출·수입요령을 제정하거나 개정하는 경우에는 그 수출·수입요령이 그 시행일 전에 제2항에 따라 공고될 수 있도록 이를 산업통상자원부장관에게 제출하여야 한다. <개정 2008.2.29, 2013.3.23>

②산업통상자원부장관은 제1항에 따라 제출받은 수출·수입요령을 통합하여 공고하여야 한다. <개정 2008.2.29, 2013.3.23>

제13조(특정 거래 형태의 인정 등) ①산업통상자원부장관은 물품등의 수출 또는 수입이 원활히 이루어질 수 있도록 대통령령으로 정하는 물품등의 수출입 거래 형태를 인정할 수 있다. <개정 2008.2.29, 2013.3.23>

②기획재정부장관이 외국환 거래 관계 법령에 따라 무역대금 결제 방법을 정하려면 미리 산업통상자원부장관과 협의하여야 한다. <개정 2008.2.29, 2013.3.23>

제14조(수출입 승인 면제의 확인) 산업통상자원부장관은 승안을 받지 아니하고 수출되거나 수입되는 물품등(제11조제2항 본문에 해당하는 물품등만을 말한다)이 제11조제2항 단서에 따른 물품등에 해당하는지를 확인하여야 한다. <개정 2008.2.29, 2013.3.23>

제15조(과학적 무역업무의 처리기반 구축) ①산업통상자원부장관은 물품등의 수출입 거래가 질서 있고 효율적으로 이루어질 수 있도록 대외무역통계시스템 및 전자문서 교환체계 등 과학적 무역업무의 처리기반을 구축하기 위하여 노력하여야 한다. <개정 2008.2.29, 2009.4.22, 2013.3.23>

②산업통상자원부장관은 제1항에 따른 과학적 무역업무의 처리기반을 구축하기 위하여 필요하다고 인정되면 관계 행정기관의 장에게 대통령령으로 정하는 바에 따라 통관기록 등 물품등의 수출입 거래에 관한 정보를 제공하도록 요청할 수 있다. 이 경우 관계 행정기관의 장은 이에 협조하여야 한다. <개정 2008.2.29, 2009.4.22, 2013.3.23>

③관계 행정기관의 장은 이 법의 목적의 범위에서 필요하다고 인정되면 산업통상자원

부장관에게 제1항과 제2항에 따라 구축된 물품등의 수출입 거래에 관한 정보를 제공하도록 요청할 수 있다. 이 경우 산업통상자원부장관은 이에 협조하여야 한다. <개정 2008.2.29, 2013.3.23>

제2절 외화획득용 원료·기재의 수입과 구매 등

제16조(외화획득용 원료·기재의 수입 승인 등) ①산업통상자원부장관은 원료, 시설, 기재(機材) 등 외화획득을 위하여 사용되는 물품등(이하 "원료·기재"라 한다)의 수입에 대하여는 제11조제6항을 적용하지 아니할 수 있다. 다만, 국산 원료·기재의 사용을 촉진하기 위하여 필요한 경우에는 그러하지 아니하다. <개정 2008.2.29, 2013.3.23, 2013.7.30>

②산업통상자원부장관은 제1항에 따른 원료·기재의 범위, 품목 및 수량을 정하여 공고할 수 있다. <개정 2008.2.29, 2013.3.23>

③제1항에 따라 원료·기재를 수입한 자와 수입을 위탁한 자는 그 수입에 대응하는 외화획득을 하여야 한다. 다만, 제17조에 따라 산업통상자원부장관의 승인을 받은 경우에는 그러하지 아니하다. <개정 2008.2.29, 2013.3.23>

④제3항에 따른 외화획득의 범위, 이행기간, 확인방법, 그 밖에 필요한 사항은 대통령령으로 정한다.

제17조(외화획득용 원료·기재의 목적을 벗어난 사용 등) ①제16조제1항에 따라 원료·기재를 수입한 자는 그 수입한 원료·기재 또는 그 원료·기재로 제조된 물품등을 부득이한 사유로 인하여 당초의 목적 외의 용도로 사용하려면 대통령령으로 정하는 바에 따라 산업통상자원부장관의 승인을 받아야 한다. 다만, 대통령령으로 정하는 원료·기재 또는 그 원료·기재로 제조된 물품등에 대하여는 그러하지 아니하다. <개정 2008.2.29, 2013.3.23>

②제16조제1항에 따라 수입한 원료·기재 또는 그 원료·기재로 제조된 물품등을 당초의 목적과 같은 용도로 사용하거나 수출하려는 자에게 양도(讓渡)하려는 때에는 양도하려는 자와 양수(讓受)하려는 자가 함께 산업통상자원부장관의 승인을 받아야 한다. 다만, 대통령령으로 정하는 원료·기재 또는 그 원료·기재로 제조된 물품등에 대하여는 그러하지 아니하다. <개정 2008.2.29, 2013.3.23>

③제2항에 따라 원료·기재 또는 그 원료·기재로 제조된 물품등을 양수한 자에 관하여는 제16조제3항 및 제4항을 준용한다.

제18조(구매확인서의 발급 등) ①산업통상자원부장관은 외화획득용 원료·기재를 구매하려는 자가 「부가가치세법」 제24조에 따른 영(零)의 세율을 적용받기 위하여 확인을 신청하면 외화획득용 원료·기재를 구매하는 것임을 확인하는 서류(이하 "구매확인서"라 한다)를 발급할 수 있다. <개정 2008.2.29, 2013.3.23, 2013.6.7>

②산업통상자원부장관은 구매확인서를 발급받은 자에 대하여는 외화획득용 원료·기재의 구매 여부를 사후관리하여야 한다. <개정 2008.2.29, 2013.3.23>

③제1항과 제2항에 따른 구매확인서의 신청·발급절차 및 사후관리 등에 필요한 사항은 대통령령으로 정한다.

제3절 전략물자의 수출입

제19조(전략물자의 고시 및 수출허가 등) ①산업통상자원부장관은 관계 행정기관의 장과 협의하여 대통령령으로 정하는 국제수출통제체제(이하 "국제수출통제체제"라 한다)의 원칙에 따라 국제평화 및 안전유지와 국가안보를 위하여 수출허가 등 제한이 필요한 물품등(대통령령으로 정하는 기술을 포함한다. 이하 이 절에서 같다)을 지정하여 고시하여야 한다. <개정 2008.2.29, 2009.4.22, 2013.3.23, 2013.7.30>

②제1항에 따라 지정·고시된 물품등(이하 "전략물자"라 한다)을 수출(제1항에 따른 기술이 다음 각 호의 어느 하나에 해당되는 경우로서 대통령령으로 정하는 경우를 포함한다. 이하 제19조제3항부터 제5항까지, 제20조, 제23조, 제24조, 제24조의2, 제24조의3, 제25조, 제28조, 제29조, 제31조, 제47조부터 제49조까지, 제53조제1항 및 제53조제2항제2호부터 제4호까지에서 같다)하려는 자는 대통령령으로 정하는 바에 따라 산업통상자원부장관이나 관계 행정기관의 장의 허가(이하 "수출허가"라 한다)를 받아야 한다.다만,「방위사업법」제57조제2항에 따라 허가를 받은 방위산업물자 및 국방과학기술이 전략물자에 해당하는 경우에는 그러하지 아니하다. <개정 2008.2.29, 2013.3.23, 2013.7.30>

1. 국내에서 국외로의 이전
2. 국내 또는 국외에서 대한민국 국민(국내법에 따라 설립된 법인을 포함한다)으로부터 외국인(외국의 법률에 따라 설립된 법인을 포함한다)에게로의 이전

③전략물자에는 해당되지 아니하나 대량파괴무기와 그 운반수단인 미사일(이하 "대량파괴무기등"이라 한다)의 제조·개발·사용 또는 보관 등의 용도로 전용될 가능성이 높은 물품등을 수출하려는 자는 그 물품등의 수입자나 최종 사용자가 그 물품등을 대량파괴무기등의 제조·개발·사용 또는 보관 등의 용도로 전용할 의도가 있음을 알았거나 그 수출이 다음 각 호의 어느 하나에 해당되어 그러한 의도가 있다고 의심되면 대통령령으로 정하는 바에 따라 산업통상자원부장관이나 관계 행정기관의 장의 허가(이하 "상황허가"라 한다)를 받아야 한다. <개정 2008.2.29, 2013.3.23, 2013.7.30>

1. 수입자가 해당 물품등의 최종 용도에 관하여 필요한 정보 제공을 기피하는 경우
2. 수출하려는 물품등이 최종 사용자의 사업 분야에 해당되지 아니하는 경우
3. 수출하려는 물품등이 수입국가의 기술수준과 현저한 격차가 있는 경우
4. 최종 사용자가 해당 물품등이 활용될 분야의 사업경력이 없는 경우
5. 최종 사용자가 해당 물품등에 대한 전문적 지식이 없으면서도 그 물품등의 수출을 요구하는 경우
6. 최종 사용자가 해당 물품등에 대한 설치·보수 또는 교육훈련 서비스를 거부하는 경우
7. 해당 물품등의 최종 수하인(受荷人)이 운송업자인 경우
8. 해당 물품등에 대한 가격 조건이나 지불 조건이 통상적인 범위를 벗어나는 경우
9. 특별한 이유 없이 해당 물품등의 납기일이 통상적인 기간을 벗어난 경우
10. 해당 물품등의 수송경로가 통상적인 경로를 벗어난 경우
11. 해당 물품등의 수입국 내 사용 또는 재수출 여부가 명백하지 아니한 경우
12. 해당 물품등에 대한 정보나 목적지 등에 대하여 통상적인 범위를 벗어나는 보안을

요구하는 경우
13. 그 밖에 국제정세의 변화 또는 국가안전보장을 해치는 사유의 발생 등으로 산업통상자원부장관이나 관계 행정기관의 장이 상황허가를 받도록 정하여 고시하는 경우
④산업통상자원부장관이나 관계 행정기관의 장은 수출허가 신청이나 상황허가 신청을 받으면 국제평화 및 안전유지와 국가안보 등 대통령령으로 정하는 기준에 따라 수출허가나 상황허가를 할 수 있다. <개정 2008.2.29, 2013.3.23>
⑤ 산업통상자원부장관 또는 관계 행정기관의 장은 재외공관에서 사용될 공용물품을 수출하는 경우 등 대통령령으로 정하는 경우에는 수출허가 또는 상황허가를 면제할 수 있다. <신설 2009.4.22, 2013.3.23>
⑥ 삭제 <2013.7.30>

제20조(전략물자의 판정 등) ① 삭제 <2009.4.22>
②물품등의 무역거래자(제19조제2항에 따른 기술이전 행위의 전부 또는 일부를 위임하거나 기술이전 행위를 하는 자를 포함한다. 이하 제24조의2 및 제25조에서 같다)는 대통령령으로 정하는 바에 따라 산업통상자원부장관이나 관계 행정기관의 장에게 수출하려는 물품등이 전략물자 또는 제19조제3항제13호에 따른 상황허가 대상인 물품등에 해당하는지에 대한 판정을 신청할 수 있다. 이 경우 산업통상자원부장관이나 관계 행정기관의 장은 제29조에 따른 전략물자관리원장 또는 대통령령으로 정하는 관련 전문기관에 판정을 위임하거나 위탁할 수 있다. <개정 2008.2.29, 2009.4.22, 2013.3.23, 2013.7.30>
③ 삭제 <2013.7.30>
[제목개정 2009.4.22]

제21조 삭제 <2009.4.22>

제22조(수입목적확인서의 발급) 전략물자를 수입하려는 자는 대통령령으로 정하는 바에 따라 산업통상자원부장관이나 관계 행정기관의 장에게 수입목적 등의 확인을 내용으로 하는 수입목적확인서의 발급을 신청할 수 있다. 이 경우 산업통상자원부장관과 관계 행정기관의 장은 확인 신청 내용이 사실인지 확인한 후 수입목적확인서를 발급할 수 있다. <개정 2008.2.29, 2013.3.23>

제23조(전략물자등에 대한 이동중지명령 등) ①산업통상자원부장관과 관계 행정기관의 장은 전략물자나 상황허가 대상인 물품등(이하 "전략물자등"이라 한다)이 허가를 받지 아니하고 수출되거나 거짓이나 그 밖의 부정한 방법으로 허가를 받아 수출되는 것(이하 "불법수출"이라 한다)을 막기 위하여 필요하면 적법한 수출이라는 사실이 확인될 때까지 전략물자등의 이동중지명령을 할 수 있다. <개정 2008.2.29, 2013.3.23, 2013.7.30>
②제1항에도 불구하고 산업통상자원부장관과 관계 행정기관의 장은 전략물자등의 불법수출을 막기 위하여 긴급하게 그 이동을 제한할 필요가 있으면 적법한 수출이라는 사실이 확인될 때까지 직접 그 이동을 중지시킬 수 있다. <개정 2008.2.29, 2013.3.23>
③ 전략물자등을 국내 항만이나 공항을 경유하거나 국내에서 환적(換積)하려는 자로서 대통령령으로 정하는 자는 대통령령으로 정하는 바에 따라 산업통상자원부장관이나 관

계 행정기관의 장의 허가를 받아야 한다. <개정 2009.4.22, 2010.4.5, 2013.3.23>
④산업통상자원부장관 또는 관계 행정기관의 장은 제2항에 따른 이동중지조치나 제3항에 따른 경유 또는 환적의 허가를 하기가 적절하지 아니하면 다른 행정기관에 협조를 요청할 수 있다. 이 경우 협조를 요청받은 행정기관은 국내 또는 외국의 전략물자등의 국가 간 불법수출을 막을 수 있도록 협조하여야 한다. <개정 2008.2.29, 2009.4.22, 2013.3.23>
⑤제2항 또는 제4항에 따라 이동중지조치를 하는 공무원은 그 권한을 표시하는 증표를 지니고 이를 관계인에게 내보여야 한다. <개정 2009.4.22>
⑥제1항・제2항 및 제4항에 따른 이동중지명령 및 이동중지조치의 기간과 방법은 전략물자등의 국가 간 불법수출을 막기 위하여 필요한 최소한도에 그쳐야 한다. <개정 2009.4.22>

제24조(전략물자등의 중개) ①전략물자등을 제3국에서 다른 제3국으로 이전하거나 매매를 위하여 중개하려는 자는 대통령령으로 정하는 바에 따라 산업통상자원부장관이나 관계 행정기관의 장의 허가를 받아야 한다. 다만, 그 전략물자등의 이전・매매가 수출국으로부터 국제수출통제체제의 원칙에 따른 수출허가를 받은 경우 등 대통령령으로 정하는 때에는 그러하지 아니하다. <개정 2008.2.29, 2009.4.22, 2013.3.23, 2013.7.30>
②산업통상자원부장관과 관계 행정기관의 장은 제1항 본문에 따라 중개허가의 신청을 받으면 국제평화 및 안전유지와 국가안보 등 대통령령으로 정하는 기준에 따라 중개허가를 할 수 있다. <개정 2008.2.29, 2013.3.23>
[제목개정 2013.7.30]

제24조의2(서류의 보관) 무역거래자는 다음 각 호의 서류를 5년간 보관하여야 한다.
1. 제20조제2항에 따라 판정을 신청한 경우에는 그 판정에 관한 서류
2. 전략물자등을 수출・경유・환적・중개한 자의 경우 그 수출허가, 상황허가, 제23조제3항에 따른 경유 또는 환적 허가, 제24조에 따른 중개허가에 관한 서류
3. 그 밖에 산업통상자원부장관이나 관계 행정기관의 장이 정하여 고시하는 서류
[본조신설 2013.7.30]

제24조의3(수출허가 등의 취소) 산업통상자원부장관 또는 관계 행정기관의 장은 수출허가 또는 상황허가, 제23조제3항에 따른 경유 또는 환적 허가, 제24조에 따른 중개허가를 한 후 다음 각 호의 어느 하나에 해당하는 경우에는 해당 허가를 취소할 수 있다.
1. 거짓 또는 부정한 방법으로 허가를 받은 사실이 발견된 경우
2. 전쟁, 테러 등 국가 간 안보 또는 대량파괴무기등의 이동・확산 우려 등과 같은 국제정세의 변화가 있는 경우
[본조신설 2013.7.30]

제25조(자율준수무역거래자) ①산업통상자원부장관은 기업 또는 대통령령으로 정하는 대학 및 연구기관의 자율적인 전략물자 관리능력을 높이기 위하여 전략물자 여부에 대한 판정능력, 수입자 및 최종 사용자에 대한 분석능력 등 대통령령으로 정하는 능력을 갖춘 무역거래자를 자율준수무역거래자로 지정할 수 있다. <개정 2008.2.29, 2013.3.23,

2013.7.30>
②산업통상자원부장관은 제1항에 따라 지정을 받은 자율준수무역거래자(이하 이 조에서 “자율준수무역거래자”라 한다)에게 대통령령으로 정하는 바에 따라 전략물자에 대한 수출통제업무의 일부를 자율적으로 관리하게 할 수 있다. <개정 2008.2.29, 2013.3.23>
③자율준수무역거래자는 제2항에 따라 자율적으로 관리하는 전략물자의 수출실적 등을 대통령령으로 정하는 바에 따라 산업통상자원부장관에게 보고하여야 한다. <개정 2008.2.29, 2013.3.23>
④산업통상자원부장관은 다음 각 호의 어느 하나에 해당하는 경우에는 자율준수무역거래자의 지정을 취소할 수 있다. <개정 2008.2.29, 2009.4.22, 2013.3.23, 2013.7.30>

1. 제1항에 따른 대통령령으로 정하는 능력을 유지하지 못하는 경우
2. 고의나 중대한 과실로 제19조제2항에 따른 수출허가를 받지 아니하고 전략물자를 수출한 경우
3. 고의나 중대한 과실로 제19조제3항에 따른 상황허가를 받지 아니하고 상황허가 대상인 물품등을 수출한 경우
4. 고의나 중대한 과실로 제24조의2에 따른 보관의무를 이행하지 아니한 경우
5. 고의나 중대한 과실로 제24조에 따른 중개허가를 받지 아니하고 전략물자를 중개한 경우
6. 제3항에 따른 보고의무를 이행하지 아니한 경우
7. 삭제 <2009.4.22>

제26조(전략물자 수출입고시) 산업통상자원부장관은 관계 행정기관의 장과 협의하여 제19조부터 제25조까지의 규정에 관한 요령을 고시하여야 한다. <개정 2008.2.29, 2009.4.22, 2013.3.23>
[제목개정 2009.4.22]

제27조(비밀 준수 의무) 이 법에 따른 전략물자의 수출입통제업무와 관련된 공무원, 제29조에 따른 전략물자관리원의 임직원과 제29조제5항제1호의 판정 업무와 관련된 자는 전략물자 수출입통제업무의 수행과정에서 알게 된 영업상 비밀을 그 업체의 동의 없이 외부에 누설하여서는 아니 된다. <개정 2009.4.22>

제28조(전략물자 수출입관리 정보시스템의 구축·운영) ①산업통상자원부장관은 다음 각 호의 업무를 수행하기 위하여 관계 행정기관의 장 및 제29조에 따른 전략물자관리원과 공동으로 전략물자 수출입관리 정보시스템을 구축·운영할 수 있다. <개정 2008.2.29, 2009.4.22, 2013.3.23>

1. 수출허가, 상황허가, 제20조제2항에 따른 판정, 제22조에 따른 수입목적확인서의 발급 등에 관한 업무
2. 전략물자의 수출입통제에 필요한 정보의 수집·분석 및 관리 업무

②제1항에 따른 전략물자 수출입관리 정보시스템의 구축·운영에 필요한 사항은 대통령령으로 정한다.

제29조(전략물자관리원의 설립 등) ①전략물자의 수출입 업무와 관리 업무를 효율적으로

지원하기 위하여 전략물자관리원을 설립한다.
②전략물자관리원은 법인으로 한다.
③전략물자관리원은 정관으로 정하는 바에 따라 임원과 직원을 둔다.
④전략물자관리원은 그 주된 사무소의 소재지에서 설립등기를 함으로써 성립한다.
⑤전략물자관리원은 정부의 전략물자 관리정책에 따라 다음 각 호의 업무를 수행한다. <개정 2009.4.22, 2013.7.30>

1. 제20조제2항 후단에 따른 판정 업무
2. 제28조제1항에 따른 전략물자 수출입관리 정보시스템의 운영 업무
3. 전략물자의 수출입자에 대한 교육 업무

3의2. 제5조제4호 및 제4호의2에 따른 조치의 이행을 위한 정보제공 등 지원업무

4. 그 밖에 대통령령으로 정하는 업무

⑥전략물자관리원의 장은 산업통상자원부장관의 승인을 받아 제5항 각 호의 업무에 관하여 관리원을 이용하는 자에게 일정한 수수료를 징수할 수 있다. <개정 2008.2.29, 2013.3.23>
⑦전략물자관리원에 관하여 이 법에서 정한 것 외에는 「민법」 중 재단법인에 관한 규정을 준용한다.
⑧정부는 전략물자관리원의 설립·운영에 필요한 경비를 예산의 범위에서 출연하거나 지원할 수 있다.

제30조(전략물자 수출입통제 협의회) ①산업통상자원부장관과 관계 행정기관의 장은 전략물자의 수출입통제와 관련된 부처간 협의를 위하여 공동으로 전략물자 수출입통제 협의회(이하 이 조에서 "협의회"라 한다)를 구성할 수 있다. <개정 2008.2.29, 2013.3.23>
②협의회의 회의는 관계 행정기관의 소관 업무별로 그 소관 관계 행정기관의 장이 주재한다.
③협의회는 협의회의 안건에 관하여 필요하면 대통령령으로 정하는 정보수사기관의 장 또는 관세청장에게 조사·지원을 요청할 수 있다. <개정 2013.7.30>
④협의회의 구성과 운영에 필요한 사항은 대통령령으로 정한다.

제31조(전략물자등의 수출입 제한 등) ①산업통상자원부장관 또는 관계 행정기관의 장은 다음 각 호의 어느 하나에 해당하는 자에게 3년 이내의 범위에서 일정 기간 동안 전략물자등의 전부 또는 일부의 수출이나 수입을 제한할 수 있다. <개정 2008.2.29, 2009.4.22, 2013.3.23, 2013.7.30>

1. 제19조제2항에 따른 수출허가를 받지 아니하고 전략물자를 수출한 자
2. 제19조제3항에 따른 상황허가를 받지 아니하고 상황허가 대상인 물품등을 수출한 자
3. 전략물자등의 수출이나 수입에 관한 국제수출통제체제의 원칙을 위반한 자로서 대통령령으로 정하는 자

②관계 행정기관의 장은 제1항 각 호의 어느 하나에 해당하는 자가 있음을 알게 되면 즉시 산업통상자원부장관에게 통보하여야 한다. <개정 2008.2.29, 2013.3.23>
③산업통상자원부장관 또는 관계 행정기관의 장은 제1항에 따라 전략물자등의 수출입을 제한한 자와 외국 정부가 자국의 법령에 따라 전략물자등의 수출입을 제한한 자의 명단

과 제한 내용을 공고할 수 있다. <개정 2008.2.29, 2009.4.22, 2013.3.23, 2013.7.30>
[제목개정 2013.7.30]

제4절 플랜트수출 〈개정 2010.4.5〉

제32조(플랜트수출의 촉진 등) ①산업통상자원부장관은 다음 각 호의 어느 하나에 해당하는 수출(이하 "플랜트수출"이라 한다)을 하려는 자가 신청하는 경우에는 대통령령으로 정하는 바에 따라 그 플랜트수출을 승인할 수 있다. 승인한 사항을 변경할 때에도 또한 같다. <개정 2008.2.29, 2010.4.5, 2013.3.23>

1. 농업·임업·어업·광업·제조업, 전기·가스·수도사업, 운송·창고업 및 방송·통신업을 경영하기 위하여 설치하는 기재·장치 및 대통령령으로 정하는 설비 중 산업통상자원부장관이 정하는 일정 규모 이상의 산업설비의 수출
2. 산업설비·기술용역 및 시공을 포괄적으로 행하는 수출(이하 "일괄수주방식에 의한 수출"이라 한다)

②산업통상자원부장관은 제1항에 따른 승인 또는 변경승인을 하기 위하여 필요하면 플랜트수출의 타당성에 관하여 관계 행정기관의 장의 의견을 들어야 한다. 이 경우 의견을 제시할 것을 요구받은 관계 행정기관의 장은 정당한 사유가 없으면 지체 없이 산업통상자원부장관에게 의견을 제시하여야 한다. <개정 2008.2.29, 2010.4.5, 2013.3.23>

③산업통상자원부장관이 일괄수주방식에 의한 수출에 대하여 승인 또는 변경승인하려는 때에는 미리 국토교통부장관의 동의를 받아야 한다. <개정 2008.2.29, 2010.4.5, 2013.3.23>

④산업통상자원부장관은 일괄수주방식에 의한 수출로서 건설용역 및 시공부문의 수출에 관하여는 「해외건설촉진법」에 따른 해외건설업자에 대하여만 승인 또는 변경승인할 수 있다. <개정 2008.2.29, 2013.3.23>

⑤산업통상자원부장관은 제1항에 따른 플랜트수출의 승인 또는 변경승인을 한 경우에는 이를 관계 행정기관의 장에게 지체 없이 알려야 한다. <개정 2008.2.29, 2010.4.5, 2013.3.23>

⑥ 산업통상자원부장관은 플랜트수출을 촉진하기 위하여 그에 관한 제도개선, 시장조사, 정보교류, 수주 지원, 수주질서 유지, 전문인력의 양성, 금융지원, 우수기업의 육성 및 협동화사업을 추진할 수 있다. 이 경우 산업통상자원부장관은 플랜트수출 관련 기관 또는 단체를 지정하여 이들 사업을 수행하게 할 수 있다. <개정 2010.4.5, 2013.3.23>
[제목개정 2010.4.5]

제5절 정부간 수출계약 〈신설 2014.1.21〉

제32조의2(정부간 수출계약의 보증 및 원칙) ① 정부는 국내 기업의 원활한 정부간 수출계약을 지원하기 위하여 대통령령으로 정하는 보증·보험기관으로 하여금 국내 기업의 외국 정부에 대한 정부간 수출계약 이행 등을 위한 보증사업을 하게 할 수 있다.

② 정부는 정부간 수출계약과 관련하여 어떠한 경우에도 경제적 이익을 갖지 아니하고, 보증채무 등 경제적 책임 및 손실을 부담하지 아니한다.
[본조신설 2014.1.21]

제32조의3(정부간 수출계약의 전담기관) ① 제2조제4호의 "정부간 수출계약 전담기관"이란 「대한무역투자진흥공사법」에 따른 대한무역투자진흥공사(이하 "전담기관"이라 한다)를 말한다.

② 전담기관은 정부간 수출계약과 관련하여 다음 각 호의 업무를 수행한다.

1. 정부간 수출계약에서 당사자 지위 수행
2. 외국 정부의 구매요구 사항을 이행할 국내 기업의 추천
3. 그 밖에 정부간 수출계약 업무의 수행을 위하여 산업통상자원부장관이 필요하다고 인정하는 업무

③ 전담기관의 권한과 책임은 다음 각 호와 같다.

1. 전담기관은 정부간 수출계약이 체결된 경우 국내 기업으로 하여금 보증·보험의 제공 등 대통령령으로 정하는 계약 이행 보증 조치를 취하도록 하여야 한다.
2. 전담기관은 국내 기업의 계약 이행 상황을 확인하기 위하여 필요한 경우에는 국내 기업에 대하여 관련 자료의 제출을 요구할 수 있다.
3. 그 밖에 전담기관의 권한과 책임에 관하여는 대통령령으로 정한다.

④ 전담기관의 장은 정부간 수출계약 관련 업무를 수행하기 위하여 필요한 경우에는 관계 행정기관 및 관련 단체에 대하여 공무원 또는 임직원의 파견 근무를 요청할 수 있다. 다만, 공무원의 파견을 요청할 때에는 미리 주무부장관과 협의하여야 한다.

[본조신설 2014.1.21]

제32조의4(정부간 수출계약 심의위원회) ① 정부간 수출계약의 체결, 변경, 해지 등 대통령령으로 정하는 사항을 심의·의결하기 위하여 전담기관에 정부간 수출계약 심의위원회(이하 이 절에서 "위원회"라 한다)를 둔다.

② 위원회는 위원장 1명을 포함한 7명 이상 15명 이내의 위원으로 구성하고, 위원장은 대한무역투자진흥공사 사장이 된다.

③ 위원회의 구성 및 운영에 필요한 사항은 대통령령으로 정한다.

④ 위원회는 제1항에 따른 심의에 필요한 경우 국내 기업 및 관계 기관 등에 자료 등의 제출을 요구할 수 있다.

⑤ 위원회는 다음 각 호의 사항에 해당하는 경우에는 회의록, 계약서 등 관련 서류를 공개하지 아니할 수 있다.

1. 공개될 경우 정부간 수출계약의 체결, 이행, 변경, 해지 등이 크게 곤란하여질 우려가 있거나 위원회 심의의 공정성을 크게 저해할 우려가 있다고 인정되는 사항
2. 그 밖에 제1호에 준하는 사유로서 공개하기에 적당하지 아니하다고 위원회가 결정한 사항

[본조신설 2014.1.21]

제32조의5(국내 기업의 책임 등) ① 국내 기업은 정부간 수출계약이 체결된 경우 그 계약 내용을 성실히 이행하여야 한다.

② 국내 기업은 보증·보험의 제공 등 대통령령으로 정하는 계약 이행 보증 조치를 취하여야 한다.

③ 국내 기업은 제32조의3제3항제2호 또는 제32조의4제4항에 따른 자료제출 요구가

있을 경우 특별한 사정이 없으면 이에 따라야 한다.
④ 국내 기업이 제2항 또는 제3항을 위반할 경우 전담기관은 그 사실을 외국 정부에 통보할 수 있고, 위원회는 해당 기업의 정부간 수출계약에 대한 심의를 거부할 수 있다. [본조신설 2014.1.21]

제3장의2 원산지의 표시 등 <신설 2010.4.5>

제33조(수출입 물품등의 원산지의 표시) ①산업통상자원부장관이 공정한 거래 질서의 확립과 생산자 및 소비자 보호를 위하여 원산지를 표시하여야 하는 대상으로 공고한 물품등(이하 "원산지표시대상물품"이라 한다)을 수출하거나 수입하려는 자는 그 물품등에 대하여 원산지를 표시하여야 한다. <개정 2008.2.29, 2010.4.5, 2013.3.23>
② 수입된 원산지표시대상물품에 대하여 대통령령으로 정하는 단순한 가공활동을 거침으로써 해당 물품등의 원산지 표시를 손상하거나 변형한 자(무역거래자 또는 물품등의 판매업자에 대하여 제4항이 적용되는 경우는 제외한다)는 그 단순 가공한 물품등에 당초의 원산지를 표시하여야 한다. 이 경우 다른 법령에서 단순한 가공활동을 거친 수입물품등에 대하여 다른 기준을 규정하고 있으면 그 기준에 따른다. <신설 2010.4.5>
③제1항 및 제2항 전단에 따른 원산지의 표시방법・확인, 그 밖에 표시에 필요한 사항은 대통령령으로 정한다. <개정 2010.4.5>
④무역거래자 또는 물품등의 판매업자는 다음 각 호의 어느 하나에 해당하는 행위를 하여서는 아니 된다. 다만, 제3호의 경우에는 무역거래자의 경우만 해당된다. <개정 2010.4.5, 2013.7.30>
1. 원산지를 거짓으로 표시하거나 원산지를 오인(誤認)하게 하는 표시를 하는 행위
2. 원산지의 표시를 손상하거나 변경하는 행위
3. 원산지표시대상물품에 대하여 원산지 표시를 하지 아니하는 행위
4. 제1호부터 제3호까지의 규정에 위반되는 원산지표시대상물품을 국내에서 거래하는 행위

⑤산업통상자원부장관 또는 시・도지사는 제1항부터 제4항까지의 규정을 위반하였는지 확인하기 위하여 필요하다고 인정하면 수입한 물품등과 대통령령으로 정하는 관련 서류를 검사할 수 있다. <개정 2008.2.29, 2010.4.5, 2013.3.23, 2013.7.30>
⑥ 삭제 <2013.7.30>
⑦ 삭제 <2013.7.30>
⑧ 삭제 <2013.7.30>

제33조의2(원산지의 표시 위반에 대한 시정명령 등) ① 산업통상자원부장관 또는 시・도지사는 제33조제2항부터 제4항까지의 규정을 위반한 자에게 판매중지, 원상복구, 원산지 표시 등 대통령령으로 정하는 시정조치를 명할 수 있다.
② 산업통상자원부장관 또는 시・도 지사는 제33조제2항부터 제4항까지의 규정(제33조제4항제4호는 제외한다)을 위반한 자에게 3억원 이하의 과징금을 부과할 수 있다.
③ 제2항에 따라 과징금을 부과하는 위반행위의 종류와 정도에 따른 과징금의 금액과

그 밖에 필요한 사항은 대통령령으로 정한다.
④ 산업통상자원부장관 또는 시・도지사는 제2항에 따라 과징금을 내야 하는 자가 납부기한까지 내지 아니하면 국세 또는 지방세 체납처분의 예에 따라 징수한다.
⑤ 산업통상자원부장관 또는 시・도지사는 제2항에 따라 과징금 부과처분이 확정된 자에 대해서는 대통령령으로 정하는 바에 따라 그 위반자 및 위반자의 소재지와 물품등의 명칭, 품목, 위반내용 등 처분과 관련된 사항을 공표할 수 있다.
[본조신설 2013.7.30]

제34조(원산지 판정 등) ①산업통상자원부장관은 필요하다고 인정하면 수출 또는 수입 물품등의 원산지 판정을 할 수 있다. <개정 2008.2.29, 2013.3.23>
②원산지 판정의 기준은 대통령령으로 정하는 바에 따라 산업통상자원부장관이 정하여 공고한다. <개정 2008.2.29, 2013.3.23>
③무역거래자 또는 물품등의 판매업자 등은 수출 또는 수입 물품등의 원산지 판정을 산업통상자원부장관에게 요청할 수 있다. <개정 2008.2.29, 2013.3.23>
④산업통상자원부장관은 제3항에 따라 요청을 받은 경우에는 해당 물품등의 원산지 판정을 하여서 요청한 사람에게 알려야 한다. <개정 2008.2.29, 2013.3.23>
⑤제4항에 따라 통보를 받은 자가 원산지 판정에 불복하는 경우에는 통보를 받은 날부터 30일 이내에 산업통상자원부장관에게 이의를 제기할 수 있다. <개정 2008.2.29, 2013.3.23>
⑥산업통상자원부장관은 제5항에 따라 이의를 제기받은 경우에는 이의 제기를 받은 날부터 150일 이내에 이의 제기에 대한 결정을 알려야 한다. <개정 2008.2.29, 2013.3.23>
⑦원산지 판정의 요청, 이의 제기 등 원산지 판정의 절차에 필요한 사항은 대통령령으로 정한다.

제35조(수입원료를 사용한 국내생산 물품등의 원산지 판정 기준) ①산업통상자원부장관은 공정한 거래질서의 확립과 생산자 및 소비자 보호를 위하여 필요하다고 인정하면 수입원료를 사용하여 국내에서 생산되어 국내에서 유통되거나 판매되는 물품등(이하 이 조에서 "국내생산물품등"이라 한다)에 대한 원산지 판정에 관한 기준을 관계 중앙행정기관의 장과 협의하여 정할 수 있다. 다만, 다른 법령에서 국내생산물품등에 대하여 다른 기준을 규정하고 있는 경우에는 그러하지 아니하다. <개정 2008.2.29, 2010.4.5, 2013.3.23>
②산업통상자원부장관은 제1항에 따라 국내생산물품등에 대한 원산지 판정에 관한 기준을 정하면 이를 공고하여야 한다. <개정 2008.2.29, 2013.3.23>

제36조(수입 물품등의 원산지증명서의 제출) ①산업통상자원부장관은 원산지를 확인하기 위하여 필요하다고 인정하면 물품등을 수입하려는 자에게 그 물품등의 원산지 국가 또는 물품등을 선적(船積)한 국가의 정부 등이 발행하는 원산지증명서를 제출하도록 할 수 있다. <개정 2008.2.29, 2013.3.23>
②제1항에 따른 원산지증명서의 제출과 그 확인에 필요한 사항은 대통령령으로 정한다.

제37조(수출 물품의 원산지증명서의 발급 등) ①헌법에 따라 체결・공포된 조약과 일반

적으로 승인된 국제법규를 이행하기 위하여 또는 교역상대국 무역거래자의 요청으로 수출 물품의 원산지증명서를 발급받으려는 자는 산업통상자원부장관에게 원산지증명서의 발급을 신청하여야 한다. 이 경우 수수료를 내야 한다. <개정 2008.2.29, 2013.3.23>

②제1항에 따른 원산지증명서의 발급기준·발급절차, 유효기간, 수수료와 그 밖에 발급에 필요한 사항은 대통령령으로 정한다.

第38조(외국산 물품등을 국산 물품등으로 가장하는 행위의 금지) 누구든지 원산지증명서를 위조 또는 변조하거나 거짓된 내용으로 원산지증명서를 발급받거나 물품등에 원산지를 거짓으로 표시하는 등의 방법으로 외국에서 생산된 물품등(외국에서 생산되어 국내에서 대통령령으로 정하는 단순한 가공활동을 거친 물품등을 포함한다. 이하 제53조의2제4호에서도 같다)의 원산지가 우리나라인 것처럼 가장(假裝)하여 그 물품등을 수출하거나 외국에서 판매하여서는 아니 된다. <개정 2010.4.5>

제4장 수입수량 제한조치

第39조(수입수량 제한조치) ①산업통상자원부장관은 특정 물품의 수입 증가로 인하여 같은 종류의 물품 또는 직접적인 경쟁 관계에 있는 물품을 생산하는 국내산업(이하 이 조에서 "국내산업"이라 한다)이 심각한 피해를 입고 있거나 입을 우려(이하 이 조에서 "심각한 피해등"이라 한다)가 있음이 「불공정무역행위 조사 및 산업피해구제에 관한 법률」 제27조에 따른 무역위원회(이하 "무역위원회"라 한다)의 조사를 통하여 확인되고 심각한 피해등을 구제하기 위한 조치가 건의된 경우로서 그 국내산업을 보호할 필요가 있다고 인정되면 그 물품의 국내산업에 대한 심각한 피해등을 방지하거나 치유하고 조정을 촉진하기 위하여 필요한 범위에서 물품의 수입수량을 제한하는 조치(이하 "수입수량제한조치"라 한다)를 시행할 수 있다. <개정 2008.2.29, 2013.3.23>

②산업통상자원부장관은 무역위원회의 건의, 해당 국내산업 보호의 필요성, 국제통상 관계, 수입수량제한조치의 시행에 따른 보상수준 및 국민경제에 미치는 영향 등을 검토하여 수입수량제한조치의 시행 여부와 내용을 결정한다. <개정 2008.2.29, 2013.3.23>

③정부는 수입수량제한조치를 시행하려면 이해 당사국과 수입수량제한조치의 부정적 효과에 대한 적절한 무역보상에 관하여 협의할 수 있다.

④수입수량제한조치는 조치 시행일 이후 수입되는 물품에만 적용한다.

⑤수입수량제한조치의 적용 기간은 4년을 넘어서는 아니 된다.

⑥산업통상자원부장관은 수입수량제한조치의 대상 물품, 수량, 적용기간 등을 공고하여야 한다. <개정 2008.2.29, 2013.3.23>

⑦산업통상자원부장관은 수입수량제한조치의 시행 여부를 결정하기 위하여 필요하다고 인정하면 관계 행정기관의 장 및 이해관계인 등에게 관련 자료의 제출 등 필요한 협조를 요청할 수 있다. <개정 2008.2.29, 2013.3.23>

⑧산업통상자원부장관은 수입수량제한조치의 대상이었거나 「관세법」 제65조에 따른 긴급관세(이하 "긴급관세"라 한다) 또는 같은 법 제66조에 따른 잠정 긴급관세(이하 "잠정긴급관세"라 한다)의 대상이었던 물품에 대하여는 그 수입수량제한조치의 적용기간,

긴급관세의 부과기간 또는 잠정긴급관세의 부과기간이 끝난 날부터 그 적용 기간 또는 부과기간에 해당하는 기간(적용기간 또는 부과기간이 2년 미만인 경우에는 2년)이 지나기 전까지는 다시 수입수량제한조치를 시행할 수 없다. 다만, 다음 각 호의 요건을 모두 충족하는 경우에는 180일 이내의 수입수량제한조치를 시행할 수 있다. <개정 2008.2.29, 2013.3.23>

1. 해당 물품에 대한 수입수량제한조치가 시행되거나 긴급관세 또는 잠정긴급관세가 부과된 후 1년이 지날 것
2. 수입수량제한조치를 다시 시행하는 날부터 소급하여 5년 안에 그 물품에 대한 수입수량제한조치의 시행 또는 긴급관세의 부과가 2회 이내일 것

제40조(수입수량제한조치에 대한 연장 등) ①산업통상자원부장관은 무역위원회의 건의가 있고 필요하다고 인정하면 수입수량제한조치의 내용을 변경하거나 적용기간을 연장할 수 있다. 이 경우 변경되는 조치 내용 및 연장되는 적용기간 이내에 변경되는 조치 내용은 최초의 조치 내용보다 완화되어야 한다. <개정 2008.2.29, 2013.3.23>

②제1항에 따라 수입수량제한조치의 적용기간을 연장하는 때에는 수입수량제한조치의 적용기간과 긴급관세 또는 잠정긴급관세의 부과기간 및 그 연장기간을 전부 합산한 기간이 8년을 넘어서는 아니 된다.

제41조(특정국 물품에 대한 특별 수입수량 제한조치의 시행 등) ①산업통상자원부장관은 헌법에 따라 체결·공포된 조약 또는 일반적으로 승인된 국제법규에 따라 허용되는 한도에서 대통령령으로 정하는 국가를 원산지로 하는 물품의 수입으로 인하여 다음 각 호의 어느 하나에 해당하는 경우가 초래된다고 무역위원회의 조사를 통하여 확인되고 이를 구제하기 위한 조치가 건의되는 경우에는 피해를 구제하거나 방지하기 위하여 필요한 범위에서 특별 수입수량 제한조치(이하 이 조에서 “특별수입수량제한조치”라 한다)를 시행할 수 있다. <개정 2008.2.29, 2013.3.23>

1. 그 물품의 수입 증가로 인하여 같은 종류의 물품 또는 직접적인 경쟁관계에 있는 물품의 국내 시장이 교란되거나 교란될 우려가 있는 경우
2. 세계무역기구 회원국이 해당 물품의 수입 증가에 대하여 자국의 시장 교란을 구제하거나 방지하기 위하여 취한 조치로 인하여 중대한 무역전환이 발생하여 그 물품이 우리나라로 수입되거나 수입될 우려가 있는 경우
3. 해당 물품이 「섬유 및 의류에 관한 협정」의 대상이 되는 품목인 경우에는 그 물품의 수입이 국내 시장을 교란하여 같은 품목의 교역 발전을 해치거나 해칠 우려가 있는 경우

②정부는 특별수입수량제한조치를 시행하려는 때에는 이해 당사국과 해결 방안을 모색하기 위하여 사전협의를 할 수 있다.

③산업통상자원부장관은 무역위원회가 제1항제1호에 관한 조사가 시작된 물품에 대하여 잠정적인 조치를 건의한 경우로서 그 조사기간에 발생하는 피해 등을 방지하지 아니하면 회복하기 어려운 피해 등이 초래되거나 초래될 우려가 있다고 판단되면 피해의 구제 등을 위하여 잠정 특별수입수량제한조치(이하 이 조에서 “잠정특별수입수량제한조치”라 한다)를 시행할 수 있다. 이 경우 잠정특별수입수량제한조치의 적용기간은 200일

이내로 한다. <개정 2008.2.29, 2013.3.23>
④산업통상자원부장관은 제1항제1호에 관한 무역위원회의 조사 결과 국내 시장이 교란되거나 교란될 우려가 있다고 판단되지 아니한다는 무역위원회의 통보가 있으면 잠정특별수입수량제한조치를 해제하여야 한다. <개정 2008.2.29, 2013.3.23>
⑤산업통상자원부장관은 제1항제2호에 따른 경우에 해당되어 시행한 특별수입수량제한조치의 원인이 된 다른 세계무역기구 회원국의 조치가 종료된 때에는 해당 조치의 종료일부터 30일 이내에 그 특별수입수량제한조치를 해제하여야 한다. <개정 2008.2.29, 2013.3.23>
⑥산업통상자원부장관은 특별수입수량제한조치 또는 잠정특별수입수량제한조치를 시행하는 때에는 그 대상 물품, 수량, 적용기간 등을 공고하여야 한다. <개정 2008.2.29, 2013.3.23>
⑦특별수입수량제한조치의 시행에 관하여는 제39조제2항·제4항·제7항 및 제40조제1항을 준용한다.
⑧잠정특별수입수량제한조치의 시행에 관하여는 제39조제2항·제4항 및 제7항을 준용한다.

제5장 수출입의 질서 유지

제42조 삭제 <2008.12.19>

제43조(수출입 물품등의 가격 조작 금지) 무역거래자는 외화도피의 목적으로 물품등의 수출 또는 수입 가격을 조작(造作)하여서는 아니 된다.

제44조(무역거래자간 무역분쟁의 신속한 해결) ①무역거래자는 그 상호 간이나 교역상대국의 무역거래자와 물품등의 수출·수입과 관련하여 분쟁이 발생한 경우에는 정당한 사유 없이 그 분쟁의 해결을 지연시켜서는 아니 된다.
②산업통상자원부장관은 제1항에 따른 분쟁이 발생한 경우 무역거래자에게 분쟁의 해결에 관한 의견을 진술하게 하거나 그 분쟁과 관련되는 서류의 제출을 요구할 수 있다. <개정 2008.2.29, 2013.3.23>
③산업통상자원부장관은 제2항에 따라 서류를 제출받거나 의견을 들은 후에 필요하다고 인정하면 그 분쟁에 관하여 사실 조사를 할 수 있다. <개정 2008.2.29, 2013.3.23>
④산업통상자원부장관은 제1항에 따른 분쟁을 신속하고 공정하게 처리하는 것이 필요하다고 인정하거나 무역분쟁 당사자의 신청을 받으면 대통령령으로 정하는 바에 따라 분쟁을 조정하거나 분쟁의 해결을 위한 중재(仲裁) 계약의 체결을 권고할 수 있다. <개정 2008.2.29, 2013.3.23>

제45조(선적 전 검사와 관련한 분쟁 조정 등) ①수입국 정부와의 계약 체결 또는 수입국 정부의 위임을 받아 기업이 수출하는 물품등에 대하여 국내에서 선적 전에 검사를 실시하는 기관(이하 "선적전검사기관"이라 한다)은 「세계무역기구 선적 전 검사에 관한 협

정」을 지켜야 한다. 이 경우 선적전검사기관은 선적 전 검사가 기업의 수출에 대한 무역장벽으로 작용하도록 하여서는 아니 된다.

②산업통상자원부장관은 선적 전 검사와 관련하여 수출자와 선적전검사기관 간에 분쟁이 발생하였을 경우에는 그 해결을 위하여 필요한 조정(調整)을 할 수 있다. <개정 2008.2.29, 2013.3.23>

③제2항의 분쟁에 관한 중재(仲裁)를 담당할 수 있도록 대통령령으로 정하는 바에 따라 독립적인 중재기관을 설치할 수 있다.

第46조(조정명령) ①산업통상자원부장관은 다음 각 호의 어느 하나에 해당하는 경우에는 무역거래자에게 수출하는 물품등의 가격, 수량, 품질, 그 밖에 거래조건 또는 그 대상지역 등에 관하여 필요한 조정(調整)을 명할 수 있다. <개정 2008.2.29, 2013.3.23>

1. 헌법에 따라 체결·공포된 조약과 일반적으로 승인된 국제법규에 따른 의무 이행을 위하여 필요한 경우
2. 우리나라 또는 교역상대국의 관련 법령에 위반되는 경우
3. 그 밖에 물품등의 수출의 공정한 경쟁을 교란할 우려가 있거나 대외 신용을 손상하는 행위를 방지하기 위한 것으로서 다음 각 목의 어느 하나에 해당하는 경우
   가. 물품등의 수출과 관련하여 부당하게 다른 무역거래자를 제외하는 경우
   나. 물품등의 수출과 관련하여 부당하게 다른 무역거래자의 상대방에 대하여 다른 무역거래자와 거래하지 아니하도록 유인하거나 강제하는 경우
   다. 물품등의 수출과 관련하여 부당하게 다른 무역거래자의 해외에서의 사업활동을 방해하는 경우

②산업통상자원부장관은 제1항에 따라 조정을 명하는 경우에는 다음 각 호의 사항을 고려하여야 한다. <개정 2008.2.29, 2013.3.23>

1. 수출기반의 안정, 새로운 상품의 개발 또는 새로운 해외시장의 개척에 기여할 것
2. 다른 무역거래자의 권익을 부당하게 침해하거나 차별하지 아니할 것
3. 물품등의 수출·수입의 질서 유지를 위한 목적에 필요한 정도를 넘지 아니할 것

③제1항에 따라 조정을 명하는 절차 등에 필요한 사항은 대통령령으로 정한다.

④산업통상자원부장관은 제1항에 따라 조정을 명하는 경우에 필요하다고 인정하면 제11조제2항에 따른 승인을 하지 아니하거나 관계 기관의 장에게 승인에 관련된 절차를 중지하게 할 수 있다. <개정 2008.2.29, 2013.3.23>

제6장 보칙

第47조(청문) 산업통상자원부장관 또는 관계 행정기관의 장은 다음 각 호의 어느 하나에 해당하는 처분을 하려면 청문을 하여야 한다. <개정 2008.2.29, 2009.4.22, 2013.3.23, 2013.7.30>

1. 제24조의3에 따른 수출허가, 상황허가, 경유 또는 환적 허가, 중개허가의 취소
2. 제46조제1항에 따른 조정명령

제48조(보고와 검사 등) ①산업통상자원부장관 또는 관계 행정기관의 장은 제5조제4호 및 제4호의2에 따라 수출이 제한되거나 금지된 물품등, 전략물자 또는 제19조제3항에 따른 물품등에 대한 수출허가나 상황허가를 받은 자 또는 수출허가나 상황허가를 받지 아니하고 수출하거나 수출하려고 한 자에게 다음 각 호의 사항에 관한 보고 또는 자료의 제출을 명할 수 있다. <개정 2008.2.29, 2009.4.22, 2013.3.23, 2013.7.30>

1. 수입국
2. 수입자ㆍ최종사용자 또는 그의 위임을 받은 자 및 그 소재지, 사업 분야, 주요 거래자 및 사용 목적
3. 수입자와 최종사용자 또는 그의 위임을 받은 자를 확인하기 위한 수입국의 권한 있는 기관이 발급한 납세증명서 등 관련 자료 또는 대외 공표자료
4. 그 밖에 운송 수단, 환적국(換積國), 대금 결제방법 등 산업통상자원부장관이 정하여 고시하는 사항

②산업통상자원부장관 또는 관계 행정기관의 장은 이 법의 시행을 위하여 필요하다고 인정하면 그 소속 공무원에게 제1항에 규정된 자의 사무소, 영업소, 공장 또는 창고 등에서 장부ㆍ서류나 그 밖의 물건을 검사하게 할 수 있다. <개정 2008.2.29, 2009.4.22, 2013.3.23>

③제2항에 따라 검사를 하는 공무원은 그 권한을 표시하는 증표를 지니고, 이를 관계인에게 내보여야 한다.

제49조(교육명령) 산업통상자원부장관 또는 관계 행정기관의 장은 다음 각 호의 어느 하나에 해당하는 자에게 대통령령으로 정하는 바에 따라 교육명령을 부과할 수 있다. <개정 2013.3.23, 2013.7.30>

1. 수출허가 또는 상황허가를 받지 아니하고 수출한 자
2. 거짓이나 그 밖의 부정한 방법으로 수출허가 또는 상황허가를 받은 자
3. 제23조제3항에 따른 경유 또는 환적 허가 및 제24조에 따른 중개허가를 받지 아니하고 경유ㆍ환적ㆍ중개한 자
4. 거짓이나 그 밖의 부정한 방법으로 제23조제3항에 따른 경유 또는 환적 허가 및 제24조에 따른 중개허가를 받은 자

[전문개정 2009.4.22]

제50조(「독점규제 및 공정거래에 관한 법률」과의 관계) ①제46조에 따른 산업통상자원부장관의 조정명령의 이행에 대하여는 「독점규제 및 공정거래에 관한 법률」을 적용하지 아니한다. <개정 2008.2.29, 2013.3.23>

②산업통상자원부장관은 제46조에 따른 조정명령이 「독점규제 및 공정거래에 관한 법률」 제2조제1호에 따른 사업자 간의 국내 시장에서의 경쟁을 제한하는 것이면 공정거래위원회와 미리 협의하여야 한다. <개정 2008.2.29, 2013.3.23>

제51조(「국가보안법」과의 관계) 이 법에 따른 물품등의 수출ㆍ수입행위에 대하여는 그 행위가 업무 수행상 정당하다고 인정되는 범위에서 「국가보안법」을 적용하지 아니한다.

제52조(권한의 위임ㆍ위탁) ①이 법에 따른 산업통상자원부장관의 권한은 대통령령으로

정하는 바에 따라 그 일부를 소속기관의 장, 시·도지사에게 위임하거나 관계 행정기관의 장, 세관장, 한국은행 총재, 한국수출입은행장, 외국환은행의 장, 그 밖에 대통령령으로 정하는 법인 또는 단체에 위탁할 수 있다. <개정 2008.2.29, 2013.3.23>
②산업통상자원부장관은 제1항에 따라 위임하거나 위탁한 사무에 관하여 그 위임 또는 위탁을 받은 자를 지휘·감독한다. <개정 2008.2.29, 2013.3.23>
③산업통상자원부장관은 제1항에 따라 위임하거나 위탁한 사무에 관하여 그 위임 또는 위탁을 받은 자에게 필요한 자료의 제출을 요청할 수 있다. <개정 2008.2.29, 2013.3.23>

제7장 벌칙

제53조(벌칙) ①전략물자등의 국제적 확산을 꾀할 목적으로 다음 각 호의 어느 하나에 해당하는 위반행위를 한 자는 7년 이하의 징역 또는 수출·경유·환적·중개하는 물품등의 가격의 5배에 해당하는 금액 이하의 벌금에 처한다. <개정 2013.7.30>
1. 제19조제2항에 따른 수출허가를 받지 아니하고 전략물자를 수출한 자
2. 제19조제3항에 따른 상황허가를 받지 아니하고 상황허가 대상인 물품등을 수출한 자
3. 제23조제3항에 따른 경유 또는 환적 허가를 받지 아니하고 전략물자등을 경유 또는 환적한 자
4. 제24조에 따른 중개허가를 받지 아니하고 전략물자등을 중개한 자

②다음 각 호의 어느 하나에 해당하는 자는 5년 이하의 징역 또는 수출·수입·경유·환적·중개하는 물품등의 가격의 3배에 해당하는 금액 이하의 벌금에 처한다. <개정 2013.7.30>
1. 제5조 각 호의 어느 하나에 따른 수출 또는 수입의 제한이나 금지조치를 위반한 자
2. 제19조제2항에 따른 수출허가를 받지 아니하고 전략물자를 수출한 자
3. 거짓이나 그 밖의 부정한 방법으로 제19조제2항에 따른 수출허가를 받은 자
4. 제19조제3항에 따른 상황허가를 받지 아니하고 상황허가 대상인 물품등을 수출한 자
5. 거짓이나 그 밖의 부정한 방법으로 제19조제3항에 따른 상황허가를 받은 자
5의2. 제23조제3항에 따른 경유 또는 환적 허가를 받지 아니하고 전략물자등을 경유 또는 환적한 자
5의3. 거짓이나 그 밖의 부정한 방법으로 제23조제3항에 따른 경유 또는 환적 허가를 받은 자
6. 제24조에 따른 중개허가를 받지 아니하고 전략물자등을 중개한 자
7. 거짓이나 그 밖의 부정한 방법으로 제24조에 따른 중개허가를 받은 자
8. 삭제 <2010.4.5>
9. 제43조를 위반하여 물품등의 수출과 수입의 가격을 조작한 자
10. 제46조제1항에 따른 조정명령을 위반한 자

제53조의2(벌칙) 다음 각 호의 어느 하나에 해당하는 자는 5년 이하의 징역 또는 1억원 이하의 벌금에 처한다. 이 경우 징역과 벌금은 병과(併科)할 수 있다. <개정 2013.7.30>
1. 제23조제1항에 따른 이동중지명령을 위반한 자

1의2. 제33조제4항제1호 또는 제2호를 위반한 무역거래자 또는 물품등의 판매업자
2. 제33조제4항제3호를 위반하여 원산지표시대상물품에 대하여 원산지 표시를 하지 아니한 무역거래자
3. 제33조의2제1항에 따른 시정조치 명령을 위반한 자
4. 제38조에 따른 외국산 물품등의 국산 물품등으로의 가장 금지 의무를 위반한 자
[본조신설 2010.4.5]

제54조(벌칙) 다음 각 호의 어느 하나에 해당하는 자는 3년 이하의 징역 또는 3천만원 이하의 벌금에 처한다. <개정 2009.4.22, 2013.7.30>
1. 제9조제2항을 위반하여 직무상 습득한 기업정보를 타인에게 제공 또는 누설하거나 사용 목적 외의 용도로 사용한 자
2. 제11조제2항 또는 제5항에 따른 승인 또는 변경승인을 받지 아니하고 수출 또는 수입 승인 대상 물품등을 수출하거나 수입한 자
3. 거짓이나 그 밖의 부정한 방법으로 제11조제2항 또는 제5항에 따른 승인 또는 변경승인을 받거나 그 승인 또는 변경승인을 면제받고 물품등을 수출하거나 수입한 자
4. 제16조제3항 본문(제17조제3항에서 준용하는 경우를 포함한다)에 따른 수입에 대응하는 외화획득을 하지 아니한 자
5. 제17조제1항 본문에 따른 승인을 받지 아니하고 목적 외의 용도로 원료・기재 또는 그 원료・기재로 제조된 물품등을 사용한 자
6. 제17조제2항에 따른 승인을 받지 아니하고 원료・기재 또는 그 원료・기재로 제조된 물품등을 양도한 자
7. 제27조에 따른 비밀 준수 의무를 위반한 자
8. 거짓이나 그 밖의 부정한 방법으로 제32조에 따른 승인 또는 변경 승인을 받은 자
9. 삭제 <2010.4.5>
10. 삭제 <2010.4.5>
11. 삭제 <2010.4.5>

제55조(미수범) 제53조제1항, 같은 조 제2항제2호・제4호・제6호 및 제53조의2제1호의2・제2호・제4호의 미수범은 각각 해당하는 본죄에 준하여 처벌한다. <개정 2008.12.19, 2010.4.5, 2013.7.30>

제56조(과실범) 중대한 과실로 제53조의2제1호의2 또는 제2호에 해당하는 행위를 한 자는 2천만원 이하의 벌금에 처한다. <개정 2008.12.19, 2009.4.22, 2010.4.5, 2013.7.30>

제57조(양벌규정) 법인의 대표자나 법인 또는 개인의 대리인, 사용인, 그 밖의 종업원이 그 법인 또는 개인의 업무에 관하여 제53조, 제53조의2 또는 제54조부터 제56조까지의 어느 하나에 해당하는 위반행위를 하면 그 행위자를 벌하는 외에 그 법인 또는 개인에게도 해당 조문의 벌금형을 과(科)한다. 다만, 법인 또는 개인이 그 위반행위를 방지하기 위하여 해당 업무에 관하여 상당한 주의와 감독을 게을리하지 아니한 경우에는 그러하지 아니하다. <개정 2010.4.5>
[전문개정 2008.12.26]

第58조(벌칙 적용 시의 공무원 의제) 제29조제5항의 업무를 수행하는 전략물자관리원의 임직원과 산업통상자원부장관이 제52조에 따라 위탁한 사무에 종사하는 한국은행, 한국수출입은행, 외국환은행, 그 밖에 대통령령으로 정하는 법인 또는 단체의 임직원은 「형법」 제129조부터 제132조까지의 벌칙을 적용할 때에는 공무원으로 본다. <개정 2008.2.29, 2009.4.22, 2013.3.23>

第59조(과태료) ①다음 각 호의 어느 하나에 해당하는 자에게는 2천만원 이하의 과태료를 부과한다.

1. 제44조제2항을 위반하여 관련되는 서류를 제출하지 아니한 자
2. 제44조제3항에 따른 사실 조사를 거부, 방해 또는 기피한 자
3. 제48조제1항에 따른 보고 또는 자료의 제출을 하지 아니하거나 거짓으로 보고 또는 자료를 제출한 자
4. 제48조제2항에 따른 검사를 거부, 방해 또는 기피한 자

②다음 각 호의 어느 하나에 해당하는 자에게는 1천만원 이하의 과태료를 부과한다. <개정 2009.4.22, 2010.4.5, 2013.7.30>

1. 제24조의2에 따른 서류 보관의무를 위반한 자
2. 삭제 <2013.7.30>
3. 제33조제5항에 따른 검사를 거부, 방해 또는 기피한 자
4. 제49조에 따른 교육명령을 이행하지 아니한 자

③제1항과 제2항에 따른 과태료는 대통령령으로 정하는 바에 따라 산업통상자원부장관이나 시·도지사 또는 관계 행정기관의 장이 부과·징수한다. <개정 2008.2.29, 2009.4.22, 2013.3.23, 2013.7.30>

④ 삭제 <2009.4.22>

⑤ 삭제 <2009.4.22>

⑥ 삭제 <2009.4.22>

부칙 <제12285호, 2014.1.21>

이 법은 공포 후 6개월이 경과한 날부터 시행한다.

대외무역법 시행령

[시행 2014.7.22.] [대통령령 제25475호, 2014.7.16., 일부개정]

제1장 총칙

제1조(목적) 이 영은 「대외무역법」에서 위임된 사항과 그 시행에 필요한 사항을 정함을 목적으로 한다.

제2조(정의) 이 영에서 사용하는 용어의 뜻은 다음과 같다. <개정 2008.2.29., 2009.11.2., 2013.3.23.>

1. "국내"란 대한민국의 주권(主權)이 미치는 지역을 말한다.
2. "외국"이란 국내 이외의 지역을 말한다.
3. "수출"이란 다음 각 목의 어느 하나에 해당하는 것을 말한다.
   가. 매매, 교환, 임대차, 사용대차(使用貸借), 증여 등을 원인으로 국내에서 외국으로 물품이 이동하는 것[우리나라의 선박으로 외국에서 채취한 광물(鑛物) 또는 포획한 수산물을 외국에 매도(賣渡)하는 것을 포함한다]
   나. 유상(有償)으로 외국에서 외국으로 물품을 인도(引渡)하는 것으로서 산업통상자원부장관이 정하여 고시하는 기준에 해당하는 것
   다. 「외국환거래법」 제3조제1항제14호에 따른 거주자(이하 "거주자"라 한다)가 같은 법 제3조제1항제15호에 따른 비거주자(이하 "비거주자"라 한다)에게 산업통상자원부장관이 정하여 고시하는 방법으로 제3조에 따른 용역을 제공하는 것
   라. 거주자가 비거주자에게 정보통신망을 통한 전송과 그 밖에 산업통상자원부장관이 정하여 고시하는 방법으로 제4조에 따른 전자적 형태의 무체물(無體物)을 인도하는 것
4. "수입"이란 다음 각 목의 어느 하나에 해당하는 것을 말한다.
   가. 매매, 교환, 임대차, 사용대차, 증여 등을 원인으로 외국으로부터 국내로 물품이 이동하는 것
   나. 유상으로 외국에서 외국으로 물품을 인수하는 것으로서 산업통상자원부장관이 정하여 고시하는 기준에 해당하는 것
   다. 비거주자가 거주자에게 산업통상자원부장관이 정하여 고시하는 방법으로 제3조에 따른 용역을 제공하는 것
   라. 비거주자가 거주자에게 정보통신망을 통한 전송과 그 밖에 산업통상자원부장관이 정하여 고시하는 방법으로 제4조에 따른 전자적 형태의 무체물을 인도하는 것
5. "외화획득용 원료·기재"란 외화획득용 원료, 외화획득용 시설기재, 외화획득용 제품, 외화획득용 용역 및 외화획득용 전자적 형태의 무체물을 말한다.

6. "외화획득용 원료"란 외화획득에 제공되는 물품과 제3조에 따른 용역 및 제4조에 따른 전자적 형태의 무체물(이하 "물품등"이라 한다)을 생산(제조·가공·조립·수리·재생 또는 개조하는 것을 말한다. 이하 같다)하는 데에 필요한 원자재·부자재·부품 및 구성품을 말한다.
7. "외화획득용 시설기재"란 외화획득에 제공되는 물품등을 생산하는 데에 사용되는 시설·기계·장치·부품 및 구성품[물품등의 하자(瑕疵)를 보수하거나 물품등을 유지·보수하는 데에 필요한 부품 및 구성품을 포함한다]을 말한다.
8. "외화획득용 제품"이란 수입한 후 생산과정을 거치지 아니한 상태로 외화획득에 제공되는 물품등을 말한다.
9. "외화획득용 용역"이란 외화획득에 제공되는 물품등을 생산하는 데에 필요한 제3조에 따른 용역을 말한다.
10. "외화획득용 전자적 형태의 무체물"이란 외화획득에 제공되는 물품등을 생산하는 데에 필요한 제4조에 따른 전자적 형태의 무체물을 말한다.
11. "수출실적"이란 산업통상자원부장관이 정하여 고시하는 기준에 해당하는 수출통관액·입금액, 가득액(稼得額)과 수출에 제공되는 외화획득용 원료·기재의 국내공급액을 말한다.
12. "수입실적"이란 산업통상자원부장관이 정하여 고시하는 기준에 해당하는 수입통관액 및 지급액을 말한다.

제3조(용역의 범위) 「대외무역법」(이하 "법"이라 한다) 제2조제1호나목에서 "대통령령으로 정하는 용역"이란 다음 각 호의 어느 하나에 해당하는 용역을 말한다. <개정 2008.2.29., 2013.3.23.>

1. 다음 각 목의 어느 하나에 해당하는 업종의 사업을 영위하는 자가 제공하는 용역
   가. 경영 상담업
   나. 법무 관련 서비스업
   다. 회계 및 세무 관련 서비스업
   라. 엔지니어링 서비스업
   마. 디자인
   바. 컴퓨터시스템 설계 및 자문업
   사. 「문화산업진흥 기본법」 제2조제1호에 따른 문화산업에 해당하는 업종
   아. 운수업
   자. 「관광진흥법」 제3조제1항에 따른 관광사업(이하 "관광사업"이라 한다)에 해당하는 업종
   차. 그 밖에 지식기반용역 등 수출유망산업으로서 산업통상자원부장관이 정하여 고시하는 업종
2. 국내의 법령 또는 대한민국이 당사자인 조약에 따라 보호되는 특허권·실용신안권·디자인권·상표권·저작권·저작인접권·프로그램저작권·반도체집적회로의 배치설계권의 양도(讓渡), 전용실시권(專用實施權)의 설정 또는 통상실시권(通常實施權)의 허락

제4조(전자적 형태의 무체물) 법 제2조제1호다목에서 "대통령령으로 정하는 전자적 형태

의 무체물"이란 다음 각 호의 어느 하나에 해당하는 것을 말한다. <개정 2008.2.29., 2013.3.23.>

1. 「소프트웨어산업 진흥법」 제2조제1호에 따른 소프트웨어
2. 부호·문자·음성·음향·이미지·영상 등을 디지털 방식으로 제작하거나 처리한 자료 또는 정보 등으로서 산업통상자원부장관이 정하여 고시하는 것
3. 제1호와 제2호의 집합체와 그 밖에 이와 유사한 전자적 형태의 무체물로서 산업통상자원부장관이 정하여 고시하는 것

제4조의2(정부간 수출계약의 절차) 법 제2조제4호에서 "대통령령으로 정하는 절차"란 다음 각 호에 규정된 절차를 말한다.

1. 외국 정부의 물품등(「방위사업법」 제38조제1항제4호에 따른 방산물자등은 제외한다. 이하 이 조, 제54조의5 및 제54조의6에서 같다) 구매의사에 관한 법 제32조의3 제1항에 따른 정부간 수출계약 전담기관(이하 "전담기관"이라 한다)의 확인
2. 국내 기업의 정부간 수출계약 이행능력에 관한 평가 및 추천. 다만, 외국 정부가 물품등을 수출할 국내 기업을 지정하는 경우에는 추천을 생략할 수 있다.
3. 전담기관과 국내 기업의 정부간 수출계약 이행에 관한 약정의 체결
4. 전담기관과 외국 정부와의 수출에 관한 계약의 체결(국내 기업과 함께 계약의 당사자가 되어 체결하는 경우를 포함한다)

[본조신설 2014.7.16.]

제5조(무역의 진흥을 위한 조치) ①산업통상자원부장관은 법 제4조에 따라 무역의 진흥을 위한 다음 각 호의 조치를 하거나 관계 행정기관의 장에게 필요한 조치를 하여 줄 것을 요청할 수 있다. <개정 2008.2.29., 2013.3.23.>

1. 수출산업의 국제경쟁력을 높이기 위한 여건의 조성과 설비 투자의 촉진
2. 외화가득률(外貨稼得率)을 높이기 위한 품질 향상과 국내에서 생산되는 외화획득용 원료·기재의 사용 촉진
3. 통상협력 증진을 위한 수출·수입에 대한 조정
4. 지역별 무역균형을 달성하기 위한 수출·수입의 연계
5. 민간의 통상활동 및 산업협력의 지원
6. 무역 관련 시설에 대한 조세 등의 감면
7. 과학적인 무역업무 처리기반을 효율적으로 구축·운영하기 위한 여건의 조성
8. 무역업계 등 유관기관의 과학적인 무역업무 처리기반 이용 촉진
9. 국내기업의 해외 진출 지원
10. 해외에 진출한 국내기업의 고충 사항의 조사와 그 해결을 위한 지원
11. 그 밖에 수출·수입을 지속적으로 증대하기 위하여 필요하다고 인정하는 조치

②법 제4조제2항제2호에 따른 지원 대상이 되는 무역 관련 시설은 다음 각 호의 구분에 따른 기능과 규모를 갖춘 시설로서 산업통상자원부장관이 지정하는 것으로 한다. <개정 2008.2.29., 2013.3.23.>

1. 무역전시장 : 실내 전시 연면적이 2천 제곱미터 이상인 무역견본품을 전시할 수 있는 시설과 50명 이상을 수용할 수 있는 회의실을 갖출 것
2. 무역연수원 : 무역전문인력을 양성할 수 있는 시설로서 연면적이 2천 제곱미터 이

상이고 최대수용 인원이 500명 이상일 것

3. 컨벤션센터 : 회의용 시설로서 연면적이 4천 제곱미터 이상이고 최대 수용 인원이 2천명 이상일 것

③법 제4조제2항제3호에서 "과학적인 무역업무 처리기반을 구축·운영하는 자"란 「전자무역 촉진에 관한 법률」 제6조제1항에 따른 전자무역기반사업자 중에서 과학적인 무역업무 처리기반을 구축·운영하고 있는 사업자를 말한다.

第6조(특별조치를 위한 조사 및 협의 절차) ①산업통상자원부장관은 법 제5조제2호·제3호·제4호의2 또는 제5호에 해당하는 사유로 교역상대국에 대하여 물품등의 수출·수입의 제한 또는 금지에 관한 조치(이하 이 조에서 "특별조치"라 한다)를 하려면 미리 그 사실에 관하여 조사를 하여야 한다. <개정 2008.2.29., 2013.3.23., 2014.1.28.>

②법 제5조제2호·제3호·제4호의2 또는 제5호에 해당하는 사실에 대하여 이해관계가 있는 자는 산업통상자원부장관에게 특별조치를 하여 줄 것을 신청할 수 있다. <개정 2008.2.29., 2013.3.23., 2014.1.28.>

③산업통상자원부장관은 제2항에 따른 신청이 있으면 신청일부터 30일 이내에 그 사실관계에 대한 조사 여부를 결정하고 그 내용을 신청인에게 알려야 한다. <개정 2008.2.29., 2013.3.23.>

④산업통상자원부장관은 제1항에 따른 조사를 할 때에 필요하다고 인정하면 미리 해당 교역상대국과 협의를 하여야 한다. <개정 2008.2.29., 2013.3.23.>

⑤산업통상자원부장관은 제1항에 따라 조사를 시작하면 지체 없이 그 사실을 공고하고, 조사를 시작한 날부터 1년 이내에 끝내야 한다. <개정 2008.2.29., 2013.3.23.>

⑥산업통상자원부장관은 특별조치를 하려는 경우에는 미리 관계 중앙행정기관의 장과 협의하여야 한다. <개정 2008.2.29., 2013.3.23.>

⑦산업통상자원부장관은 법 제5조에 따른 특별조치를 하려는 경우에는 그 특별조치의 내용을 공고하고 그 특별조치가 제2항에 따른 신청에 따른 것일 때에는 해당 신청인에게 그 사실을 알려야 한다. 그 특별조치를 해제할 경우에도 또한 같다. <개정 2008.2.29., 2013.3.23.>

제2장 통상의 진흥

第7조(통상진흥 시책의 수립) 산업통상자원부장관은 법 제7조제1항에 따라 통상진흥 시책을 세우려면 다음 각 호의 기관이나 단체에 필요한 협조를 요청할 수 있다. <개정 2008.2.29., 2013.3.23.>

1. 관계 행정기관
2. 지방자치단체
3. 「대한무역투자진흥공사법」에 따른 대한무역투자진흥공사(이하 "대한무역투자진흥공사"라 한다)
4. 「민법」 제32조에 따라 산업통상자원부장관의 허가를 받아 설립된 한국무역협회(이하 "한국무역협회"라 한다)

5. 그 밖에 무역·통상과 관련되는 기관 또는 단체

제8조(그 밖의 통상진흥 시책의 내용) 법 제7조제2항제7호에서 "그 밖에 대통령령으로 정하는 사항"이란 다음 각 호의 것을 말한다. <개정 2008.2.29., 2009.11.2., 2013.3.23.>
1. 주요 지역별, 경제권별 또는 업종별 통상진흥 시책
2. 무역·통상의 진흥과 관련되는 기관 또는 단체의 통상활동 계획
3. 그 밖에 산업통상자원부장관이 무역·통상의 진흥과 관련하여 필요하다고 인정하는 통상진흥 시책

제9조(통상 관련 제도 조사) 산업통상자원부장관은 법 제7조제3항에 따라 통상진흥 시책을 수립하기 위하여 필요한 경우에는 제7조 각 호(제2호는 제외한다)의 기관이나 단체에 해당 분야나 특정 사안에 대한 조사 또는 사실 확인을 요청할 수 있다. <개정 2013.3.23.>
[전문개정 2009.11.2.]

제10조(지방자치단체와의 협조 등) ①산업통상자원부장관은 법 제7조제6항에 따른 지역별 통상진흥시책이 효과적으로 추진될 수 있도록 특별시·광역시·특별자치시·도 또는 특별자치도(이하 "시·도"라 한다) 및 무역·통상 관련기관 또는 단체 등이 포함되는 협의기구를 설치·운영할 수 있다. <개정 2008.2.29., 2013.3.23., 2014.1.28.>
②제1항에 따른 협의기구의 구성 및 운영 등에 필요한 사항은 산업통상자원부장관이 정한다. <개정 2008.2.29., 2013.3.23.>

제11조(민간 협력 활동의 지원 절차) ①법 제8조제1항에 따른 지원을 받으려는 무역·통상 관련기관 또는 단체는 신청서에 사업 내용과 사업 성과 등이 포함된 사업계획서를 첨부하여 산업통상자원부장관에게 제출하여야 한다. <개정 2008.2.29., 2013.3.23.>
②산업통상자원부장관은 제1항에 따라 제출받은 사업계획서를 검토하여 통상, 산업, 기술, 에너지 등에서 협력 활동을 효율적으로 추진하기 위하여 필요하다고 인정되면 자금, 인력 및 정보 등을 지원할 수 있다. <개정 2008.2.29., 2013.3.23.>
③제2항의 지원 기준 등에 관하여 필요한 사항은 산업통상자원부장관이 정한다. <개정 2008.2.29., 2013.3.23.>
④산업통상자원부장관은 제2항의 지원과 관련하여 필요한 경우에는 관계 행정기관의 장에게 협조를 요청할 수 있다. <개정 2008.2.29., 2013.3.23.>
⑤지원을 받은 관련 단체는 해당 지원 사업이 끝난 후 3개월 이내에 산업통상자원부장관에게 사업결과보고서를 제출하여야 한다. <개정 2008.2.29., 2013.3.23.>

제12조(해외진출지원센터의 구성·운영 및 감독) ① 법 제8조제4항에 따른 해외진출지원센터(이하 "해외진출지원센터"라 한다)는 대한무역투자진흥공사 소속 임직원과 제3항에 따른 파견자로 구성한다.
② 대한무역투자진흥공사의 장은 기업의 해외진출 지원업무를 수행하기 위하여 필요한 경우에는 관계 행정기관의 장 및 해외진출과 관련된 기관 또는 단체(이하 "해외진출 유관기관"이라 한다)의 장에게 소속 공무원 또는 그 임직원의 파견을 요청할 수 있다.
③ 제2항에 따라 공무원 또는 임직원의 파견을 요청받은 관계 행정기관의 장 및 해외진

출 유관기관의 장은 업무수행에 적합한 자를 선발하여 해외진출지원센터에 파견하여야 하며, 파견기간 중 파견근무를 해제하려는 경우에는 대한무역투자진흥공사의 장과 미리 협의하여야 한다.

④ 제3항에 따라 해외진출지원센터에 파견된 공무원 또는 임직원의 복무에 관해서는 대한무역투자진흥공사의 장의 지휘·감독을 받는다.

⑤ 대한무역투자진흥공사의 장은 제3항에 따라 파견된 공무원에게는 「공무원 성과평가 등에 관한 규정」 제17조제3항 또는 「지방공무원 임용령」 제31조의3제3항에 따라 근무성적평정에 관한 의견서를 작성하여 그 공무원을 파견한 관계 행정기관의 장에게 이를 송부하여야 하며, 그 의견서를 송부받은 관계 행정기관의 장은 근무성적을 평정할 때 이를 참작하여야 한다.

⑥ 대한무역투자진흥공사의 장은 매년 1월 31일까지 전년도의 해외진출 지원업무 추진실적 및 해당 연도의 해외진출지원 업무추진계획을 작성하여 산업통상자원부장관에게 보고하고, 매 분기 종료 후 1개월 이내에 분기별 업무추진실적을 산업통상자원부장관에게 보고하여야 한다. 이 경우 산업통상자원부장관은 보고받은 사항 중 관계 행정기관의 협조가 필요한 사항에 대하여는 해당 행정기관의 장에게 통보하여야 한다. <개정 2013.3.23.>

⑦ 산업통상자원부장관은 해외진출지원센터의 운영에 필요한 경비를 지원할 수 있다. <개정 2013.3.23.>

⑧ 제1항부터 제7항까지에서 규정한 사항 외에 해외진출지원센터의 구성·운영 등에 필요한 세부 사항은 대한무역투자진흥공사의 장이 산업통상자원부장관과 협의하여 정한다. <개정 2013.3.23.>

[전문개정 2009.11.2.]

제12조의2(전문무역상사의 지정 기준 등) ① 법 제8조의2제1항에 따라 전문무역상사로 지정받을 수 있는 자는 다음 각 호의 어느 하나에 해당하는 자로 한다.

1. 다음 각 목의 요건을 모두 갖춘 무역거래자
   가. 전년도 수출실적 또는 직전 3개 연도의 연평균 수출실적이 미화 100만달러 이상의 범위에서 산업통상자원부장관이 정하여 고시하는 금액 이상일 것
   나. 가목에 따른 수출실적 중 다른 중소기업(「중소기업기본법」 제2조에 따른 중소기업을 말한다. 이하 이 조 및 제12조의3에서 같다)이나 중견기업(「중견기업 성장촉진 및 경쟁력 강화에 관한 특별법」 제2조제1호에 따른 중견기업을 말한다. 이하 이 조 및 제12조의3에서 같다)이 생산한 물품등의 수출실적 비율이 100분의 20 이상의 범위에서 산업통상자원부장관이 정하여 고시하는 비율 이상일 것
2. 신시장의 개척, 신제품의 발굴 및 중소기업 또는 중견기업에 대한 효과적인 수출지원 등을 위하여 산업통상자원부장관이 농업·어업·수산업 등 업종별 특성과 조합 등 법인의 조직 형태별 수출 특성을 고려하여 고시하는 기준을 갖춘 무역거래자

② 법 제8조의2제1항에 따라 전문무역상사로 지정을 받으려는 자는 지정신청서에 산업통상자원부장관이 정하여 고시하는 서류를 갖추어 산업통상자원부장관에게 제출하여야 한다.

③ 산업통상자원부장관은 제2항에 따라 전문무역상사의 지정을 신청한 자가 제1항에

따른 지정 요건을 갖추었을 때에는 전문무역상사로 지정하고, 그 결과를 신청인에게 통보하여야 한다.
④ 제1항부터 제3항까지에서 규정한 사항 외에 전문무역상사의 지정 절차 등에 관하여 필요한 세부 사항은 산업통상자원부장관이 정하여 고시한다.
[본조신설 2014.7.16.]

제12조의3(전문무역상사에 대한 지원) ① 산업통상자원부장관은 전문무역상사를 통한 신시장의 개척, 신제품의 발굴 및 중소기업 또는 중견기업의 수출 확대 등을 위하여 필요하다고 인정되는 경우에는 법 제8조의2제1항에 따라 전문무역상사의 국내외 홍보, 우수제품의 발굴, 해외 판로개척 등에 필요한 사항을 지원할 수 있다.
② 산업통상자원부장관은 제1항에 따른 지원과 관련하여 필요하다고 인정되는 경우에는 관계 중앙행정기관 및 지방자치단체, 무역 또는 통상 업무를 수행하는 기관이나 단체에 협조를 요청할 수 있다.
[본조신설 2014.7.16.]

제13조(무역에 관한 조약의 이행을 위한 자료제출 요구) 산업통상자원부장관은 법 제9조제1항에 따라 자료제출을 요구하려면 제출대상 자료 및 제출기한 등을 적은 문서(전자문서를 포함한다)로 하여야 한다. <개정 2013.3.23.>
[전문개정 2009.11.2.]

제14조 삭제 <2009.11.2.>

제15조 삭제 <2009.11.2.>

제3장 수출입 거래

제1절 수출입 거래 총칙

제16조(수출입의 제한) 법 제11조제1항에 따라 수출 또는 수입을 제한하거나 금지할 수 있는 물품등은 다음 각 호의 물품등으로 한다. <개정 2008.2.29., 2013.3.23.>
1. 헌법에 따라 체결·공포된 조약이나 일반적으로 승인된 국제법규에 따른 의무를 이행하기 위하여 산업통상자원부장관이 지정·고시하는 물품등
2. 생물자원을 보호하기 위하여 산업통상자원부장관이 지정·고시하는 물품등
3. 교역상대국과의 경제협력을 증진하기 위하여 산업통상자원부장관이 지정·고시하는 물품등
4. 방위산업용 원료·기재, 항공기 및 그 부분품, 그 밖에 원활한 물자 수급과 과학기술의 발전 및 통상·산업정책상 필요하다고 인정하여 산업통상자원부장관이 해당 품목을 관장하는 관계 행정기관의 장과 협의를 거쳐 지정·고시하는 물품등

제17조(수출입승인 물품) 법 제11조제2항 본문에서 “헌법에 따라 체결·공포된 조약과 일반적으로 승인된 국제법규에 따른 의무의 이행, 생물자원의 보호 등을 위하여 지정하는

물품등"이란 제16조 각 호의 물품등으로서 산업통상자원부장관이 수출 또는 수입승인 대상으로 지정·고시한 물품등을 말한다. <개정 2008.2.29., 2013.3.23.>

제18조(수출입의 승인 절차 등) ①법 제11조제2항 본문에 따라 물품등의 수출 또는 수입의 승인을 신청하려는 자 및 법 제11조제4항에 따라 수출 또는 수입 승인의 유효기간 연장을 신청하려는 자는 신청서에 산업통상자원부장관이 정하는 서류를 첨부하여 산업통상자원부장관에게 제출하여야 한다. 변경승인을 받으려는 경우(법 제11조제2항 본문에 따라 승인을 받은 경우만 해당한다)에도 같다. <개정 2008.2.29., 2013.3.23., 2014.1.28.>

② 산업통상자원부장관은 법 제11조제3항 단서에 따라 다음 각 호의 어느 하나에 해당하는 경우에는 해당 물품등의 수출 또는 수입 승인의 유효기간을 1년 미만으로 하거나 최장 2년의 범위에서 정할 수 있다. 다만, 제42조의2제2항에 따른 허가의 유효기간(법 제19조제2항에 따른 수출허가의 유효기간만 해당한다)이 2년을 초과하는 경우에는 그 기간까지 수출 승인의 유효기간을 정할 수 있다. <개정 2014.1.28.>

1. 국내의 물가안정이나 수급 조정을 위하여 수출 또는 수입 승인의 유효기간을 1년보다 단축할 필요가 있는 경우
2. 수출입계약 체결 후 물품등의 제조·가공 기간이 1년을 초과하는 경우
3. 수출입계약 체결 후 물품등이 1년 이내에 선적되거나 도착하기 어려운 경우
4. 제1호부터 제3호까지의 규정 외에 수출입 물품등의 인도 조건 및 거래의 특성을 고려하여 수출 또는 수입 승인의 유효기간을 1년보다 단축하거나 늘릴 필요가 있다고 인정되는 경우

③법 제11조제5항에서 "대통령령으로 정하는 중요한 사항"이란 다음 각 호를 말한다. <개정 2014.1.28.>

1. 물품등의 수량·가격
2. 삭제 <2014.1.28.>
3. 수출 또는 수입의 당사자에 관한 사항

제19조(수출입승인의 면제) 법 제11조제2항 단서에서 "대통령령으로 정하는 기준에 해당하는 물품등"이란 다음 각 호의 물품등을 말한다. <개정 2008.2.29., 2013.3.23.>

1. 산업통상자원부장관이 정하여 고시하는 물품등으로서 외교관이나 그 밖에 산업통상자원부장관이 정하는 자가 출국하거나 입국하는 경우에 휴대하거나 세관에 신고하고 송부하는 물품등
2. 다음 각 목의 어느 하나에 해당하는 물품등 중 산업통상자원부장관이 관계 행정기관의 장과의 협의를 거쳐 고시하는 물품등
   가. 긴급히 처리하여야 하는 물품등으로서 정상적인 수출·수입 절차를 밟아 수출·수입하기에 적합하지 아니한 물품등
   나. 무역거래를 원활하게 하기 위하여 주된 수출 또는 수입에 부수된 거래로서 수출·수입하는 물품등
   다. 주된 사업 목적을 달성하기 위하여 부수적으로 수출·수입하는 물품등
   라. 무상(無償)으로 수출·수입하여 무상으로 수입·수출하거나, 무상으로 수입·수출할 목적으로 수출·수입하는 것으로서 사업 목적을 달성하기 위하여 부득이

하다고 인정되는 물품등
마. 산업통상자원부장관이 정하여 고시하는 지역에 수출하거나 산업통상자원부장관이 정하여 고시하는 지역으로부터 수입하는 물품등
바. 공공성을 가지는 물품등이거나 이에 준하는 용도로 사용하기 위한 물품등으로서 따로 수출·수입을 관리할 필요가 없는 물품등
사. 그 밖에 상행위 이외의 목적으로 수출·수입하는 물품등
3. 외국환 거래 없이 수입하는 물품등으로서 산업통상자원부장관이 정하여 고시하는 기준에 해당하는 물품등
4. 「해외이주법」에 따른 해외이주자가 해외이주를 위하여 반출하는 원자재, 시설재 및 장비로서 외교부장관이나 외교부장관이 지정하는 기관의 장이 인정하는 물품등

제20조(특정 거래 형태의 수출입 인정) ①법 제13조제1항에서 “대통령령으로 정하는 물품등의 수출입 거래 형태”란 해당 거래의 전부 또는 일부가 다음 각 호의 어느 하나에 해당하는 수출입 거래 형태로서 산업통상자원부장관이 정하여 고시하는 기준에 해당하는 거래(이하 “특정거래 형태”라 한다)를 말한다. <개정 2008.2.29., 2013.3.23.>
1. 법 제11조제1항에 따른 수출 또는 수입의 제한을 회피할 우려가 있는 거래
2. 산업 보호에 지장을 초래할 우려가 있는 거래
3. 외국에서 외국으로 물품등의 이동이 있고, 그 대금의 지급이나 영수(領收)가 국내에서 이루어지는 거래로서 대금 결제 상황의 확인이 곤란하다고 인정되는 거래
4. 대금 결제 없이 물품등의 이동만 이루어지는 거래

②특정거래 형태의 인정 절차, 인정의 유효기간, 그 밖에 필요한 사항은 산업통상자원부장관이 정하여 고시한다. <개정 2008.2.29., 2013.3.23.>

③산업통상자원부장관은 특정거래 형태를 인정할 때에 새로운 거래 형태의 파악 등을 위하여 필요한 경우에는 관계 행정기관의 장에게 협조를 요청할 수 있다. <개정 2008.2.29., 2013.3.23.>

제21조(전산관리체제의 개발·운영) ①산업통상자원부장관은 수출입 거래가 질서 있고 효율적으로 이루어질 수 있도록 법 제15조제1항에 따라 다음 각 호의 전산관리체제를 개발·운영하여야 한다. <개정 2008.2.29., 2009.11.2., 2013.3.23.>
1. 무역거래자별 고유번호(이하 “무역업고유번호”라 한다)의 부여 및 관리 등 수출입 통계 데이터베이스를 구축하기 위한 전산관리체제
2. 「불공정무역행위 조사 및 산업피해구제에 관한 법률」 제4조에 따른 불공정무역행위를 방지하기 위한 전산관리체제
3. 효율적인 수출입 거래를 위한 다음 각 목의 전산관리체제
가. 부문별 무역전산관리체제를 유기적으로 연계하기 위한 전산관리체제
나. 관계 행정기관의 장이 필요하다고 인정하여 산업통상자원부장관과 협의하여 정한 해당 기관 소관의 무역 관련 전산관리체제
4. 그 밖에 무역업계의 요청에 따라 산업통상자원부장관이 필요하다고 인정하는 전산관리체제

②산업통상자원부장관은 제1항에 따른 전산관리체제를 개발·운영하기 위하여 필요하다고 인정하면 그 경비의 일부를 해당 전산관리체제의 개발·운영에 필요한 정보를 제

공한 기관에 지원할 수 있다. <개정 2008.2.29., 2013.3.23.>

제22조(수출입 거래에 관한 정보의 수집·분석) ①산업통상자원부장관은 제21조에 따른 전산관리체제를 개발·운영하는 데에 필요하면 법 제15조제2항에 따라 관세청장에게 다음 각 호의 정보를 요청할 수 있다. <개정 2008.2.29., 2013.3.23.>

1. 「관세법」 제241조에 따라 신고한 무역거래자의 상호, 성명 등 무역거래자에 관련된 정보
2. 「관세법」 제241조에 따라 신고한 각 신고별 신고 수리일, 수출 또는 수입 물품의 품명·수량·금액, 거래 형태 등에 관련된 정보로서 산업통상자원부장관이 정하는 정보

②산업통상자원부장관은 제21조에 따른 전산관리체제를 개발·운영하기 위하여 제1항, 제92조제2항 및 법 제48조제1항에 따라 수집된 관련 정보를 종합적으로 분석·관리하여야 한다. <개정 2008.2.29., 2009.11.2., 2013.3.23.>

③제1항과 제2항에 따른 정보의 제공 시기 및 방법, 정보의 형태, 그 밖에 정보 수집에 관하여 필요한 사항은 산업통상자원부장관이 정한다. <개정 2008.2.29., 2013.3.23.>

제23조(용역이나 전자적 형태의 무체물의 수출입 확인) ①산업통상자원부장관은 제3조에 따른 용역이나 제4조에 따른 전자적 형태의 무체물을 수출입한 자가 수출입에 관한 지원을 받기 위하여 수출입 사실의 확인을 신청하면 수출입 확인을 할 수 있다. <개정 2008.2.29., 2013.3.23.>

②제1항에 따른 수출입 확인에 필요한 세부 절차 등은 산업통상자원부장관이 정하여 고시한다. <개정 2008.2.29., 2013.3.23.>

제2절 외화획득용 원료·기재의 수입과 구매 등

제24조(외화획득용 원료·기재의 수입승인) ①제17조에 따라 수입승인 대상으로 지정된 물품등을 법 제16조제1항 본문에 따라 외화획득용 원료·기재로 수입하려는 자는 산업통상자원부장관이 정하여 고시하는 기준에 따라 산업통상자원부장관의 승인을 받아야 한다. <개정 2008.2.29., 2013.3.23.>

②산업통상자원부장관은 법 제16조제1항 단서에 따라 국산 원료·기재의 사용을 촉진하기 위하여 외화획득용 원료·기재의 수입을 제한하려는 경우에는 그 제한하려는 품목 및 수입에 필요한 절차를 따로 정하여 고시하여야 한다. <개정 2008.2.29., 2013.3.23.>

제25조(외화획득용 원료·기재의 품목 및 수량) ①법 제16조제2항에 따른 외화획득용 원료·기재의 수량은 외화획득을 위한 물품등의 1단위를 생산하기 위하여 제공되는 외화획득용 원료·기재의 기준 소요량을 말한다.

②산업통상자원부장관은 제1항에 따른 외화획득용 원료·기재의 기준 소요량을 정하는 경우에는 해당 물품등을 생산하는 데에 필요한 실제 수량 외에 생산 공정에서 생기는 평균 손모량(損耗量)을 포함시킬 수 있다. <개정 2008.2.29., 2013.3.23.>

③외화획득용 원료·기재의 품목별 소요량에 관한 계산서의 작성 기준 및 방법 등에

관하여 필요한 사항은 산업통상자원부장관이 정하여 고시한다. <개정 2008.2.29., 2013.3.23.>

第26條(외화획득의 범위) ①법 제16조제4항에 따른 외화획득의 범위는 다음 각 호의 어느 하나에 해당하는 방법에 따라 외화를 획득하는 것으로 한다. <개정 2008.2.29., 2013.3.23.>

1. 수출
2. 주한 국제연합군이나 그 밖의 외국군 기관에 대한 물품등의 매도
3. 관광
4. 용역 및 건설의 해외 진출
5. 국내에서 물품등을 매도하는 것으로서 산업통상자원부장관이 정하여 고시하는 기준에 해당하는 것

②무역거래자가 외국의 수입업자로부터 수수료를 받고 행한 수출 알선은 제1항에 따른 외화획득행위에 준하는 행위로 본다.

第27條(외화획득 이행기간) ①법 제16조제4항에 따른 외화획득의 이행기간은 다음 각 호의 구분에 따른 기간의 범위에서 산업통상자원부장관이 정하여 고시하는 기간으로 한다. <개정 2008.2.29., 2013.3.23.>

1. 외화획득용 원료·기재를 수입한 자가 직접 외화획득의 이행을 하는 경우 : 수입통관일 또는 공급일부터 2년
2. 다른 사람으로부터 외화획득용 원료·기재 또는 그 원료·기재로 제조된 물품등을 양수한 자가 외화획득의 이행을 하는 경우 : 양수일부터 1년
3. 외화획득을 위한 물품등을 생산하거나 비축하는 데에 2년 이상의 기간이 걸리는 경우 : 생산하거나 비축하는 데에 걸리는 기간에 상당하는 기간

②외화획득 이행의무자는 제1항에 따른 기간 내에 외화획득의 이행을 할 수 없다고 인정되면 산업통상자원부장관이 정하는 서류를 갖추어 산업통상자원부장관에게 그 기간의 연장을 신청하여야 한다. <개정 2008.2.29., 2013.3.23.>

③산업통상자원부장관은 제2항에 따른 신청을 받은 경우 그 신청이 타당하다고 인정할 때에는 외화획득의 이행기간을 연장할 수 있다. <개정 2008.2.29., 2008.11.5., 2013.3.23.>

第28條(외화획득용 원료·기재의 사후 관리) ①산업통상자원부장관은 제24조에 따라 승인을 받아 수입한 외화획득용 원료·기재 및 그 원료·기재로 제조된 물품등에 대하여는 외화획득 이행의무자의 외화획득 이행 여부를 사후 관리하여야 한다. <개정 2008.2.29., 2013.3.23.>

②산업통상자원부장관은 산업통상자원부장관이 정하여 고시한 요건을 갖춘 자가 법 제11조제2항에 따른 수입승인을 받아 수입한 외화획득용 원료·기재에 대하여는 제1항에도 불구하고 수입승인을 받은 자가 사후 관리하도록 할 수 있다. 법 제17조에 따라 외화획득용 원료·기재를 양수한 자로서 산업통상자원부장관이 정하여 고시한 요건을 갖춘 자의 경우에도 또한 같다. <개정 2008.2.29., 2013.3.23.>

③제1항과 제2항에 따른 사후 관리는 외화획득 이행의무자별 및 품목별로 매 분기에

수입한 총량을 대상으로 행하되, 사후 관리의 방법 등에 관하여 필요한 사항은 산업통상자원부장관이 정하여 고시한다. <개정 2008.2.29., 2013.3.23.>

제29조(외화획득용 원료・기재의 사후 관리 면제) 산업통상자원부장관은 제28조제1항에도 불구하고 다음 각 호의 어느 하나에 해당하는 경우에는 사후 관리를 하지 아니할 수 있다. <개정 2008.2.29., 2013.3.23.>

1. 품목별 외화획득 이행 의무의 미이행률이 10퍼센트 이하인 경우
2. 외화획득 이행의무자의 분기별 미이행률이 10퍼센트 이하이고, 그 미이행 금액이 미화 2만 달러에 상당하는 금액 이하인 경우
3. 외화획득 이행의무자의 책임이 없는 사유로 외화획득의 이행을 하지 못한 경우로서 산업통상자원부장관이 인정하는 경우
4. 해당 품목이 수입승인 대상에서 제외됨으로써 그 수입에 대응하는 외화획득의 이행을 할 필요가 없는 경우 등 산업통상자원부장관이 사후관리를 할 필요성이 없어진 것으로 인정하는 경우

제30조(외화획득용 원료・기재의 사용목적 변경승인 등) ①법 제17조제1항 본문에 따라 외화획득용 원료・기재 또는 그 원료・기재로 제조된 물품등의 사용 목적 변경승인을 받으려는 자는 신청서에 산업통상자원부장관이 정하는 서류를 첨부하여 산업통상자원부장관에게 제출하여야 한다. <개정 2008.2.29., 2013.3.23.>

②법 제17조제1항 본문에서 "부득이한 사유"란 다음 각 호의 어느 하나에 해당하는 경우를 말한다. <개정 2008.2.29., 2013.3.23.>

1. 우리나라나 교역상대국의 전쟁・사변, 천재지변 또는 제도 변경으로 인하여 외화획득의 이행을 할 수 없게 된 경우
2. 외화획득용 원료・기재로 생산된 물품등으로서 그 물품등을 생산하는 데에 고도의 기술이 필요하여 외화획득의 이행에 앞서 시험제품을 생산할 필요가 있는 경우
3. 외화획득 이행의무자의 책임이 없는 사유로 외화획득의 이행을 할 수 없게 된 경우
4. 그 밖에 산업통상자원부장관이 불가항력으로 외화획득의 이행을 할 수 없다고 인정한 경우

③법 제17조제1항 단서에서 "대통령령으로 정하는 원료・기재 또는 그 원료・기재로 제조된 물품등"이란 다음 각 호의 어느 하나에 해당하는 물품등을 말한다.

1. 제25조제2항에 따른 평균 손모량에 해당하는 외화획득용 원료・기재 또는 그 원료・기재로 생산한 물품등
2. 제29조제4호에 해당하는 외화획득용 원료・기재

④법 제17조제2항에 따라 외화획득용 원료・기재 또는 그 원료・기재로 제조된 물품등의 양도・양수 승인을 받으려는 자는 신청서에 산업통상자원부장관이 정하는 서류를 첨부하여 산업통상자원부장관에게 제출하여야 한다. <개정 2008.2.29., 2013.3.23.>

⑤법 제17조제2항 단서에서 "대통령령으로 정하는 원료・기재"란 제29조 각 호의 어느 하나에 해당하는 외화획득용 원료・기재를 말한다.

제31조(구매확인서의 신청・발급 등) ①법 제18조제1항에 따른 구매확인서를 발급받으려는 자는 구매확인신청서에 다음 각 호의 서류를 첨부하여 산업통상자원부장관에게 제

출하여야 한다. <개정 2008.2.29., 2013.3.23.>

1. 구매자・공급자에 관한 서류
2. 외화획득용 원료・기재의 가격・수량 등에 관한 서류
3. 법 제16조제1항에 따른 외화획득용 원료・기재라는 사실을 증명하는 서류로서 산업통상자원부장관이 정하여 고시하는 서류

②산업통상자원부장관은 제1항에 따른 신청을 받은 경우 신청인이 구매하려는 원료・기재가 제26조에 따른 외화획득의 범위에 해당하는지를 확인하여 발급 여부를 결정한 후 구매확인서를 발급하여야 한다. <개정 2008.2.29., 2013.3.23.>

③제1항과 제2항에서 규정한 것 외에 구매확인서의 발급 등에 필요한 세부 사항은 산업통상자원부장관이 정하여 고시한다. <개정 2008.2.29., 2013.3.23.>

제3절 전략물자의 수출입

제32조(국제수출통제체제) 법 제19조제1항에서 "대통령령으로 정하는 국제수출통제체제"란 다음 각 호를 말한다. <개정 2014.1.28.>

1. 바세나르체제(WA)
2. 핵공급국그룹(NSG)
3. 미사일기술통제체제(MTCR)
4. 오스트레일리아그룹(AG)
5. 화학무기의 개발・생산・비축・사용 금지 및 폐기에 관한 협약(CWC)
6. 세균무기(생물무기) 및 독소무기의 개발・생산・비축 금지 및 폐기에 관한 협약(BWC)

[제목개정 2014.1.28.]

제32조의2(수출허가 등의 제한이 필요한 기술) 법 제19조제1항에서 "대통령령으로 정하는 기술"이란 국제수출통제체제에서 정하는 물품의 제조・개발 또는 사용 등에 관한 기술로서 산업통상자원부장관이 관계 행정기관의 장과 협의하여 고시하는 기술을 말한다. 다만, 다음 각 호의 어느 하나에 해당하는 기술은 제외한다. <개정 2013.3.23., 2014.1.28.>

1. 일반에 공개된 기술
2. 기초과학연구에 관한 기술
3. 특허 출원에 필요한 최소한의 기술
4. 법 제19조제2항에 따라 수출허가를 받은 물품등의 설치, 운용, 점검, 유지 및 보수에 필요한 최소한의 기술

[본조신설 2009.11.2.]

제32조의3(기술이전) 법 제19조제2항 각 호 외의 부분 본문에서 "대통령령으로 정하는 경우"란 제32조의2 본문에 따라 고시하는 기술을 다음 각 호의 어느 하나에 해당하는 방법으로 이전하는 경우를 말한다.

1. 전화, 팩스, 이메일 등 정보통신망을 통한 이전
2. 지시, 교육, 훈련, 실연(實演) 등 구두나 행위를 통한 이전

3. 종이, 필름, 자기디스크, 광디스크, 반도체메모리 등 기록매체나 컴퓨터 등 정보처리장치를 통한 이전

[본조신설 2014.1.28.]

第33조(전략물자의 수출허가 또는 상황허가의 신청 등) ①법 제19조제2항 및 제3항에 따라 전략물자 또는 전략물자에는 해당되지 아니하나 대량파괴무기와 그 운반수단인 미사일(이하 "대량파괴무기등"이라 한다)의 제조·개발·사용 또는 보관 등의 용도로 전용(轉用)될 가능성이 높은 물품등을 수출(법 제19조제1항에 따른 기술이 법 제19조제2항 각 호의 어느 하나에 해당하는 경우로서 제32조의3 각 호의 어느 하나에 해당하는 방법으로 이전되는 경우를 포함한다. 이하 이 조, 제34조부터 제36조까지, 제41조의2, 제42조, 제42조의2 및 제43조부터 제47조까지에서 같다)하려는 자는 전략물자수출허가신청서나 상황허가신청서에 다음 각 호의 서류를 첨부하여 산업통상자원부장관이나 관계 행정기관의 장에게 제출하여야 한다. <개정 2008.2.29., 2010.10.1., 2013.3.23., 2014.1.28.>

1. 수출계약서, 수출가계약서(輸出假契約書) 또는 이에 준하는 서류
2. 수입국의 정부가 발행하는 수입목적확인서 또는 이에 준하는 서류
3. 수출하는 물품등의 용도와 성능을 표시하는 서류
4. 수출하는 물품등의 기술적 특성에 관한 서류

4의2. 수출하는 물품등의 용도 등에 관한 최종 사용자의 서약서

5. 그 밖에 수출허가나 상황허가에 필요한 서류로서 산업통상자원부장관이 정하여 고시하는 서류

②제1항에 따른 수출허가신청이나 상황허가신청을 받은 산업통상자원부장관 또는 관계 행정기관의 장은 15일 이내에 수출허가나 상황허가의 여부를 결정하고 그 결과를 신청인에게 알려야 한다. 다만, 수출허가나 상황허가를 신청한 물품등에 대하여 별도의 기술 심사, 관계 행정기관과의 협의 또는 현지조사가 필요한 경우에는 그 협의나 현지조사를 하는 데에 걸리는 기간은 본문에 따른 기간에 산입하지 아니한다. <개정 2008.2.29., 2013.3.23.>

第34조(수출허가 및 상황허가의 기준) 법 제19조제4항에서 "대통령령으로 정하는 기준"이란 다음 각 호의 기준을 말한다. <개정 2008.2.29., 2013.3.23., 2014.1.28.>

1. 해당 물품등이 평화적 목적에 사용되는지 여부
2. 해당 물품등의 수출이 안전유지와 국가안보에 영향을 미치는지 여부
3. 해당 물품등의 수입자와 최종 사용자 등이 거래에 적합한 자격을 가졌는지 여부 및 그 사용 용도를 믿을 수 있는지 여부
4. 그 밖에 제32조에 따른 국제수출통제체제의 원칙 중 산업통상자원부장관이 정하여 고시하는 사항을 지키는지 여부

第35조(전략물자의 수출허가 또는 상황허가의 면제) 법 제19조제5항에 따라 다음 각 호의 어느 하나에 해당하는 경우에는 전략물자의 수출허가 또는 상황허가를 면제하되, 수출자는 수출 후 7일 이내에 산업통상자원부장관 또는 관계 행정기관의 장에게 수출거래에 관한 보고서를 제출하여야 한다. <개정 2013.3.23.>

1. 재외공관, 해외에 파견된 우리나라 군대 또는 외교사절 등에 사용될 공용물품을 수출하는 경우
2. 선박 또는 항공기의 안전운항을 위하여 긴급 수리용으로 사용되는 기계, 기구 또는 부분품 등을 수출하는 경우
3. 그 밖에 수출허가 또는 상황허가의 면제가 필요하다고 인정하여 산업통상자원부장관이 관계 행정기관의 장과 협의하여 고시하는 경우

[전문개정 2009.11.2.]

제36조(전략물자의 판정 신청 등) ①법 제20조제2항에 따라 해당 물품등이 전략물자 또는 법 제19조제3항제13호에 따른 상황허가 대상인 물품등에 해당하는지에 대하여 판정을 받으려는 자는 판정신청서에 다음 각 호의 서류를 첨부하여 산업통상자원부장관이나 관계 행정기관의 장에게 제출하여야 한다. <개정 2008.2.29., 2013.3.23., 2014.1.28.>

1. 물품등의 용도와 성능을 표시하는 서류
2. 물품등의 기술적 특성에 관한 서류
3. 그 밖에 전략물자 또는 법 제19조제3항제13호에 따른 상황허가 대상인 물품등의 판정에 필요한 서류로서 산업통상자원부장관이 정하여 고시하는 서류

②제1항에 따른 신청을 받은 산업통상자원부장관이나 관계 행정기관의 장은 15일 이내에 신청한 물품등이 전략물자 또는 법 제19조제3항제13호에 따른 상황허가 대상인 물품등에 해당하는지를 판정하여 신청인에게 알려야 한다. 다만, 판정을 신청한 물품등에 대하여 별도의 기술 심사나 다른 관계 행정기관과의 협의가 필요한 경우 그 기술 심사나 협의를 하는 데에 필요한 기간은 본문에 따른 기간에 산입하지 아니한다. <개정 2008.2.29., 2013.3.23., 2014.1.28.>

③제2항에 따른 판정의 유효기간은 2년으로 한다. <개정 2014.1.28.>

④산업통상자원부장관은 전략물자 수출입통제업무를 효율적으로 수행하기 위하여 필요한 경우 제2항에 따라 전략물자로 판정된 물품등에 대하여 그 명칭, 규격, 통제번호 등 해당 물품등이 전략물자라는 사실을 확인할 수 있는 객관적 사항에 관한 것으로서 산업통상자원부장관이 정하여 고시하는 사항을 공고할 수 있다. <개정 2008.2.29., 2013.3.23.>

제37조(전략물자 판정 관련 전문기관) 법 제20조제2항 후단에서 "대통령령으로 정하는 관련 전문기관"이란 「원자력안전법」 제6조에 따른 한국원자력통제기술원을 말한다. <개정 2011.10.25.>

[전문개정 2009.11.2.]

제38조 삭제 <2009.11.2.>

제39조 삭제 <2009.11.2.>

제40조(전략물자 수입목적확인서의 발급 등) ①법 제22조에 따라 전략물자 수입목적확인서를 발급받으려는 자는 전략물자 수입목적확인서 발급신청서에 그 전략물자의 최종 사용자 및 사용 목적을 증명할 수 있는 서류 등 전략물자의 수입 목적을 확인하는 데에 필요한 서류로서 산업통상자원부장관이나 관계 행정기관의 장이 정하여 고시하는 서류

를 첨부하여 산업통상자원부장관이나 관계 행정기관의 장에게 제출하여야 한다. <개정 2008.2.29., 2013.3.23.>

②제1항에 따른 신청을 받은 산업통상자원부장관이나 관계 행정기관의 장은 7일 이내에 전략물자 수입목적확인서를 발급하여야 한다. 다만, 수입목적 확인을 신청한 물품등에 대하여 별도의 기술 심사나 관계 행정기관과의 협의가 필요한 경우 그 기술 심사나 협의를 하는 데에 필요한 기간은 본문에 따른 기간에 산입하지 아니한다. <개정 2008.2.29., 2013.3.23.>

③ 제2항에 따라 발급한 전략물자 수입목적확인서의 유효기간은 1년으로 한다. <신설 2014.1.28.>

제40조의2(전략물자등의 경유 또는 환적허가) ① 법 제23조제3항에서 "대통령령으로 정하는 자"란 다음 각 호의 어느 하나에 해당하는 자를 말한다. <개정 2013.3.23., 2014.1.28.>

1. 대량파괴무기등의 제조·개발·사용 또는 보관 등의 용도로 전용되거나 전용될 가능성이 있다고 인정되는 전략물자나 상황허가 대상인 물품등(이하 "전략물자등"이라 한다)을 경유하거나 환적하려는 자
2. 산업통상자원부장관 또는 관계 행정기관의 장으로부터 법 제23조제3항에 따른 경유 또는 환적 허가를 받아야 하는 것으로 통보받은 자

② 법 제23조제3항에 따라 경유 또는 환적 허가를 받으려는 자는 그 허가신청서에 경유 또는 환적 허가에 필요한 서류로서 산업통상자원부장관이 정하여 고시하는 서류를 첨부하여 산업통상자원부장관 또는 관계 행정기관의 장에게 제출하여야 한다. <개정 2013.3.23.>

[전문개정 2010.10.1.]

제41조(전략물자등의 중개허가 신청 등) ①법 제24조제1항에 따라 전략물자등을 중개하려는 자는 전략물자등 중개허가신청서에 다음 각 호의 서류를 첨부하여 산업통상자원부장관이나 관계 행정기관의 장에게 제출하여야 한다. <개정 2008.2.29., 2013.3.23., 2014.1.28.>

1. 거래계약서, 거래가계약서(去來假契約書) 또는 이에 준하는 서류
2. 해당 중개에 관련된 수출자, 수입자, 중개자 등에 관한 서류
3. 중개하는 전략물자등의 용도와 성능을 표시하는 서류
4. 중개하는 전략물자등의 기술적 특성에 관한 서류

4의2. 중개하는 전략물자등의 용도 등에 관한 최종 사용자의 서약서

5. 그 밖에 전략물자등의 중개허가에 필요한 서류로서 산업통상자원부장관이 정하여 고시하는 서류

②제1항에 따른 중개허가 신청을 받은 산업통상자원부장관이나 관계 행정기관의 장은 15일 이내에 중개허가 여부를 결정하고 그 결과를 신청인에게 알려야 한다. 다만, 중개허가를 신청한 물품등에 대하여 별도의 기술 심사, 관계 행정기관과의 협의 또는 현지조사가 필요한 경우 이를 하는 데에 필요한 기간은 본문에 따른 기간에 산입하지 아니한다. <개정 2008.2.29., 2013.3.23.>

[제목개정 2014.1.28.]

제41조의2(전략물자등의 중개허가의 면제) 법 제24조제1항 단서에서 "국제수출통제체제의 원칙에 따른 수출허가를 받은 경우 등 대통령령으로 정하는 때"란 다음 각 호의 어느 하나에 해당하는 때를 말한다. <개정 2013.3.23., 2014.1.28.>

1. 법 제19조제1항의 국제수출통제체제의 원칙에 따라 수출국으로부터 수출허가를 받은 때
2. 산업통상자원부장관이 고시하는 지역에서 중개에 따른 수출이나 수입이 이루어지는 때

[본조신설 2009.11.2.]

[제목개정 2014.1.28.]

제42조(중개허가의 기준) 법 제24조제2항에서 "대통령령으로 정하는 기준"이란 다음 각 호의 기준을 말한다. <개정 2008.2.29., 2013.3.23., 2014.1.28.>

1. 해당 물품등이 평화적 목적에 사용되는지 여부
2. 해당 물품등의 중개가 안전유지와 국가안보에 영향을 미치는지 여부
3. 해당 물품등의 수출자, 수입자, 최종 사용자 등이 거래에 적합한 자격을 가졌는지 여부 및 그 사용 용도를 믿을 수 있는지 여부
4. 그 밖에 제32조에 따른 국제수출통제체제의 원칙 중 산업통상자원부장관이 정하여 고시하는 사항을 지키는지 여부

제42조의2(수출허가 등의 유효기간) ① 다음 각 호의 어느 하나에 해당하는 허가의 유효기간은 1년으로 한다.

1. 법 제19조제2항에 따른 수출허가
2. 법 제19조제3항에 따른 상황허가
3. 법 제23조제3항에 따른 경유 또는 환적 허가
4. 법 제24조에 따른 중개허가

② 산업통상자원부장관 또는 관계 행정기관의 장은 다음 각 호의 어느 하나에 해당하는 경우에는 제1항 각 호에 따른 허가의 유효기간을 달리 정할 수 있다.

1. 법 제19조제2항에 따른 전략물자 중 법 제19조제1항에 따른 기술을 수출하려는 경우
2. 법 제25조제2항에 따른 자율준수무역거래자(법 제19조제2항 및 이 영 제32조의3에 따른 기술이전 행위의 전부 또는 일부를 위임하거나 기술이전 행위를 하는 자를 포함한다. 이하 제43조부터 제46조까지 및 제75조에서 같다)에 대하여 법 제19조제2항에 따른 수출허가를 하는 경우
3. 제1호 및 제2호 외에 전략물자등의 인도 조건, 대금 결제의 기간이나 조건, 경유 또는 환적이나 중개 등과 관련된 거래의 특성 등을 고려하여 산업통상자원부장관이나 관계 행정기관의 장이 필요하다고 인정하는 경우

③ 제2항에 따른 허가 유효기간의 설정과 관련된 세부적인 사항은 산업통상자원부장관이 관계 행정기관의 장과 협의하여 고시할 수 있다.

[본조신설 2014.1.28.]

제43조(자율준수무역거래자의 지정 등) ① 법 제25조제1항에서 “대통령령으로 정하는 대학 및 연구기관”이란 다음 각 호의 어느 하나에 해당하는 대학 및 연구기관을 말한다. <신설 2014.1.28.>

1. 「고등교육법」 제2조에 따른 대학, 산업대학, 전문대학 및 기술대학
2. 「과학기술분야 정부출연연구기관 등의 설립·운영 및 육성에 관한 법률」에 따라 설립된 과학기술분야 정부출연연구기관
3. 「기초연구진흥 및 기술개발지원에 관한 법률」 제14조제1항제2호에 따른 기업부설연구소
4. 「산업기술연구조합 육성법」에 따른 산업기술연구조합
5. 국·공립 연구기관
6. 「특정연구기관 육성법」 제2조에 따른 특정연구기관
7. 「산업기술혁신 촉진법」 제42조에 따른 전문생산기술연구소

②법 제25조제1항에서 “대통령령으로 정하는 능력”이란 다음 각 호의 능력을 말한다. <개정 2014.1.28.>

1. 전략물자 해당 여부에 대한 판정능력
2. 수입자 및 최종 사용자에 대한 분석능력
3. 자율관리조직의 구축 및 운용 능력

③법 제25조제1항에 따라 자율준수무역거래자로 지정받으려는 자는 자율준수무역거래자지정신청서에 다음 각 호의 서류를 첨부하여 산업통상자원부장관에게 제출하여야 한다. <개정 2008.2.29., 2013.3.23., 2014.1.28.>

1. 제2항 각 호의 능력을 갖추었음을 증명하는 서류
2. 자율적인 수출통제 업무 관리를 위한 업무규정 및 조직도
3. 그 밖에 자율준수무역거래자의 지정에 필요한 서류로서 산업통상자원부장관이 정하여 고시하는 서류

④ 산업통상자원부장관은 법 제25조제1항에 따라 자율준수무역거래자를 지정하는 경우 제2항에 따른 능력을 갖춘 정도에 따라 자율준수무역거래자의 등급을 달리 정할 수 있다. <신설 2014.1.28.>

⑤ 산업통상자원부장관은 제3항에 따라 자율준수무역거래자 지정신청을 받았을 때에는 신청서 접수일부터 40일 이내에 지정 여부와 그 등급(자율준수무역거래자로 지정된 경우만 해당한다)을 신청인에게 알려야 한다. <개정 2014.1.28.>

⑥ 제2항에 따른 자율준수무역거래자 지정을 위한 능력의 심사 및 등급 결정 등에 관한 세부사항은 산업통상자원부장관이 정하여 고시한다. <신설 2014.1.28.>

제44조(자율준수무역거래자의 자율관리 업무의 범위) ①법 제25조제2항에 따라 산업통상자원부장관은 자율준수무역거래자에게 법 제19조에 따른 전략물자의 수출허가에 관하여 다음 각 호의 수출통제업무를 자율적으로 관리하게 할 수 있다. <개정 2008.2.29., 2013.3.23., 2014.1.28.>

1. 법 제19조제2항에 따라 수출허가를 받은 물품등의 최종 사용자에 관한 관리 업무

1의2. 법 제19조제2항에 따라 수출허가를 받은 물품등의 최종 용도에 관한 관리 업무

2. 그 밖에 전략물자 수출허가 제도를 효율적으로 운용하기 위하여 산업통상자원부장

관이 정하여 고시하는 업무

② 산업통상자원부장관은 제43조제4항의 등급에 따라 제1항에 따른 수출통제업무의 자율적인 관리 내용을 달리 정할 수 있다. <신설 2014.1.28.>

제45조(자율준수무역거래자의 보고) 법 제25조제3항에 따라 자율준수무역거래자는 다음 각 호의 사항별로 해당 기간 내에 그 현황이나 실적을 산업통상자원부장관에게 보고하여야 한다. <개정 2008.2.29., 2013.3.23., 2014.1.28.>

1. 법 제19조에 따른 전략물자 수출허가의 반기별(半期別) 실적 : 다음 반기의 1개월 이내
2. 제43조제2항 각 호에 관한 연간 현황 : 다음 해의 1개월 이내

제46조(전략물자관리원의 업무) 법 제29조제5항제4호에서 "그 밖에 대통령령으로 정하는 업무"란 다음 각 호의 업무를 말한다. <개정 2008.2.29., 2009.11.2., 2013.3.23.>

1. 전략물자 수출입관리에 관한 조사・연구 및 홍보 지원 업무
2. 전략물자 수출입통제와 관련된 국제협력 지원 업무

2의2. 법 제25조에 따른 전략물자 자율준수무역거래자의 지정 및 관리에 대한 지원 업무

3. 전략물자의 판정 및 통보에 관하여 산업통상자원부장관이 위탁하는 업무

제47조(전략물자 수출입통제 협의회의 구성 및 운영 등) ①법 제30조제1항에 따른 전략물자 수출입통제 협의회(이하 "협의회"라 한다)의 위원장은 다음 각 호의 사항별로 소관 행정기관의 장이 되고, 협의회의 위원장은 소관 사항별로 참석 행정기관의 범위를 정하여 협의회를 소집한다. <개정 2008.11.5., 2009.11.2., 2013.3.23., 2014.1.28.>

1. 미래창조과학부: 과학기술 및 정보통신기술 중 전략물자 관련 기술의 수출입통제에 관한 사항
2. 외교부: 외교에 영향을 주는 사항 및 전략물자의 수출입통제와 관련된 국제규범에 관한 사항
3. 통일부: 「남북교류협력에 관한 법률」에 따른 반출・반입 승인 대상 품목 중 전략물자에 관한 사항 및 남북 교류・협력에 영향을 미치는 사항
4. 국방부 : 「방위사업법」에 따른 방위산업물자・국방과학기술의 수출입통제에 관한 사항 및 국가안보에 영향을 미치는 사항
5. 산업통상자원부: 법 제19조제2항에 따른 전략물자(원자력 전용 품목은 제외한다)의 수출입통제 및 통상교섭에 영향을 주는 사항
6. 원자력안전위원회: 법 제19조제2항에 따른 전략물자 중 원자력 전용 품목의 수출입통제에 관한 사항

②협의회의 위원은 제1항에 따라 소집되는 행정기관의 고위공무원단에 속하는 공무원으로서 전략물자의 수출입통제 관련 업무를 담당하는 자로 한다.

③협의회를 효율적으로 운영하기 위하여 필요하면 실무협의회를 둘 수 있다.

④협의회와 실무협의회의 운영에 필요한 사항은 제1항에 따른 관계 행정기관의 장이 협의하여 정한다.

⑤법 제30조제3항에서 "대통령령으로 정하는 정보수사기관"이란 다음 각 호의 기관을

말한다. <개정 2014.1.28.>

1. 국가정보원
2. 검찰청
3. 경찰청

3의2. 해양경찰청

4. 국군기무사령부

제48조(허가의무 위반자 등에 대한 교육) ① 법 제49조에 따른 교육(이하 "교육"이라 한다)시간은 8시간 이내로 한다.

② 산업통상자원부장관 또는 관계 행정기관의 장은 법 제29조에 따른 전략물자관리원, 제37조에 따른 한국원자력통제기술원, 그 밖에 산업통상자원부장관이 정하여 고시하는 기관에서 교육을 실시하도록 할 수 있다. <개정 2013.3.23.>

③ 제1항 및 제2항에서 규정한 사항 외에 교육에 필요한 사항은 산업통상자원부장관이 관계 행정기관의 장과 협의하여 정한다. <개정 2013.3.23.>

[전문개정 2009.11.2.]

제49조(전략물자기술자문단의 구성 및 운영) ①산업통상자원부장관은 다음 각 호의 사항에 관한 자문을 하기 위하여 전략물자기술자문단을 구성하여 운영할 수 있다. <개정 2008.2.29., 2013.3.23., 2014.1.28.>

1. 해당 물품등이 대량파괴무기등의 제조, 개발, 사용 또는 보관 등의 용도로 전용될 가능성에 관한 사항
2. 국제수출통제체제의 통제대상 물품등에 대한 평가·분석에 관한 사항
3. 전략물자 해당 여부의 판정에 관한 사항

②전략물자기술자문단의 구성·운영 등에 필요한 사항은 산업통상자원부장관이 정하여 고시한다. <개정 2008.2.29., 2013.3.23.>

제4절 플랜트수출 〈개정 2010.10.1.〉

제50조(수출승인의 신청 등) 법 제32조제1항에 따라 플랜트수출의 승인을 받으려는 자는 신청서에 산업통상자원부장관이 정하는 서류를 첨부하여 산업통상자원부장관에게 제출하여야 한다. 변경승인을 받으려는 경우에도 또한 같다. <개정 2008.2.29., 2010.10.1., 2013.3.23.>

제51조(설비) 법 제32조제1항제1호에서 "대통령령으로 정하는 설비"란 다음 각 호의 설비를 말한다. 다만, 해외건설공사와 함께 일괄수주방식에 의하여 수출하는 설비는 제외한다. <개정 2010.10.1.>

1. 발전설비
2. 담수 설비 및 용수처리설비
3. 해양설비 및 수상구조설비
4. 석유 처리설비 및 석유화학설비
5. 정유설비 및 송유설비

6. 저장탱크 및 저장기지설비
7. 냉동 및 냉장설비
8. 제철·제강설비 및 철강재구조설비
9. 공해방지설비
10. 공기조화설비
11. 신에너지 및 재생에너지 설비
12. 정치식(定置式) 운반하역설비 및 정치식 건설용설비
13. 시험연구설비
14. 그 밖에 산업 활동을 위하여 필요한 설비

제52조(시공) ①법 제32조제1항제2호에서 "시공"이란 다음 각 호의 공사를 수행하는 것을 말한다. <개정 2010.10.1.>

1. 토목공사
2. 건축공사
3. 플랜트 설치공사. 다만, 플랜트수출자나 수출용 기자재를 설계·제작하는 자가 제작한 기계 및 장치를 직접 설치하는 공사는 제외한다.

②제1항제3호 단서에도 불구하고 「해외건설촉진법 시행령」 제17조제1항제1호라목에 따른 해외공사실적을 인정받으려는 경우에만 산업통상자원부장관은 플랜트수출자나 수출용 기자재를 설계·제작하는 자가 제작한 기계 및 장치를 직접 설치하는 공사를 플랜트 설치공사로 인정할 수 있다. <개정 2008.2.29., 2010.10.1., 2013.3.23.>

제53조(동의 요청 등) ①산업통상자원부장관은 법 제32조제3항에 따라 일괄수주방식에 의한 수출에 대하여 승인 또는 변경승인을 하기 위하여 미리 국토교통부장관의 동의를 받으려는 경우에는 해당 플랜트수출의 개요와 다음 각 호의 사항을 명시한 서류를 송부하여야 한다. <개정 2008.2.29., 2010.7.12., 2010.10.1., 2013.3.23.>

1. 건설용역 및 시공 수행자의 성명(법인인 경우에는 그 명칭과 대표자의 성명) 및 주소
2. 건설용역 및 시공사업계획

②제1항에 따라 동의 요청을 받은 국토교통부장관은 특별한 사유가 없으면 동의요청을 받은 날부터 10일 이내에 동의 여부를 산업통상자원부장관에게 알려야 한다. <개정 2008.2.29., 2010.7.12., 2010.10.1., 2013.3.23.>

제54조(플랜트수출 관련 기관 등 지정) ①산업통상자원부장관은 법 제32조제6항 후단에 따라 플랜트수출에 관한 시장조사 등의 사업을 촉진하기 위한 사업을 담당할 관련 기관 또는 단체(이하 "플랜트수출촉진기관"이라 한다)를 지정하려면 다음 각 호의 사항을 종합적으로 검토하여야 한다. <개정 2008.2.29., 2010.10.1., 2013.3.23.>

1. 플랜트수출자에 대한 대표성
2. 시장조사 등 사업계획

②산업통상자원부장관은 제1항에 따라 지정된 플랜트수출촉진기관에 대하여 플랜트수출의 시장조사 등 사업의 촉진과 관련하여 다음 각 호의 사항을 보고하게 할 수 있다. <개정 2008.2.29., 2010.10.1., 2013.3.23.>

1. 플랜트수출 동향
2. 플랜트수출에 관한 시장조사, 정보교류, 수주, 협동화사업의 촉진실적 등 촉진활동에 관한 사항
3. 그 밖에 플랜트수출에 관하여 산업통상자원부장관이 요청하는 사항

[제목개정 2010.10.1.]

제5절 정부간 수출계약 〈신설 2014.7.16.〉

제54조의2(정부간 수출계약 보증사업의 수행 기관) 법 제32조의2제1항에서 "대통령령으로 정하는 보증·보험기관"이란 국내에서 수출·수입 등 대외거래에 대한 보증 또는 보험 업무를 10년 이상 영위하고 있는 자 중 산업통상자원부장관이 다음 각 호의 사항을 평가하여 지정하는 기관을 말한다.

1. 법 제32조의2제1항에 따른 보증사업의 수행에 필요한 재정능력
2. 수출·수입 등 대외거래의 당사자에 대한 신용정보의 수집·분석 및 평가에 관한 능력
3. 수출·수입 등 대외거래에서 발생한 채권에 대한 관리체계

[본조신설 2014.7.16.]

제54조의3(정부간 수출계약의 이행 보증 조치) 법 제32조의3제3항제1호에서 "보증·보험의 제공 등 대통령령으로 정하는 계약 이행 보증 조치"란 다음 각 호의 것을 말한다. 다만, 외국 정부와 국내 기업이 합의한 경우에는 다음 각 호에 규정된 계약 이행 보증 조치의 일부를 생략할 수 있다.

1. 정부간 수출계약의 내용에 따른 선수금의 반환, 계약 내용의 이행, 하자의 보수 등에 대하여 「금융실명거래 및 비밀보장에 관한 법률」 제2조제1호에 따른 금융회사등으로부터 보증을 받아 제공하는 것
2. 외국 정부에 대한 정부간 수출계약 이행 등에 대하여 법 제32조의2제1항에 따른 보증·보험기관으로부터 보증을 받아 제공하는 것

[본조신설 2014.7.16.]

제54조의4(전담기관의 권한과 책임) ① 전담기관은 정부간 수출계약의 체결 및 이행을 위하여 필요한 경우에는 관계 행정기관의 장에게 협조를 요청할 수 있다.

② 전담기관은 정부간 수출계약이 체결된 경우 다음 각 호의 구분에 따라 법 제32조의4제1항에 따른 정부간 수출계약 심의위원회(이하 "위원회"라 한다)에 보고하여야 한다.

1. 국내 기업의 정부간 수출계약 이행 상황을 확인하여 반기별로 1회 이상 보고할 것
2. 제54조의5제2호 단서에 따라 위원회의 심의 대상에서 제외되는 사항은 그 변경 등이 있은 날부터 2주 이내에 보고할 것

[본조신설 2014.7.16.]

제54조의5(정부간 수출계약 심의위원회의 심의·의결 사항) 법 제32조의4제1항에서 "정부간 수출계약의 체결, 변경, 해지 등 대통령령으로 정하는 사항"이란 다음 각 호의 사항을 말한다.

1. 외국 정부와 체결하려는 정부간 수출계약의 수용 여부, 국내 기업의 이행능력 평가, 법 제32조의3제3항제1호에 따라 국내 기업으로 하여금 조치하도록 할 계약 이행 보증 내용의 적정성 등에 관한 사항
2. 계약기간・계약금액 등 정부간 수출계약의 변경에 관한 사항. 다만, 다음 각 목의 사항으로서 위원회에서 정하는 경미한 사항은 제외한다.
   가. 물품등의 인도 횟수, 인도 장소의 변경
   나. 부품・사양의 변경
   다. 대금의 지급방법 및 지급횟수의 변경
   라. 그 밖에 가목부터 다목까지의 사항에 준하는 사항
3. 법 제32조의5제2항에 따라 국내 기업이 조치를 한 계약 이행 보증 세부 사항의 적정성에 관한 사항
4. 국내 기업의 정부간 수출계약에 따른 물품등의 공급 의무 불이행, 인가・허가・면허 등의 취소・정지 등으로 인한 계약 이행능력의 상실, 부정한 방법에 의한 계약의 체결, 그 밖의 원인으로 인한 정부간 수출계약의 해지 또는 해제에 관한 사항
5. 그 밖에 위원회의 위원장이 정부간 수출계약과 관련하여 위원회의 심의・의결에 부치는 사항

[본조신설 2014.7.16.]

제54조의6(정부간 수출계약 심의위원회의 구성 및 운영) ① 위원장을 제외한 위원회의 위원은 다음 각 호의 사람이 된다.
1. 산업통상자원부 및 조달청의 고위공무원단에 속하는 공무원 중 소속 기관의 장이 지명하는 사람 각 1명
2. 전담기관의 임원 중 전담기관의 장이 지명하는 사람 2명
3. 정부간 수출계약의 해당 물품등과 관련이 있다고 위원회의 위원장이 인정하는 중앙행정기관의 고위공무원단에 속하는 공무원 중에서 소속 기관의 장이 지명하는 사람
4. 제54조의2에 따른 보증・보험기관의 임원 중 해당 기관의 장의 추천으로 위원회의 위원장이 지명하는 사람
5. 정부간 수출계약과 관련된 분야에 학식과 경험이 풍부한 사람 중 7명 이내의 범위에서 위원장이 위촉하는 사람

② 제1항제5호에 따른 위촉위원의 임기는 2년으로 하되, 연임할 수 있다.

③ 위원장은 위원회의 회의를 소집하고, 그 의장이 된다.

④ 위원장이 부득이한 사유로 그 직무를 수행할 수 없을 때에는 위원장이 미리 지명한 위원이 그 직무를 대행한다.

⑤ 위원회의 회의는 재적위원 과반수의 출석으로 개의(開議)하고, 출석위원 3분의 2 이상의 찬성으로 의결한다.

⑥ 위원회는 국내 기업의 이행능력 평가를 효율적으로 수행하기 위하여 소위원회를 구성・운영할 수 있다.

⑦ 제1항부터 제6항까지에서 규정한 사항 외에 위원회의 구성 및 운영에 필요한 사항은 위원회의 의결을 거쳐 위원장이 정한다.

[본조신설 2014.7.16.]

第54조의7(국내 기업의 계약 이행 보증 조치) 법 제32조의5제2항에서 "보증·보험의 제공 등 대통령령으로 정하는 계약 이행 보증 조치"란 제54조의3에 따른 조치를 말한다.
[본조신설 2014.7.16.]

제3장의2 원산지의 표시 등 <신설 2010.10.1.>

第55조(원산지표시대상물품 지정 등) ①산업통상자원부장관은 법 제33조제1항에 따라 원산지를 표시하여야 할 물품(이하 "원산지표시대상물품"이라 한다)을 공고하려면 해당 물품을 관장하는 관계 행정기관의 장과 미리 협의하여야 한다. <개정 2008.2.29., 2010.10.1., 2013.3.23.>
② 법 제33조제2항에서 "대통령령으로 정하는 단순한 가공활동"이란 판매목적의 물품 포장 활동, 상품성 유지를 위한 단순한 작업 활동 등 물품의 본질적 특성을 부여하기에 부족한 가공활동을 말하며, 그 가공활동의 구체적인 범위는 관계 중앙행정기관의 장과 협의하여 산업통상자원부장관이 정하여 고시한다. <신설 2010.10.1., 2013.3.23.>
[제목개정 2010.10.1.]

第56조(수출입 물품의 원산지 표시방법) ①원산지표시대상물품을 수입하려는 자는 다음 각 호의 방법에 따라 해당 물품에 원산지를 표시하여야 한다.
1. 한글·한문 또는 영문으로 표시할 것
2. 최종 구매자가 쉽게 판독할 수 있는 활자체로 표시할 것
3. 식별하기 쉬운 위치에 표시할 것
4. 표시된 원산지가 쉽게 지워지거나 떨어지지 아니하는 방법으로 표시할 것

②제1항에도 불구하고 해당 물품에 원산지를 표시하는 것이 곤란하거나 원산지를 표시할 필요가 없다고 인정하여 산업통상자원부장관이 정하여 고시하는 기준에 해당하는 경우에는 산업통상자원부장관이 정하여 고시하는 바에 따라 원산지를 표시하거나 원산지 표시를 생략할 수 있다. <개정 2008.2.29., 2013.3.23.>
③제1항에 규정된 것 외에 수입 물품의 원산지 표시방법에 관하여 필요한 사항은 산업통상자원부장관이 정하여 고시한다. 다만, 수입물품을 관장하는 중앙행정기관의 장은 소비자를 보호하기 위하여 필요한 경우에는 산업통상자원부장관과 협의하여 해당 물품의 원산지 표시에 관한 세부적인 사항을 따로 정하여 고시할 수 있다. <개정 2008.2.29., 2013.3.23.>
④ 삭제 <2010.10.1.>
⑤수출 물품에 대하여 원산지를 표시하는 경우에는 제1항 각 호에서 정한 방법에 따라 원산지를 표시하되, 그 물품에 대한 수입국의 원산지 표시규정이 이와 다르게 표시하도록 되어 있으면 그 규정에 따라 원산지를 표시할 수 있다. 다만, 수입한 물품에 대하여 국내에서 단순한 가공활동을 거쳐 수출하는 경우에는 우리나라를 원산지로 표시하여서는 아니 된다.

第57조(원산지 표시방법의 확인) ①제56조에 따른 원산지 표시방법에 따라 원산지를 표

시하여야 하는 자는 해당 물품이 수입되기 전에 문서로 그 물품의 적절한 원산지 표시방법에 관한 확인을 산업통상자원부장관에게 요청할 수 있다. <개정 2008.2.29., 2013.3.23.>

②제1항에 따른 산업통상자원부장관의 원산지 표시방법의 확인에 관하여 이의가 있는 자는 확인 결과를 통보받은 날부터 30일 이내에 서면으로 산업통상자원부장관에게 이의를 제기할 수 있다. <개정 2008.2.29., 2013.3.23.>

③원산지 표시방법에 대한 확인 요청과 확인 결과에 대한 이의제기에 필요한 사항은 산업통상자원부장관이 정하여 고시한다. <개정 2008.2.29., 2013.3.23.>

④산업통상자원부장관은 법 제33조제3항에 따라 원산지표시대상물품을 수입하는 자에 대하여 해당 물품이 통관할 때 제56조제1항부터 제3항까지의 규정에 따른 원산지의 표시방법 및 표시 여부 등을 확인할 수 있다. 이 경우 확인방법과 확인절차 등에 관하여는 산업통상자원부장관이 정하여 고시 한다. <개정 2008.2.29., 2010.10.1., 2013.3.23.>

제57조의2(서류검사) 법 제33조제5항에서 “대통령령으로 정하는 관련 서류”란 다음 각 호에 해당하는 서류를 말한다. <개정 2013.3.23.>

1. 수입한 물품등의 무역거래자 및 판매업자의 정보에 관한 서류
2. 수입한 물품등의 가격, 수량, 품질 및 제조 또는 가공 공정에 관한 서류
3. 그 밖에 원산지의 표시에 대한 위반 여부를 확인하기 위하여 산업통상자원부장관이 필요하다고 인정하는 서류

[본조신설 2010.10.1.]

제58조(원산지표시 위반물품에 대한 시정조치) ①법 제33조제6항에 따른 시정조치의 내용은 다음 각 호와 같다. <개정 2010.10.1.>

1. 원산지표시의 원상 복구, 정정, 말소 또는 원산지표시명령
2. 위반물품의 거래 또는 판매 행위의 중지

②법 제33조제6항에 따른 시정조치 명령은 다음 각 호의 사항을 명시한 서면으로 하여야 한다. <개정 2010.10.1.>

1. 위반행위의 내용
2. 시정조치 명령의 사유 및 내용
3. 시정기한

제59조(과징금의 부과 및 납부) ①산업통상자원부장관 또는 시·도지사는 법 제33조의2 제2항에 따라 과징금을 부과하려면 그 위반행위의 종류와 과징금의 금액을 명시하여 과징금을 낼 것을 서면으로 알려야 한다. <개정 2008.2.29., 2010.10.1., 2013.3.23., 2014.1.28.>

②제1항에 따라 통보를 받은 자는 납부 통지일부터 20일 이내에 과징금을 산업통상자원부장관 또는 시·도지사가 정하는 수납기관에 내야 한다. 다만, 천재지변이나 그 밖의 부득이한 사유로 납부기한까지 과징금을 낼 수 없는 경우에는 그 사유가 없어진 날부터 7일 이내에 내야 한다. <개정 2008.2.29., 2013.3.23., 2014.1.28.>

③제2항에 따라 과징금을 받은 수납기관은 과징금을 낸 자에게 영수증을 발급하여야 한다.

④과징금의 수납기관은 제2항에 따른 과징금을 받으면 지체 없이 그 사실을 산업통상자원부장관 또는 시・도지사에게 알려야 한다. <개정 2008.2.29., 2013.3.23., 2014.1.28.>
⑤ 삭제 <2014.1.28.>

第59조의2(과징금 납부기한의 연장 및 분할납부) ① 산업통상자원부장관 또는 시・도지사는 법 제33조의2제2항에 따라 과징금을 부과받은 자(이하 "과징금납부의무자"라 한다)가 내야 할 과징금의 금액이 1억원 이상인 경우로서 다음 각 호의 어느 하나에 해당하는 사유로 인하여 과징금의 전액을 한꺼번에 내기 어렵다고 인정되는 경우에는 그 납부기한을 연장하거나 분할납부하게 할 수 있다. 이 경우 필요하다고 인정하는 때에는 담보를 제공하게 할 수 있다.
1. 재해나 천재지변, 화재 등으로 재산에 현저한 손실을 입은 경우
2. 경제 여건이나 사업 여건의 악화로 사업이 중대한 위기에 있는 경우
3. 과징금을 한꺼번에 내면 자금사정에 현저한 어려움이 예상되는 경우
4. 그 밖에 제1호부터 제3호까지의 규정에 준하는 사유가 있는 경우

② 제1항에 따른 과징금 납부기한의 연장 또는 분할납부를 하려는 자는 그 납부기한의 10일 전까지 납부기한의 연장 또는 분할납부의 사유를 증명하는 서류를 첨부하여 산업통상자원부장관 또는 시・도지사에게 신청하여야 한다.
③ 제1항에 따른 납부기한의 연장은 그 납부기한의 다음 날부터 1년을 초과할 수 없다.
④ 제1항에 따라 분할납부를 하게 하는 경우 각 분할된 납부기한 간의 간격은 4개월을 초과할 수 없으며, 분할 횟수는 3회를 초과할 수 없다.
⑤ 산업통상자원부장관 또는 시・도지사는 다음 각 호의 어느 하나에 해당하는 경우에는 제1항에 따라 납부기한이 연장되거나 분할납부가 허용된 과징금납부의무자에 대하여 그 납부기한의 연장 또는 분할납부 결정을 취소하고 한꺼번에 징수할 수 있다.
1. 분할납부가 결정된 과징금을 그 납부기한까지 내지 아니한 경우
2. 담보의 제공에 관한 산업통상자원부장관 또는 시・도지사의 명령을 이행하지 아니한 경우
3. 강제집행, 경매의 개시, 파산선고, 법인의 해산, 국세 또는 지방세의 체납처분을 받은 때 등 과징금의 전부 또는 잔여분을 징수할 수 없다고 인정되는 경우

[본조신설 2014.1.28.]

第60조(과징금을 부과할 위반행위의 종류와 과징금의 금액) ①법 제33조의2제2항에 따라 과징금을 부과하는 위반행위의 종류와 위반 정도에 따른 과징금의 금액은 별표 2와 같다. <개정 2010.10.1., 2014.1.28.>
②산업통상자원부장관 또는 시・도지사는 해당 무역거래자 등의 수출입 규모, 위반 정도 및 위반 횟수 등을 고려하여 제1항에 따른 과징금 금액의 2분의 1의 범위에서 가중하거나 경감할 수 있다. 다만, 가중하는 경우에도 과징금의 총액은 3억원을 넘을 수 없다. <개정 2008.2.29., 2009.11.2., 2013.3.23., 2014.1.28.>

第60조의2(원산지 표시의무 위반자의 공표) ① 법 제33조의2제5항에 따른 공표의 대상자는 같은 조 제2항에 따른 과징금 부과처분이 확정된 자로서 다음 각 호의 어느 하나에 해당하는 자로 한다.

1. 별표 2 각 호의 구분에 따른 해당 위반물품등의 수출입 신고 금액(판매업자의 경우에는 판매한 물품등과 판매하지 아니한 물품등을 구분하여 판매한 물품등의 매출가액과 판매하지 아니한 물품등의 매입가액을 합한 금액을 말하며, 이하 이 항에서 "원산지 표시 위반물품등의 가액"이라 한다)이 10억원(「관세법」 별표에 따른 품목 중 제1류부터 제24류까지의 품목 및 소금의 경우에는 5억원을 말한다) 이상인 자
2. 「관세법」 별표에 따른 품목 중 제1류부터 제24류까지의 품목 및 소금에 대한 별표 2 제3호 또는 제4호에 해당하는 원산지 표시 위반물품등의 가액 중 다음 각 목의 위반행위로 인한 가액을 합산한 금액이 5천만원 이상인 자
   가. 원산지를 국내산으로 거짓 표시하거나 원산지를 국내산으로 오인하게 하는 표시를 하는 행위
   나. 원산지 표시를 국내산으로 변경하는 행위
3. 다음 각 목의 요건을 모두 갖춘 자
   가. 법 제33조의2제2항에 따라 과징금 부과처분을 받은 날부터 과거 2년 이내의 기간(초일을 산입한다) 동안 법 제33조의2제2항에 따라 과징금 부과처분을 받은 횟수가 3회 이상일 것
   나. 가목에 따른 과징금 부과처분 중 확정된 처분이 3회 이상일 것
   다. 나목에 따른 확정된 과징금 부과처분의 사유가 된 원산지 표시 위반물품등의 가액을 합산한 금액이 5천만원 이상일 것
4. 「관세법」 별표에 따른 품목 중 제1류부터 제24류까지의 품목 및 소금에 대한 원산지 표시의무를 위반한 경우로서 다음 각 목의 요건을 모두 갖춘 자
   가. 법 제33조의2제2항에 따라 과징금 부과처분을 받은 날부터 과거 2년 이내의 기간(초일을 산입한다) 동안 법 제33조의2제2항에 따라 과징금 부과처분을 받은 횟수가 3회 이상일 것
   나. 가목에 따른 과징금 부과처분 중 확정된 처분이 3회 이상일 것

② 산업통상자원부장관 또는 시·도지사는 제1항에 따른 공표 대상자에 대해서는 법 제33조의2제5항에 따라 다음 각 호의 사항을 산업통상자원부 또는 시·도의 홈페이지에 공표하여야 한다.

1. "「대외무역법」에 따른 원산지 표시의무 위반사실의 공표"라는 표제
2. 위반자의 성명 또는 명칭(법인의 경우에는 대표자의 성명을 포함한다) 및 주소(법인의 경우 주된 영업소의 주소와 원산지 표시의무 위반행위를 한 사업장 주소를 말한다)
3. 원산지 표시 위반물품등의 종류, 명칭 및 위반내용
4. 원산지 표시 위반행위에 대한 처분권자, 처분일, 처분 내용

[본조신설 2014.1.28.]

제60조의3(자료의 요청) 산업통상자원부장관은 법 제33조 및 제33조의2에 따른 업무가 통일적이고 원활하게 집행되도록 하기 위하여 해당 업무에 대한 자료의 제출을 지방자치단체의 장에게 요청할 수 있다.

[본조신설 2014.1.28.]

제61조(수출입 물품의 원산지 판정 기준) ①법 제34조에 따른 수입 물품에 대한 원산지 판정은 다음 각 호의 어느 하나의 기준에 따라야 한다. <개정 2008.11.5.>

1. 수입 물품의 전부가 하나의 국가에서 채취되거나 생산된 물품(이하 "완전생산물품"이라 한다)인 경우에는 그 국가를 그 물품의 원산지로 할 것
2. 수입 물품의 생산·제조·가공 과정에 둘 이상의 국가가 관련된 경우에는 최종적으로 실질적 변형을 가하여 그 물품에 본질적 특성을 부여하는 활동(이하 "실질적 변형"이라 한다)을 한 국가를 그 물품의 원산지로 할 것
3. 수입 물품의 생산·제조·가공 과정에 둘 이상의 국가가 관련된 경우 단순한 가공활동을 하는 국가를 원산지로 하지 아니할 것

②제1항에 따른 완전생산물품, 실질적 변형, 단순한 가공활동의 기준 등 원산지 판정 기준에 관한 구체적인 사항은 관계 중앙행정기관의 장과 협의하여 산업통상자원부장관이 정하여 고시한다. <개정 2008.2.29., 2013.3.23.>

③ 법 제34조에 따른 수출 물품에 대한 원산지 판정은 제1항 및 제2항에 따른 기준을 준용하여 판정하되, 그 물품에 대한 원산지 판정기준이 수입국의 원산지 판정기준과 다른 경우에는 수입국의 원산지 판정기준에 따라 원산지를 판정할 수 있다. <신설 2008.11.5.>

第62조(원산지 판정 절차) ①법 제34조제3항에 따라 수출 또는 수입 물품의 원산지 판정을 받으려는 자는 대상 물품의 관세·통계통합품목분류표(「관세법 시행령」 제98조에 따른 관세·통계통합품목분류표를 말한다. 이하 같다)상의 품목번호·품목명(모델명을 포함 한다), 요청 사유, 요청자가 주장하는 원산지 등을 명시한 요청서에 견본 1개와 그 밖에 원산지 판정에 필요한 자료를 첨부하여 산업통상자원부장관에게 제출하여야 한다. 다만, 물품의 성질상 견본을 제출하기 곤란하거나 견본이 없어도 그 물품의 원산지 판정에 지장이 없다고 인정되는 경우에는 견본의 제출을 생략할 수 있다. <개정 2008.2.29., 2010.10.1., 2013.3.23.>

②산업통상자원부장관은 제1항에 따라 제출된 요청서 등이 미비하여 수출 또는 수입 물품의 원산지를 판정하기 곤란한 경우에는 기간을 정하여 자료의 보정(補正)을 요구할 수 있으며, 그 기간 내에 보정하지 아니하면 요청서 등을 되돌려 보낼 수 있다. <개정 2008.2.29., 2010.10.1., 2013.3.23.>

③산업통상자원부장관은 제1항에 따라 원산지 판정의 요청을 받은 경우에는 60일 이내에 원산지 판정을 하여 그 결과를 요청한 사람에게 문서로 알려야 한다. 다만, 그 판정과 관련된 자료수집 등을 위하여 필요한 기간은 이에 산입하지 아니한다. <개정 2008.2.29., 2010.10.1., 2013.3.23.>

④원산지 판정의 결과가 요청인의 주장과 다른 경우에는 판정의 근거 등을 적어야 한다. <개정 2010.10.1.>

⑤원산지 판정의 요청 방법과 그 밖에 판정에 필요한 사항은 산업통상자원부장관이 정하여 고시한다. <개정 2008.2.29., 2010.10.1., 2013.3.23.>

[제목개정 2010.10.1.]

第63조(이의제기) ①법 제34조제5항에 따라 원산지 판정에 이의를 제기하려는 자는 대상 물품의 관세·통계통합품목분류표상의 품목번호·품목명(모델명을 포함한다), 이의제기 사유, 신청자가 주장하는 원산지 등을 명시한 이의신청서에 원산지 판정에 필요한 자료

를 첨부하여 산업통상자원부장관에게 제출하여야 한다. <개정 2008.2.29., 2013.3.23.>

②산업통상자원부장관은 제1항에 따라 제출된 신청서 등이 미비하여 이의제기에 대한 결정을 하기 곤란한 경우에는 기간을 정하여 자료의 보정을 요구할 수 있으며, 그 기간 내에 보정하지 아니하면 신청서 등을 되돌려 보낼 수 있다. <개정 2008.2.29., 2013.3.23.>

③ 산업통상자원부장관은 제1항에 따른 이의제기에 대한 결정을 하기 위하여 관계 전문가에게 자문하거나 이해관계자 등의 의견을 들을 수 있다. <개정 2008.10.20., 2013.3.23.>

④원산지 판정에 대한 이의제기 절차 등에 관하여 필요한 세부적인 사항은 산업통상자원부장관이 정한다. <개정 2008.2.29., 2013.3.23.>

제64조 삭제 <2008.10.20.>

제65조(수입 물품의 원산지증명서의 제출) ①산업통상자원부장관은 법 제36조에 따라 산업통상자원부장관이 정하여 고시하는 지역으로부터 산업통상자원부장관이 정하여 고시하는 물품을 수입하려는 자에게 다음 각 호의 기관에서 발행하는 원산지증명서를 그 물품을 수입할 때에 제출하도록 할 수 있다. <개정 2008.2.29., 2013.3.23.>

1. 그 물품의 원산지 국가
2. 그 물품을 선적(船積)한 국가의 정부
3. 제1호의 국가 또는 제2호의 정부가 인정하는 기관

②그 밖에 제1항에 따른 원산지증명서에 관하여 필요한 사항은 산업통상자원부장관이 정하여 고시한다. <개정 2008.2.29., 2013.3.23.>

제66조(수출 물품의 원산지증명서 발급기준 등) ①법 제37조제2항에 따른 수출 물품의 원산지증명서의 발급기준은 헌법에 따라 체결·공포된 조약이나 협정과 일반적으로 승인된 국제법규 또는 상대 수입국에서 정한 원산지증명서 발급기준으로 한다.

②수출 물품의 원산지증명서를 발급받으려는 자는 수출물품원산지증명서발급신청서에 다음 각 호의 서류를 첨부하여 산업통상자원부장관에게 제출하여야 한다. <개정 2008.2.29., 2013.3.23.>

1. 구매자·공급자에 관한 서류
2. 수출 물품의 가격·수량 등에 관한 서류
3. 그 밖에 수출물품의 원산지를 증명하는 데에 필요한 서류로서 산업통상자원부장관이 정하여 공고하는 서류

③산업통상자원부장관은 제2항에 따른 신청을 받은 경우 제1항에 따른 원산지증명서 발급기준에 적합한지를 조사·확인하여 발급 여부를 결정한 후 수출 물품의 원산지증명서를 발급하여야 한다. <개정 2008.2.29., 2013.3.23.>

④제3항에 따른 원산지증명서의 유효기간은 1년으로 한다. 다만, 헌법에 따라 체결·공포된 조약이나 협정과 일반적으로 승인된 국제법규에서 그 유효기간을 다르게 정하고 있는 경우에는 그 유효기간으로 한다.

⑤제1항부터 제4항까지에서 규정한 것 외에 수출 물품의 원산지증명서의 발급 등에 필요한 세부사항은 산업통상자원부장관이 정하여 고시한다. <개정 2008.2.29., 2013.3.23.>

제67조(단순한 가공활동) 법 제38조에서 “대통령령으로 정하는 단순한 가공활동”이란 제61조제2항에 따라 고시된 단순한 가공활동의 기준에 따른 활동을 말한다.

제4장 수입수량 제한조치

제68조(수입수량 제한조치) ①법 제39조제1항에 따라 산업통상자원부장관이 수입수량을 제한하는 경우 그 제한수량은 최근의 대표적인 3년 간의 수입량을 연평균수입량으로 환산한 수량(이하 “기준 수량”이라 한다) 이상으로 하여야 한다. 이 경우 최근의 대표적인 연도를 정할 때에는 통상적인 수입량과 비교하여 수입량이 급증하거나 급감한 연도는 제외한다. <개정 2008.2.29., 2013.3.23.>

②산업통상자원부장관은 기준수량 이상으로 수입수량 제한조치를 하는 경우 해당 산업의 심각한 피해를 방지하거나 구제하기 어렵다고 명백하게 인정되는 경우에는 제1항에도 불구하고 기준수량 미만으로 수입수량을 제한할 수 있다. <개정 2008.2.29., 2013.3.23.>

③산업통상자원부장관은 제1항이나 제2항에 따라 제한되는 수입수량을 각 국가별로 할당할 수 있다. <개정 2008.2.29., 2013.3.23.>

제69조(수입수량 제한조치의 연장 등) 산업통상자원부장관은 시행 중인 수입수량 제한조치에 대하여 무역위원회가 그 조치 내용의 변경이나 적용기간의 연장을 건의하면 그 건의가 접수된 날부터 1개월 이내(연장의 경우 법 제39조제1항에 따른 수입수량 제한조치의 적용기간이 끝나는 날 이전)에 그 조치의 변경이나 조치 기간의 연장 여부를 결정하고 그 내용을 무역위원회에 통보하여야 한다. <개정 2008.2.29., 2013.3.23.>

제70조(특정국 물품에 대한 특별 수입수량 제한조치의 시행 등) ①법 제41조제1항에서 “대통령령으로 정하는 국가”란 중화인민공화국(홍콩과 마카오는 제외한다. 이하 이 조에서 “중국”이라 한다)을 말한다.

②법 제41조제1항제1호 및 제2호에 따른 경우에 해당되어 중국을 원산지로 하는 물품에 시행하는 특별 수입수량 제한조치는 2013년 12월 10일까지 수입신고되는 물품에만 적용하고, 같은 항 제3호에 따른 경우에 해당되어 중국을 원산지로 하는 물품에 시행하는 특별 수입수량 제한조치는 2008년 12월 31일까지 수입신고되는 물품에만 적용한다.

제5장 수출입의 질서유지

제1절 무역거래자 등의 수출입 질서의 유지

제71조 삭제 <2009.11.2.>

제72조 삭제 <2009.11.2.>

제73조 삭제 <2009.11.2.>

제74조 삭제 <2009.11.2.>

제2절 분쟁조정 등

제75조(무역분쟁의 통지 등) ①대한민국재외공관의 장이 교역상대국의 무역거래자 및 무역분쟁해결기관의 장으로부터 무역분쟁 사실의 신고를 받거나 업무를 수행하면서 무역분쟁 사실을 알게된 경우에는 지체 없이 그 사실을 산업통상자원부장관에게 알려야 한다. 대한무역투자진흥공사, 수출입조합, 그 밖에 수출·수입과 관련된 기관의 경우에도 또한 같다. <개정 2008.2.29., 2013.3.23.>

②산업통상자원부장관은 제1항에 따라 무역분쟁 사실의 통지를 받은 경우 그 분쟁을 신속하게 해결하기 위하여 필요하다고 인정할 때에는 조정(調停) 또는 알선을 할 수 있다. <개정 2008.2.29., 2013.3.23.>

제76조(선적 전 검사가 무역장벽으로 간주되는 경우) 법 제45조제1항에 따른 선적전검사기관이 선적 전 검사를 하면서 「세계무역기구 선적 전 검사에 관한 협정」 제2조를 위반하여 수출 이행에 장애를 초래하였을 때에 그 선적 전 검사는 무역장벽으로 작용한 것으로 본다.

제77조 삭제 <2008.10.20.>

제78조 삭제 <2008.10.20.>

제79조 삭제 <2008.10.20.>

제80조(분쟁조정 신청 등) ①무역거래 또는 선적 전 검사와 관련한 분쟁이 발생한 경우 당사자의 일방 또는 쌍방은 법 제44조제4항이나 법 제45조제2항에 따라 산업통상자원부장관에게 분쟁의 조정을 신청할 수 있다. <개정 2008.2.29., 2013.3.23.>

②제1항에 따른 신청절차 등 신청에 필요한 사항은 산업통상자원부장관이 따로 정하여 고시한다. <개정 2008.2.29., 2013.3.23.>

③ 산업통상자원부장관은 조정을 위하여 관계 전문가에게 자문하거나 이해관계자 등의 의견을 들을 수 있다. <신설 2008.10.20., 2013.3.23.>

[제목개정 2008.10.20.]

제81조(조정안의 작성) ①산업통상자원부장관은 조정신청을 받은 때에는 30일 이내에 조정안을 작성하여 당사자에게 제시하여야 한다. <개정 2008.2.29., 2008.10.20., 2013.3.23.>

②제1항에 따른 조정안에는 다음 각 호의 사항이 포함되어야 한다. <개정 2008.10.20.>

1. 조정 사건의 표시
2. 조정의 일시 및 장소
3. 당사자의 성명 또는 명칭
4. 조정안의 주요 내용

제82조(조정안의 통지) ①산업통상자원부장관은 제81조에 따라 조정안이 작성된 경우에는 당사자에게 알려야 한다. <개정 2008.10.20., 2013.3.23.>

②제1항에 따라 조정안을 통지받은 분쟁 당사자는 7일 이내에 조정안에 대한 수락 여부를 서면으로 산업통상자원부장관에게 알려야 한다. <개정 2008.10.20., 2013.3.23.>

第83조(조정의 종료) ①산업통상자원부장관은 다음 각 호의 어느 하나에 해당하는 경우에는 해당 조정 사건을 끝낼 수 있다. <개정 2008.10.20., 2013.3.23.>
1. 당사자 간에 합의가 이루어지거나 조정안이 수락된 경우
2. 조정신청인이나 당사자가 조정신청을 철회한 경우
3. 당사자가 조정안을 거부한 경우
4. 당사자 간에 합의가 성립될 가능성이 없다고 인정되는 경우나 그 밖에 조정할 필요가 없다고 판단되는 경우

②산업통상자원부장관은 조정이 끝난 경우에는 당사자에게 알려야 한다. <개정 2008.10.20., 2013.3.23.>

第84조(조정비용) ①산업통상자원부장관은 이 법에 따른 조정과 관련하여 당사자에게 조정비용을 부담하도록 할 수 있다. <개정 2008.2.29., 2013.3.23.>
②조정비용은 신청요금, 경비 및 수당으로 구분하며, 조정비용의 금액, 예납절차(豫納節次) 등에 관하여 필요한 사항은 산업통상자원부장관이 정하여 고시한다. <개정 2008.2.29., 2013.3.23.>

第85조(선적전검사중재기관) ①법 제45조제3항에 따른 중재기관은 「중재법」 제40조에 따라 산업통상자원부장관이 지정하는 사단법인(이하 "대한상사중재원"이라 한다)으로 한다. <개정 2008.2.29., 2013.3.23.>
②법 제45조제3항에 따른 중재에 대하여는 「중재법」을 적용한다.

第86조(세계무역기구협정상의 분쟁 해결절차와의 관계) 이 법에 따른 선적 전 검사와 관련한 분쟁의 해결절차는 세계무역기구협정상의 분쟁 해결절차를 방해하지 아니한다.

第87조(조정명령의 기준) 산업통상자원부장관은 필요하다고 인정하면 법 제46조제1항제3호에 따른 조정을 명할 수 있는 경우에 대한 기준을 정하여 고시할 수 있다. 이 경우 산업통상자원부장관은 미리 해당 품목을 관장하는 관계 중앙행정기관의 장의 의견을 들어야 한다. <개정 2008.2.29., 2013.3.23.>

第88조(조정명령 등) ① 산업통상자원부장관은 법 제46조에 따른 조정을 명하기 위하여 관계 전문가에게 자문하거나 이해관계자 등의 의견을 들을 수 있다. <개정 2013.3.23.>
② 산업통상자원부장관은 법 제46조에 따른 조정을 명하는 경우 기업의 영업비밀 보호를 침해할 우려 등의 특별한 사유가 없으면 조정을 명하는 이유, 대상, 내용 등을 공고하여야 한다. <개정 2013.3.23.>
[전문개정 2008.10.20.]

제6장 보칙

第89조(증표) 법 제48조제3항에 따른 증표는 별지 서식에 따른다.

제90조(수수료) 법 제37조에 따라 수출 물품의 원산지증명서를 발급받으려는 자는 산업통상자원부장관이 정하여 고시하는 수수료를 내야 한다. <개정 2008.2.29., 2013.3.23.>

제91조(권한의 위임 · 위탁) ①산업통상자원부장관은 법 제52조제1항에 따라 다음 각 호의 권한을 그 대상 물품등의 품목에 따라 그 물품등을 관장하는 중앙 행정기관의 장에게 위탁한다. 다만, 산업통상자원부장관이 관장하는 물품등에 대한 권한은 제외한다. <개정 2008.2.29., 2013.3.23., 2014.1.28.>

1. 제24조제2항에 따른 외화획득용 원료 · 기재의 수입 제한에 관한 권한
2. 제25조에 따른 외화획득용 원료 · 기재의 기준 소요량 결정에 관한 권한
3. 제27조에 따른 외화획득 이행기간의 결정 및 그 연장에 관한 권한
4. 외화획득용 원료 · 기재 또는 그 원료 · 기재로 제조된 물품등(산업통상자원부장관이 정하여 고시하는 품목만 해당한다)에 대한 다음 각 목의 권한
   가. 제28조제1항에 따른 외화획득 이행 여부의 사후 관리에 관한 권한
   나. 법 제17조제1항에 따른 사용목적 변경승인에 관한 권한
   다. 법 제17조제2항에 따른 양도 · 양수의 승인에 관한 권한
5. 법 제46조제1항에 따른 조정명령에 관한 권한
6. 제3항제2호에 따라 특별시장 · 광역시장 · 특별자치시장 · 도지사 또는 특별자치도지사(이하 "시 · 도지사"라 한다)에게 위임된 사무에 대한 법 제52조제2항 및 제3항에 따른 지휘 · 감독 및 자료의 제출 요청에 관한 권한

②산업통상자원부장관은 법 제52조제1항에 따라 산업통상자원부장관이 관장하는 품목의 물품등에 대한 다음 각 호의 권한을 국가기술표준원장에게 위임한다. 다만, 제1호의 권한 중 목재가구에 대한 권한은 국립산림과학원장에게 위탁한다. <개정 2008.2.29., 2013.3.23., 2013.12.11.>

1. 제25조에 따른 외화획득용 원료 · 기재의 기준 소요량 결정에 관한 권한
2. 제28조제1항에 따른 외화획득 이행 여부의 사후 관리에 관한 권한
3. 제3항제2호에 따라 시 · 도지사에게 위임된 사무에 대한 법 제52조제2항 및 제3항에 따른 지휘 · 감독 및 자료의 제출요청에 관한 권한
4. 제7항제2호 및 제3호에 따라 산업통상자원부장관이 지정 · 고시한 관계 행정기관 또는 단체에 위탁된 사무에 대한 법 제52조제2항 및 제3항에 따른 지휘 · 감독 및 자료의 제출 요청에 관한 권한

③산업통상자원부장관은 법 제52조제1항에 따라 산업통상자원부장관이 관장하는 물품등에 대한 다음 각 호의 권한을 시 · 도지사에게 위임한다. 다만, 자유무역지역관리원의 관할구역의 입주업체에 대한 권한은 자유무역지역관리원장에게 위임한다. <개정 2008.2.29., 2008.11.5., 2009.11.2., 2010.10.1., 2013.3.23.>

1. 제27조제2항 및 제3항에 따른 외화획득 이행기간의 연장에 관한 권한
2. 법 제17조제1항에 따른 사용목적 변경승인에 관한 권한
3. 삭제 <2014.1.28.>
4. 삭제 <2014.1.28.>
5. 삭제 <2014.1.28.>

④산업통상자원부장관은 법 제52조제1항에 따라 다음 각 호의 권한을 세관장에게 위탁

한다. 다만, 제6호의 권한 중 자유무역지역관리원의 관할구역의 입주업체에 대한 권한은 자유무역지역관리원장에게 위임한다. <개정 2008.2.29., 2008.11.5., 2009.11.2., 2010.10.1., 2013.3.23., 2014.1.28.>

1. 법 제14조에 따른 수출입 승인 면제의 확인에 관한 권한
2. 제57조제4항에 따른 원산지 표시의 확인에 관한 권한
3. 법 제33조제5항에 따른 수입한 물품등과 관련 서류의 검사에 관한 권한
4. 법 제33조의2제1항에 따른 시정조치 명령

4의2. 법 제33조의2제2항에 따른 과징금 부과 및 이 영 제59조의2에 따른 과징금 납부기한의 연장, 분할납부 및 그 결정의 취소에 관한 권한

5. 제65조에 따른 원산지증명서의 제출 명령에 관한 권한
6. 제66조제2항 및 제3항에 따른 원산지증명서 발급 업무 중 관세양허(關稅讓許)를 받기 위한 원산지증명서 발급 업무에 관한 권한
7. 법 제59조제2항제3호(이 항 제3호의 권한에 따른 경우만 해당한다)의 자에 대한 같은 조 제3항에 따른 과태료의 부과·징수에 관한 권한

⑤산업통상자원부장관은 법 제52조제1항에 따라 다음 각 호의 업무를 한국무역협회,「민법」 제32조에 따라 해양수산부장관의 허가를 받아 설립된 한국선주협회(이하 "한국선주협회"라 하고, 제4호의 업무에만 해당한다),「관광진흥법」 제41조제1항 및 같은 법 제45조제1항에 따른 한국관광협회중앙회(제5호의 업무에만 해당한다), 업종별 관광협회(제5호의 업무에만 해당한다) 및「소프트웨어산업 진흥법」 제26조에 따른 한국소프트웨어산업협회(이하 "한국소프트웨어산업협회"라 하고, 제6호의 업무에만 해당한다)에 위탁한다. <개정 2008.2.29., 2013.3.23., 2014.7.16.>

1. 법 제8조의2제1항 및 이 영 제12조의2제2항·제3항에 따른 전문무역상사의 지정 및 법 제8조의2제3항에 따른 지정의 취소

1의2. 제21조제1항에 따른 무역업고유번호의 부여 및 관리 등 수출입통계 데이터베이스를 구축하기 위한 전산관리체제의 개발·운영

2. 제22조제2항에 따른 수출입 거래에 관한 정보의 수집·분석
3. 제23조에 따른 용역의 수출입 확인
4. 제23조에 따른 용역 중 해운업의 수출입 확인
5. 제23조에 따른 용역 중 관광사업의 수출입 확인
6. 제23조에 따른 전자적 형태의 무체물의 수출입 확인

⑥산업통상자원부장관은 법 제52조제1항에 따라 다음 각 호의 권한을 관세청장에게 위탁한다. <개정 2008.2.29., 2008.11.5., 2009.11.2., 2010.10.1., 2013.3.23.>

1. 제56조제3항 본문에 따라 산업통상자원부장관이 정하는 원산지 표시방법의 범위에서 그 표시방법에 관한 세부적인 사항을 정하는 권한

1의2. 제57조제1항 및 제2항에 따른 원산지 표시방법의 확인 및 이의제기에 대한 처리 권한

2. 제62조 및 제63조에 따른 원산지의 판정 및 이의제기의 처리에 관한 권한
3. 제4항에 따라 세관장에게 위탁된 사무에 대한 법 제52조제2항 및 제3항에 따른 지휘·감독 및 자료의 제출 요청에 관한 권한

⑦산업통상자원부장관은 법 제52조제1항에 따라 수출입승인 대상물품등에 대한 다음

각 호의 권한을 산업통상자원부장관이 지정하여 고시하는 관계 행정기관 또는 단체의 장에게 위탁한다. <개정 2008.2.29., 2013.3.23., 2014.1.28.>

1. 법 제11조제2항부터 제5항까지에 따른 수출 또는 수입의 승인, 승인의 유효기간 설정 및 연장, 변경승인 및 변경사항 신고의 수리에 관한 권한
2. 제24조에 따른 외화획득용 원료·기재의 수입승인에 관한 권한
3. 산업통상자원부장관이 관장하는 외화획득용 원료·기재에 대한 제28조에 따른 사후 관리에 관한 권한

⑧산업통상자원부장관은 법 제52조제1항에 따라 법 제32조제1항에 따른 플랜트수출의 승인 및 변경승인(일괄수주방식에 의한 수출로서 국토교통부장관의 동의가 필요한 경우는 제외한다)에 관한 권한을 「산업발전법」 제38조에 따라 산업통상자원부장관의 인가를 받아 설립된 한국기계산업진흥회(이하 "한국기계산업진흥회"라 한다)에 위탁한다. 다만, 연불금융(延拂金融) 지원의 경우에는 「한국수출입은행법」에 따른 한국수출입은행에 위탁한다. <개정 2008.2.29., 2010.7.12., 2010.10.1., 2013.3.23.>

⑨산업통상자원부장관은 법 제52조제1항에 따라 다음 각 호의 권한을 대한상사중재원에 위탁한다. <개정 2008.2.29., 2008.10.20., 2013.3.23.>

1. 제75조제2항에 따른 무역분쟁에 대한 조정 또는 알선에 관한 권한
2. 제80조부터 제84조까지의 규정에 따른 분쟁조정, 조정비용 부담 등에 관한 권한

⑩산업통상자원부장관은 법 제52조제1항에 따라 제66조제2항 및 제3항에 따른 원산지증명서 발급 업무(관세양허를 받기 위한 원산지증명서 발급 업무를 포함한다)를 「상공회의소법」에 따라 설립된 대한상공회의소(이하 "대한상공회의소"라 한다)나 「민법」 제32조에 따라 설립된 법인 중 산업통상자원부장관이 지정하여 고시하는 법인에 위탁한다. <개정 2008.2.29., 2013.3.23.>

⑪산업통상자원부장관은 법 제52조제1항에 따라 제31조에 따른 구매확인서의 발급 및 사후 관리에 관한 권한을 외국환은행의 장 및 「전자무역 촉진에 관한 법률」 제6조에 따라 산업통상자원부장관이 지정한 전자무역기반사업자에게 위탁한다. <개정 2008.2.29., 2008.11.5., 2013.3.23.>

⑫산업통상자원부장관은 법 제52조제1항에 따라 제36조제2항에 따른 전략물자의 판정 및 통보에 관한 권한을 법 제29조에 따라 설립된 전략물자관리원에 위탁한다. <개정 2008.2.29., 2013.3.23.>

제92조(권한의 위임·위탁 등에 따른 조정) ①시·도지사 또는 세관장은 법 제33조의2 제2항, 법제59조제3항(법 제59조제2항제3호를 위반한 경우만 해당한다) 또는 이 영 제91조제4항제4호의2 및 제7호에 따라 과징금이나 과태료를 부과하려면 각각 세관장이나 시·도지사와 미리 협의하여야 한다. <개정 2014.1.28.>

②제91조에 따라 산업통상자원부장관의 권한을 위임받거나 위탁받은 자는 위임받거나 위탁받은 업무의 처리 결과를 산업통상자원부장관에게 보고하여야 한다. 보고시기, 보고방법 등에 관하여 필요한 사항은 산업통상자원부장관이 정한다. <개정 2008.2.29., 2013.3.23.>

③산업통상자원부장관은 제91조에 따라 권한을 위임받거나 위탁받은 자가 법 또는 이 영을 위반하여 그 위임 또는 위탁받은 업무를 처리한 경우에는 시정조치 등 필요한 조

치를 요구할 수 있다. <개정 2008.2.29., 2013.3.23.>
④제3항에 따른 시정조치 등을 요구받은 자는 지체 없이 그 업무를 시정하고 그 결과를 산업통상자원부장관에게 보고하여야 한다. <개정 2008.2.29., 2013.3.23.>
[제목개정 2014.1.28.]

제93조(공무원 의제) 법 제58조에서 "대통령령으로 정하는 법인 또는 단체"란 다음 각 호에 해당하는 기관 또는 단체를 말한다.
1. 한국무역협회
2. 한국소프트웨어산업협회
3. 한국선주협회
4. 「관광진흥법」 제41조제1항 · 제45조제1항에 따른 한국관광협회중앙회 및 업종별 관광협회
5. 제91조제7항에 따라 지정된 단체
6. 한국기계산업진흥회
7. 대한상사중재원
8. 대한상공회의소
9. 제91조제10항에 따라 지정된 법인

제93조의2(규제의 재검토) 산업통상자원부장관은 제12조의2제1항에 따른 전문무역상사의 지정 기준에 대하여 2014년 7월 22일을 기준으로 5년마다(매 5년이 되는 해의 기준일과 같은 날 전까지를 말한다) 그 타당성을 검토하여 개선 등의 조치를 하여야 한다.
[본조신설 2014.7.16.]

제94조(과태료의 부과기준) 법 제59조제1항 및 제2항에 따른 과태료의 부과기준은 별표 4와 같다.
[전문개정 2008.11.5.]

부칙 <제25475호, 2014.7.16.>

이 영은 2014년 7월 22일부터 시행한다.

대외무역관리규정

산업통상자원부 고시 제2014-124호
2014년 7월 22일

산업통상자원부장관

제1장 총칙

제1조(목적) 이 규정은「대외무역법」과 「대외무역법 시행령」에서 위임한 사항과 그 시행에 필요한 사항을 정함을 목적으로 한다.

제2조(정의) 이 규정에서 사용하는 용어의 뜻은 다음과 같다.

1. “외화”란「외국환거래법」령에 따른 대외지급수단을 말한다.
2. “수출입공고”란 「대외무역법 시행령」(이하 “영”이라 한다)제16조에 따른 수출입공고를 말한다.
3. 영 제2조제3호나목 및 제4호나목의 “산업통상자원부장관이 정하여 고시하는 기준에 해당하는 것”이란 제11호부터 제14호까지의 규정에 따른 거래를 말한다.
4. “위탁판매수출”이란 물품등을 무환으로 수출하여 해당 물품이 판매된 범위안에서 대금을 결제하는 계약에 의한 수출을 말한다.
5. “수탁판매수입”이란 물품등을 무환으로 수입하여 해당 물품이 판매된 범위안에서 대금을 결제하는 계약에 의한 수입을 말한다.
6. “위탁가공무역”이란 가공임을 지급하는 조건으로 외국에서 가공(제조, 조립, 재생, 개조를 포함한다. 이하 같다)할 원료의 전부 또는 일부를 거래 상대방에게 수출하거나 외국에서 조달하여 이를 가공한 후 가공물품등을 수입하거나 외국으로 인도하는 수출입을 말한다.
7. “수탁가공무역”이란 가득액을 영수(領收)하기 위하여 원자재의 전부 또는 일부를 거래 상대방의 위탁에 의하여 수입하여 이를 가공 한 후 위탁자 또는 그가 지정하는 자에게 가공물품등을 수출하는 수출입을 말한다. 다만, 위탁자가 지정하는 자가 국내에 있음으로써 보세공장 및 자유무역지역에서 가공한 물품등을 외국으로 수출할 수 없는 경우 「관세법」에 따른 수탁자의 수출・반출과 위탁자가 지정한 자의 수입・반입・사용은 이를 「대외무역법」(이하 “법”이라 한다)에 따른 수출・수입으로 본다.
8. “임대수출”이란 임대(사용대차를 포함한다. 이하 같다) 계약에 의하여 물품등을 수출하여 일정기간 후 다시 수입하거나 그 기간의 만료 전 또는 만료 후 해당 물품등의 소유권을 이전하는 수출을 말한다.
9. “임차수입”이란 임차(사용대차를 포함한다. 이하 같다) 계약에 의하여 물품등을 수

입하여 일정기간 후 다시 수출하거나 그 기간의 만료 전 또는 만료 후 해당 물품의 소유권을 이전받는 수입을 말한다.

10. “연계무역”이란 물물교환(Barter Trade), 구상무역(Compensation trade), 대응구매(Counter purchase), 제품환매(Buy Back) 등의 형태에 의하여 수출·수입이 연계되어 이루어지는 수출입을 말한다.
11. “중계무역”이란 수출할 것을 목적으로 물품등을 수입하여「관세법」제154조에 따른 보세구역 및 같은 법 제156조에 따라 보세구역외 장치의 허가를 받은 장소 또는「자유무역지역의 지정 등에 관한 법률」제4조에 따른 자유무역지역 이외의 국내에 반입하지 아니하고 수출하는 수출입을 말한다.
12. “외국인수수입”이란 수입대금은 국내에서 지급되지만 수입 물품등은 외국에서 인수하거나 제공받는 수입을 말한다.
13. “외국인도수출”이란 수출대금은 국내에서 영수하지만 국내에서 통관되지 아니한 수출 물품등을 외국으로 인도하거나 제공하는 수출을 말한다.
14. “무환수출입”이란 외국환 거래가 수반되지 아니하는 물품등의 수출·수입을 말한다.
15. “기자재”란 기계, 장치 및 자재를 말한다.
16. “시설기재”란 시설, 기계, 장치, 부품 및 구성품을 말한다.
17. “수출유망중소기업”이란 산업통상자원부장관이 정한 “수출유망중소기업 지원요령”에 따라 수출유망중소기업으로 지정된 업체를 말한다.
18. “구매확인서”란 외화획득용 원료·기재를 구매하려는 경우 또는 구매한 경우 외국환은행의 장 또는 「전자무역 촉진에 관한 법률」제6조에 따라 산업통상자원부장관이 지정한 전자무역기반사업자(이하 “전자무역기반사업자”라 한다)가 내국신용장에 준하여 발급하는 증서(구매한 경우에는 구매확인서 신청인이 세금계산서를 발급받아「부가가치세법 시행규칙」제9조의2에서 정한 기한 내에 신청하여 발급받은 증서에 한한다)를 말한다.
19. “내국신용장“이란 한국은행총재가 정하는 바에 따라 외국환은행의 장이 발급하여 국내에서 통용되는 신용장을 말한다.
20. “평균 손모량”이란 외화획득용 물품등을 생산하는 과정에서 생기는 원자재의 손모량(손실량 및 불량품 생산에 소요된 원자재의 양을 포함한다)의 평균량을 말한다.
21. “손모율”이란 평균 손모량을 백분율로 표시한 값을 말한다.
22. “단위실량”이란 외화획득용 물품등 1단위를 형성하고 있는 원자재의 양을 말한다.
23. “기준 소요량”이란 외화획득용 물품등의 1단위를 생산하는 데에 소요되는 원자재의 양을 고시하기 위한 것으로서 단위실량과 평균 손모량을 합한 양을 말한다.
24. “단위자율소요량”이란 기준 소요량이 고시되지 아니한 품목에 대하여 외화획득용 물품등 1단위를 생산하는 데에 소요된 원자재의 양을 해당 기업이 자율적으로 산출한 것으로서 단위실량과 평균 손모량을 합한 양을 말한다.
25. “소요량”이란 외화획득용 물품등의 전량을 생산하는 데에 소요된 원자재의 실량과 손모량을 합한 양을 말한다.
26. “자율소요량계산서”란 외화획득을 이행하는 데에 소요된 원자재의 양을 해당 기업이 자체 계산한 서류를 말한다.

27. “사후 관리기관의 장”이란 각종 수출 또는 수입승인의 이행상황을 확인하고 그 결과에 따라 필요한 조치를 하는 업무를 담당하도록 산업통상자원부장관이 지정·고시한 기관·단체의 장을 말한다.
28. “유통업자”란「부가가치세법」에 따른 사업자등록증상의 도매업자(한국표준 산업분류상의 도매업 영위자), 조달청 및「중소기업 협동조합법」에서 정하는 중소기업 협동조합을 말한다.

제3조(용역의 공급) ① 영 제2조제3호다목에 따른 “산업통상자원부장관이 정하여 고시하는 방법으로 제공하는 것”이란 다음 각 호의 어느 하나의 방법에 따라 제공하는 것을 말한다.

1. 용역의 국경을 넘은 이동에 의한 제공
2. 비거주자의 국내에서의 소비에 의한 제공
3. 거주자의 상업적 해외주재에 의한 제공
4. 거주자의 외국으로의 이동에 의한 제공

②영 제2조제4호다목에 따른“산업통상자원부장관이 정하여 고시하는 방법으로 제공하는 것”이란 다음 각 호의 어느 하나의 방법에 따라 공급하는 것을 말한다.

1. 용역의 국경을 넘은 이동에 의한 제공
2. 거주자의 외국에서의 소비에 의한 제공
3. 비거주자의 상업적 국내주재에 의한 제공
4. 비거주자의 국내로 이동에 의한 제공

③영 제3조제1호차목에서 “그 밖에 지식기반용역 등 수출유망산업으로서 산업통상자원부장관이 정하여 고시하는 업종”이란 다음 각 호의 업종을 말한다.

1. 전기통신업
2. 금융 및 보험업
3. 임대업
4. 광고업
5. 사업시설 유지관리 서비스업
6. 교육 서비스업
7. 보건업

제4조(전자적 형태의 무체물) 영 제4조제2호에 따른 “부호·문자·음성·음향·이미지·영상 등을 디지털방식으로 제작하거나 처리한 자료 또는 정보 등으로서 산업통상자원부장관이 정하여 고시하는 것”이란 다음 각 호의 자료 또는 정보 등을 말한다.

1. 영상물(영화, 게임, 애니메이션, 만화, 캐릭터를 포함한다)
2. 음향·음성물
3. 전자서적
4. 데이터베이스

제5조(전자적 형태의 무체물의 수출입) 영 제2조제3호라목 및 제4호라목에 따른 “그 밖에 산업통상자원부장관이 정하여 고시하는 방법”이란 컴퓨터 등 정보처리능력을 가진 장치에 저장한 상태로 반출·반입한 후 인도·인수하는 것을 말한다.

제6조(무역 관련 시설의 지정) ①영 제5조제2항에 규정된 무역 관련 시설로 지정받으려는 자는 다음 각 호의 서류를 첨부하여 산업통상자원부장관에게 신청하여야 한다.

1. 사업계획서 1부
2. 건축물 등기부등본, 건축물 관리대장 및 토지대장 등본 각 1부 또는 건축허가서 사본 1부

②제1항제1호에 따른 사업계획서에는 시설 및 부속토지의 면적 등 시설계획, 조직, 사업운영 기본방향 등 향후 2개년의 사업계획 등이 포함되어야 한다.

③산업통상자원부장관은 제1항에 따른 신청을 받은 경우 영 제5조제2항의 기준과 무역진흥 관련 사업타당성 등을 검토하여 무역 관련 시설로 지정하여야 한다.

④제1항제2호에 따라 건축허가서 사본을 제출하여 지정을 받은 자는 건축물 등기부등본, 건축물 관리대장 및 토지대장 등본을 산업통상자원부장관에게 따로 제출하여야 한다.

⑤제3항에 따라 지정된 무역 관련 시설은 별표 1과 같다.

제7조 (전문무역상사의 지정요건) ① 영 제12조의2 제1항 제1호에 따라 전문무역상사로 지정받을 수 있는 자는 다음 각호의 기준을 충족하는 자로 한다.

1. 전년도의 수출실적 또는 최근 3년간의 평균 수출실적이 미화 100만불 이상인 자
2. 전체 수출실적 대비 타 중소·중견기업 생산 제품의 전년도 수출 비중 또는 최근 3년간 평균 수출 비중이 100분의 30 이상인 자

② 영 제12조의2 제1항 제2호에 따라 전문무역상사로 지정받을 수 있는 자는 농업 · 어업 · 수산업, 서비스업 등 수출시장 다변화를 위해 전략적 수출확대 지원이 필요한 분야에서, 다음 각 호의 어느 하나에 해당하여 주무 부처 장관의 추천을 받은 자 중 산업통상자원부 장관이 그 능력이 있다고 인정하는 자로 한다.

1. 협동조합기본법에 의한 협동조합
2. 농어업경영체 육성 및 지원에 관한 법률에 따른 영농조합법인 또는 영어조합법인
3. 농업협동조합법에 따라 설립된 조합 및 조합공동사업법인
4. 수산업협동조합법에 따라 설립된 조합
5. 중소기업협동조합법에 따라 설립된 협동조합, 사업협동조합 또는 협동조합연합회
6. 대중소기업 공동출자형 수출전문기업
7. 업종별 협회·단체의 무역자회사
8. 공공기관(「공공기관의 운영에 관한 법률」 제4조에 따른 공공기관을 말한다)이 출자하여 설립한 무역상사
9. 기타 전문무역상사의 취지에 적합하다고 주무 부처 장관의 추천을 받아 신청한 수출조직

제7조의2 (전문무역상사의 지정 절차) ① 영 제12조의2 제2항에 따라 전문무역상사로 지정받고자 하는 자는 다음 각 호의 서류를 갖추어 한국무역협회 회장에게 신청하여야 한다.

1. 전문무역상사 지정신청서
2. 사업자등록증
3. 중소기업 수출지원 기여에 관한 사업계획서
4. 기타 실적증명 및 활동계획서 등 전문무역상사 지정요건에 부합함을 증명하는 서류 등

② 한국무역협회 회장은 전문무역상사의 지정, 갱신, 지정취소 등을 심사·의결하기 위하

여 전문무역상사 심사위원회(이하 이 절에서 “심사위원회”라 한다)를 구성하여 운영한다. 심사위원회의 구성 및 운영에 필요한 세부사항은 별도로 정한다.

③ 한국무역협회 회장은 심사위원회를 통해 전문무역상사 지정한 경우에는 지정증을 발급하여야 한다.

제 2 장 수출입 거래 총칙

제 1 절 수출입승인 등

제8조(수출입 승인기관) 영 제91조제7항의 “산업통상자원부장관이 지정하여 고시하는 관계 행정기관 또는 단체의 장”은 수출입공고에서 산업통상자원부장관이 지정・고시한 기관・단체(이하 “승인기관”이라 한다)의 장을 말한다.

제9조(수출입승인 물품등) 영 제17조에 따라 “산업통상자원부장관이 수출 또는 수입 승인 대상물품등으로 지정・고시한 물품등”이란 수출입공고에서 정한 물품등(다만, 중계무역 물품, 외국인수수입 물품, 외국인도수출 물품, 선용품은 제외한다)을 말한다.

제10조 (수출입의 승인 신청 등) ①영 제18조에 따라 수출・수입의 승인을 받으려는 자는 별지 제3호부터 별지 제5호까지의 서식에 의한 수출입승인 신청서(업체용, 세관용, 승인기관용(산업통상자원부용) 및 사본(신청자가 신청한 경우만 해당한다)에 다음 각 호의 서류를 첨부하여 수출입 승인기관의 장에게 신청하여야 한다.

1. 수출신용장, 수출계약서 또는 주문서(수출의 경우만 해당한다)
2. 수입계약서 또는 물품등매도확약서(수입의 경우만 해당한다)
3. 수출 또는 수입대행계약서(공급자와 수출자가 다른 경우 및 실수요자와 수입자가 다른 경우만 해당한다)
4. 수출입공고에서 규정한 요건을 충족하는 서류(다만, 해당 승인기관에서 승인 요건의 충족 여부를 확인할 수 있는 경우를 제외한다)

②제1항에 따른 수출입의 승인 신청이 제11조에 따른 수출입승인의 요건에 합당한 경우 수출입 승인기관의 장은 별지 제3호부터 별지 제5호까지의 서식에 의한 수출입승인서[업체용, 세관용, 승인기관용(산업통상자원부용) 및 사본(신청자가 요청한 경우만 해당한다)]를 발급하여야 한다. 다만, 수출입 물품등을 분할하여 발급할 수 있다.

제11조(수출입승인의 요건) 수출입 승인기관의 장은 수출・수입의 승인을 하려는 경우에는 다음 각 호의 요건에 합당한지를 확인하여야 한다.

1. 수출・수입하려는 자가 승인을 받을 수 있는 자격이 있는 자일 것
2. 수출・수입하려는 물품등이 수출입공고 및 이 규정에 따른 승인 요건을 충족한 물품등일 것
3. 수출・수입하려는 물품등의 품목분류번호(HS)의 적용이 적정할 것

제12조(수출입승인 유효기간의 설정) 영 제18조제2항 단서에 따라 다음 각 호의 어느 하

나에 해당하는 경우에는 1년 이내 또는 20년의 범위 내에서 유효기간을 단축 또는 초과하여 설정할 수 있다.

1. 산업통상자원부장관이 물가 안정 또는 수급 조정을 위하여 1년 이내로 유효기간의 단축이 필요하다고 인정하는 경우
2. 물품등의 제조·가공기간이 1년을 초과하는 경우 등 물품등의 선적 또는 도착기일을 감안하여 1년 이내에 물품등의 선적이나 도착이 어려울 것으로 수출입 승인기관의 장이 인정하는 경우
3. 수출·수입이 혼합된 거래로서 수출입 승인기관의 장이 부득이하다고 인정하는 경우

제13조(둘 이상의 승인) 하나의 수출 또는 수입에 대하여 둘 이상의 승인을 받아야 하는 경우 각각의 승인은 상호 독립적으로 받아야 한다. 이 경우 두 번째 이후의 승인기관의 장은 수출입승인서상의 여백에 승인 사항을 표시한다.

제14조(수출입대금의 결제) 수출·수입대금(가공임, 임대료 및 임차료를 포함한다)은 외국환거래규정 제1-2조제16호에 따른 외국환은행을 통하여 영수 또는 지급하여야 한다. 다만, 외국환거래규정에서 인정하는 경우에는 그러하지 아니하다.

제 2 절 수출입승인 사항의 변경

제15조(수출입승인 사항의 변경승인) 수출입승인 사항의 변경은 당초 승인한 기관의 장이 승인한다.

제16조(수출입승인사항의 변경신고) 다음 각 호의 어느 하나에 해당하는 사항에 대하여는 당초 승인한 기관의 장에게 변경신고를 하여야 한다.

1. 원산지
2. 도착항(다만, 수출의 경우에만 해당한다)
3. 규격
4. 수출입 물품등의 용도(다만, 수출입승인 용도가 지정된 경우에만 해당한다)
5. 승인 조건

제17조(수출입승인 사항의 변경승인 신청 등) ①수출·수입승인 사항을 변경하려는 자는 당초 승인을 받은 수출입승인서 또는 별지 제9호 서식에 의한 수출입승인 사항 변경승인·신고신청서에 변경 사실을 증명하는 서류를 첨부하여 수출입승인 사항의 변경승인 기관의 장에게 신청하여야 한다.

②수출·수입승인 사항의 변경은 수출·수입승인의 유효기간 내에 신청하여야 한다. 다만, 수입의 경우로서 수입대금을 지급하고 선적서류를 인수한 후에 수입승인 사항을 변경하려는 경우에는 수입승인의 유효기간 경과 후에도 변경승인·신고를 신청할 수 있다.

③제2항 단서에 따라 승인기관의 장이 변경승인·신고수리한 때에는 그 변경승인·신고사실을 해당 세관장에게 알려야 한다.

④영 제18조제3항에 따른 당사자의 변경은 파산 등 불가피한 경우에 신청한 것일 것

제18조(수출입승인사항의 변경승인 등) ①수출입승인 사항의 변경승인기관의 장은 수출·수

입승인 사항을 변경하려는 경우에는 다음 각 호의 요건에 합당한지를 확인하여야 한다.

1. 수출입승인을 받은 후에 수출입공고에서 수출·수입을 제한하는 사항이 추가된 품목으로서 관계 기관의 장의 허가 등을 추가로 요하는 품목일 때에는 그 허가 등을 받았을 것
2. 수출 물품등의 단가를 인하하거나 수입 물품등의 단가를 인상하는 내용의 수출 또는 수입 승인 사항의 변경은 다음 각 목의 어느 하나에 해당하는 경우일 것
   가. 거래상대방의 파산 또는 지급거절 등이 현지의 거래은행, 상공회의소 또는 공공기관에 의하여 객관적으로 확인되는 경우에 수출 물품등을 제3자에게 전매하는 경우
   나. 물품등의 성질과 국제거래관행상 승인 시점에 단가를 확정할 수 없는 경우
   다. 그 밖에 급격한 시장상황의 변화 등 변경 사유가 불가피하다고 인정되는 경우
3. 변경하려는 내용이 수출신용장, 수출입계약서, 주문서, 물품등매도확약서 등에 명시되어 있을 것. 다만, 수출신용장 등에 명시를 요하지 아니하는 경미한 사항일 경우에는 그러하지 아니하다.
4. 수출대상국가의 변경은 수출제한 사유 등을 고려할 때 타국으로 변경하여도 지장이 없을 것

②수출입승인 사항의 변경승인기관의 장은 제17조에 따라 수출·수입승인 사항에 관하여 변경신고가 있는 경우 이를 확인한 후 신고를 수리하여야 한다.

제 3 절 수출입승인 면제

제19조(수출입의 승인 면제) 영 제19조제1호 및 제2호에 따라 수출·수입의 승인이 면제되는 수출·수입의 범위는 별표 3 및 별표 4와 같다.

제20조(그 밖에 외국환거래가 수반되지 아니하는 물품등의 수입) 영 제19조제3호에 따라 수입할 수 있는 물품은 그 반입의 목적, 사유 등에 의하여 세관장이 타당하다고 인정하는 물품등을 말한다. 이 경우 세관장은 과세가격이 500만원을 초과하는 수입에 대하여 수입승인서의 제출을 요구할 수 있다.

제 4 절 특정거래 형태의 수출입인정

제21조(특정 거래 형태의 수출입인정 대상 거래의 범위) ① 영 제20조제1항의 특정거래 형태의 수출입은 제2조 제4호부터 제14호까지의 규정에 해당하는 거래를 말한다.

②제1항에 따른 거래 중 영 제20조에 따라 산업통상자원부의 인정을 받아야 하는 거래(수출승인 대상이 아닌 물품등을 포함한다)는 다음 각 호의 어느 하나의 거래를 말한다.

1. 제2조제11호의 중계무역으로서 대금의 영수 및 지급을 같은 외국환은행을 통하여 행하지 아니하는 송금방식의 거래와 선적서류를 같은 외국환은행을 통하여 인수 및 송부하지 아니하는 거래
2. 제2조제14호의 무환수출로서 신고가격 기준 미화 5만 달러 상당액 초과 물품을 별표 3에서 정한 사유에 해당하지 않고 영 제2조제3호가목 전단에 따라 국내에서 외국으로 물품이 이동하는 경우의 무환수출. 다만 제2조제4호부터 제10호까지의 규

정에 해당하는 무역거래를 위한 무환수출은 제외한다.

③제2항제1호에도 불구하고, 중계무역거래자가 수입대금 지급은행과 다른 은행을 통해 수출대금을 영수하는 경우로서 수입대금 지급은행이 수출대금 영수은행을 지정하는 경우에는 산업통상자원부장관의 인정 없이 거래를 할 수 있다. 이 경우 중계무역 거래자는 별지 제8호 서식의 절취선 이하 부분을 지정된 수출대금 영수은행으로부터 확인받아 수입대금 지급은행에 제출하여야 한다.

제22조(특정거래 형태의 수출입인정 절차) 영 제20조에 따른 특정거래 형태의 수출입인정을 받으려는 자는 별지 제6호 서식에 의한 특정거래인정신고서에 다음 각 호의 서류를 첨부하여 산업통상자원부장관에게 신고하여야 한다.

1. 거래요약서
2. 계약서 등 거래 사실을 입증할 수 있는 서류
3. 승인 대상 품목인 경우 승인 요건을 충족하였음을 입증할 수 있는 서류
4. 타법령에 따라 허가·승인 등을 받아야 하는 경우에는 그 허가 등을 받은 사실을 입증할 수 있는 서류
5. 그 밖에 산업통상자원부장관이 필요하다고 인정하는 서류

제23조(특정거래 형태의 수출입인정의 유효기간) 특정거래 형태의 수출입인정의 유효기간은 신고수리(인정)일부터 1년으로 한다.

제 5 절 무역업고유번호

제24조(무역업고유번호의 신청 및 부여) ①산업통상자원부장관은 영 제21조 및 제22조에 따른 전산관리체제의 개발·운영을 위하여 무역거래자별 무역업고유번호를 부여할 수 있다.

②영 제21조 및 제1항에 따른 무역업고유번호를 부여받으려는 자는 별지 제1호 서식에 의하여 우편, 팩시밀리, 전자우편, 전자문서교환체제(EDI) 등의 방법으로 한국무역협회장에게 신청하여야 하며, 한국무역협회장은 접수 즉시 신청자에게 고유번호를 부여하여야 한다.

③제2항에 따라 무역업고유번호를 부여받은 자가 상호, 대표자, 주소, 전화번호 등의 변동사항이 발생한 경우에는 별지 제2호의 서식에 의한 무역업고유번호신청사항 변경통보서에 따라 변동사항이 발생한 날부터 20일 이내에 한국무역협회장에게 알리거나 한국무역협회에서 운영하고 있는 무역업 데이터베이스에 변동사항을 수정입력하여야 한다.

④제2항에 따라 무역업고유번호를 부여받은 자가 합병, 상속, 영업의 양수도 등 지위의 변동이 발생하여 기존의 무역업고유번호를 유지 또는 수출입실적 등의 승계를 받으려는 경우에는 변동사항에 대한 증빙서류를 갖추어 무역업고유번호의 승계 등을 한국무역협회장에게 신청할 수 있다.

⑤한국무역협회장은 제2항부터 제4항까지의 규정에 따른 무역업고유번호의 부여 및 변경사항을 확인하고 무역업고유번호관리대장 또는 무역업 데이타베이스에 이를 기록 및 관리하여야 한다.

⑥무역거래자는 「관세법」 제241조에 따른 수출(입)신고시 제1항에 따른 무역업고유번호를 수출(입)자 상호명과 함께 기재하여야 한다.

제 6 절 수출 · 수입실적

제25조(수출 · 수입실적의 인정범위) ①수출실적의 인정범위는 다음 각 호로 한다.

1. 영 제2조제3호에 따른 수출 중 유상으로 거래되는 수출(대북한 유상반출실적을 포함한다)
2. 영 제19조제2호에 따라 승인이 면제되는 수출 중 다음 각 목의 어느 하나에 해당하는 수출
   가. 별표 3의 제2호나목에 해당하는 물품등의 수출로서 현지에서 매각된 것
   나. 별표 3의 제2호아목에서 해당하는 물품등의 수출 중 해외건설공사에 직접 공하여지는 원료 · 기재, 공사용 장비 또는 기계류의 수출(수출신고필증에 재반입하지 않는다는 조건이 명시된 분만 해당한다)
3. 수출자 또는 수출 물품등의 제조업자에 대한 외화획득용 원료 또는 물품등의 공급 중 수출에 공하여 지는 것으로 다음 각 목의 어느 하나에 해당하는 경우
   가. 내국신용장(Local L/C)에 의한 공급
   나. 구매확인서에 의한 공급
   다. 산업통상자원부장관이 지정하는 생산자의 수출 물품 포장용 골판지상자의 공급
4. 외국인으로부터 외화를 영수하고 외화획득용 시설기재를 외국인과 임대차계약을 맺은 국내업체에 인도하는 경우
5. 외국인으로부터 외화를 영수하고「자유무역지역의 지정 및 운영에 관한 법률」제2조의 자유무역지역으로 반입신고한 물품등을 공급하는 경우

②수입실적의 인정범위는 영 제2조제4호에 따른 수입 중 유상으로 거래되는 수입으로 한다.

제26조(수출 · 수입실적의 인정금액) ①제25조제1항제1호 및 제2호에 따른 수출실적 인정금액은 다음 각 호의 경우를 제외하고는 수출통관액(FOB가격 기준)으로 한다.

1. 중계무역에 의한 수출의 경우에는 수출금액(FOB가격)에서 수입금액(CIF가격)을 공제한 가득액
2. 외국인도수출의 경우에는 외국환은행의 입금액(다만, 위탁가공된 물품을 외국에 판매하는 경우에는 판매액에서 원자재 수출금액 및 가공임을 공제한 가득액)
3. 제25조제1항제2호가목의 수출은 외국환은행의 입금액
4. 원양어로에 의한 수출 중 현지경비사용분은 외국환은행의 확인분
5. 용역 수출의 경우에는 제30조에 따라 용역의 수출 · 수입실적의 확인 및 증명 발급기관의 장이 외국환은행을 통해 입금확인한 금액
6. 전자적 형태의 무체물의 수출의 경우에는 제30조에 따라 한국무역협회장 또는 한국소프트웨어산업협회장이 외국환은행을 통해 입금확인한 금액

②제25조제1항제3호에 따른 수출실적의 인정금액은 외국환은행의 결제액 또는 확인액으로 한다.

③제25조제1항제4호 및 제5호에 따른 수출실적의 인정금액은 외국환은행의 입금액으로 한다.

④제25조제2항에 따른 수입실적의 인정금액은 수입통관액(CIF가격 기준)으로 한다. 다만, 외국인수수입과 용역 또는 전자적 형태의 무체물의 수입의 경우에는 외국환은행의 지급액으로 한다.

제27조(수출·수입실적의 인정시점) ①제25조제1항제1호 및 제2호에 따른 수출실적의 인정시점은 수출신고수리일로 한다. 다만, 제25조제1항제1호의 수출 중 용역 또는 전자적 형태의 무체물의 수출, 제25조제1항제2호 가목의 수출, 중계무역, 외국인도수출, 제25조제1항제4호 및 제5호의 수출의 경우에는 입금일로 한다.

②제25조제1항제3호에 따른 수출실적의 인정시점은 다음 각 호로 한다.

1. 외국환은행을 통하여 대금을 결제한 경우에는 결제일
2. 외국환은행을 통하여 대금을 결제하지 아니한 경우에는 당사자간의 대금 결제일

③제25조제2항에 따른 수입실적의 인정시점은 수입신고수리일로 한다. 다만, 외국인수수입과 용역 또는 전자적 형태의 무체물의 수입의 경우에는 지급일로 한다.

제28조(수출·수입실적의 확인 및 증명발급기관) ① 수출·수입 실적의 확인 및 증명 발급기관은 다음 각 호로 한다.

1. 제26조제1항제1호부터 제4호까지, 제2항, 제3항 및 제4항 단서 중 물품의 외국인수수입의 경우에는 외국환은행의 장(다만, 제25조제1항제3호의 구매확인서에 의한 공급에 대한 제26조제2항에 따른 수출실적 인정금액의 확인 및 증명 발급기관은 대금을 영수한 외국환은행의 장으로 하며, 당사자간에 대금을 결제한 경우에는 그 구매확인서를 발급한 외국환은행의 장 또는 전자무역기반사업자로 하며, 이 경우 외국환은행의 장 또는 전자무역기반사업자는 당사자간에 대금 결제가 이루어졌음을 증빙하는 서류를 확인하여야 한다)
2. 제26조제1항제5호 및 제4항 단서 중 용역의 수입의 경우에는 제30조제1항 각 호에 따른 기관의 장
3. 제26조제1항제6호 및 제4항 단서 중 전자적형태의 무체물의 수입의 경우에는 제30조제2항에 따른 기관의 장
4. 제1호 내지 제3호 이외의 경우에는 한국무역협회장 또는 산업통상자원부장관이 지정하는 기관의 장

②제1항제2호에 따른 수출·수입실적의 확인 및 증명 발급기관으로 지정받으려는 자는 동 증명서 발급에 필요한 인력 및 시설 등을 갖추고 있음을 입증할 수 있는 서류를 첨부하여 산업통상자원부장관에게 신청하여야 한다.

③산업통상자원부장관은 제2항에 따른 신청을 받은 경우 필요한 인력 및 시설 등을 갖추고 있는지를 확인하여 수출·수입실적 확인 및 증명 발급기관으로 지정하여야 한다.

제29조(물품등의 수출·수입실적 확인 및 증명 신청) ①물품등의 수출·수입실적 확인 및 증명 발급을 받으려는 자는 별지 제10호 서식 또는 별지 제11호 서식에 의한 수출·수입실적의 확인 및 증명발급 신청서에 필요한 서류를 첨부하여 발급기관에 신청하여야 한다.

②발급기관은 수출·수입실적 확인 및 증명서를 발급한 때에는 발급대장을 각각 비치하고 발급상황을 기록하여야 한다.

제30조(용역 또는 전자적 형태의 무체물의 수출·수입실적 확인 및 증명 신청) ①영 제23조에 따른 용역의 수출입 사실의 확인 및 실적증명 발급을 받으려는 자는 별지 제24호 서식에 의한 수출·수입실적의 확인 및 증명발급 신청서에 거래 사실을 증명할 수 있는 서류를 첨부하여 다음 각 호의 어느 하나에 해당하는 발급기관의 장에게 신청하여야 한다. 이 경우 발급기관의 장은 수출입 사실의 확인이 가능하고 신청 사실에 하자가 없다고 인정하는 경우에만 별지 제25호 서식에 의한 수출·수입실적의 확인 및 증명서를 발급하여야 한다.

1. 한국무역협회장
2. 한국선주협회장(해운업의 경우만 해당한다)
3. 한국관광협회중앙회장 및 문화체육관광부장관이 지정하는 업종별 관광협회장(관광사업의 경우만 해당한다)

②영 제23조에 따른 전자적 형태의 무체물의 수출입 사실의 확인 및 실적증명 발급을 받으려는 자는 별지 제26호 서식에 의한 수출·수입실적의 확인 및 증명발급 신청서에 거래 사실을 증명할 수 있는 서류를 첨부하여 한국무역협회장 또는 한국소프트웨어산업협회장에게 신청하여야 한다. 이 경우 한국무역협회장 또는 한국소프트웨어산업협회장은 수출입 사실의 확인이 가능하고 신청 사실에 하자가 없다고 인정하는 경우에만 별지 제27호 서식에 의한 수출·수입실적의 확인 및 증명서를 발급하여야 한다.

③제1항 및 제2항에 따른 수출·수입실적의 확인 및 증명 발급기관의 장은 신청인에게 수출·수입실적의 확인 및 증명서의 발급심사를 위하여 필요한 자료의 제출을 요구할 수 있다.

④제1항 및 제2항에 따른 수출·수입실적의 확인 및 증명 발급기관의 장은 수출·수입실적의 확인 및 증명서의 발급현황 등에 관한 매분기 실적을 다음달 20일까지 산업통상자원부장관과 관세청장에게 보고하여야 한다.

제 3 장 외화획득용 원료·기재의 수입

제 1 절 외화획득의 범위

제31조(외화획득의 범위) 영 제26조제1항제5호에 따른 "산업통상자원부장관이 정하여 고시하는 기준에 해당하는 것"이란 다음 각 호의 어느 하나에 해당하는 거래를 말한다.

1. 외국인으로부터 외화를 받고 국내의 보세지역에 물품등을 공급하는 경우
2. 외국인으로부터 외화를 받고 공장건설에 필요한 물품등을 국내에서 공급하는 경우
3. 외국인으로부터 외화를 받고 외화획득용 시설·기재를 외국인과 임대차계약을 맺은 국내업체에 인도하는 경우
4. 정부·지방자치단체 또는 정부투자기관이 외국으로부터 받은 차관자금에 의한 국제경쟁입찰에 의하여 국내에서 유상으로 물품등을 공급하는 경우(대금 결제통화의 종류를 불문한다)
5. 외화를 받고 외항선박(항공기)에 선(기)용품을 공급하거나 급유하는 경우
6. 절충교역거래(off set)의 보완거래로서 외국으로부터 외화를 받고 국내에서 제조된

물품등을 국가기관에 공급하는 경우

제 2 절 외화획득용 원료의 수입

제32조(외화획득용 원료의 범위) 법 제16조제2항에 따른 외화획득용 원료의 범위는 다음 각 호로 한다.

1. 제25조에 따라 수출실적으로 인정되는 수출 물품등을 생산하는 데에 소요되는 원료(포장재, 1회용 파렛트를 포함한다)
2. 외화가득율(외화획득액에서 외화획득용 원료의 수입금액을 공제한 금액이 외화획득액에서 차지하는 비율을 말한다)이 30퍼센트 이상인 군납용 물품등을 생산하는 데에 소요되는 원료
3. 해외에서의 건설 및 용역사업용 원료
4. 제31조 각 호에 따른 외화획득용 물품등을 생산하는 데에 소요되는 원료
5. 제1호부터 제4호까지의 규정에 따른 원료로 생산되어 외화획득이 완료된 물품등의 하자 및 유지보수용 원료

제33조(외화획득용 원료의 수입승인) ①영 제91조제7항에 따라 외화획득용 원료의 수입승인에 관한 권한을 위임·위탁받은 기관·단체(이하 "외화획득용 원료의 승인기관"이라 한다)의 장은 제32조에 따른 외화획득용 원료의 수입에 대하여는 영 제24조제1항에 따라 수량제한을 받지 아니하고 승인할 수 있다. 다만, 영 제24조제2항에 따라 농림수산물의 경우에는 제34조에 따라 수입승인하여야 한다.

②외화획득용 원료의 승인기관의 장은 유통업자가 구매확인서 또는 내국신용장을 근거로 수출품생산자에게 직접 공급하기 위하여 외화획득용 원료를 수입하려는 경우에는 제1항의 규정을 준용하여 그 수입을 승인할 수 있다.

제34조(농림수산물) 농림수산물 중 해당 품목을 관장하는 중앙행정기관의 장 또는 그 중앙행정기관의 장이 지정하는 기관의 장이 영 제24조제2항에 따라 정하는 품목은 해당 기관의 장이 정하는 수입승인요령에 따라 승인을 받아야 수입할 수 있다.

제35조(외화획득용 원료 수입승인시 확인 등) 외화획득용 원료의 승인기관의 장은 외화획득용 원료의 수입승인을 할 때에는 별지 제12호 서식에 의한 외화획득용원료 수입승인신청서에 다음 각 호의 사항 등 기재사항이 적정한지를 확인하여야 한다.

1. 외화획득 이행의무자의 사후 관리기관(수입대행의 경우에는 실수요자의 사후 관리기관)
2. 제33조제1항 단서에 따른 수입승인 여부

제36조(구매확인서의 신청서류) ①영 제31조제1항제1호 및 제2호에 규정한 서류는 구매확인서를 발급받으려는 자가 별지 제13호 서식에 의한 외화획득용원료·기재구매확인신청서(이하 "구매확인신청서"라 한다)를 「전자무역 촉진에 관한 법률」제12조에서 정하는 바에 따른 전자무역문서로 작성하여 외국환은행의 장 또는 전자무역기반사업자에게 제출하는 경우 첨부한 것으로 본다.

②영 제31조제1항제3호에 규정한 "외화획득용 원료·기재라는 사실을 증명하는 서류"란 다음 각 호의 어느 하나를 말한다.

1.수출신용장
2.수출계약서(품목·수량·가격 등에 합의하여 서명한 수출계약 입증서류)
3.외화매입(예치)증명서(외화획득 이행 관련 대금임이 관계 서류에 의해 확인되는 경우만 해당한다)
4.내국신용장
5.구매확인서
6.수출신고필증(외화획득용 원료·기재를 구매한 자가 신청한 경우에만 해당한다)
7.영 제26조 각 호에 따른 외화획득에 제공되는 물품등을 생산하기 위한 경우임을 입증할 수 있는 서류

제37조(구매확인서의 발급신청 등) ① 영 제31조에 따라 국내에서 외화획득용 원료·기재를 구매하려는 자 또는 구매한 자는 외국환은행의 장 또는 전자무역기반사업자에게 구매확인서의 발급을 신청할 수 있다.

②구매확인서를 발급받으려는 자는 구매확인신청서를「전자무역 촉진에 관한 법률」제12조에서 정하는 바에 따른 전자무역문서로 작성하여 외국환은행의 장 또는 전자무역기반사업자에게 제출(구매한 자는 구매확인신청서에 세금계산서 번호, 작성일자, 공급가액 등을 기재하여 「부가가치세법 시행규칙」제9조의2에서 정한 기한 내에 구매확인서를 발급받으려고 신청한 경우에 한한다)하여야 하고, 제36조제2항 각호의 어느 하나에 해당하는 서류를 동법 제19조에서 정하는 바에 따라 제출하여야 한다.

③외국환은행의 장 또는 전자무역기반사업자는 별지 제13-1호 서식에 의한 외화획득용 원료·기재구매확인서를 전자무역문서로 발급하고 신청한 자에게 발급사실을 알릴 때 승인번호, 개설 및 통지일자, 발신기관 전자서명 등 최소한의 사항만 알릴 수 있다.

④외국환은행의 장 또는 전자무역기반사업자는 제1항에 따라 신청하여 발급된 구매확인서에 의하여 2차 구매확인서를 발급할 수 있으며 외화획득용 원료·기재의 제조·가공·유통(완제품의 유통을 포함한다)과정이 여러 단계인 경우에는 각 단계별로 순차로 발급할 수 있다.

⑤구매확인서를 발급한 후 신청 첨부서류의 외화획득용 원료·기재의 내용 변경 등으로 이미 발급받은 구매확인서와 내용이 상이하여 재발급을 요청하는 경우에는 새로운 구매확인서를 발급할 수 있다.

⑥ 영 제31조제2항에 규정한 "외화획득의 범위에 해당하는지를 확인"이란 외국환은행의 장 또는 전자무역기반사업자가 구매확인서 발급 신청인으로부터 제36조제2항 각 호의 어느 하나에 해당하는 서류를 확인하는 것을 말한다.

제38조 (발급신청 대행) 구매확인서를 발급받으려는 자가 전산설비를 갖추지 못하였거나 기타 부득이한 사유로 전자문서를 작성하지 못하는 때에는 전자무역기반사업자에게 위탁하여 신청할 수 있다.

제39조(외화획득의 이행기간) ①외화획득 이행의무자는 외화획득용 원료의 수입신고수리일, 용역 또는 전자적 형태의 무체물의 공급일, 수입된 외화획득용 원료 또는 해당 원료

로 제조된 물품등(이하 "원료등"이라 한다)의 구매일 또는 양수일부터 다음 각 호의 기간이 경과한 날까지 외화획득의 이행을 하여야 한다.

1. 외화획득 행위의 경우에는 2년
2. 국내공급(양도를 포함한다)인 경우에는 1년
3. 외화획득 물품의 선적기일이 2년 이상인 경우에는 그 기일까지의 기간
4. 수출이 완료된 기계류(HS 84류부터 90류까지의 규정에 해당하는 품목)의 하자 및 유지보수용 원료등인 경우에는 10년

②영 제27조제2항에 따라 외화획득의 이행기간을 연장하려는 자는 그 기간 종료일 전에 별지 제14호 서식에 의한 외화획득이행기간 연장신청서 3부에 제3항 각 호의 사실을 인정할 수 있는 서류 1부를 첨부하여 관할 특별시장·광역시장·도지사 또는 특별자치도지사(이하 "시·도지사"라 한다)에게 신청하여야 한다.

③시·도지사는 다음 각 호의 어느 하나에 해당하는 경우 1년의 범위 내에서 외화획득 이행기간을 연장할 수 있다.

1. 생산에 장기간이 소요되는 경우
2. 제품생산을 위탁한 경우 그 공장의 도산 등으로 인하여 제품 생산이 지연되는 경우
3. 외화획득 이행의무자의 책임 있는 사유가 없음에도 신용장 또는 수출계약이 취소된 경우
4. 외화획득이 완료된 물품의 하자보수용 원료등으로서 장기간 보관이 불가피한 경우
5. 그 밖에 부득이한 사유로 외화획득 이행기간 내에 외화획득 이행이 불가능하다고 인정되는 경우

④시·도지사가 외화획득 이행기간 연장을 승인한 때에는 그 사실을 신청자와 영 제91조제7항에 따라 외화획득용 원료등에 대한 영 제28조에 따른 사후 관리에 관한 권한을 위임·위탁받은 기관·단체(이하 "외화획득용 원료등의 사후 관리기관"이라 한다)의 장에게 알려야 한다.

제40조(농림수산물의 외화획득 이행기간 등) 제39조에도 불구하고 제34조에 따른 수입승인을 받은 원료등의 외화획득 이행기간 및 그 연장에 대하여는 제34조에 따른 중앙행정기관의 장이 정한다.

제41조(원료등의 사후 관리의 대상) 제42조에 따른 사후 관리기관의 장은 영 제24조에 따른 원료등에 대하여 사후 관리를 하여야 한다. 다만, 다음 각 호의 어느 하나에 해당하는 경우에는 사후 관리를 하지 아니할 수 있다.

1. 영 제29조제1호부터 제3호까지의 규정에 해당하는 경우
2. 영 제29조제4호에 따라 산업통상자원부장관이 사후 관리를 할 필요성이 없어진 것으로 인정하는 다음 각 목의 어느 하나에 해당하는 경우
   가. 수입승인을 받아 수입한 품목이 수입승인 대상에서 제외되는 원료등
   나. 외화획득의 이행을 위하여 보세공장 및 보세창고 또는 자유무역지역에 반입되는 원료등

제42조(원료등의 사후 관리기관)외화획득용 원료의 사후 관리기관은 다음 각 호로 한다.

1. 외화획득용 원료 중 제34조에 따라 승인을 받도록 정한 품목에 대한 사후 관리는

해당 품목을 관장하는 중앙행정기관의 장 또는 중앙행정기관의 장이 지정하는 기관의 장
2. 제1호에 따른 원료등을 제외한 원료등의 사후 관리는 해당 외화획득 원료의 승인기관의 장
3. 제2호에 따른 원료등 중 제43조에 따라 자율관리기업으로 선정된 자가 수입(국내구매 또는 양수를 포함한다)한 원료등의 사후 관리는 해당 자율관리기업의 장

제43조(자율관리기업) ①영 제28조제2항에 따라 자율적으로 사후 관리를 할 수 있는 기업의 선정 요건은 다음과 같다.
1. 전년도 수출실적이 미화 50만 달러 상당액 이상인 업체, 수출 유공으로 포상(훈·포장 및 대통령표창을 말한다. 이하 같다)을 받은 업체(84년도 이후 포상받은 업체만 해당한다)또는 중견수출기업
2. 과거 2년간 미화 5천 달러 상당액 이상 외화획득 미이행으로 보고된 사실이 없는 업체

②제1항에 따른 자율관리기업은 기술표준원장이 수시로 해당업체를 선정한다.
③제2항에 따라 자율관리기업으로 선정받으려는 자는 다음 각 호의 서류를 첨부하여 기술표준원장에게 신청하여야 한다.
1. 수출실적증명서
2. 외회획득용 원료의 승인기관의 장의 외화획득의무 성실이행확인서(제1항제2호의 사실 확인 내용을 포함한다)
3. 자율관리규정
4. 원료등을 용도 외에 사용하지 아니할 것임을 약속하는 각서

④제2항에 따라 기술표준원장이 자율관리기업을 선정한 때에는 산업통상자원부장관, 세관장에게 그 사실을 알려야 한다.
⑤자율관리기업으로 선정받은 자는 자율관리규정에 따라 사후 관리를 하여야 한다.
⑥자율관리기업은 매반기 종료 다음 달 말일까지 별지 제28호 서식에 의한 대응 외화획득이행내역을 기술표준원장에게 보고하여야 한다.
⑦기술표준원장은 자율관리기업으로 선정받은 자가 다음 각 호의 어느 하나에 해당하는 경우에는 그 선정을 취소할 수 있다. 이때 취소된 기업은 취소한 날부터 3년 이내에는 재선정될 수 없다.
1. 원료등을 타상사에 공급하고 공급이행내역을 알리지 아니하거나 승인 없이 원료등을 사용목적 이외의 용도에 사용하거나 양도 또는 양수한 때
2. 파산등으로 사후 관리가 불가능할 때
3. 법 또는 법에 의한 명령이나 처분을 위반한 때

제44조(사후 관리 대상 원료의 분류 등) 원료등의 사후 관리는 다음 각 호의 경우를 제외하고는 외화획득 이행의무자별로 원료등의 품목분류번호(HS 10단위)별로 분기마다 수입 및 구매한 총량을 대상으로 한다.
1. 품목분류번호(HS 10단위)가 다르더라도 원료등의 성질상 같은 품목이거나 유사한 품목은 품명단위별로 분기마다 수입 및 구매한 총량을 대상으로 관리한다.
2. 의류 및 가방 등의 부재료로 사용되는 지퍼는 품목분류번호(HS 10단위)별로 분기

마다 수입 및 구매한 양의 총길이로 관리한다.

제45조(외화획득용 원료등의 구매내역 신고) 제41조에 따른 사후 관리대상 품목을 구매한 자는 분기 중에 구매한 원료등의 건별내역을 제44조에 따라 품목분류하여 별지 제15호 서식에 의한 외화획득용원료구매내역신고서에 작성하여 분기종료 후 다음 달 20일까지 외화획득용 원료등의 사후 관리기관의 장에게 신고하여야 한다.

제46조(사후 관리 카드정리) ①외화획득용 원료의 사후 관리기관의 장은 제45조에 따른 구매내역신고서 및 제48조에 따라 신고받은 공급이행신고서를 외화획득 이행의무자별로 수입신고수리일 또는 원료등의 구매일 순으로 관리하여야 한다.
②외화획득용 원료의 사후 관리기관의 장은 제33조에 따라 수입승인된 원료등과 제1항에 따라 신고된 원료등에 대하여 품목분류번호(HS 10단위)별로 분기마다 수입 또는 구매한 총량과 금액 등을 별지 제29호 서식에 의한 외화획득용 원료 사후관리이행 정리카드에 기재하여야 한다.

제47조(외화획득 이행신고) ①수입제한품목을 수입한 외화획득 이행의무자는 외화획득을 이행하고 별지 제16호 서식에 의한 외화획득이행신고서에 다음의 서류를 첨부하여 수출선적일 또는 외화입금일부터 3개월 이내에 외화획득용 원료등의 사후 관리기관의 장에게 신고하여야 한다.
1. 수출신고필증(또는 외화입금증명서) 원본
2. 자율소요량계산서
②외화획득 이행신고자와 수출신고필증의 명의가 상이한 경우에는 내국신용장, 구매확인서, 수출대행계약서 또는 물품등구매계약서 등 거래관계를 입증하는 서류를 제출하여야 한다.
③외화획득용 원료의 사후 관리기관의 장은 제1항에 따른 신고가 있을 때에는 지체 없이 외화획득 이행신고서에 표시된 원료등의 양을 별지 제29호 서식에 의한 외화획득용 원료 사후 관리이행 정리카드에서 차감하여 정리하고 해당 수출신고필증 원본(또는 외화입금증명서 원본)의 뒷면에 사후 관리 사실을 확인 표시하여야 한다.

제48조(공급이행 신고) ①영 제28조에 따른 사후 관리 대상 품목을 원료등으로 공급한 자는 별지 제17호 서식에 의한 외화획득용원료공급이행신고서 3부(공급자 외화획득용 원료의 사후 관리기관용, 인수자 외화획득용 원료의 사후 관리기관용 및 인수자용)에 인수자의 날인 또는 물품등수령증을 받아 다음의 서류를 첨부하여 공급일부터 3월 이내에 외화획득용 원료의 사후 관리기관의 장에게 신고하여야 한다. 다만, 공급자가 유통업자인 경우에는 제2호의 서류를 면제한다.
1. 내국신용장 또는 구매확인서
2. 자율소요량계산서
②제1항에 따라 공급자 외화획득용 원료의 사후 관리기관의 장은 제47조제3항에 준하여 공급이행정리하고 내국신용장 등의 원본서류 뒷면에 사후 관리 사실을 확인 표시하여야 한다.
③공급자 외화획득용 원료의 사후 관리기관의 장은 제1항의 외화획득용 원료 공급이행

신고서에 확인날인한 후 1부는 인수자 외화획득용 원료의 사후 관리기관의 장, 1부는 인수자에게 통보하여야 한다.

④원료등을 보세공장에 반입한 자는 세관장이 발행한 반입확인서를 외화획득용 원료의 사후 관리기관의 장에게 제출하여야 하며, 반입확인서를 외화획득용 원료의 사후 관리기관의 장은 제47조제3항에 준하여 공급이행정리를 하여야 한다.

⑤자율관리기업이 사후 관리 대상 기업에 원료등을 공급한 경우에는 공급이행신고서 2부를 작성, 공급일부터 3월 이내에 1부는 인수자 외화획득용 원료의 사후 관리기관의 장에게, 1부는 인수자에게 통보하여야 한다. 다만, 자율관리기업에 공급하는 경우에는 인수자에게만 알린다.

제49조(사용목적 변경승인) ①영 제30조제1항에 따라 원료등의 사용목적 변경승인을 받으려는 자는 별지 제18호 서식에 의한 외화획득용원료 사용목적 변경승인 신청서 4부에 다음 각 호의 서류를 첨부하여 외화획득 이행기간의 만기일 이전에 관할 시・도지사 또는 제42조제1호에 따른 기관의 장에게 신청을 하여야 한다.

1. 사용목적 변경신청사유서
2. 변경하려는 물량을 확인할 수 있는 서류
3. 변경신청하려는 사유를 인정할 수 있는 서류
4. 그 밖에 사용목적 변경승인기관의 장이 필요하다고 인정하는 서류

②영 제30조제2항제4호에서 "그 밖에 산업통상자원부장관이 불가항력으로 외화획득의 이행을 할 수 없다고 인정한 경우"란 다음 각 호의 어느 하나에 해당하는 것으로 한다.

1. 화재나 천재지변으로 인하여 외화획득 이행이 불가능하게 된 경우
2. 기술혁신이나 유행의 경과로 새로운 제품이 개발되어 수입된 원료등으로는 외화획득 이행물품등의 생산에 사용할 수 없는 경우
3. 수입된 원료가 형질이 변화되어 외화획득 이행물품의 생산에 사용할 수 없게 된 경우
4. 그 밖에 수입 또는 구매한 자에게 책임을 돌릴 사유가 없이 외화획득을 이행할 수 없는 경우로서 사용목적 변경승인기관의 장이 인정하는 경우

③제1항에 따라 사용목적 변경승인을 한 기관의 장은 승인서를 신청자 외화획득용 원료의 사후 관리기관의 장, 신청자의 관할세무서장에게 각각 알려야 한다.

제50조(양도승인) ①영 제30조제4항에 따라 외화획득용 원료등에 대한 양도・양수의 승인을 받으려는 자는 별지 제19호 서식에 의한 외화획득용원료등 양도승인 신청서 3부에 다음 각 호의 서류를 첨부하여 양도인 또는 양수인의 외화획득용 원료등의 사후 관리기관의 장 또는 제42조제1호에 따른 기관의 장에게 신청하여야 한다.

1. 양수・도계약서
2. 수입신고필증 또는 기초원재료 납세증명서

②자율관리기업이 다른 자율관리기업에 양도하려는 경우에는 양도인의 외화획득용 원료의 사후 관리기관의 장에게 신청하여야 한다.

③양도인 및 양수인의 외화획득용 원료의 사후 관리기관의 장은 승인한 원료 등을 제48조에 준하여 처리하여야 한다.

제51조(지도감독) 기술표준원장은 시・도지사, 외화획득용 원료의 사후 관리기관의 장 및

자율관리기업의 장에 대하여 다음 각 호의 지도 감독을 하여야 한다.

1. 사후관리업무담당자의 교육
2. 사후관리대장 정리실태
3. 공급이행신고서 통보실태
4. 미이행 보고실태
5. 그 밖에 제규정 이행실태

제52조(보고) ①외화획득용 원료의 사후 관리기관의 장은 원료등을 수입 또는 구매한 후 외화획득 이행만기일까지 외화획득을 미이행한 자에 대하여 그 내역을 별지 제30호 서식에 따라 해당 만기일 경과 후 20일까지 미이행자에게 알려야 한다.

②제1항에 따라 외화획득 미이행자에게 통보한 날부터 30일 이내에 외화획득 이행신고가 없는 경우 외화획득용 원료의 사후 관리기관의 장은 그 내역을 별지 제30호 서식에 따라 기술표준원장에게 보고하여야 한다. 다만, 제34조에 따라 수입승인된 물품등은 해당 중앙행정기관의 장에게 보고하여야 한다.

③외화획득용 원료의 사후 관리기관의 장은 제2항에 따른 정기보고 이외에 사후 관리대상 업체의 파산 등으로 사후 관리가 불가능하다고 판단되는 경우에는 즉시 그 내역을 기술표준원장에게 보고하여야 한다. 다만, 제34조에 따른 물품의 보고는 제2항의 단서와 같다.

제53조(제재) ①중앙행정기관의 장(제34조의 물품등을 제외한 분은 기술표준원장)은 제52조에 따라 보고된 외화획득 미이행자에 대하여 법 제54조제2호부터 제4호까지의 규정에 따른 제재에 필요한 조치를 하여야 한다.

②기술표준원장은 영 제29조제1호, 제2호 및 제4호의 경우에는 사후 관리를 자동 면제하며, 영 제29조제3호에 해당하는 경우에는 제재심사위원회의 심의를 거쳐 사후 관리를 면제할 수 있다.

③제2항에 따른 제재심사위원회의 구성 및 운영 등 필요한 사항은 기술표준원장이 정한다.

제 3 절 자율소요량계산서

제54조(기준 소요량 책정방법) ①기준 소요량은 다음 각 호의 어느 하나의 방법에 따라 책정하며「부가가치세법 시행령」제69조제1항,「소득세법 시행령」제144조제1항 및「법인세법 시행령」제105조제1항에 따른 생산수율을 감안하여 책정할 수 있다.

1. 현장조사
2. 문헌조사
3. 실물 및 카다로그조사
4. 신청자 제시자료에 의한 조사
5. 유사품의 소요량 적용

②기준 소요량을 책정할 때에는 다음 사항 중 필요한 최소한의 사항만을 조사하여야 한다.

1. 제조공정 및 공정도
2. 공정별 손모율·손모상태 및 그 발생원인

3. 원료 등의 배합비율

제55조(기준 소요량의 고시) ①외화획득용 물품등의 생산을 관장하는 중앙행정기관의 장(산업통상자원부장관이 관장하는 품목 중 목재가구는 국립산림과학원장, 그 밖의 품목은 기술표준원장)은 소관 품목 중 제41조에 따른 사후 관리 대상 원료등에 대하여 제54조에 따라 책정한 기준 소요량을 고시할 수 있다.
②제42조에 따른 사후 관리기관 또는 수출업체는 기준 소요량이 고시되지 않은 해당 품목이 계속적인 수출이 예상되는 등 기준 소요량의 고시가 필요하다고 판단되는 때에는 해당 품목에 대하여 제54조에 따른 기준 소요량 책정자료를 첨부하여 고시기관에 기준 소요량 고시를 요청할 수 있으며 고시기관은 이를 가능한 한 고시하여야 한다. 다만, 기준 소요량이 빈번히 바뀌거나 농산물인 경우에는 그러하지 아니할 수 있다.
③수출 물품등의 생산을 관장하는 중앙행정기관의 장(산업통상자원부장관이 관장하는 품목 중 목재가구는 국립산림과학원장, 그 밖의 품목에 대하여는 기술표준원장)은 기준 소요량을 고시하는 데에 필요한 자료를 해당 외화획득 행위를 하는 자에게 제출하게 할 수 있다.

제56조(자율소요량계산서 작성) ①영 제28조에 따른 사후 관리 대상 품목을 외화획득용 원료등으로 사용하거나 공급한 업체는 별지 제20호의 서식에 의한 자율소요량계산서에 따라 해당 업체가 자율적으로 작성한다.
②자율소요량계산서는 단위자율소요량 또는 기준 소요량에 외화획득용 물품등의 수량을 곱한 물량으로 표시하며 단위자율소요량의 산출근거를 품목 및 규격별로 명확히 표시하여야 한다.
③기준 소요량이 고시된 품목이라 하더라도 수출계약서 등의 관련 서류에 소요원료의 품명·규격 및 수량 등이 표시된 경우에는 이에 따라 자율소요량계산서를 작성할 수 있다.

제57조(세부절차) ①기준 소요량 고시기관이 업무수행을 위하여 필요한 세부지침을 정하려는 경우에는 미리 산업통상자원부장관과 협의하여야 한다.
②해당 외화획득용 물품등의 생산을 관장하는 중앙행정기관의 장이 분명하지 아니할 경우에는 산업통상자원부장관과 협의하여야 한다.

제58조(지도감독) 기술표준원장은 자율소요량계산서의 작성 및 운용 등과 관련하여 다음 각 호의 사항을 지도·감독할 수 있다. 이 경우 필요한 때에는 기준 소요량을 고시한 중앙행정기관의 장과 합동으로 지도·감독할 수 있다.

1. 자율소요량계산서 작성업무에 대한 교육
2. 자율소요량계산서의 작성 및 운용실태 조사
3. 자율소요량계산서 제도와 관련한 제규정 이행실태

제 4 절 외화획득용 제품의 수입

제59조(외화획득용 제품의 범위) 법 제16조제2항에 따른 외화획득용 제품의 범위는 다음 각 호로 한다.

1. 주식회사 한국관광용품센타(이하 "관광용품센타"라 한다)가 수입하는 식자재 및 부대용품
2. 「항만운송사업법」에 따라 수입 물품 공급업의 등록을 하고 세관장에 등록한 자(이하 "수입 물품 공급업자"라 한다)가 수입하는 선용품
3. 군납업자가 수입하는 군납용 물품

第60조(외화획득용 제품의 수입승인기관) 제59조에 따른 외화획득용 제품(다만, 수출입공고에 의하여 제한되는 품목만 해당한다)의 승인기관은 다음 각 호와 같다.
1. 관광용품센타가 관광호텔 등에 공급하기 위하여 수입하는 물품 중 법 제11조제2항에 따른 승인 대상 물품으로서 주방용품, 소모성기계, 기자재류 및 객실 또는 부대업장용 소모성 물품 : 문화체육관광부장관
2. 군납업자가 주한 국제연합군 그 밖에 외국군기관에 공급하는 군납용 물품 : 제8조에 따른 승인기관의 장

第61조(관광호텔용 물품의 사후 관리) ①제60조제1호에 따라 관광용품센타가 수입한 식자재 및 부대용품(이하 "관광호텔용 물품"이라 한다)은 승인권자의 사후 관리를 받아야 한다.
②제1항에 따라 승인권자가 사후 관리에 필요한 세부지침을 정하려는 경우에는 산업통상자원부장관과 협의하여야 한다.

第62조(관광호텔용 물품의 공급) ①관광용품센타는 관광호텔용 물품을 다음 각 호의 어느 하나에 해당하는 자에게만 공급할 수 있다.
1. 관광숙박업 중「관광진흥법」에 따라 등록된 호텔업 및 명의이용허가를 득한 식음료업장
2. 문화체육관광부장관의 허가를 받아 설립된 외신기자클럽, 서울클럽 및 한국언론회관 내 멤버스클럽과 기자클럽
3. 외화획득 및 관광진흥에 기여도가 높은 관광시설 중 문화체육관광부장관의 추천에 의하여 산업통상자원부장관이 지정한 별표 7에 열거한 시설
4. 「청소년기본법」에 따라 문화체육관광부장관에 신고된 서울올림픽파크텔
5. 올림픽, 이시안게임 등 대규모 국제대회의 선수촌, 기자촌, 프레스센터 등 관련 시설로서 산업통상자원부장관의 협의를 거쳐 문화체육관광부장관이 기간을 정하여 지정하는 급식장(다만, 문화체육관광부장관이 정하는 기간 이후의 잔여물량은 관광용품센터 또는 판매대상업소에 같은 기간 종료 후부터 30일 이내에 양도하고 문화체육관광부장관에게 이를 보고하여야 한다)
6. 「관세법」에 따라 설영특허를 받은 외교관 면세매점

②관광용품센타가 제1항에 따라 관광호텔용 물품을 공급하려는 경우에는 해당 구매자가 시설규모 및 식자재 구입실적 등을 감안하여 적정량을 공급하여야 한다.

第63조(관광호텔용 물품의 관리 등) ①관광용품센타는 보관 중인 관광호텔용 물품에 대하여 연 2회 이상 정기재고조사를 실시하여야 하며, 그 결과를 승인권자에게 보고하여야 한다.

②관광용품센타는 관광호텔용 물품의 운송, 보관 및 공급과정에서 파손 등으로 해당 물품의 용도에 사용하기 곤란한 물품은 손망실품대장에 기재하고 그 사실을 입증할 수 있는 서류 등을 첨부하여 보관하여야 한다.
③관광용품센타는 관광호텔용 물품의 수입, 재고 및 판매현황에 대한 대장을 비치하고 기록보관하여야 하며 관광용품센타로부터 관광호텔용 물품을 구매한 자는 구매 및 소비현황에 대한 대장을 비치하고 기록 보관하여야 한다.
④관광용품센타는 분기별 관광호텔용 물품의 수입 및 판매현황을 작성하여 분기종료 후 10일 이내에 승인권자에게 보고하여야 한다.
⑤관광용품센타로부터 관광호텔용 물품을 구매한 자는 월별 구입 및 소비현황을 다음 달 10일까지 관광용품센타에 제출하여야 한다.

제64조(관광호텔용 물품의 용도외 사용금지) ①관광용품센타로부터 관광호텔용 물품을 구매한 자는 해당 사업 이외의 용도에 사용하거나 유출하여서는 아니된다.
②관광용품센타는 관광호텔용 물품을 용도 외에 사용하거나 유출한 자에 대하여는 문화체육관광부장관에게 이를 보고하여야 한다.

제65조(관광호텔용 물품의 사후 관리에 따른 제재) 승인권자는 제64조에 위반한 자에 대하여는 법 제54조제2호부터 제4호까지의 규정에 따른 제재를 요청하거나「관광진흥법」제2장제6절에 따른 행정처분을(또는 문화체육관광부장관에게 행정처분을 요청)하여야 한다.

제66조(선용품의 사후 관리) ①수입 물품 공급업자가 수입하는 선용품의 사후 관리는 관세청장이 행한다.
②수입 물품 공급업자는 수입선용품을 다음 각 호의 어느 하나에 해당하는 자 이외의 자에게 공급하거나 유출하여서는 아니된다.
1. 국내항에 정박 중인 외항선박(원양어선을 포함한다)
2. 신조선박 및 수리선박

제67조(선용품의 관리 등) ①수입 물품 공급업자는 선용품의 수입, 재고 및 공급현황에 대한 대장을 비치하고 기록・보관하여야 한다.
②수입 물품 공급업자는 선용품의 수입, 공급(외화 및 국내통화 구분) 및 재고현황을 작성하여 매분기 종료 후 10일 이내에 관세청장에게 제출하여야 한다.

제68조(선용품의 사후 관리에 따른 제재) 관세청장은 제66조제2항에 위반한 자에게는 법 제54조제2호부터 제4호까지의 규정에 따른 제재를 요청하여야 한다.

제69조(군납용 물품의 사후 관리 등) ①군납업자는 수입되는 물품을 군납외의 용도에 사용하거나 유출하여서는 아니된다.
②군납업자는 수입되는 물품을 양도 또는 폐기하려면 미리 승인기관의 장의 승인을 받아야 한다.
③수입된 군납용 물품에 의한 군납계약 이행 후 15일 이내에 외화획득 상황을 군납대금회수증명서를 첨부하여 승인기관의 장에게 보고하여야 한다.

④승인기관의 장은 제1항에 위반한 자에게는 법 제54조제2호부터 제4호까지의 규정에 따른 제재를 요청한다.

제 4 장 플랜트수출

제70조(플랜트의 범위) 법 제32조제1항제1호에서 "대통령령으로 정하는 설비 중 산업통상자원부장관이 정하는 일정규모 이상의 산업설비"란 FOB가격으로 미화 50만 달러 상당액 이상인 산업설비를 말한다.

제71조(플랜트수출승인의 신청) ①영 제50조에 따라 플랜트수출의 승인을 받으려는 자는 별지 제21호 서식에 의한 플랜트수출승인신청서에 제10조제1항제1호, 제3호 및 제4호에 따른 서류 및 법 제12조제2항에 따른 통합공고에 의하여 허가, 추천 등을 요하는 경우에는 그 허가 등을 받은 사실을 증명하는 서류를 첨부하여 산업통상자원부장관에게 신청하여야 한다.

②영 제50조 후단에 따라 변경승인을 받으려는 자는 별지 제22호 서식에 의한 플랜트수출승인사항 변경승인신청서에 다음 각 호의 서류를 첨부하여 산업통상자원부장관에게 신청하여야 한다.

1. 수출승인서 사본
2. 변경사유서

③산업통상자원부장관은 제1항 및 제2항에 따라 플랜트수출승인 또는 변경승인 신청이 있는 경우 접수일부터 5일 이내에 이를 처리하여야 한다. 다만, 다른 기관과의 협의가 필요한 경우 그 협의기간은 처리기간에 산입하지 아니한다.

제72조(플랜트수출 관련 기관 지정) 영 제54조제1항에 따른 플랜트수출촉진기관은 한국기계산업진흥회 및 한국플랜트산업협회로 한다.

제 5 장 원산지

제 1 절 적용범위 등

제73조(적용범위) 이 장의 규정은 법 제12조, 제33조부터 제38까지 및 제41조 등에 따라 원산지 표시, 원산지 판정 및 확인 등이 필요한 물품에 대하여 적용한다.

제74조(협의) ①이 장의 규정을 운용하기 위하여 필요한 경우 산업통상자원부장관은 관계 행정기관의 장 및 해당 사안과 관련된 공무원, 전문가 등과 협의하거나 의견을 들을 수 있다.

②이 장의 규정을 적용할 때에 해당 사안과 관련된 행정기관의 장, 무역거래자・판매업자 및 단순한 가공활동을 수행한 자, 그 밖의 이해관계인은 산업통상자원부장관에게 의견을 제출할 수 있다.

제 2 절 원산지 표시

제75조(수입 물품의 원산지표시대상물품 등) ①영 제55조 제1항에 따른 원산지표시대상물품은 별표 8에 게기된 수입 물품이며 원산지표시대상물품은 해당 물품에 원산지를 표시하여야 한다.

②제1항에도 불구하고 원산지표시대상물품이 다음 각 호의 어느 하나에 해당되는 경우에는 영 제56조 제2항에 따라 해당 물품에 원산지를 표시하지 않고 해당 물품의 최소포장, 용기 등에 수입 물품의 원산지를 표시할 수 있다.

1. 해당 물품에 원산지를 표시하는 것이 불가능한 경우
2. 원산지 표시로 인하여 해당 물품이 크게 훼손되는 경우(예: 당구공, 콘택즈렌즈, 포장하지 않은 집적회로 등)
3. 원산지 표시로 인하여 해당 물품의 가치가 실질적으로 저하되는 경우
4. 원산지 표시의 비용이 해당 물품의 수입을 막을 정도로 과도한 경우(예: 물품값보다 표시비용이 더 많이 드는 경우 등)
5. 상거래 관행상 최종구매자에게 포장, 용기에 봉인되어 판매되는 물품 또는 봉인되지는 않았으나 포장, 용기를 뜯지 않고 판매되는 물품(예 : 비누, 칫솔, VIDEO TAPE 등)
6. 실질적 변형을 일으키는 제조공정에 투입되는 부품 및 원재료를 수입 후 실수요자에게 직접 공급하는 경우
7. 물품의 외관상 원산지의 오인 가능성이 적은 경우(예 : 두리안, 오렌지, 바나나와 같은 과일・채소 등)
8. 관세청장이 산업통상자원부장관과 협의하여 타당하다고 인정하는 물품

③영 제55조 제2항에 따른 단순한 가공활동의 구체적인 사항은 제85조 제8항 각호를 준용한다.

제76조(수입 물품 원산지 표시의 일반원칙) ①수입 물품의 원산지는 다음 각 호의 어느 하나에 해당되는 방식으로 한글, 한자 또는 영문으로 표시할 수 있다.

1. "원산지: 국명" 또는 "국명 산(産)"
2. "Made in 국명" 또는 "Product of 국명"
3. "Made by 물품 제조자의 회사명, 주소, 국명"
4. 수입 물품의 크기가 작아 제1호부터 제3호까지의 방식으로 해당 물품의 원산지를 표시할 수 없을 경우에는 국명만을 표시할 수 있음
5. "Brewed in 국명" 또는 "Distilled in 국명" 등 그 밖에 최종구매자가 원산지를 오인할 우려가 없거나 "Assembled in 국명" 등에서의 국명이 영 제61조의 원산지와 동일한 경우
6. 물품의 주요 부분품 원산지가 다른 경우 부분품별 원산지를 표시할 수 있음

②수입 물품의 원산지는 최종구매자가 해당 물품의 원산지를 용이하게 판독할 수 있는 크기의 활자체로 표시하여야 한다.

③수입물품의 원산지는 최종구매자가 정상적인 물품구매과정에서 원산지표시를 발견할 수 있도록 식별하기 용이한 곳에 표시하여야 한다.

④표시된 원산지는 쉽게 지워지지 않으며 물품(또는 포장・용기)에서 쉽게 떨어지지 않

아야 한다.

⑤수입 물품의 원산지는 제조단계에서 인쇄(printing), 등사(stenciling), 낙인(branding), 주조(molding), 식각(etching), 박음질(stitching) 또는 이와 유사한 방식으로 원산지를 표시하는 것을 원칙으로 한다. 다만, 물품의 특성상 위와 같은 방식으로 표시하는 것이 부적합 또는 곤란하거나 물품을 훼손할 우려가 있는 경우에는 날인(stamping), 라벨(label), 스티커(sticker), 꼬리표(tag)를 사용하여 표시할 수 있다.

⑥최종구매자가 수입 물품의 원산지를 오인할 우려가 없는 경우에는 다음 각호와 같이 통상적으로 널리 사용되고 있는 국가명이나 지역명 등을 사용하여 원산지를 표시할 수 있다.

1. United States of America를 USA로
2. Switzerland를 Swiss로
3. Netherlands를 Holland로
4. United Kingdom of Great Britain and Northern Ireland를 UK 또는 GB로
5. UK의 England, Scotland, Wales, Northern Ireland
6. 기타 관세청장이 산업통상자원부장관과 협의하여 타당하다고 인정하는 국가나 지역명

⑦「품질경영 및 공산품안전관리법」,「식품위생법」등 다른 법령에서 원산지표시방법 등을 정하고 있는 경우에는 이를 적용할 수 있다.

제77조(원산지 오인 우려 수입 물품의 원산지 표시) ①법 제33조제4항제1호의 원산지오인 우려 표시물품은 원산지표시대상물품이 다음 각 호의 어느 하나에 해당되는 물품을 말한다.

1. 주문자 상표부착(OEM)방식에 의해 생산된 수입 물품의 원산지와 주문자가 위치한 국명이 상이하여 최종구매자가 해당 물품의 원산지를 오인할 우려가 있는 물품
2. 물품 또는 포장・용기에 현저하게 표시되어 있는 상호・상표・지역 ・국가 또는 언어명이 수입 물품의 원산지와 상이하여 최종구매자가 해당 물품의 원산지를 오인할 우려가 있는 물품

②제1항에 해당되는 수입 물품은 해당 물품 또는 포장・용기의 전면에 제76조에 따라 원산지를 표시하여야 하며, 물품의 특성상 전후면의 구별이 어렵거나 전면에 표시하기 어려운 경우 등에는 원산지 오인을 초래하는 표시와 가까운 곳에 표시하여야 한다. 다만, 해당물품에 원산지가 적합하게 표시되어 있고, 최종판매단계에서 진열된 물품 등을 통하여 최종구매자가 원산지 확인이 가능하며, 국제 상거래 관행상 통용되는 방법으로 원산지를 표시하는 경우 세관장은 산업통상자원부장관과 협의하여 포장・용기에 표시된 원산지가 원산지 오인을 초래하는 표시와 가깝지 않은 곳에 있어도 원산지 오인이 없는 것으로 볼 수 있다.

③제1항에 해당되는 수입 물품을 판매하는 자는 판매 또는 진열시 소비자가 알아볼 수 있도록 상품에 표시된 원산지와는 별도로 스티커, 푯말 등을 이용하여 원산지를 표시하여야 한다.

제78조(수입 후 단순한 가공활동을 수행한 물품등의 원산지 표시) ①영 제55조제2항에

해당하는 물품의 원산지 표시는 다음 각 호의 어느 하나의 방법에 따라 원산지를 표시하여야 한다. 다만, 다음 각 호에서 달리 규정하지 아니한 사항에 대하여는 제75조부터 제77조까지, 제79조부터 제81조까지의 규정을 준용한다.

1. 원산지표시대상물품이 수입된 후, 최종구매자가 구매하기 이전에 국내에서 단순 제조·가공처리되어 수입 물품의 원산지가 은폐·제거되거나 은폐·제거될 우려가 있는 물품의 경우에는 제조·가공업자(수입자가 제조업자인 경우를 포함한다)는 완성 가공품에 수입 물품의 원산지가 분명하게 나타나도록 원산지를 표시하여야 한다.
2. 원산지표시대상물품이 대형 포장 형태로 수입된 후에 최종구매자가 구매하기 이전에 국내에서 소매단위로 재포장되어 판매되는 물품인 경우에는 재포장 판매업자(수입자가 판매업자인 경우를 포함한다)는 재포장 용기에 수입 물품의 원산지가 분명하게 나타나도록 원산지를 표시하여야 한다. 재포장되지 않고 낱개 또는 산물로 판매되는 경우에도 물품 또는 판매용기·판매장소에 스티커 부착, 푯말부착 등의 방법으로 수입품의 원산지를 표시하여야 한다.
3. 원산지표시대상물품이 수입된 후에 최종구매자가 구매하기 이전에 다른 물품과 결합되어 판매되는 경우에는 제조·가공업자(수입자가 제조업자인 경우를 포함한다)는 수입된 해당 물품의 원산지가 분명하게 나타나도록 "(해당 물품명)의 원산지: 국명"의 형태로 원산지를 표시하여야 한다.

②제1항에 해당되는 경우에는 세관장이 수입자에게 수입 통관 후 법령에 따른 원산지 표시를 준수하도록 명할 수 있다.

③제1항에 해당되는 물품을 수입하는 자가 같은 물품을 제3자(중간 구매업자 또는 판매자 등)에게 양도(제3자가 재양도하는 경우를 포함한다)하는 경우에는 양수인에게 서면으로 법령에 따른 원산지 표시의무를 준수하여야 할 것을 알려야 한다.

제79조(수입 세트물품의 원산지 표시) ①별표 10에 열거된 수입 세트물품의 경우 해당 세트물품을 구성하는 개별 물품들의 원산지가 동일하고 최종 구매자에게 세트물품으로 판매되는 경우에는 개별 물품에 원산지를 표시하지 아니하고 그 물품의 포장·용기에 원산지를 표시할 수 있다.

②세트물품을 구성하는 개별 물품들의 원산지가 2개국 이상인 경우에는 개별 물품에 각각의 원산지를 표시하고, 세트물품의 포장·용기에는 개별 물품들의 원산지를 모두 나열·표시하여야 한다. (예: Made in China, Taiwan, ……)

제80조(수입용기의 원산지 표시) ①관세율표에 따라 용기로 별도 분류되어 수입되는 물품의 경우에는 용기에 "(용기명)의 원산지 : (국명)"에 상응하는 표시를 하여야 한다(예: "Bottle made in 국명").

②제1항에도 불구하고 1회 사용으로 폐기되는 용기의 경우에는 최소 판매단위의 포장에 용기의 원산지를 표시할 수 있으며, 실수요자가 이들 물품을 수입하는 경우에는 용기의 원산지를 표시하지 않아도 무방하다.

제81조(수입 물품 원산지 표시방법의 세부사항) ①관세청장은 산업통상자원부장관과의 사전협의를 거쳐 제75조부터 제80조까지의 원산지 표시방법에 따라 물품의 특성을 감안한 세부적인 표시방법을 정할 수 있다.

②관세청장은 수입 물품의 원산지 표시방법에 관한 세부사항을 정할 경우 이를 고시하여야 한다.

제82조(수입 물품 원산지 표시의 면제) ①제75조에 따라 물품 또는 포장・용기에 원산지를 표시하여야 하는 수입 물품이 다음 각 호의 어느 하나에 해당되는 경우에는 원산지를 표시하지 아니할 수 있다.

1. 영 제2조제6호 및 제7호에 의한 외화획득용 원료 및 시설기재로 수입되는 물품
2. 개인에게 무상 송부된 탁송품, 별송품 또는 여행자 휴대품
3. 수입 후 실질적 변형을 일으키는 제조공정에 투입되는 부품 및 원재료로서 실수요자가 직접 수입하는 경우(실수요자를 위하여 수입을 대행하는 경우를 포함한다)
4. 판매 또는 임대목적에 제공되지 않는 물품으로서 실수요자가 직접 수입하는 경우. 다만, 제조에 사용할 목적으로 수입되는 제조용 시설 및 기자재(부분품 및 예비용 부품을 포함한다)는 수입을 대행하는 경우 인정할 수 있다.
5. 연구개발용품으로서 실수요자가 수입하는 경우(실수요자를 위하여 수입을 대행하는 경우를 포함한다)
6. 견본품(진열・판매용이 아닌 것에 한함) 및 수입된 물품의 하자보수용 물품
7. 보세운송, 환적 등에 의하여 우리나라를 단순히 경유하는 통과 화물
8. 재수출조건부 면세 대상 물품 등 일시 수입 물품
9. 우리나라에서 수출된 후 재수입되는 물품
10. 외교관 면세 대상 물품
11. 개인이 자가소비용으로 수입하는 물품으로서 세관장이 타당하다고 인정하는 물품
12. 그 밖에 관세청장이 산업통상자원부장관과 협의하여 타당하다고 인정하는 물품

②세관장은 제1항에 따라 원산지 표시가 면제되는 물품에 대하여 외화획득 이행 여부, 목적외 사용 등 원산지표시 면제의 적합여부를 사후 확인할 수 있다.

제83조(원산지 표시의 확인・검사) ①별표 8의 물품을 수입하려는 자는 해당 물품의 통관시 원산지 표시 여부에 대하여 세관장의 확인을 받아야 한다.

②세관장은 수출・수입되는 물품이 제75조부터 제81조까지의 규정에 위반되는 것으로 인정되는 경우에는 원산지의 표시・정정・말소 등 적절한 조치를 지시할 수 있다.

③관계 행정기관의 장, 시・도지사는 수입신고 후 통관된 물품이 제75조부터 제81조까지의 규정에 위반되는 것으로 인정되는 경우에는 원산지의 표시・정정・말소 등 적절한 조치를 지시할 수 있다.

④법 제33조제5항에 따른 검사를 하는 공무원의 증표는 별표 11과 같다

제84조(원산지 표시의 확인 및 이의제기) ①관세청장은 영 제57조제1항에 따라 적정한 원산지 표시방법에 관한 확인을 요청받은 경우에는 신청을 접수한 날부터 30일 이내에 영 제56조에 따라 해당 물품의 적정한 표시방법을 확인하여 요청인에게 알려야 한다.

②제1항의 통보 내용에 대하여 영 제57조제2항에 따른 이의제기를 접수한 관세청장은 접수한 날부터 30일 이내에 이의제기에 대하여 결정을 하고 이를 요청인에게 알려야 한다.

③관세청장은 제1항에 따른 원산지 표시 확인 및 이의제기에 필요한 사항을 산업통상자원부장관과 협의하여 별도로 정할 수 있다.

제 3 절 원산지 판정

제85조(수입 물품의 원산지 판정 기준) ①다음 각 호에 해당되는 물품을 영 제61조제1항 제1호에 따른 완전생산물품으로 본다

1. 해당국 영역에서 생산한 광산물, 농산물 및 식물성 생산물
2. 해당국 영역에서 번식, 사육한 산동물과 이들로부터 채취한 물품
3. 해당국 영역에서 수렵, 어로로 채포한 물품
4. 해당국 선박에 의하여 해당국 이외 국가의 영해나 배타적 경제수역이 아닌 곳에서 채포(採捕)한 어획물, 그 밖의 물품
5. 해당국에서 제조, 가공공정 중에 발생한 잔여물
6. 해당국 또는 해당국의 선박에서 제1호부터 제5호까지의 물품을 원재료로 하여 제조·가공한 물품

②영 제61조제1항제2호에서 “실질적 변형”이란 해당국에서의 제조·가공과정을 통하여 원재료의 세번과 상이한 세번(HS 6단위 기준)의 제품을 생산하는 것을 말한다.

③ 제2항의 규정에도 불구하고, 산업통상자원부장관은 관세율표상에 해당 물품과 그 원재료의 세번이 구분되어 있지 아니함으로 인하여 제조·가공 과정을 통하여 그 물품의 본질적 특성을 부여하는 활동을 가하더라도 세번(HS 6단위 기준)이 변경되지 아니하는 경우에는 관계기관의 의견을 들은 후 실질적 변형 여부를 판단할 수 있다.

④제2항에도 불구하고 산업통상자원부장관이 별표 9에서 별도로 정하는 물품에 대하여는 부가가치, 주요 부품 또는 주요 공정 등에 의하여 해당 물품의 원산지를 판정한다.

⑤제4항에 따른 부가가치의 비율은 해당 물품의 제조·생산에 사용된 원료 및 구성품의 원산지별 가격누계가 해당 물품의 수입가격(FOB가격 기준)에서 점하는 비율로 한다.

⑥제4항의 주요 부품에 대하여는 다음 각 호의 국가를 원산지로 본다.

1. 해당 주요 부품의 원료 및 구성품의 부가가치생산에 최대로 기여한 국가가 해당 완제품의 부가가치비율 기준 상위 2개국 중 어느 하나에 해당하는 경우는 해당 국가
2. 해당 주요 부품의 원료 및 구성품의 부가가치생산에 최대로 기여한 국가가 해당 완제품의 부가가치비율 기준 상위 2개국 중 어느 하나에 해당하지 아니하는 경우는 해당 완제품을 최종적으로 제조한 국가

⑦제5항 및 제6항에 따라 부가가치의 비율을 산정하는 경우 해당 물품의 제조· 생산에 사용된 원료 및 구성품의 가격은 다음 각 호의 어느 하나에서 정하는 가격으로 한다.

1. 해당 제조·생산국에서 외국으로부터 수입조달한 원료 및 구성품의 가격은 각기 수입단위별 FOB가격
2. 해당 제조·생산국에서 국내적으로 공급된 원료 및 구성품의 가격은 각기 구매단위별 공장도가격

⑧다음 각 호의 어느 하나를 영 제61조제1항제3호에 규정된 “단순한 가공활동”으로 보며, 단순한 가공활동을 수행하는 국가에는 원산지를 부여하지 아니한다.

1. 운송 또는 보관 목적으로 물품을 양호한 상태로 보존하기 위해 행하는 가공활동
2. 선적 또는 운송을 용이하게 하기 위한 가공활동
3. 판매목적으로 물품의 포장 등과 관련된 활동
4. (삭 제)

5. 제조・가공결과 HS 6단위가 변경되는 경우라도 다음 각 목의 어느 하나에 해당되는 가공과 이들이 결합되는 가공은 단순한 가공활동의 범위에 포함된다.
   가. 통풍
   나. 건조 또는 단순가열(볶거나 굽는 것을 포함한다)
   다. 냉동, 냉장
   라. 손상부위의 제거, 이물질 제거, 세척
   마. 기름칠, 녹방지 또는 보호를 위한 도색, 도장
   바. 거르기 또는 선별(sifting or screening)
   사. 정리(sorting), 분류 또는 등급선정(classifying, or grading)
   아. 시험 또는 측정
   자. 표시나 라벨의 수정 또는 선명화
   차. 가수, 희석, 흡습, 가염, 가당, 전리(ionizing)
   카. 각피(husking), 탈각(shelling or unshelling), 씨제거 및 신선 또는 냉장육류의 냉동, 단순 절단 및 단순 혼합
   타. 별표 9에서 정한 HS 01류의 가축을 수입하여 해당국에서 도축하는 경우 같은 별표에서 정한 품목별 사육기간 미만의 기간 동안 해당국에서 사육한 가축의 도축(slaughtering)
   파. 펴기(spreading out), 압착(crushing)
   하. 가목부터 파목까지의 규정에 준하는 가공으로서 산업통상자원부장관이 별도로 판정하는 단순한 가공활동

第86조 (수입원료를 사용한 국내생산물품등의 원산지 판정 기준) ①법 제35조에 따른 수입원료를 사용한 국내생산물품 등의 원산지 판정 기준 적용 대상물품은 별표 8에 의한 수입 물품 원산지표시대상물품중 국내수입후 제85조제8항의 단순한 가공활동을 한 물품과 1류~24류(농수산물・식품), 30류(의료용품), 33류(향료・화장품), 48류(지와 판지), 49류(서적・신문・인쇄물), 50류~58류(섬유), 70류(유리), 72류(철강), 87류(8701~8708의 일반차량), 89류(선박)에 해당되지 않는 물품이다.
②제1항에서 다음 각 호의 어느 하나에 해당하는 경우 우리나라를 원산지로 하는 물품으로 본다.
1. 우리나라에서 제조・가공과정을 통해 수입원료의 세번과 상이한 세번(HS 6단위 기준)의 물품을 생산하거나 세번 HS 4단위에 해당하는 물품의 세번이 HS 6단위에서 전혀 분류되지 아니한 물품으로, 해당 물품의 총 제조원가 중 수입원료의 수입가격(CIF가격 기준)을 공제한 금액이 총 제조원가의 51퍼센트 이상인 경우
2. 우리나라에서 제85조제8항의 단순한 가공활동이 아닌 제조・가공과정을 통해 제1호의 세번 변경이 안된 물품을 최종적으로 생산하고, 해당 물품의 총 제조원가 중 수입원료의 수입가격(CIF가격 기준)을 공제한 금액이 총 제조원가의 85퍼센트 이상인 경우

③제2항에도 불구하고 천일염은 외국산 원재료가 사용되지 않고 제조되어야 우리나라를 원산지로 본다.
④제2항 및 제3항에 따라 국내생산물품 등의 원산지를 우리나라로 볼 수 있는 경우에

는 제76조제1항의 규정을 준용하여 표시할 수 있다.

⑤법 제35조에 따른 수입원료를 사용한 국내생산물품중 제2항의 원산지 규정을 충족하지 아니한 물품의 원산지 표시는 다음 각 호의 방법에 따라 표시할 수 있다.

1. 우리나라를 “가공국” 또는 “조립국”등으로 표시하되 원료 또는 부품의 원산지를 동일한 크기와 방법으로 병행하여 표시
2. 제1호의 원료나 부품이 1개국의 생산품인 경우에는 “원료(또는 부품)의 원산지 : 국명”을 표시
3. 제1호의 원료나 부품이 2개국 이상(우리나라를 포함한다)에서 생산된 경우에는 완성품의 제조원가의 재료비에서 차지하는 구성비율이 높은 순으로 2개 이상의 원산지를 각각의 구성비율과 함께 표시(예: “원료 (또는 부품)의 원산지 : 국명(○%), 국명(○%)”)

제87조(원산지 판정 기준의 특례) ①기계·기구·장치 또는 차량에 사용되는 부속품·예비부분품 및 공구로서 기계 등과 함께 수입되어 동시에 판매되고 그 종류 및 수량으로 보아 정상적인 부속품, 예비부분품 및 공구라고 인정되는 물품의 원산지는 해당 기계·기구·장치 또는 차량의 원산지와 동일한 것으로 본다.

②포장용품의 원산지는 해당 포장된 내용품의 원산지와 동일한 것으로 본다. 다만, 법령에 따라 포장용품과 내용품을 각각 별개로 구분하여 수입신고하도록 규정된 경우에는 포장용품의 원산지는 내용품의 원산지와 구분하여 결정한다.

③촬영된 영화용 필름은 그 영화제작자가 속하는 나라를 원산지로 한다.

제88조(수출입 물품의 원산지 판정) 산업통상자원부장관은 영 제62조에 따른 원산지 판정을 위하여 필요한 경우 해당 사안과 관련된 행정기관의 장, 무역거래자 및 그 밖의 이해관계인에게 자료의 제출을 요청할 수 있다.

제89조(원산지 결정 등에 대한 이의제기) ①대외무역법령 등의 규정에 따라 세관장 또는 시·도지사의 원산지에 관한 결정 또는 확인에 대하여 이의를 제기하려는 자는 해당 처분청을 거쳐 산업통상자원부장관에게 이의제기를 신청할 수 있다. 이 경우 이의제기 절차 등은 원산지 판정에 관한 규정에 따른다.

②제1항에 따라 이의제기를 접수한 처분청은 이를 접수한 날부터 7일 이내에 의견서를 첨부하여 산업통상자원부장관에게 송부하여야 한다.

제90조(원산지의 판정자료 보정기간) 영 제63조제2항의 보정기간은 법 제34조제6항에 따른 이의제기 결정기간에 산입하지 아니한다.

제91조(원산지의 확인) ①대외무역법령 등의 규정에 따라 원산지를 확인하여야 할 물품을 수입하는 자는 수입신고전까지 원산지증명서 등 관계 자료를 제출하고 확인을 받아야 한다.

②제1항의 규정에 따라 수입시 원산지증명서를 제출하여야 하는 경우는 다음과 같다.

1. 통합공고에 의하여 특정지역으로부터 수입이 제한되는 물품
2. 원산지 허위표시, 오인·혼동표시 등을 확인하기 위하여 세관장이 필요하다고 인정

하는 물품

3. 그 밖에 법령에 따라 원산지 확인이 필요한 물품

③제1항에 따라 관계 자료를 제출받은 세관장은 해당 자료의 발행기관에 이의 확인을 요청할 수 있다.

④관세청장은 제1항의 원산지 확인에 필요한 사항을 산업통상자원부장관과 협의하여 별도로 정할 수 있다.

⑤제1항에 따라 관계 자료를 제출한 자는 자료제출기관에 제출한 자료를 영업상 비밀로 보호하여 줄 것을 요청할 수 있다.

제92조(원산지증명서 등의 제출면제) 제91조제1항에도 불구하고 다음 각 호의 어느 하나에 해당하는 물품은 원산지증명서 등의 제출을 면제한다.

1. 과세가격(종량세의 경우에는 이를「관세법」제15조에 준하여 산출한 가격)이 15만원 이하인 물품
2. 우편물(「관세법」제258조제2항에 해당하는 것을 제외한다)
3. 개인에게 무상 송부된 탁송품, 별송품 또는 여행자의 휴대품
4. 재수출조건부 면세 대상 물품 등 일시 수입 물품
5. 보세운송, 환적 등에 의하여 우리나라를 단순히 경유하는 통과화물
6. 물품의 종류, 성질, 형상 또는 그 상표, 생산국명, 제조자 등에 의하여 원산지가 인정되는 물품
7. 그 밖에 관세청장이 산업통상자원부장관과 협의하여 타당하다고 인정하는 물품

제93조(원산지 확인에 있어서의 직접운송원칙) ①수입 물품의 원산지는 그 물품이 원산지 국가 이외의 국가(이하 “비원산국”이라 한다)를 경유하지 아니하고 원산지 국가로부터 직접 우리나라로 운송반입된 물품에만 해당 물품의 원산지를 인정한다. 다만, 다음 각 호의 어느 하나에 해당하는 경우에는 해당 물품이 비원산국의 보세구역 등에서 세관감시하에 환적 또는 일시장치 등이 이루어지고, 이들 이외의 다른 행위가 없었음이 인정되는 경우에만 이를 우리나라로 직접 운송된 물품으로 본다.

1. 지리적 또는 운송상의 이유로 비원산국에서 환적 또는 일시장치가 이루어진 물품의 경우
2. 박람회, 전시회 그 밖에 이에 준하는 행사에 전시하기 위하여 비원산국으로 수출하였던 물품으로서 해당 물품의 전시목적에 사용 후 우리나라로 수출한 물품의 경우

②제1항의 단서에 해당하는 물품의 경우에는 관세청장이 정하는 서류를 원산지증명서와 함께 제91조에 따라 세관장에게 제출하여야 한다.

제 6 장 수출입 질서유지

제 1 절 분쟁조정 등

제94조(무역분쟁 관련 서류 제출) ①법 제44조제2항에 따라 산업통상자원부장관으로부터 무역분쟁 관련 서류의 제출을 요구받은 무역거래자는 다음 각 호의 사항을 기재하여 이

를 산업통상자원부장관에게 제출하여야 한다.

1. 무역분쟁의 당사자
2. 무역분쟁의 발생경위 및 내용
3. 그 밖에 필요한 서류

제95조 삭제

제96조 삭제

제97조 삭제

제98조(조정신청의 접수 및 통지) ①영 제80조에 따라 조정을 신청하려는 자(이하 "신청인"이라 한다)는 조정비용의 예납과 함께 다음 각 호의 사항을 기재한 조정신청서 5부를 대한상사중재원장(이하 "중재원장"이라 한다)에게 제출하여야 한다.

1. 당사자의 성명 및 주소(다만, 법인인 경우는 법인의 명칭 및 주소와 그 대표자의 성명 및 주소를 병기)
2. 조정을 구하는 취지 및 이유
3. 그 밖에 분쟁조정을 위한 참고자료

②중재원장은 조정의 신청을 접수한 경우에는 이를 당사자에게 서면으로 알린다. 접수된 사항의 추가 또는 변경하려는 경우에도 또한 같다. 다만, 경미한 사항은 그러하지 아니하다.

제99조(답변) 제98조에 따른 조정신청통지를 받은 조정의 피신청인(이하 "피신청인"이라 한다)은 3일 이내에 대한상사중재원(이하 "중재원"이라 한다)에 서면으로 이에 대한 의견을 제출할 수 있다.

제100조(반대신청) ①피신청인은 조정신청 통지를 받은 날부터 3일 이내에 반대신청을 할 수 있다. 다만, 반대신청이 정상적인 조정절차를 방해한다고 인정되는 경우 중재원장은 직권으로 이를 허가하지 아니할 수 있다.

② 피신청인의 반대신청은 신청인의 조정신청과 병합하여 심리한다.

③ 제98조 및 제99조의 규정은 반대신청의 경우에 준용한다.

제101조(조정비용) ①영 제84조의 조정비용 기준은 별표 12와 같다.

②당사자의 신청에 의한 경우 조정위원 및 간사의 소요경비, 증인 또는 감정인의 소요경비, 검사 또는 조사경비, 통역 또는 번역경비 등 조정에 소요되는 일체의 경비는 해당 당사자가 부담한다. 다만 그 경비가 중재원장의 요청에 의한 것일 경우에는 당사자간에 따로 정함이 없는 경우 신청인이 부담한다.

제102조(예납방법) ①조정신청을 하려는 신청인은 제101조의 조정비용을 중재원에 예납하여야 한다.

②제1항의 예납액이 부족한 경우 중재원장은 신청인에게 추가예납을 요청할 수 있다.

③당사자가 제101조제2항 및 제102조제2항의 조정비용의 예납요청을 받은 날부터 3일 이내에 이를 이행하지 않는 때에는 중재원장은 조정절차를 정지하거나 끝낼 수 있다.

다만, 일방의 당사자가 다른 당사자가 지급하여야 할 조정비용을 지급한 경우에는 그러하지 아니하다.

④중재원장은 조정이 끝난 때에는 예납된 조정비용을 정산하고 잔액이 있는 경우는 이를 당사자에게 반환하여야 한다.

제103조(조정명령의 기준) 영 제87조에서 규정한 "법 제43조제1항제3호에 따른 조정을 명할 수 있는 경우에 대한 기준"이란 다음 각 호의 경우를 말한다.

1.법 제46조제1항제3호가목의 "부당하게 다른 무역거래자를 제외하는 경우"란 물품등을 수출할 때에 정당한 이유 없이 그 수출에 소요되는 비용보다 낮은 가격으로 수출함으로써 다른 무역거래자를 제외시킬 우려가 있는 경우를 말한다.

2.법 제46조제1항제3호나목의 "부당하게 다른 무역거래자의 상대방에 대해 다른 무역거래자와 거래하지 않도록 유인하거나 강제하는 경우"란 정상적인 거래관행에 비추어 부당한 이익을 제공 또는 제공할 제의를 하여 다른 무역거래자의 상대방을 자기와 거래하도록 유인하는 행위를 말한다.

3.법 제46조제1항제3호다목의 "부당하게 다른 무역거래자의 해외에서의 사업활동을 방해하는 경우"란 다음 각 목의 경우를 말한다.

가. 기술, 영업정보의 부당사용 : 다른 무역거래자의 기술 또는 영업정보를 부당하게 이용하여 다른 무역거래자의 해외에서의 사업활동을 곤란하게 할 정도로 방해하는 행위

나. 인력의 부당유인·채용 : 다른 무역거래자의 인력을 부당하게 유인·채용하여 다른 무역거래자의 해외에서의 사업활동을 곤란하게 할 정도로 방해하는 행위

제104조 삭제

제105조 삭제

제106조 삭제

제 7 장 보칙

제107조(위임·위탁사무의 처리요령) ①법 제52조에 따라 산업통상자원부장관의 권한을 위임 또는 위탁받은 자는 위임 또는 위탁받은 업무의 처리기준 및 절차를 제정·운용할 수 있다.

②제1항에 따라 업무처리기준 및 절차를 제정 또는 개정하려는 경우에는 산업통상자원부장관과 미리 협의하여야 한다.

제108조(위임·위탁사무의 처리결과보고) ①영 제92조제2항에 따른 위임·위탁업무 처리결과의 보고시기는 다음 각 호의 어느 하나와 같다. 다만, 산업통상자원부장관이 필요하다고 인정하여 사안별로 요청하는 경우에는 그러하지 아니하다.

1. 해당 분기가 끝난 후 30일 이내

가. 영 제91조제3항제3호부터 제5호까지에 관한 사항

나. 영 제91조제4항에 관한 사항
다. 영 제91조제5항에 관한 사항
라. 영 제91조제6항에 관한 사항
마. 영 제91조제7항에 관한 사항
바. 영 제91조제10항에 관한 사항
2. 해당 반기가 끝난 후 45일 이내
가. 영 제91조제2항에 관한 사항
나. 영 제91조제3항제1호 및 제2호에 관한 사항
다. 영 제91조제8항에 관한 사항
라. 영 제91조제9항에 관한 사항
마. 영 제91조제11항에 관한 사항
3. 영 제91조제1항제1호부터 제6호까지에 관한 사항은 해당 연도가 끝난 후 2개월 이내
②보고항목, 양식 등은 산업통상자원부장관과 수임·수탁기관의 장이 협의하여 정하되 영 제91조 각 항 각 호에 따른 위임·위탁업무별로 종합적인 처리결과와 특이사항의 파악이 가능하도록 한다.

제109조(과태료부과 협의 등) ①영 제92조제1항에 따른 세관장과 시·도지사와의 과징금 및 과태료부과 협의대상 기관은 다음 각 호의 어느 하나와 같다.
1. 세관장이 적발하여 시·도지사(시·군·구)와 협의하려는 경우에는 위반업체의 주소지를 관할하는 시·도지사(시·군·구)
2. 시·도지사(시·군·구)가 적발하여 세관장과 협의하려는 경우에는 해당 주소지를 관할하는 세관장
②제1항에 따라 과징금 및 과태료부과 협의를 할 경우 협의대상 기관에 통보할 사항은 다음 각 호와 같다.
1. 위반업체의 현황(수입업체명, 주소, 대표자 등)
2. 위반물품 현황(물품명, 수량 등)
3. 원산지 표시 위반내용
4. 관련 서류(위반물품의 수입신고필증, 그 밖의 관련 서류)
5. 적발일자 및 장소
6. 처벌 여부 및 처벌 내용 등
③동일한 수입신고에 의하여 수입된 물품의 경우에는 적발지역 또는 품목이 다른 경우에도 동일한 건으로 본다.

제110조(재검토기한) 「훈령·예규 등의 발령 및 관리에 관한 규정」(대통령훈령 제248호)에 따라 이 고시 발령 후의 법령이나 현실여건의 변화 등을 검토하여 이 고시의 폐지, 개정 등의 조치를 하여야 하는 기한은 2015년 7월 31일까지로 한다.

부 칙

이 고시는 2012년 3월 1일부터 시행한다.

부 칙 <지식경제부 고시 2012-183호, 2012.7.31>

이 고시는 2012년 8월 1일부터 시행한다.

부 칙 <지식경제부 고시 2012-261호, 2012.10.31>

이 고시는 2013년 1월 1일부터 시행한다.

부 칙 <산업통상자원부 고시 제2013-110호, 2013.9.30>

이 고시는 2014년 3월 1일부터 시행한다.

대외무역관리규정 별표

(별표 1) 무역관련 시설

시 설 명	소 재 지
한국종합전시장	서울 강남구 삼성동 159
국제무역연수원	서울 강남구 삼성동 159

(별표 2) 삭제

(별표 3) 수출승인의 면제

1. 영 제19조제1호에 따른 수출승인면제

가. 일시적으로 출국하는 자 또는 일시적으로 입국하여 다시 출국하는 자(선박 또는 항공기에 승무하여 출국하는 승무원을 제외한다)가 출국할 때에 휴대하여 반출하는 물품 또는 별송으로 반출하는 물품으로서 출국의 목적, 여행의 기간, 출국자의 직업 그 밖의 사유에 의하여 세관장이 타당하다고 인정하는 물품

나. 외국에 주거를 이주할 목적으로 출국하는 자(외국에서 2년 이상 체류할 예정으로 출국하는 자와 1년 이상 체류할 예정으로 출국하는 자 중 가족을 동반한 자를 말하며 일시적으로 입국하여 출국하는 자는 제외한다)가 출국할 때에 휴대하여 반출하는 이사물품이나 별송으로 반출하는 이사물품으로서 그 출국의 사유 등에 의하여 세관장이 타당하다고 인정하는 물품

다. 우리나라와 외국간을 왕래하는 선박 또는 항공기의 승무원이 해당 선박 또는 항공기에 승무하여 출국할 때에 휴대하여 반출하는 개인용품으로서 세관장이 타당하다고 인정하는 물품

라. 우리나라에 온 외국의 원수와 그 가족 및 수행원에 속하는 물품으로서 출국시에 반출하는 물품

마. 외국정부의 초청으로 파견된 고문관·기술단원 그 밖에 이에 준하는 자에게 속하는 물품으로서 주무부장관이 확인한 물품

바. 「해외이주법」에 의한 해외이주자가 해외이주를 위하여 반출하는 시설기재 및 원료 등의 물품으로서 외교통상부장관 또는 외교통상부장관이 지정하는 기관의 장이 타당하다고 인정하는 물품

2. 영 제19조제2호나목에 따른 수출승인면제

가. 반출하는 상품의 견품 및 광고용 물품으로서 세관장이 타당하다고 인정하는 물품.

다만, 유상으로 반출하는 경우 미화 5만 달러 상당액(신고가격 기준)이하의 물품

나. 외국에서 개최되는 박람회, 전람회, 견본시, 영화제 등에 출품하기 위하여 무상으로 반출하는 물품

다. 수출된 물품이나 수입된 물품이 계약조건과 상이하거나, 하자보증이행 또는 용도변경 등의 부득이한 사유로 대체 또는 반송을 위하여 반출하는 물품 또는 수출된 물품의 누락이나 부족품에 대하여 보충을 위하여 반출하는 물품

라. 수출물품의 성능보장기간 내에 해당 물품의 수리 또는 검사를 위하여 반출하는 물품

마. 「외국환거래법」에 따른 허가를 받고 주무부장관의 허가 또는 추천을 받아 반입한 나용선 또는 임차항공기의 반입을 위한 반출물품

바. 무환수탁가공무역에 의하여 수입된 원료의 잔량분 또는 수탁판매수입에 의하여 수입된 물품의 판매되지 아니한 잔량분으로서 무상으로 반출하는 물품

사. 「외국인투자촉진법」 및 「외국환거래법」에 따라 기술도입계약신고를 한 자가 신고된 내용에 따라 기술대가를 현물로 지급하기 위하여 반출하는 물품

아. 해외에서 투자, 건설, 용역, 산업설비수출 그 밖에 이에 준하는 사업에 종사하고 있는 우리나라 업자(현지 합작법인을 포함한다)에게 무상으로 송부하기 위하여 반출하는 시설기재, 원료, 근로자용 생활필수품 및 그 밖에 그 사업에 관련하여 사용하는 물품으로서 주무부장관 또는 주무부장관이 지정한 기관의 장이 확인한 물품

자. 「수산업법」 제41조 및 제42조에 따라 농림수산식품부장관 또는 농림수산식품부장관이 지정한 기관의 장의 허가를 받은 자가 원양어선에 무상으로 송부하기 위하여 반출하는 물품으로서 농림수산식품부장관 또는 농림수산식품부장관이 지정한 기관의 장이 확인한 물품

차. 외국정부와의 사업계약을 수행하기 위하여 계약자가 계약조건에 따라 반출하는 업무용품으로서 주무부장관이 확인한 물품

카. 우리나라 정부와의 사업계약을 수행하기 위하여 외국의 계약자가 계약조건에 따라 반입한 물품으로서 다시 반출하는 물품

타. 우리나라와 외국 간을 왕래하는 선박 또는 항공기 안에서 직접 그 선박 또는 항공기용으로 사용될 물품으로서 세관장이 타당하다고 인정하는 물품

파. 외국업자의 주문으로 제작되어 해당 수출물품의 생산에 사용된 후 반출하려는 금형

하. 그 밖에 무역거래를 원활히 하기 위하여 무상으로 반출하는 물품으로서 산업통상자원부장관이 타당하다고 인정하는 물품

3. 제19조제2호라목에 따른 수출승인 면제

가. 무상으로 반입하여 다시 무상으로 반출하는 물품으로서 다음에 열거하는 물품
  1) 금속제실린더, 컨테이너, 권사구 등 물품의 운송을 위하여 반복 사용될 용기 또는 기구
  2) 우리나라에서 영화를 촬영하기 위하여 입국하는 영화제작자가 반입하는 영화촬영용 기계 및 기구
  3) 우리나라에 입국한 순회 흥행업자의 흥행용 물품
  4) 텔레비젼 방송국이 텔레비젼 방송을 목적으로 반입한 영화필름
  5) 공사용(수리용을 포함한다)이나 시험용의 기계 또는 기구

6) 우리나라에서 개최된 박람회 등의 종료 후 반출되는 물품
7) 항공기(부분품을 포함한다) 또는 선박
8) 산업설비수출의 이행에 필요하여 반입한 기계 및 장치
9) 대학 및 연구기관이 외국으로부터 품질이나 성능검사 등을 위탁받아 반입한 검사의뢰 물품 및 검사장비

나. 무상으로 반입할 예정으로 무상으로 반출하는 물품으로서 다음에 열거하는 물품
1) 금속제 실린더, 컨테이너, 권사구 등 물품의 운송을 위하여 반복 사용될 용기 또는 기구
2) 항공기(부분품을 포함한다) 또는 선박
3) 외국에서 영화(뉴스 포함)를 촬영하기 위하여 제작자가 반출하는 영화촬영에 사용되는 기계·기구로서, 해당 영화촬영을 위하여 필요하다고 세관장이 인정하는 물품

다. 외국에서 수리 또는 검사를 받을 목적으로 반출하는 물품이나 국내에서 수리 또는 검사를 받을 목적으로 반입하는 물품으로서 다시 반출하는 물품

4. 영 제19조제2호마목에 따른 수출승인면제

가. 외국에서 물품을 보세구역에 무상으로 반입하여 가공을 하지 아니하고 다시 무상으로 반출하는 물품

나. 「외국인투자촉진법」에 따라 외국인투자의 인가를 받은 기업체가 「관세법」에 따른 보세공장에서 무상 또는 계정간의 이체방식에 의하여 유상으로 수입한 원료를 가공하여 무상 또는 계정간의 이체방식에 의하여 유상으로 수출하는 물품 및 동 시설보완용 부분품, 소모성 기자재 또는 시설재.(단, 산업통상자원부장관이 지정한 기관의 장이 인정하는 경우에만 해당한다)

5. 영 제19조제2호바목에 따른 수출승인면제

가. 우리나라 재외공관(대한무역투자진흥공사의 해외무역관을 포함한다) 또는 외교사절 등에 송부하기 위하여 반출하는 공용물품

나. 외국에 있는 자에게 증여하기 위하여 반출하는 훈장, 기장 그 밖에 이에 준하는 물품

다. 해외에 파견된 우리나라 군대에 송부하기 위하여 반출하는 군공용물품

라. 우리나라의 공공기관이 외국의 공공기관에게 우호의 목적으로 기증하기 위하여 반출하는 물품

마. 국제운동경기대회에 참가하는 우리나라 선수단에 송부하기 위하여 반출하는 경기용 물품 및 이에 준하는 물품

바. 무상으로 반출하는 구호품

사. 산업통상자원부장관이 해외에 반출하는 국내우표와 산업통상자원부장관의 해외우표 판매허가를 받은 자가 산업통상자원부장관의 추천을 받아 반출하는 국내우표

아. 우리나라에 있는 외국의 대사관, 공사관, 영사관, 통상대표공관 그 밖에 이에 준하는 기관에서 반출하는 공용물품 또는 그 기관에 소속된 외무공무원 및 그 가족이 반출하는 자용물품

자. 국제협약 등에 의한 조사단 또는 사찰단이 협약 등에 의한 조사 또는 사찰을 위하여

반출하는 장비, 물품 및 그 구성원의 자용물품

6. 영 제19조제2호사목에 따른 수출승인면제
   가. 무상으로 송부하기 위하여 반출하는 기록문서와 그 밖의 서류(사진 및 마이크로필름을 포함한다.)
   나. 뉴스를 취재한 필름이나 녹음테이프 등으로서 우리나라의 신문사, 통신사, 방송국 또는 우리나라에 있는 외국의 신문사, 통신사, 방송국의 특파원이 있는 본사, 지사 또는 주재원 등 앞으로 송부하기 위하여 반출하는 물품
   다. 유골(유체를 포함한다)
   라. 「외국환거래법」에 따라 인정된 용역계약에 따라 문화체육관광부장관의 추천을 받아 무상으로 반출하는 국산영화
   마. 외국환은행으로부터 수입물품을 담보로 자금을 융자받은 무역업자의 파산, 해산, 행방불명 등으로 인하여 그 무역업자에 의한 통관이 불가능한 경우에 해당 외국환은행이 담보권 행사를 위하여 보세구역 내에서 반출하는 물품
   바. 국제공동연구를 위하여 반출하는 연구용 기자재·원료 또는 국제공동연구의 결과물로서 산업통상자원부장관이 추천한 물품
   사. 그 밖에 무상으로 반출하는 물품 중 반출의 목적·사유 등에 의하여 세관장이 타당하다고 인정하는 물품

(별표 4) 수입승인의 면제

1. 영 제19조제1호에 따른 수입승인 면제
   가. 일시적으로 입국하는 자 또는 일시적으로 출국하여 다시 입국하는 자(선박 또는 항공기에 승무하여 입국하는 승무원을 제외한다)가 입국할 때에 휴대하여 반입하는 물품이나 별송으로 반입하는 물품으로서 그 입국의 목적, 체류의 기간, 입국자의 직업 등의 사유에 의하여 세관장이 타당하다고 인정하는 물품
   나. 우리나라로 주거를 이전할 목적으로 입국하는 자(우리나라에서 1년 이상 체류할 예정으로 입국하는 자를 말하며 일시적으로 출국하여 다시 입국하는 자를 제외한다)가 입국할 때에 휴대하여 반입하거나 별송으로 반입하는 이사물품으로서 그 입국의 사유 등에 의하여 세관장이 타당하다고 인정하는 물품
   다. 우리나라와 외국 간을 왕래하는 선박 또는 항공기의 승무원이 해당 선박 또는 항공기에 승무하여 입국할 때에 반입하는 개인용품으로서 세관장이 타당하다고 인정하는 물품
   라. 우리나라에 온 외국의 원수와 그 가족 및 수행원에 속하는 물품으로시 입국시에 반입하는 물품
   마. 정부와의 사업계약을 수행하기 위하여 외국의 계약자가 계약조건에 의하여 반입하는 업무용품으로서 주무부장관이 확인을 받아 반입하는 물품
   바. 정부의 초빙이나 국제연합 또는 외국의 정부로부터 우리나라에 파견된 고문관,

사절단원의 업무용 물품

2. 영 제19조제2호가목에 따른 수입승인면제

가. 조난선박의 수리 또는 구호에 필요한 비용과 해당 선박이 항해를 계속하는 데에 필요한 비용을 조달하기 위하여 매각하는 그 선박의 적재물품으로서 세관장이 부득이하다고 인정하여 반입하는 물품

나. 긴급을 요하는 항공기의 부분품(항공용 유류 및 비상구급용품을 포함한다), 공항 내에서 항공기에 전용되는 지원장비의 부분품, 수리용품 및 수리용 원료를 구매 또는 임차함에 있어서 그 구매절차에 의하여는 적기에 공급이 불가능하다고 국토해양부장관 또는 국토해양부장관이 지정한 항공관계 전문기관의 장이 인정하여 반입하는 물품. 다만, 「항공법」 제112조에 따라 면허를 받아 정기항공운송사업을 영위하는 자가 구매 또는 임차하는 경우에는 세관장이 인정하여 반입하는 물품

다. 긴급을 요하는 국제통신시설의 수리용 부품과 기기를 구매 또는 임차함에 있어서 일반적인 절차에 의하여서는 적기에 공급이 불가능하다고 방송통신위원회위원장이 인정하여 반입하는 물품

라. 긴급을 요하는 해난구조용품으로서 일반적인 절차에 의하여는 적기 공급이 불가능하다고 국토해양부장관 또는 국토해양부장관이 지정한 해난관계 전문기관의 장이 인정하여 반입하는 물품

마. 긴급을 요하는 견품으로서 일반적인 절차에 의하여는 적기 공급이 불가능하다고 세관장이 인정하는 물품

3. 영 제19조제2호나목에 따른 수입승인면제

가. 반입하는 상품의 견품 또는 광고용 물품으로서 세관장이 타당하다고 인정하는 물품. 다만, 유상으로 반입하는 경우 미화 5만 달러 상당액(과세가격 기준)이하의 물품

나. 상품의 견품 또는 광고용 물품 제조용 원료로서 세관장이 타당하다고 인정하는 물품

다. 우리나라에서 수출된 물품으로서 수출할 때의 성질 및 형상을 변경하지 아니하고 다시 반입하는 물품

라. 수입된 물품이나 수출된 물품이 계약조건과 상이하거나, 하자보증이행 또는 용도변경 등의 부득이한 사유로 대체를 위하여 반입하는 물품 또는 수입된 물품의 누락이나 부족품에 대하여 보충을 위하여 반입하는 물품

마. 수입물품의 하자보증기간 내에 동 물품의 유지보수 및 성능보장을 위해 해당 물품의 수출자가 무상으로 공급하는 물품

바. 수출물품의 성능보장기간 내에 해당 물품의 수리 또는 검사를 위하여 반출한 물품으로 다시 반입하는 물품

사. 수출물품의 제조 가공에 공할 일부 외화획득용 원료로서 세관장이 해당 수출계약 이행에 필요하다고 인정하여 무상으로 반입하는 물품

아. 무상으로 반입하는 라벨(LABEL), 택(TAG)등 부자재

자. 「외국환거래법」에 따른 허가를 받고 주무부장관의 허가 또는 추천을 받아 반입하는 나용선과 산업통상자원부장관의 추천을 받아 반입하는 임차항공기. 다만, 장래 소유

권이 이전되는 국적취득조건부의 것을 제외한다.

차. 위탁가공무역에 의하여 수출된 원료의 잔량분으로서 무상으로 반입하는 물품

카. 해외에서 투자, 건설, 용역, 산업설비수출 그 밖에 이에 준하는 사업을 행하고 있는 우리나라 업자가 현지에서 사용한 후 무상으로 반입하는 물품으로서 주무부장관 또는 주무부장관이 지정한 기관의 장이 확인한 물품

타. 우리나라의 법령에 따라 설치의 허가나 인가 등을 받은 외국상사의 지사나 출장소 등에 무상으로 송부된 사무용품, 소모품 그 밖에 이에 준하는 물품으로서 세관장이 타당하다고 인정하여 반입하는 물품

파. 건설용역 그 밖에 이에 준하는 업무에 종사하기 위하여 우리나라에 체류하는 외국인의 자용품으로서 세관장이 타당하다고 인정하여 반입하는 물품

하. 우리나라에서 외국 간을 왕래하는 선박 또는 항공기 안에서 직접 그 선박 또는 항공기용으로 사용될 물품으로서 해당 운항사항업을 행하는 자(당해 사업의 대리인을 포함한다)에게 무상으로 송부되어 오는 물품

거. 수출계약의 이행을 위하여 무상으로 반입하는 소모성 자재 또는 시료로서 해당 수출물품의 성능, 시험검사를 위하여 필요하다고 세관장이 인정하는 물품

너. 항공산업용으로 도입하는 중고 치공구

더. 그 밖에 무역거래를 원활히 하기 위하여 무상으로 반입하는 물품으로서 산업통상자원부장관이 타당하다고 인정하는 물품

4. 영 제19조제2호라목에 따른 수입승인면제

가. 무상으로 반출할 예정으로 무상으로 반입하는 물품 중 다음에 열거하는 물품
   1) 외국의 신문사, 통신사 또는 방송국의 특파원으로서 우리나라에 파견된 자가 뉴스의 취재용으로 반입하는 필름 또는 녹음테이프
   2) 금속제 실린더, 컨테이너, 권사구 등 물품의 운송을 위하여 반복 사용되는 용기 또는 기구
   3) 우리나라에서 영화를 촬영하기 위하여 입국하는 영화제작자가 반입하는 영화촬영용 기계·기구로서 해당 영화촬영을 위하여 필요하다고 세관장이 인정하는 물품
   4) 우리나라에 입국하는 순회 흥행업자의 흥행용 물품
   5) 텔레비젼 방송국이 텔레비젼 방송을 목적으로 반입한 영화필름
   6) 공사용(수리용을 포함한다)이나 시험용의 기계 또는 기구
   7) 우리나라에서 개최한 박람회, 전시회, 견본시, 영화제 등에 출품하기 위한 물품
   8) 항공기(부분품을 포함한다) 또는 선박
   9) 산업설비수출의 이행에 필요하여 반입하는 기계 또는 장치로서 한국기계공업진흥회장이 추천하는 물품
   10) 대학 및 연구기관에 외국으로부터 품질이나 성능검사 등을 위탁받아 반입하는 검사의뢰 물품 및 검사장비

나. 무상으로 반출된 물품을 다시 무상으로 반입하는 물품으로서 다음에 열거하는 물품
   1) 금속제 실린더, 컨테이너, 권사구 등 물품의 운송을 위하여 반복 사용되는 용기 또는 기구
   2) 항공기(부분품을 포함한다) 또는 선박

3) 외국에서 영화(뉴스필름을 포함한다)를 촬영하기 위하여 영화제작자가 반출한 영화촬영용의 기계·기구
4) 외국에서 개최된 박람회, 전시회, 견본시, 영화제 등에 출품된 물품으로서 반송되어 온 물품
5) 해외에서 투자, 건설, 용역, 산업설비수출 그 밖에 이에 준하는 사업에 종사하고 있는 우리나라 업자(현지합작법인을 포함한다)에게 무상으로 송부하기 위하여 반출한 시설기재, 원료, 근로자용 생활필수품, 그 밖에 그 사업에 관련하여 사용한 물품
6) 「수산업법」 제41조 및 제42조에 따라 국토해양부장관 또는 국토해양부장관이 지정한 기관의 장이 허가를 받은 자가 원양어선에 무상으로 송부하기 위하여 반출한 물품

다. 외국에서 수리 또는 검사를 받을 목적으로 반출한 물품을 반입하거나 국내에서 수리 또는 검사를 받을 목적으로 외국으로부터 반입하는 물품

5. 영 제19조제2호마목에 따른 수입승인면제

가. 「외국인투자촉진법」에 따라 외국인투자의 인가를 받은 기업체가 「관세법」에 따른 보세공장에서 가공할 것을 목적으로 무상 또는 계정 간의 이체방식에 의하여 유상으로 수입하는 원료 및 동 시설보완용 부분품, 소모성 기자재 또는 시설재(단, 산업통상자원부장관이 지정한 기관의 장이 인정하는 경우에 한함)
나. 「관세법」에 따라 보세판매장 설영특허를 받은 자의 판매용 물품으로서 관세청장이 산업통상자원부장관과 협의하여 지정하는 물품

6. 영 제19조제2호바목에 따른 수입승인 면제

가. 국가원수에게 반입되는 물품
나. 우리나라에 있는 자에게 증여하기 위하여 반입되는 훈장, 기장 그 밖에 이에 준하는 물품
다. 외국에 있는 우리나라의 군대, 군함 또는 공관으로부터 반입되는 공용물품
라. 사원, 교회 등에 기증된 식전용품 및 예배용품으로서 세관장이 타당하다고 인정하여 반입되는 물품
마. 자선 또는 구호의 목적으로 기증된 급영품 및 「관세법」 제91조제2호에 따른 기획재정부령에 의하여 지정된 구호시설과 사회복지시설에 기증되어 직접 사회복지용에 공하는 물품으로서 세관장이 타당하다고 인정하여 반입하는 물품
바. 학교, 박물관, 물품진열소 그 밖에 「관세법」 제90조제1항제2호 및 제4호에 따라 지정한 시설에 표본, 참고품, 학술연구 또는 교육용에 직접 공하는 세관장이 타당하다고 인정하여 반입되는 물품
사. 외국의 공공기관으로부터 우리나라 공공기관에 우호의 목적으로 기증되어 반입되는 물품
아. 정부 또는 지방자치단체에 기증된 물품으로서 해당 기관이 직접 사용하는 물품과 해당 기관에서 실시하는 공공사업에 공하기 위하여 반입되는 물품

자. 국제연합교육과학문화기구(유네스코)에서 발행하는 유네스코구폰과 교환으로 송부되어 반입하는 물품
차. 우리나라에 있는 외국의 대사관, 공사관, 영사관, 통상대표기관 그 밖에 이에 준하는 기관에서 반입하는 공영물품 그 밖에 그 기관에 소속 되는 외국공무원 및 그 가족이 반입하는 자용품
카. 「박물관 및 미술관진흥법」에 따라 등록된 박물관 또는 미술관(설립자가 법인인 박물관 또는 미술관에만 해당한다)이 같은 박물관 또는 미술관에 전시할 목적으로 수입하는 물품으로서 문화체육관광부장관의 추천을 받은 물품
타. 국제공동경기에 참가한 우리나라 선수단의 경기용 물품 및 이에 준하는 물품으로 반출하였다가 다시 반입하는 물품
파. 국제협약 등에 따른 조사단 또는 사찰단이 협약 등에 따른 조사 또는 사찰을 위하여 반입하는 장비, 물품 및 그 구성원의 자용물품

7. 영 제19조제2호 사목에 따른 수입승인면제

가. 무상으로 반입하는 간행물, 기록문서와 그 밖의 서류(사진 및 마이크로필름을 포함한다)
나. 해상사고로 인하여 우리나라 선박이 침몰 또는 폐선된 경우에 그 외국가해자로부터 현물배상으로서 제공받아 해외공관장의 확인을 받아 반입하는 선박
다. 우리나라의 선박 또는 항공기가 조난으로 인하여 해체된 경우에 반입하는 해체물품 및 장비품
라. 우리나라에서 출항한 선박 또는 항공기로 반출한 물품으로서 해당 선박 또는 항공기의 사고로 인하여 다시 반입하는 물품
마. 우리나라의 선박 또는 항공기가 국외에서 고장으로 인하여 분리된 부분품(현지 수리 후 반입하는 것을 말한다)
바. 「관세법」 제144조에 따라 선박 또는 항공기의 전환이 있는 경우에 해당 선박 또는 항공기에 적재되어 있는 선박용 또는 항공기용품으로서 세관장이 타당하다고 인정하는 물품
사. 유골(유체를 포함한다)
아. 외국환은행으로부터 수입물품을 담보로 자금을 융자받은 수출입업자의 파산, 해산, 행방불명 등으로 인하여 그 수출입업자에 의한 통관이 불능한 경우에 해당 외국환은행이 담보권 행사를 위하여 보세구역으로부터 다른 지역으로 반입하는 물품
자. 「외국환거래법」 제18조에 따라 기획재정부장관이 정하는 바에 따라 지급을 인정하는 것으로서 다음에 열거된 물품
    1) 외항운송업자가 경상운항경비로 구입하여 그 선박 또는 항공기용으로 사용된 식용품 및 서비스용품
    2) 자기치료를 위한 미화 2천 달러 이하의 의약품으로서 식품의약품안전청장이 추천한 물품. 다만, 일정한 치료주기가 필요한 물품에 한하여 최소 치료주기에 대한 소요량을 명기한 경우와 각 개인에 대한 진단서를 첨부하여 2명 이상에 필요한 의약품을 수입하는 경우 미화 2천 달러 이상의 경우라도 추천할 수 있다.
    3) 운송사업자가 외국항공기에 공급하기 위하여 반입하는 식용품 및 「관세법」 제2조제10호에 따른 기용품

차. 국제공동연구를 위하여 반입하는 연구기자재 또는 국제공동연구 결과물로서 산업통상자원부장관이 수입 추천하는 물품
카. 시험・연구를 위하여 반입하는 물품으로서 산업통상자원부장관이 추천한 물품
타. 신문사, 통신사 또는 방송국의 해외자사에서 구입・사용 후 내용연한이 경과된 방송・촬영장비중 무상으로 반입하는 것으로, 반입목적 등의 사유에 의하여 그 타당성이 인정되어 산업통상자원부장관이 주무부장관과 협의하여 수입추천하는 물품
파. 국내거주자가 자가사용을 위하여 정보통신망 등을 이용하여 구매신청 후 대금을 지급하는 거래에 의하여 외국으로부터 우편 등으로 반입하는 물품으로서, 가격 및 수량 등 그 반입의 목적・사유에 의하여 세관장이 타당하다고 인정하는 경우

(별표 5) 관광호텔용 식자재 및 부대용품

HS	품 명
0201, 0202	쇠고기
기타	법 제14조제2항의 규정에 의한 승인대상물품으로서 주방용품, 소모성 기계, 기자재류 및 객실 또는 부대 업장용 소모성 물품

(별표 6) 수입물품공급업자의 선용품 공급물품

HS	품 명
0201, 0202	쇠고기
기타	신조선 및 수리선박에 공급하기 위한 물품은 선용품 공급계약을 맺고 관세청장의 추천을 받은 품목

(별표 7) 관광업소

업 소 명	주 소
철도그릴 및 열차식당	철도청장이 지정하는 철도그릴 및 열차식당
세종문화회관 및 그릴	서울특별시 종로구 세종로 81-2
한국무역협회 회원식당	서울특별시 강남구 삼성동 159-1 부산광역시 중구 중앙동 4가 87-7
김포공항 국제그릴(4층)	서울특별시 강서구 공항동 150
김포국제공항식당(4층)	서울특별시 강서구 공항동 150
(주)조선호텔 공항외식사업부	서울특별시 강서구 방화동 712-1
코엑스 컨벤션센터내 ㈜조선호텔 운영식당	서울특별시 강남구 삼성동 159
(주)세종호텔 공항외식사업부	서울특별시 강서구 방화동 712-1
전국경제인연합회관	서울특별시 영등포구 여의도동 28-1
대한생명 63빌딩 (국제회의장 및 특급전문식당)	서울특별시 영등포구 여의도동 60
한국의 집	서울특별시 중구 필동 2가 80-2
관광식당	관광진흥법 제3조제1항제5호의 규정에 의거 관광편의시설의 일종으로서 문화체육관광부장관이 지정하는 관광식당

(별표 8) 원산지표시대상물품

HS류별	품 목 코 드
01류	0102, 0106(자라에 한함)
02류	0201, 0202, 0203, 0204, 0205, 0206, 0207, 0208, 0209, 0210
03류	0301, 0302, 0303, 0304, 0305, 0306, 0307, 0308
04류	0401, 0402, 0403, 0404, 0405, 0406, 0407, 0408, 0409, 0410
05류	0504, 0506, 0507, 0510
06류	0601, 0602, 0603, 0604
07류	0701, 0702, 0703, 0704, 0705, 0706, 0707, 0708, 0709, 0710, 0711, 0712, 0713, 0714
08류	0801, 0802, 0803, 0804, 0805, 0806, 0807, 0808, 0809, 0810, 0811, 0812, 0813, 0814
09류	0901, 0902, 0903, 0904, 0906, 0907, 0908, 0910
10류	1001, 1002, 1003, 1004, 1005, 1006, 1007, 1008
11류	1101, 1102, 1103, 1104, 1105, 1106, 1107, 1108, 1109
12류	1201, 1202, 1203, 1204, 1205, 1206, 1207, 1208, 1209, 1211, 1212
13류	1302
15류	1501, 1502, 1503, 1504, 1507, 1508, 1509, 1510, 1511, 1512, 1513, 1514, 1515, 1516, 1517, 1520, 1521, 1522

HS류별	품 목 코 드
16류	1601, 1602, 1603, 1604, 1605
17류	1701, 1702, 1703, 1704
18류	1801, 1802, 1803, 1804, 1805, 1806
19류	1901, 1902, 1903, 1904, 1905
20류	2001, 2002, 2003, 2004, 2005, 2006, 2007, 2008, 2009
21류	2101, 2102, 2103, 2104, 2105, 2106
22류	2201, 2202, 2203, 2204, 2205, 2206, 2207, 2208, 2209
23류	2301, 2303, 2308, 2309
24류	2401, 2402, 2403
25류	2501
28류	2815.11, 2853
30류	3003, 3004, 3005, 3006
31류	3101
35류	3504, 3505, 3506
36류	3604, 3605, 3606
37류	3702, 3703, 3704, 3707
38류	3808, 3814, 3820, 3824, 3826
39류	3916, 3917, 3918, 3919, 3920, 3921, 3922, 3923, 3924, 3925, 3926
40류	4006, 4007, 4008, 4009, 4010, 4011, 4012, 4013, 4014, 4015, 4016, 4017
41류	4114, 4115
42류	4202, 4203, 4205, 4206
43류	4303, 4304
44류	4402, 4409, 4410, 4411, 4412, 4413, 4414, 4415, 4416, 4417, 4418, 4419, 4420, 4421
46류	4601, 4602
48류	4802, 4803, 4804, 4805, 4806, 4807, 4808, 4809, 4810, 4811, 4813, 4814, 4816, 4817, 4818, 4819, 4820, 4821, 4823
49류	4905, 4909
50류	5006, 5007
51류	5109, 5110, 5111, 5112, 5113
52류	5204, 5207, 5208, 5209, 5210, 5211, 5212
53류	5309, 5310, 5311
54류	5401, 5406, 5407, 5408
55류	5502, 5508, 5511, 5512, 5513, 5514, 5515, 5516
56류	5601, 5602, 5603, 5604
57류	5701, 5702, 5703, 5704, 5705
58류	5801, 5802, 5803, 5804, 5805, 5806, 5807, 5808, 5809, 5810, 5811
59류	5909(소방호스에 한함)
60류	6001, 6002
61류	6101, 6102, 6103, 6104, 6105, 6106, 6107, 6108, 6109, 6110, 6111, 6112, 6113, 6114, 6115, 6116, 6117
62류	6201, 6202, 6203, 6204, 6205, 6206, 6207, 6208, 6209, 6210, 6211, 6212, 6213, 6214, 6215, 6216, 6217
63류	6301, 6302, 6303, 6304, 6305, 6306, 6307, 6308, 6309, 6310

HS류별	품 목 코 드
64류	6401, 6402, 6403, 6404, 6405, 6406
65류	6501, 6502, 6504, 6505, 6506, 6507
66류	6601, 6602, 6603
67류	6704
68류	6801, 6802, 6804, 6806, 6809, 6809, 6810, 6815
69류	6902, 6903, 6906, 6907, 6908, 6910, 6911, 6912, 6913, 6914
70류	7003, 7004, 7005, 7006, 7007, 7008, 7009, 7010, 7013, 7014, 7015, 7018, 7019, 7020
71류	7113, 7114, 7116, 7117
72류	7208, 7210(전기, 용융, 착색 아연 도금강판에 한함), 7219, 7216
73류	7307(플랜지에 한함), 7311, 7315, 7317, 7318, 7319, 7320, 7321, 7322, 7323, 7324, 7325, 7326
74류	7415, 7418, 7419
75류	7508
76류	7607, 7612, 7613, 7615, 7616
78류	7806
79류	7907
80류	8007
82류	8201, 8202, 8203, 8204, 8205, 8206, 8207, 8208, 8209, 8210, 8211, 8212, 8213, 8214, 8215
83류	8301, 8302, 8303, 8304, 8305, 8306
84류	8407, 8408, 8409, 8413, 8414, 8415, 8416, 8417, 8418, 8419, 8421, 8422, 8423, 8424, 8425, 8431, 8432, 8433, 8434, 8435, 8436, 8437, 8438, 8440, 8441, 8442, 8443, 8448, 8450, 8451, 8452, 8453, 8456, 8465, 8466, 8467, 8468, 8469, 8470, 8471, 8472, 8473, 8476, 8479, 8481, 8482, 8483, 8484, 8487
85류	8501, 8502, 8503, 8504, 8505, 8506, 8507, 8508, 8509, 8510, 8511, 8512, 8513, 8514, 8515, 8516, 8517, 8518, 8519, 8521, 8522, 8523, 8525, 8526, 8527, 8528, 8529, 8531, 8532, 8533, 8534, 8535, 8536, 8537, 8538, 8539, 8540, 8541, 8542, 8543, 8544, 8545, 8546, 8547, 8548
87류	8701, 8702, 8703, 8704, 8705, 8706, 8707, 8708, 8711, 8712, 8713 ,8715, 8716
89류	8903
90류	9001, 9002, 9003, 9004, 9005, 9006, 9010, 9011, 9012, 9013, 9015, 9016, 9017, 9018, 9019, 9021, 9024, 9025, 9026, 9027, 9028, 9029, 9031, 9032, 9033
91류	9101, 9102, 9103, 9104, 9105, 9106, 9107, 9108, 9109, 9110, 9111, 9112, 9113, 9114
92류	9201, 9202, 9205, 9206, 9207, 9208, 9209
94류	9401, 9402, 9403, 9404, 9405
95류	9503, 9504, 9505, 9506, 9507, 9508
96류	9603, 9604, 9605, 9607, 9608, 9609, 9610, 9611, 9612, 9613, 9614, 9615, 9616, 9617, 9618, 9619

(별표 9) 특정수입물품의 원산지

품 목 명	원산지판정기준
HS 9006.51 렌즈를 통하여 볼 수 있는 파인더(싱글렌즈레플렉스)를 갖춘 것 (폭이 35밀리미터 이하의 롤필름용인것에 한하며 특수용도사진기 또는 일회용 사진기는 제외) HS 9006.53 기타(폭이 35밀리미터의 롤필름용인 것에 한하며 특수용도 사진기 또는 일회용 사진기는 제외)	다음 각 호의 기준을 순차적으로 적용한다. 1. 해당 물품에 사용된 원료 및 부품의 부가가치가 완제품 부가가치의 35%이상인 경우 해당 원료 및 부품을 생산 또는 최초로 공급한 국가 2. 제1호의 국가가 없거나 2개국 이상인 경우는 주요부품(셔터, 렌즈, 줌경통, 파인더)이 차지하는 부가가치의 비율이 높은 국가
HS 0102 소	출생국을 원산지로 한다. 다만, 출생국과 사육국이 다른 경우에는 다음 기준에 따른다. 해당 국가에서 6개월 이상 사육된 경우에는 당해 사육국을 원산지로 하고, 6개월 미만 사육된 경우에는 출생국을 원산지로 한다.
HS 0103 돼지	출생국을 원산지로 한다. 다만, 출생국과 사육국이 다른 경우에는 다음 기준에 따른다. 해당 국가에서 2개월 이상 사육된 경우에는 해당 사육국을 원산지로 하고, 2개월 미만 사육된 경우에는 출생국을 원산지로 한다.
소와 돼지 이외의 그 밖의 가축으로서 HS 01류의 것	출생국을 원산지로 한다. 다만, 출생국과 사육국이 다른 경우에는 다음 기준에 따른다. 해당 국가에서 1개월 이상 사육된 경우에는 해당 사육국을 원산지로 하고, 1개월 미만 사육된 경우에는 출생국을 원산지로 한다.

품 목 명		원산지기준(안)
HS 6101-6117 (편직된 의류 및 그 부속품)	1) 제품형태로 편물(knit to shape)되는 물품(부품과 부속품을 포함한다); 6101-6117의 것	편직공정 수행국 (knit shape)
	2) 부품형태로 편물된 부품을 봉제하여 생산되는 물품 ; 6101-6115의 것	봉제공정 수행국
	3) 재단(cut to shape)된 부품을 봉제하여 생산되는 물품 ; 6101-6115의 것	봉제공정 수행국

품 목 명		원산지기준(안)
	4) 자수된 편평제품 (손수건, 쇼울, 스카프, 머플러, 만틸라, 베일 및 이와 유사한 물품) ; 6117.10.6117.80의 것	편직공정 수행국. 단, 기포원단의 공장도 가격의 50%를 초과하는 자수공정을 수행할 경우 자수공정 수행국
	5) 그 밖의 편평제품 (손수건, 쇼울, 스카, 머플러, 만틸라, 베일 및 이와 유사한 물품) ; 6117.10.6117.80의 것	편직공정 수행국
	6) 부품형태로 편물된 부품을 봉제하여 생산되는 부속품(넥타이류, 장갑류 및 이와 유사한 물품) ; 6116, 6117.20, 6117.80의 것	부품의 편직공정 수행국 (형태를 갖게 knit된 곳)
	7) 재단된 부품을 봉제하여 생산되는 부속품(넥타이류, 장갑류 및 이와 유사한 물품) ; 6116, 6117.20, 6117.80의 것	봉제공정 수행국
	8) 부품형태로 편물된 부품을 봉제하여 생산된 부품 ; 6117.90의 것	부품 편직공정 수행국
	9) 재단된 부품을 봉제하여 생산되는 부품 ; 6117.90의 것	재단공정 수행국
	10) 자수되었으나 봉제되지 아니한 부품 ; 6101-6117의 것	편직공정 수행국. 단, 기포원단의 공장도 가격의 50%를 초과하는 자수공정을 수행할 경우 자수공정 수행국
	11) 그 밖에 봉제되지 아니한 부품 ; 6101-6107의 것	편직공정 수행국
HS 6201-6217 (편직을 제외한 의류 및 그 부속품)	1) 부품을 봉제하여 생산되는 물품(6209의 기저귀를 제외한다) ; 6201-6212	봉제공정 수행국
	2) 기저귀 ; 6209의 것	제직공정 수행국
	3) 자수된 편평제품(손수건, 쇼울, 스카프, 머플러, 만틸라, 베일 및 이와 유사한 물품) ; 6213, 6214, 6217.10의 것	제직공정 수행국. 단, 기포원단의 공장도 가격의 50%를 초과하는 자수공정을 수행할 경우 자수공정 수행국
	4) 그 밖의 편평제품(손수건, 쇼울, 스카프, 머플러, 만틸라, 베일 및 이와 유사한 물품) ; 6213, 6214, 6217.10의 것	제직공정 수행국
	5) 부품을 봉제하여 생산된 부속품(넥타이류, 장갑류 및 이와 유사한 물품) ; 6215, 6216, 6217.10의 것	봉제공정 수행국
	6) 봉제된 부품 ; 6217.90의 것	재단공정 수행국
	7) 자수된 부품 ; 6201-6217의 것	제직공정 수행국. 단 기포원단의 공장도 가격의 50%를 초과하는 자수공정을 수행할 경우 자수공정 수행국

<table>
<tr><th colspan="2">품 목 명</th><th>원산지기준(안)</th></tr>
<tr><td></td><td>8) 그 밖의 부품 ; 6201-6217의 것</td><td>제직공정 수행국</td></tr>
<tr><td rowspan="4">HS
6301-6308
(제품으로 된 방직용 섬유제품)</td><td>1) 부품을 봉제하여 생산되는 물품 ; 6303, 6304, 6306, 6307.20</td><td>제단공정 수행국</td></tr>
<tr><td>2) 자수된 물품 ; 6301-6308의 것 (6301.10 제외)</td><td>제직(또는 편직)공정 수행국. 단 기포원단의 공장도 가격의 50%를 초과하는 자수공정을 수행할 경우 자수공정 수행국</td></tr>
<tr><td>3) 부분품으로 구성된 물품 ; 6308의 것</td><td>Set의 본질적 특성을 구성하는 물품 제조국</td></tr>
<tr><td>4) 그 밖의 제품 ; 6301, 6302, 6305, 6307.10, 6307.90 (6301.10 제외)</td><td>제직(또는 편직)공정 수행국</td></tr>
</table>

(별표 10) 수입 세트물품

HS 번호	품 목 명
3006.50	구급상자와 구급대
3407.00.20.00	치과용 왁스 또는 치과용 인상 재료 중 세트의 것
6103.21- 6103.29	남자 또는 소년용의 앙상블(메리야스 편물 또는 뜨개질 편물의 것
6104.21- 6104.29	여자 또는 소녀용의 앙상블(메리야스 편물 또는 뜨개질 편물의 것
6203.21- 6203.29	남자 또는 소년용의 앙상블(메리야스 편물 또는 뜨개질 편물의 것은 제외)
6204.21- 6204.29	여자 또는 소녀용의 앙상블(메리야스 편물 또는 뜨개질 편물의 것은 제외)
6308	HS 6308 중 러그, 테피스트리,자수한 테이블보 또는 서비에트용 직물 및 실로 구성된 세트
8206	HS 8202 내지 8205에 해당하는 둘 이상의 공구가 소매용으로 세트가 되어 있는 것
8214.20	HS 8214.20 중 매니큐어 또는 페디큐어 세트
8215.10- 8215.20	스푼·포크·국자·스킴머·케이크 서버·생선용 칼·버터용 칼·설탕 집게 및 이와 유사한 부엌 또는 식탁용품이 조합된 세트
8518.30.30.00	마이크로폰·스피커 복합 세트
8518.50	음향증폭세트
9017	HS 9017 중 제도세트(Drawing Set)
9503	HS 9503 중 세트 제품
9605	개인용의 여행세트

(별표 11) 원산지검사공무원증

ㅇ 앞면

원산지검사공무원증
소 속 : 성 명 : (사 진) 직 급 : 주민등록번호 :
위 사람은 대외무역법 제33조 제4항의 규정에 따라 원산지표시에 관한 사항을 검사·확인하는 공무원임을 증명합니다.
년 월 일
시·도지사(시·군·구청장) 세 관 장

ㅇ 뒷면 1. 이 사람은 대외무역법 제33조 제4항의 규정에 의하여 국내 유통중인 수입물품의 원산지표시에 관한 사항을 검사할 권한이 있습니다.

2. 이 증은 다른 사람에게 대여 또는 양도할 수 없습니다.

(별표 12) 조정비용기준

구 분	수수료
조정사건당	50,000원
조정위원 수당 조정안 작성수당	100,000원 50,000원

[별지 제1호 서식]

무역업고유번호신청서
APPLICATION FOR TRADE BUSINESS CODE

처리기간(Handling Time)
즉　　시(Immediately)

① 상　　호 (Name of Company)			② 무역업고유번호 (Trade Business Code)	
③ 주　　소 (Address)				
④	전화번호 (Phone Number)		⑤ 이메일주소 (E-mail Address)	
	팩스번호 (Fax Number)		⑥ 사업자등록번호 (Business Registry Number)	
⑦ 대표자 성명 (Name of Rep.)				

「대외무역법 시행령」 제21조 제1항 및 대외무역관리규정 제24조에 따라 무역업고유번호를 위와 같이 신청합니다.

I hereby apply for the above-mentioned trade business code in accordance with Article 24 of the Foreign Trade Management Regulation.

신청일 :　　년　　월　　일
Date of Application　Year　Month　Day

신청인 :　　　　(서명)
Applicant　　　　Signature

사단법인 **한국무역협회 회장**
Chairman of Korea International Trade Association

유의사항 : 상호, 대표자, 주소, 전화번호 등 변동사항이 발생하는 경우 변동일로부터 20일 이내에 통보하거나 무역업 데이타베이스에 수정입력하여야 함.

[별지 제2호 서식]

무역업고유번호신청사항 변경통보서
NOTIFICATION OF AMENDMENTS TO TRADE BUSINESS CODE

처리기간(Handling Time)
즉 시(Immediately)

① 상 호 (Name of Company)			② 무역업고유번호 (Trade Business Code)	
③ 주 소 (Address)				
④	전 화 번 호 (Phone Number)		⑤ 전자우편주소 (E-mail Address)	
	팩 스 번 호 (Fax Number)		⑥ 사업자등록번호 (Business Registry Number)	
⑦ 대표자성명 (Name of Rep.)				

변경내용(Contents of Amendment)	
변경 전(Before Amendment)	변경 후(After Amendment)

대외무역관리규정 제24조에 따라 무역업고유번호 신청사항의 변경내용을 위와 같이 통보합니다.

I hereby notify the above-mentioned amendment(s) to the trade business code in accordance with Article 24 of the Foreign Trade Management Regulation.

신청일 : 년 월 일
Date of Application Year Month Day

신청인 : (서명)
Applicant Signature

사단법인 **한국무역협회 회장**
Chairman of Korea International Trade Association

※ 첨부서류 : 변경사항 증빙서류

[별지 제3호 서식]

수출승인(신청)서
Export License(Application)

처리기간 : 1일 Handling Time : 1 Day

① 수출자 (Exporter) 무역업신고번호 (Notification No.) 상호, 주소, 성명 (Name of Firm, Address, Name of Rep.) (서명 또는 인) (Signature)	④ 구매자 또는 계약당사자 (Buyer or Principal of Contract) ⑤ 신용장 또는 계약서 번호(L/C or Contract No.)
② 위탁자 (Requester) 사업자등록번호 (Business No.) 상호, 주소, 성명 (Name of Firm, Address, Name of Rep.) (서명 또는 인) (Signature)	⑥ 금액(Total Amount) ⑦ 결제기간(Period of Payment) ⑧ 가격조건(Terms of Payment)
③ 원산지(Origin)	⑨ 도착항 (Port of Dispatch)

⑩ HS 부호 (HS Code)	⑪ 품명 및 규격 (Description/Size)	⑫ 단위 및 수량 (Unit / Quantity)	⑬ 단 가 (Unit Price)	⑭ 금 액 (Amount)

⑮ 승인기관 기재란(Remarks to be filled out by an Approval Agency)
⑯ 유효기간(Period of Approval)
⑰ 승인번호(Approval No.)
⑱ 승인기관 관리번호(No. of an Approval Agency)
⑲ 위의 신청사항을 대외무역법 제11조제2항 및 동법 시행령 제18조제1항의 규정에 의하여 승인합니다. (The undersigned hereby approves the above-mentioned goods in accordance with Article 11(2) of the Foreign Trade Act and Article 18(1) of the Enforcement Decree of the said Act.) 년 월 일 승인권자 (인)
※ 승인기관이 둘 이상인 경우 ⑮ - ⑱의 기재사항은 이면에 기재하도록 합니다. ※ 이 서식에 의한 승인과는 별도로 대금결제에 관한 사항에 대하여는 외국환거래법령이 정하는 바에 따라야 합니다.

2812-281-01611민
'98.1.12. 승인

210㎜ × 297㎜
일반용지 60g/㎡

[별지 제4호 서식]

수입승인(신청)서

Import License(Application)

처리기간 : 1일
Handling Time : 1 Day

① 수입자 (Importer) 무역업신고번호 (Notification No.) 상호, 주소, 성명 (Name of Firm, Address, Name of Rep.) (서명 또는 인) (Signature)	⑤ 송화인(Consignor) 상호, 주소, 성명 (Name of Firm, Address, Name of Rep.)
② 위탁자 (Requester) 사업자등록번호 (Business No.) 상호, 주소, 성명 (Name of Firm, Address, Name of Rep.) (서명 또는 인) (Signature)	⑥ 금액(Total Amount) ⑦ 결제기간(Period of Payment) ⑧ 가격조건(Terms of Payment)
③ 원산지(Origin)	④ 선적항(Port of Loading)

⑨ HS부호 (HS Code)	⑩ 품명 및 규격 (Description/Size)	⑪ 단위 및 수량 (Unit/Quantity)	⑫ 단 가 (Unit Price)	⑬ 금 액 (Amount)

⑭ 승인기관 기재란(Remarks to be filled out by an Approval Agency)
⑮ 유효기간(Period of Approval)
⑯ 승인번호(Approval No.)
⑰ 승인기관 관리번호(No. of an Approval Agency)
⑱ 위의 신청사항을 대외무역법 제11조제2항 및 동법시행령 제18조제1항의 규정에 의하여 승인합니다. (The undersigned hereby approves the above-mentioned goods in accordance with Article 11(2) of the Foreign Trade Act and Article 18(1) of the Enforcement Decree of the said Act.) 년 월 일 승인권자 (인)
※ 승인기관이 2이상인 경우 ⑭ – ⑰의 기재사항은 이면에 기재하도록 합니다. ※ 이 서식에 의한 승인과는 별도로 대금결제에 관한 사항에 대하여는 외국환거래법령이 정하는 바에 따라야 합니다.

2812-281-01711민
'98.1.12. 승인

210㎜ × 297㎜
일반용지 60g/㎡

[별지 제5호 서식]

수출입승인(신청)서
Export-Import License(Application)

처리기간 : 1일 Handling Time : 1 Day

① 수출입자 (Ex-Importer) 무역업신고번호 (Notification No.) 상호, 주소, 성명 (Name of Firm, Address, Name of Rep.) (서명 또는 인) (Signature)			⑥신용장 또는 계약서번호 (L/C or Contract No.)	
② 위탁자 (Requester) 사업자등록번호 (Business No.) 상호, 주소, 성명 (Name of Firm, Address, Name of Rep.) (서명 또는 인) (Signature)			수 출 (Export)	⑦ 금 액 (Total Amount)
				⑧ 결제기간 (Period of Payment)
	수 출 (Export)	수 입 (Import)		⑨ 가격조건 (Terms of Payment)
③ 원산지 (Origin)			수 입 (Import)	⑩ 금 액 (Total Amount)
④ 선적항 (Port of Loading)				⑪ 결제기간 (Period of Payment)
⑤ 도착항 (Port of Dispatch)				⑫ 가격조건 (Terms of Payment)

수출물품의 명세

⑬ HS부호 (HS Code)	⑭ 품명 및 규격 (Description/Size)	⑮ 단위 및 수량 (Unit/Quantity)	⑯ 단 가 (Unit Price)	⑰ 금 액 (Amount)

수입물품의 명세

⑱ HS부호 (HS Code)	⑲ 품명 및 규격 (Description/Size)	⑳ 단위 및 수량 (Unit/Quantity)	㉑ 단 가 (Unit Price)	㉒ 금 액 (Amount)

㉓ 승인기관 기재란(Remarks to be filled out by an Approval Agency)

㉔ 유효기간(Period of Approval)

㉕ 승인번호(Approval No.)

㉖ 승인기관 관리번호(No. of an Approval Agency)

㉗ 위의 신청사항을 대외무역법 제11조제2항 및 동법시행령 제18조제1항의 규정에 의하여 승인합니다.
(The undersigned hereby approves the above-mentioned goods in accordance with Article 11(2) of the Foreign Trade Act and Article 18(1) of the Enforcement Decree of the said Act.)

년 월 일

승인권자 (인)

※ 승인기관이 둘 이상인 경우 ㉓ - ㉖의 기재사항은 이면에 기재하도록 합니다.

※ 이 서식에 의한 승인과는 별도로 대금결제에 관한 사항에 대하여는 외국환거래법령이 정하는 바에 따라야 합니다.

2812-281-01811민
'98.1.12. 승인

210㎜ × 297㎜
일반용지 60g/㎡

[별지 제6호 서식]

특정거래인정신고서

처리기간
1 일

<table>
<tr><td colspan="4">①신고인(상호, 주소, 전화번호)　　무역업신고번호
사업자등록번호
(서명 또는 인)</td><td colspan="4">② 신용장 또는 계약서번호
③ 특정거래인정 유효기간
: 신고수리(인정)날로부터 1년</td></tr>
<tr><td colspan="8">수출명세</td></tr>
<tr><td colspan="3">④ 수 출 물 품</td><td colspan="2">⑤ 결 제 내 용</td><td colspan="3">⑥ 물 품 이 동</td></tr>
<tr><td>품　명</td><td>HS No</td><td></td><td>결제금액</td><td></td><td>원 산 지</td><td colspan="2"></td></tr>
<tr><td rowspan="3"></td><td>규 격</td><td></td><td>결제기간</td><td></td><td>선 적 항</td><td colspan="2"></td></tr>
<tr><td>단 위</td><td></td><td>가격조건</td><td></td><td>도 착 항</td><td colspan="2"></td></tr>
<tr><td>수 량</td><td></td><td>결제방법</td><td></td><td>송수하인</td><td colspan="2"></td></tr>
<tr><td colspan="8">수입명세</td></tr>
<tr><td colspan="3">⑦ 수 입 물 품</td><td colspan="2">⑧ 결 제 내 용</td><td colspan="3">⑨ 물 품 이 동</td></tr>
<tr><td>품　명</td><td>HS No</td><td></td><td>결제금액</td><td></td><td>원 산 지</td><td colspan="2"></td></tr>
<tr><td rowspan="3"></td><td>규 격</td><td></td><td>결제기간</td><td></td><td>선 적 항</td><td colspan="2"></td></tr>
<tr><td>단 위</td><td></td><td>가격조건</td><td></td><td>도 착 항</td><td colspan="2"></td></tr>
<tr><td>수 량</td><td></td><td>결제방법</td><td></td><td>송수하인</td><td colspan="2"></td></tr>
<tr><td colspan="4">대외무역관리규정 제22조에 따라 위와 같이 특정거래인정 사항을 신고합니다.
년　월　일
신고인　(서명 또는 인)</td><td colspan="4">위의 신청사항을 신고수리(인정)합니다.
년　월　일
산업통상자원부장관　(인)</td></tr>
</table>

210㎜ × 297㎜　　일반용지 60g/㎡

[별지 제7호 서식]

거 래 요 약 서

1. 거래형태 그림

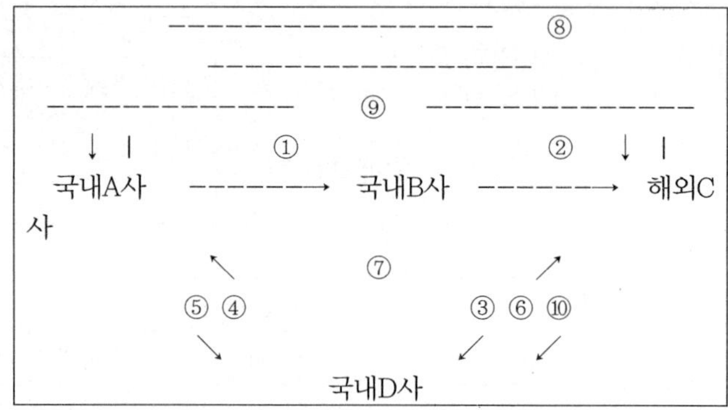

① 국내A사가 국내B사와 일괄수주방식으로 계약
② 국내B사는 해외C사와 발전소제어시스템 공급계약을 체결
③ 해외C사는 국내D사에 제어시스템 일부를 하도급
④ 국내D사는 국내A사에 해외C사와 공급계약한 일부 시스템을 국내에서 직접 공급
⑤ 국내A사는 국내D사가 공급할 물품에 대한 인수증등을 발행
⑥ 국내D사는 국내A사가 발행한 인수증등과 대금을 청구하기 위한 상업송장을 해외C사에 발행
⑦ 해외C사는 자사 공급품을 국내A사에 공급
⑧ 해외C사는 자사가 공급한 물품의 대금과 국내D사가 청구한 대금을 위한 상업송장을 발행하여 신용장을 통하여 NEGO
⑨ 국내A사의 대금결제
⑩ 해외C사는 국내D사가 국내A사에 공급한 물품의 대금을 국내D사에 송금

2. 거래개요 및 사유

※ 거래내용을 5-10행으로 약술하되 다음사항이 포함되도록 하시기 바랍니다.
㉠ 수출입 당사자
㉡ 수출입 물품의 HS세번 및 승인대상품목인지 여부(예 : HS○○○ , ○○○공고대상품목으로서 ○○○기관(단체)의 장의 승인필요품목)
㉢ 구매사유등 당해 거래형태로 거래하여야 할 필요성 또는 사유
㉣ 질의사항을 분명하게 표시(예 : ①○○○의 경우 승인대상인지 여부 ②○○○의 경우 산업통상자원부장관에게 신고대상인지 여부 등)
㉤ 연락처 및 담당자(전화번호, 직·성명)

[별지 제8호 서식]

수출대금 영수은행 지정 및 수출대금 영수 확인서

지정서 번호 : ________

수출대금 영수은행 지정서

회사명(주소) :

사업자등록번호 :　　　　성명(대표자) :　　　　전화번호 :

대외무역관리규정 제21조 제3항에 따라, 상기인의 아래의 중계무역 거래에 대한 수출대금 영수은행을 (　　　)은행 (　　　)점으로 지정합니다.

수출 계약 명세
(계약서/신용장번호 :　　　) (계약금액 :　　　) (영수신청금액 :　　　)
수입 계약 명세
(계약서/신용장번호 :　　　) (계약금액 :　　　) (수입결제금액 :　　　)

년　월　일
은행　　부(점)장 (인)

※ 수입대금 지급은행은 본 지정서 2부를 작성, 1부를 중계무역 거래자에게 교부하여야 합니다.

- - - - - - - - - - - - (간인) - - - - - 절 취 선 - - - - - (간인) - - - - - - -

수출대금 영수 확인서

은행　　부(점)장 귀하

회사명(주소) :

사업자등록번호 :　　　　성명(대표자) :　　　　전화번호 :

대외무역관리규정 제21조 제3항에 따라, 상기인의 중계무역 거래와 관련하여 아래의 수출대금을 영수하였음을 확인합니다.

수출대금 영수 내역
(계약서/신용장번호 :　　　)　　(계약금액 :　　　)
(영수일자 :　　　)　　(영수금액 :　　　)

년　월　일
은행　　부(점)장 (인)

※ 대외무역관리규정 제21조 제3항에 따라, 중계무역 거래자는 '수출대금 영수확인서'를 수출대금 영수후 수출대금 영수은행의 확인을 받아 수입대금 지급은행에 제출하여야 합니다.

[별지 제9호 서식]

수출입승인사항변경승인·신고(신청)서

처리기간
1 일

②신청인 무역업신고번호 (상호, 주소, 성명) (서명 또는 인)		② 변경전승인일자
		③ 변경전승인번호
		④ 사후관리기관·단체명
⑤변경내용(변경을 요하는 사항만을 기입하십시오)		
변 경 전		변 경 후
⑥ 승인기관기재란		
⑦ 유효기간		
⑧ 승인(신고수리)번호		
⑨ 승인기관 관리번호		
위의 신청사항을 대외무역법 제11조제3항 및 동법시행령 제18조에 따라 승인(신고수리)합니다. 년 월 일 승 인 권 자 (인)		

2812-281-02011민
'98.1.12. 승인

210㎜ × 297㎜
일반용지 60g/㎡

[별지 제10호 서식]

수출실적의확인및증명발급(신청)서

처리기간
즉 시

① 신청인(상호, 주소, 성명) (서명 또는 인)			② 발급용도	
③ 수출(입금)일자	④ 매입번호	⑤ 품명	⑥ 수출실적	⑦ 비고
⑧ 증명발급번호				

대외무역관리규정 제29조에 따라 위의 사실을 확인합니다.

년 월 일

증 명 권 자 (인)

2812-281-02411민
'98.1.12. 승인

210㎜ × 297㎜
일반용지 60g/㎡

[별지 제11호 서식]

수입실적의확인및증명발급(신청)서

처리기간
즉 시

① 신청인(상호, 주소, 성명) (서명 또는 인)			② 발급용도	
③ 수입(지급)일자	④ 품명	⑤ 수입실적	⑥ 수입용도	⑦ 비고
⑧ 증명발급번호				
대외무역관리규정 제29조의 규정에 의하여 위의 사실을 확인합니다. 년 월 일 증 명 권 자 (인)				

2812-281-05211민
'98.1.12. 승인

210㎜ × 297㎜
일반용지 60g/㎡

[별지 제12호 서식]

외화획득용원료수입승인(신청)서
Import for Re-Export License(Application)

처리기간 : 1일 Handling Time : 1 Day

<table>
<tr><td colspan="2">①수입자 무역업고유번호
(Exporter) (Trade Business Code)
상호, 주소, 성명
(Name of Firm, Address, Name of Rep.)
(서명 또는 인)
(Signature)</td><td colspan="3">⑥송화인 (Consignor)
상호, 주소, 성명
(Name of Firm, Address, Name of Rep.)</td></tr>
<tr><td colspan="2" rowspan="2">②위탁자 사업자등록번호
(Requester) (Business No.)
상호, 주소, 성명
(Name of Firm, Address, Name of Rep.)
(서명 또는 인)
(Signature)</td><td colspan="3">⑦금액 (Total Amount)</td></tr>
<tr><td colspan="3">⑧결제기간 (Period of Payment)</td></tr>
<tr><td>③원산지(Origin)</td><td>④선적항(Port of Loading)</td><td colspan="3">⑨가격조건 (Terms of Payment)</td></tr>
<tr><td>⑤사후관리 기관명</td><td colspan="4"></td></tr>
<tr><td>⑩HS부호
(HS Code)</td><td>⑪품명 및 규격
(Description/Size)</td><td>⑫단위 및 수량
(Unit/Quantity)</td><td>⑬단 가
(Unit Price)</td><td>⑭금 액
(Amount)</td></tr>
<tr><td></td><td></td><td></td><td></td><td></td></tr>
<tr><td colspan="5">⑮승인기관 기재란(Remarks to be filled out by an Approval Agency)</td></tr>
<tr><td colspan="5">⑯유효기간(Period of Approval)</td></tr>
<tr><td colspan="5">⑰승인번호(Approval No.)</td></tr>
<tr><td colspan="5">⑱승인기관 관리번호(No. of an Approval Agency)</td></tr>
<tr><td colspan="5">위의 신청사항을 「대외무역법」제11조제2항 및 동법시행령 제24조제1항에 따라 승인합니다.
(The undersigned hereby approves the above-mentioned goods in accordance with Article 11(2) of the Foreign Trade Act and Article 24(1) of the Enforcement Decree of the said Act.)
년 월 일
승 인 권 자 (인)</td></tr>
<tr><td colspan="5">※이 서식에 의한 승인과는 별도로 대금결제에 관한 사항에 대하여는 외국환거래법령이 정하는 바에 따라야 합니다.</td></tr>
</table>

2812-281-01911민
'98.1.12. 승인

210㎜ × 297㎜
일반용지 60g/㎡

[별지 제13호 서식]

외화획득용원료 · 기재구매확인신청서

① 구매자 (상호)
(주소)
(성명)
(사업자등록번호)

② 공급자 (상호)
(주소)
(성명)
(사업자등록번호)

1. 구매원료 · 기재의 내용

③ HS부호	④ 품명 및 규격	⑤ 단위 및 수량	⑥ 구매일	⑦ 단가	⑧ 금액	⑨ 비고

2. 외화획득용 원료 · 기재라는 사실을 증명하는 서류

⑩ 서류명 및 번호	⑪ HS부호	⑫ 품명 및 규격	⑬ 금액	⑭ 선적기일	⑮ 발급기관명

3. 세금계산서(외화획득용 원료 · 기재를 구매한 자가 신청하는 경우에만 해당)

⑯ 세금계산서 번호	⑰ 작성일자	⑱ 공급가액	⑲ 세액	⑳ 품목	㉑ 규격	㉒ 수량

㉓ 구매원료 · 기재의 용도명세 : 원자재구매, 원자재 임가공위탁, 완제품 임가공위탁, 완제품구매, 수출대행 등 해당용도를 표시하되, 위탁가공무역에 소요되는 국산원자재를 구입하는 경우는"(위탁가공)" 문구를 추가표시

* 한국은행 총액한도대출관련 무역금융 취급절차상의 용도표시 준용

위의 사항을 대외무역법 제18조에 따라 신청합니다.

신청일자 년 월 일
신 청 자
전자서명

* ③은 HS부호 또는 자사관리코드 중 어느 하나를 반드시 기재하여야 합니다.
) 내지 ㉒은 1. 구매원료 · 기재의 내용과 금액이 다른 경우에는 반드시 기재하여야 합니다.

210㎜ × 297㎜
일반용지 60g/㎡

1/총페이지수

별지 제13-1호 서식]

외화획득용원료·기재구매확인서

※ 구매확인서번호 :

① 구매자	(상호) (주소) (성명) (사업자등록번호)
② 공급자	(상호) (주소) (성명) (사업자등록번호)

1. 구매원료·기재의 내용

③ HS부호	④ 품명 및 규격	⑤ 단위 및 수량	⑥ 구매일	⑦ 단가	⑧ 금액	⑨ 비고

2. 세금계산서(외화획득용 원료·기재를 구매한 자가 신청하는 경우에만 해당)

⑩ 세금계산서 번호	⑪ 작성일자	⑫ 공급가액	⑬ 세액	⑭ 품목	⑮ 규격	⑯ 수량

⑰ 구매원료·기재의 용도명세 : 원자재구매, 원자재 임가공위탁, 완제품 임가공위탁, 완제품구매, 수출대행 등 해당용도를 표시하되, 위탁가공무역에 소요되는 국산원자재를 구입하는 경우는"(위탁가공)"문구를 추가표시

* 한국은행 총액한도대출관련 무역금융 취급절차상의 용도표시 준용

위의 사항을 대외무역법 제18조에 따라 확인합니다.

확인일자 년 월 일

확인기관

전자서명

이 전자무역문서는「전자무역 촉진에 관한 법률」에 따라 전자문서교환방식으로 발행된 것으로서 출력하여 세관 또는 무역유관기관 등 제3자에게 제출하려는 경우 업체는 동 법률 시행규정 제12조제3항에 따라 적색고무인을 날인하여야 합니다.

210㎜ × 297㎜
일반용지 60g/㎡

1/총페이지수

별지 제14호 서식]

외화획득이행기간연장(신청)서

처리기간
7 일

① 신청인(상호, 주소, 성명) (서명 또는 인)	② 사후관리기관·단체	③ 사유

기간연장승인신청 내역

④HS부호	⑤품명 및 규격	⑥단위 및 수량	⑦금액	⑧당초만기일	⑨연장기간 및 연장후 만기일

소요원자재 수입내역

⑩HS부호	⑪품명 및 규격	⑫단위 및 수량	⑬금액	⑭수입신고세관	⑮수입신고일자 및 신고필증번호

대응수출 이행내역

⑯HS부호	⑰품명 및 규격	⑱단위 및 수량	⑲금액	⑳L/C번호	㉑수입신고일자

원자재 사용내역

㉒HS부호	㉓품명 및 규격	㉔단위 및 수량	㉕금액		

㉖ 승인조건

㉗ 승인번호

위의 신청사항을 대외무역관리규정 제38조에 따라 승인합니다.

년 월 일

승 인 권 자 (인)

2812-281-02711민
'98.1.12. 승인

210㎜ × 297㎜
일반용지 60g/㎡

[별지 제15호 서식]

외화획득용원료구매내역신고서

①HS(10단위)부호 및 원자재명					
②구매근거번호	③구매일	④규격	⑤구매단위 및 수량	⑥금액	⑦비고

대외무역관리규정 제45조에 따라 신고합니다.

년
월 일

신고인 상호 :
주소 :
성명 :

외화획득용원료수입 사후관리기관의 장 귀하

2812-281-03111민
'98.1.12.

210㎜ × 297㎜
일반용지 60g/㎡

[별지 제16호 서식]

외화획득이행신고서

외화획득용 원료(물품 등) 수입 및 구매명세 (근거서류명 및 번호 :)						
①수입(구매)일	②HS부호	③품명 및 규격	④단위 및 수량	⑤단가	⑥금액	⑦비고

외화획득 이행 내역 (근거서류명 및 번호 :)						
⑧외화획득이행일	⑨HS부호	⑩품명 및 규격	⑪단위 및 수량	⑫단가	⑬금액	⑭비고

대외무역관리규정 제47조에 따라 신고합니다.

년 월 일

외회획득용원료수입 사후관리기관의 장 귀하

210㎜ × 297㎜
일반용지 60g/㎡

[별지 제17호 서식]

외화획득용원료공급이행신고서

<table>
<tr><td colspan="3">① 신청인(상호, 주소, 성명)

(서명 또는 인)</td><td colspan="3">② 인수자(상호, 주소, 성명)

(서명 또는 인)</td></tr>
<tr><td colspan="3">③비고</td><td colspan="3">④인수자 사후관리기관명</td></tr>
<tr><td colspan="6">공급물품내역</td></tr>
<tr><td>⑤공급일자
(인수일자)</td><td>⑥내국신용장등 번호</td><td>⑦HS부호 및 수입제한구분</td><td>⑧품명 및 규격</td><td>⑨단위 및 수량</td><td>⑩금액</td></tr>
<tr><td></td><td></td><td></td><td></td><td></td><td></td></tr>
<tr><td colspan="6">기초원료 소요내역</td></tr>
<tr><td>⑪HS부호 및 수입제한구분</td><td>⑫품명 및 규격</td><td>⑬단위 및 수량</td><td>⑭금액</td><td colspan="2">⑮비고</td></tr>
<tr><td></td><td></td><td></td><td></td><td colspan="2"></td></tr>
<tr><td colspan="3">대외무역관리규정 제48조에 따라 위와 같이 외화획득용 원료의 공급이행사항을 신고합니다.

년 월 일

신고인 (서명 또는 인)</td><td colspan="3">위의 사항을 확인합니다.

년 월 일

외화획득용원료수입 사후관리기관의 장(인)</td></tr>
</table>

2812-281-03411민 210㎜ × 297㎜
'98.1.12. 승인 일반용지 60g/㎡

[별지 제18호 서식]

외화획득용원료사용목적변경승인(신청)서

처리기간
7 일

①신청인 무역업고유번호 (상호, 주소, 성명) (서명 또는 인)	②사후관리기관·단체명
	③비고

사용목적 변경승인 신청내역

④HS부호	⑤품명 및 규격	⑥단위 및 수량	⑦금액	⑧수입승인일자 및 번호

소요원자재 수입내역

⑨HS부호	⑩품명 및 규격	⑪단위 및 수량	⑫금액	⑬수입신고세관	⑭수입신고일자 및 신고필증번호

외화획득이행내역

⑮HS부호	⑯품명 및 규격	⑰단위 및 수량	⑱금액	⑲수출일자	⑳L/C번호

외화획득을 위한 원료사용내역

㉑HS부호	㉒품명 및 규격	㉓단위 및 수량	㉔금액	㉕비고

㉖ 승인조건

㉗ 승인번호

위의 신청사항을 대외무역관리규정 제49조에 따라 승인합니다.

년 월 일

승 인 권 자 (인)

2812-281-03511민
'98.1.12. 승인

210㎜ × 297㎜
일반용지 60g/㎡

[별지 제19호 서식]

외화획득용원료양도승인(신청)서

처리기간
7 일

①양도자(상호, 주소, 성명) (서명 또는 인)	②양수자(상호, 주소, 성명) (서명 또는 인)
③양도자사후관리기관·단체명	④양수자사후관리기관·단체명

양도원료내역

⑤HS부호 및 수입제한구분	⑥품명 및 규격	⑦단위 및 수량	⑧금액	⑨비고

원료수입내역

⑩HS부호 및 수입제한구분	⑪품명 및 규격	⑫단위 및 수량	⑬금액	⑭수입신고일자 (구매일자)	⑮수입신고번호	⑯수입승인일자 및 번호

⑰승인요건
⑱승인번호
위의 신청사항을 대외무역관리규정 제50조에 따라 승인합니다. 년 월 일 승인권자 (시명 또는 인)

2812-281-03611민
'98.1.12. 승인

210㎜ × 297㎜
일반용지 60g/㎡

[별지 제20호 서식]

자율소요량계산서

외화획득이행 물품 등 명세 (관련서류명 및 번호 :   )

①HS부호	②품명 및 규격	③단위 및 수량	④가격조건 및 단가	⑤금액	⑥비고

자율소요량 명세

⑦HS부호 (10단위)	⑧품명 및 규격	⑨단위당기준소요량, 단위자율소요량	⑩단위 및 수량	⑪자율소요량 (⑨×⑩)	⑫비고

자율소요량 계산근거 및 내역

대외무역관리규정 제56조에 따라 위와 같이 자율소요량계산서를 작성 및 제출 합니다.

년 월 일

업체명 :

주 소 :

작성업체 대표 (인)

수입승인 기관·단체의 장 귀하

210㎜ × 297㎜
일반용지 60g/㎡

[별지 제21호 서식]

산업설비수출승인(신청)서

처리기간
5 일

(용)

<table>
<tr><td rowspan="3">①신청인 무역업고유번호
(상호, 주소, 성명)

(서명 또는 인)</td><td colspan="2">③신용장 또는 계약서 번호</td></tr>
<tr><td colspan="2">④수출승인유효기간</td></tr>
<tr><td colspan="2">⑤지급보증기관</td></tr>
<tr><td rowspan="3">②구매자 또는 계약상대자</td><td colspan="2">대금결재방식 및 수출승인 금액(계:)</td></tr>
<tr><td>⑥신용장</td><td>⑦송금환</td></tr>
<tr><td colspan="2">⑧기타</td></tr>
<tr><td>⑨산업설비명</td><td colspan="2">⑩설치장소</td></tr>
<tr><td colspan="3">⑪수출의 범위
(설계) (기자재) (설치) (건설) (운전) (일괄수출)</td></tr>
<tr><td rowspan="3">⑫수출대금결제조건</td><td colspan="2">⑬송출인력직종 및 인원</td></tr>
<tr><td colspan="2">⑭기술용역수행자</td></tr>
<tr><td colspan="2">⑮건설시공수행자</td></tr>
<tr><td colspan="3">⑯승인조건</td></tr>
<tr><td colspan="3">⑰승인번호</td></tr>
<tr><td colspan="3">위의 신청사항을 대외무역법시행령 제50조에 따라 승인합니다.

년 월 일

승인권자 (인)</td></tr>
</table>

2812-281-03911민
'98.1.12. 승인

210㎜ × 297㎜
일반용지 $60g/m^2$

[별지 제22호 서식]

산업설비수출승인사항변경승인(신청)서

(용)

처리기간
5 일

①신청인 무역업고유번호 (상호, 주소, 성명) (서명 또는 인)	②신용장 또는 계약서 번호 ③수출승인유효기간 ④변경전승인번호
변경내용	
⑤변경 전	⑥변경 후
⑦변경승인조건	
⑧승인번호	
위의 신청사항을「대외무역법시행령」제50조에 따라 승인합니다. 년 월 일 승 인 권 자 (인)	

2812-281-04011민
'98.1.12. 승인

210㎜ × 297㎜
일반용지 60g/㎡

[별지 제23호 서식] 삭제

[별지 제24호 서식]

수출·수입실적의 확인 및 증명발급 신청서

당사는 「대외무역법 시행령」 제23조에 따라 다음과 같이 용역에 대한 수출·수입실적의 확인 및 증명 발급을 신청합니다.

1. 회사 현황

<table>
<tr><td rowspan="2">회사개요</td><td>회사명</td><td colspan="2"></td><td>대표자명</td><td></td></tr>
<tr><td>주소</td><td colspan="2"></td><td>사업자등록번호</td><td></td></tr>
<tr><td>기업형태</td><td>□개인
□법인</td><td>□대기업 □중소기업</td><td>□상장 □비상장</td><td colspan="2">□S/W전업 □기타겸업</td></tr>
<tr><td colspan="2">담당자명</td><td></td><td>전화번호</td><td colspan="2"></td></tr>
<tr><td colspan="2">무역업고유번호</td><td></td><td>E-mail</td><td colspan="2"></td></tr>
</table>

2. 수출입확인 사항

<table>
<tr><td colspan="2">수출입실적 확인기간</td><td colspan="6">년 월 일 부터 년 월 일 까지</td></tr>
<tr><td colspan="2">발급용도</td><td colspan="6"></td></tr>
<tr><td>구 분
(수출입)</td><td>용 역 명</td><td>거래형태
(L/C,T/T)</td><td>수출수입 금액
(외화표시/USD)</td><td>거래번호</td><td>대상국가
(계약자명)</td><td>계약일자</td><td>거래
외국환은행</td></tr>
<tr><td></td><td></td><td></td><td></td><td></td><td></td><td></td><td></td></tr>
<tr><td></td><td></td><td></td><td></td><td></td><td></td><td></td><td></td></tr>
</table>

* 거래번호는 외화입금에 대해 해당 외국환은행에서 부여한 번호(reference number)를 기입하시기 바랍니다.
* 확인 대상용역 2건 초과 시 [별지]의 자료를 이용하시기 바랍니다.

상기 수출입확인 신청사항 및 제출자료는 사실과 같으며 가격조작 등 부정사유가 발생하는 경우, 「대외무역법」에 따라 처벌을 받을 것을 서약합니다.

년 월 일

신청인 ___________(인)

확인 및 증명기관의 장 귀하

첨부서류 : 1. 수출입계약서 사본 1부.
2. 사업자등록증사본 1부.
3. 은행이 발급한 외화매입 증명서류(외화 타발송금확인서 등 송금인/수취인 명시 및 USD환산액 표기) 1부.
4. 기타 거래 및 인수인도사실 증명서류.

210㎜ × 297㎜

일반용지 60g/㎡

[별지 제25호 서식]

수출·수입실적의 확인 및 증명서

「대외무역법 시행령」 제23조에 따라 아래와 같이 용역에 대한 수출입 사실을 확인하고 실적증명서를 발급합니다.

1. 회사개요

<table>
<tr><td rowspan="3">회사개요</td><td>회사명</td><td></td><td>대표자명</td><td></td></tr>
<tr><td>주 소</td><td></td><td>사업자등록번호</td><td></td></tr>
<tr><td>전화번호</td><td></td><td>무역업고유번호</td><td></td></tr>
</table>

2. 확인사항

<table>
<tr><td colspan="2">수출입실적 확인기간</td><td colspan="2">년 월 일</td><td>부터</td><td>년 월 일</td><td>까지</td></tr>
<tr><td colspan="2">발급용도</td><td colspan="5"></td></tr>
<tr><td>구 분
(수출입)</td><td>품 목 명</td><td>수출수입 실적
(외화표시/USD)</td><td>대상국가
(계약자명)</td><td>계약일자</td><td colspan="2">거래
외국환은행</td></tr>
<tr><td></td><td></td><td></td><td></td><td></td><td colspan="2"></td></tr>
<tr><td></td><td></td><td></td><td></td><td></td><td colspan="2"></td></tr>
<tr><td></td><td></td><td></td><td></td><td></td><td colspan="2"></td></tr>
<tr><td></td><td></td><td></td><td></td><td></td><td colspan="2"></td></tr>
</table>

년 월 일

확인 및 증명권자(인)

210㎜ × 297㎜
일반용지 60g/㎡

[별지 제26호 서식]

수출 · 수입실적의 확인 및 증명발급 신청서

당사는 「대외무역법 시행령」 제23조에 따라 다음과 같이 전자적 형태의 무체물에 대한 수출 · 수입실적의 확인 및 증명 발급을 신청합니다.

1. 회사 현황

<table>
<tr><td rowspan="2">회사개요</td><td>회사명</td><td colspan="2"></td><td>대표자명</td><td></td></tr>
<tr><td>주소</td><td colspan="2"></td><td>사업자등록번호</td><td></td></tr>
<tr><td>기업형태</td><td>□개인
□법인</td><td>□대기업 □중소기업</td><td>□상장 □비상장</td><td colspan="2">□S/W전업 □기타겸업</td></tr>
<tr><td colspan="2">담당자명</td><td></td><td>전화번호</td><td colspan="2"></td></tr>
<tr><td colspan="2">무역업고유번호</td><td></td><td>E-mail</td><td colspan="2"></td></tr>
</table>

2. 수출입확인 사항

<table>
<tr><td colspan="2">수출입실적 확인기간</td><td colspan="6">년 월 일 부터 년 월 일 까지</td></tr>
<tr><td colspan="2">발급용도</td><td colspan="6"></td></tr>
<tr><td>구 분
(수출입)</td><td>용 역 명</td><td>거래형태
(L/C,T/T)</td><td>수출수입 금액
(외화표시/USD)</td><td>거래번호</td><td>대상국가
(계약자명)</td><td>계약일자</td><td>거래
외국환은행</td></tr>
<tr><td></td><td></td><td></td><td></td><td></td><td></td><td></td><td></td></tr>
<tr><td></td><td></td><td></td><td></td><td></td><td></td><td></td><td></td></tr>
</table>

* 거래번호는 외화입금에 대해 해당 외국환은행에서 부여한 번호(reference number)를 기입하시기 바랍니다.

* 확인 대상용역 2건 초과 시 [별지]의 자료를 이용하시기 바랍니다.

상기 수출입확인 신청사항 및 제출자료는 사실과 같으며 가격조작 등 부정사유가 발생하는 경우, 「대외무역법」에 따라 처벌을 받을 것을 서약합니다.

년 월 일

신청인 ___________(인)

확인 및 증명기관의 장 귀하

첨부서류 : 1. 수출입계약서 사본 1부.
2. 사업자등록증사본 1부.
3. 은행이 발급한 외화매입 증명서류(외화 타발송금확인서 등 송금인/수취인 명시 및 USD환산액 표기) 1부.
4. 기타 거래 및 인수인도사실 증명서류.

210㎜ × 297㎜
일반용지 60g/㎡

[별지 제27호 서식]

수출 · 수입실적의 확인 및 증명서

「대외무역법 시행령」 제23조에 따라 아래와 같이 전자적 형태의 무체물에 대한 수출입 사실을 확인하고 실적증명서를 발급합니다.

1. 회사개요

회사개요	회사명		대표자명	
	주 소		사업자등록번호	
	전화번호		무역업고유번호	

2. 확인사항

수출입실적 확인기간		년 월 일	부터	년 월 일	까지
발급용도					
구 분 (수출입)	품 목 명	수출수입 실적 (외화표시/USD)	대상국가 (계약자명)	계약일자	거래 외국환은행

년 월 일

확인 및 증명권자(인)

210㎜ × 297㎜
일반용지 60g/㎡

[별지 제28호 서식]

[별지 제28호 서식]

대응외화획득 이행내역

상 사 명 :
주　　소 :
대표자명 :　　　　　　　(서명 또는 인)

수입 및 구매사항										수출 및 공급사항							잔 량			
HS부호 (10단위)	원자재명	수입분기 (구매 분기)	외화획득 만기일	건수		수량			금액	수출기간	건수		수량			금액	수량	미이행율	금액	비고 (미이행사유)
				수입	구매	수입	구매	계		공급기간	수출	공급	수출	공급	계					

2812-281-02911민
'98.1.12. 승인

353㎜ × 250㎜
일반용지(특급) 100g/㎡

[별지 제29호 서식]

외화획득용원료 사후관리 이행 정리카드

HS(10단위) 부호 :
원 자 재 명 :

상사명 :
주 소 :
대표자명 :

수입 및 구매 사항								수출 및 공급 사항						잔량			미이행 사유	비 고
확인번호	수입신고 수리세관 (공급자사후 관리기관·단체)	수입신고번호 (Local-L/C등 번호)	수입신고 수리일 (물품구매일)	외화획득 만기일	수량		금액 (US$)	이행 신고 번호	이행 신고 일자	수출신고번호 (Local-L/C등번호)	수출신고일자 (공급일자)	수량		수량	미이 행율	금액 (US$)		
					수입	구매						수출	공급					

* 수입위탁의 경우에는 비고란에 수입자의 상사명, 주소, 대표자명을 명기할 것

2812-281-03211민
'98.1.12. 승인

353㎜ × 250㎜
일반용지(특지)100g/㎡

[별지 제30호 서식]

사후관리기관·단체 :

대응외화획득 미이행내역

장 : (인)

순위	회사		대표자			HS 및 수입제한 구분	수입 및 구매량					미이행량			업체별 당해분기총수입금액	미이행 사유	비고
	회사명 (개인·법인 표시)	소재지 (전화번호)	성명	생년월일	현주소		수입신고 필증번호	수입신고수리 (또는물품구매) 일자	외화획득 만기일	단위 및 수량	금액 (US$)	수량	금액 (US$)	미이행율(%)			

* 수입위탁의 경우에는 비고란에 수입자의 상사명, 대표자명, 주소를 명기할 것
* 수입시차별 규격별로 가격이 상이한 경우 품목별 미이행금액의 산출은 평균가격에 미이행수량을 곱할 것
* 미이행 사유를 반드시 명기할 것(예 : 수출부진, 도산등)
* 도산업체의 경우 비고란에 도산일자를 기록할 것
* 업체별 당해분기 총 수입금액은 당해분기에 만기가 되는 품목의 총 수입금액을 기록할 것

2812-281-03711민
'98.1.12. 승인

353㎜ × 250㎜
일반용지(특지)100g/㎡

수출입 공고

산업통상자원부 고시 제2011 - 25호

「대외무역법」제11조 규정에 의거 물품 등의 수출입 제한 및 그 절차를 정하고 있는 수출입 공고를 다음과 같이 개정 고시합니다.

2011년 2월 8일, 산업통상자원부장관

제1조(목적) 이 고시는 대외무역법 제11조제1항 내지 제5항의 규정에 의하여 물품 등의 수출 또는 수입의 제한·금지, 승인, 신고, 한정 및 그 절차 등에 관한 사항을 규정함을 목적으로 한다.

제2조(통합공고와의 관계) 이 고시에 따른 수출 또는 수입승인에도 불구하고 대외무역법 제12조의 규정에 의한 통합공고 상에 수출 및 수입하고자 하는 물품의 수출·수입요령을 정한 것이 있는 경우에는 동 요령의 요건을 충족하여야 한다.

제3조(품목분류) 이 고시의 품목분류는 HS(Harmonized Commodity Description and Coding System) 상품분류에 의하며, 동 분류된 품목의 세분류는 관세·통계통합품목분류표(HSK)에 의한다.

제4조(수출금지품목) 별표1에 게기한 품목은 수출이 금지된다.

제5조(수출제한품목) 별표2에 게기한 품목은 각 품목별 수출요령에 따라 수출을 승인하여야 한다.

제6조(수입제한품목)

① 별표3에 게기한 품목은 각 품목별 수입요령에 따라 수입을 승인하여야 한다.

② 대외무역법 제16조의 규정에 의한 외화획득용 원료·기재를 수입하는 경우에는 수입제한품목이라 할지라도 별도의 제한없이 수입을 승인할 수 있다.

제7조(수출절차의 간소화) 산업통상자원부장관은 수출절차의 간소화를 위하여 특히 필요한 경우 별표2의 수출요령에도 불구하고 수출승인기관을 따로 정하여 승인하게 할 수 있다.

제8조(세부승인요령의 공고등) 제5조의 규정에 의한 수출제한품목의 수출요령, 제6조의

규정에 의한 수입제한품목의 수입요령 및 제7조의 규정에 의한 수출절차 간소화를 위한 수출요령에서 정하는 승인기관의 장은 산업통상자원부장관의 합의(승인)를 얻어 동 세부승인요령을 공고하여야 한다. 다만, 단체의 경우에는 관계행정기관의 장을 경유하여야 한다.

제9조(수출입승인실적등의 보고) 수출입승인기관의 장은 연간 수출입승인실적을 별지서식에 의거하여 당해연도 경과 후 15일 이내에 산업통상자원부장관에게 보고하여야 한다.

제10조(재검토기한) 「훈령・예규 등의 발령 및 관리에 관한 규정」(대통령훈령 제248호)에 따라 이 고시 발령 후의 법령이나 현실여건의 변화 등을 검토하여 이 고시의 폐지, 개정 등의 조치를 하여야 하는 기한은 2012년 7월 31일까지로 한다.

부 칙

1. (시행일) 이 고시는 2007. 1. 1부터 시행한다.

2. (승인에 관한 경과조치) 이 고시 시행 이전의 수출입공고에 의하여 수출 또는 수입 승인을 받은 경우에는 이 고시에 의하여 수출 또는 수입 승인을 받은 것으로 본다.

부 칙(산업자원부고시 제2008-47호, 2008.3.1)

1. (시행일) 이 고시는 2008.3.1일부터 시행한다.

2. (승인에 관한 경과조치) 이 고시 시행 이전의 수출입공고에 의하여 수출 또는 수입 승인을 받은 경우에는 이 고시에 의하여 수출 또는 수입 승인을 받은 것으로 본다.

3. 철강재수입신고요령(산업자원부고시 제2006-125호, 2006.11.27)은 2008.3.1일부로 폐지한다.

부 칙(산업통상자원부고시 제2008-26호, 2008. 4. 24)

1. (시행일) 이 고시는 2008.4.24일부터 시행한다.

2. (승인에 관한 경과조치) 이 고시 시행 이전의 수출입공고에 의하여 수출 또는 수입 승인을 받은 경우에는 이 고시에 의하여 수출 또는 수입 승인을 받은 것으로 본다.

3. (일괄개정) 산업통상자원부 고시 제2009-193호("학술연구용품 국내제작 곤란물품 추천 업무 처리규정" 등 일괄개정 고시)에 의거 제10조를 신설한다.

부 칙

이 고시는 2009년 8월 24일부터 시행한다.

부 칙

이 고시는 2010년 11월 15일부터 시행한다.

부 칙

이 고시는 2011년 2월 8일부터 시행한다.

[별표 1] 수출금지품목

H S	품 목	수 출 요 령
0208	기타의 육과 식용설육(신선·냉장 또는 냉동한 것에 한한다)	
40	고래, 돌고래류(고래목의 포유동물 및 바다소(바다소목의 포유동물)의 것	다음의 것은 수출할 수 없음. ① 고래고기
0210	육과 식용설육(염장·염수장·건조 또는 훈제한 것에 한한다) 및 육 또는 설육의 식용의 분과 조분	
9	기타(육 또는 설육의 분과 조분을 포함한다)	
92	고래, 돌고래류(고래목의 포유동물) 및 바다소(바다소목의 포유동물)의 것	다음의 것은 수출할 수 없음. ① 고래고기
2516	화강암.반암.현무암.사암과 기타 석비용 또는 건축용의 암석	
1	화강암	
11	조상의 것 또는 거칠게 다듬은 것	

H S	품 목	수 출 요 령
12	톱질 또는 기타의 방법으로 단순히 절단하여 직사각형(정사각형을 포함한다) 모양의 블록상 또는 슬랩상으로 한 것.	다음의 것은 수출할 수 없음 ① 자연석
2516. 20	사 암	
4301	생모피(모피사용에 적합한 머리부분·꼬리부분·발부분 및 기타 조각 또는 절단품을 포함하며, 제4101호, 제4102호 또는 제4103호에 해당하는 원피를 제외한다)	
80	기타의 모피(전신의 것에 한하며 머리부분·꼬리부분·발부분의 유무를 불문한다)	다음의 것은 수출할 수 없음. ① 개의 생모피
90	머리부분·꼬리부분·발부분 및 기타의 조각 또는 절단품으로서 모피제품으로 사용에 적합한 것	
4302	모피(유연처리 또는 완성가공한 것으로서 머리부분·꼬리부분·발부분 및 기타 조각 또는 절단품을 포함하고 조합하지 아니한 것 또는 기타재료를 가하지 않고 조합한 것에 한하며, 제4303호의 물품은 제외한다)	
1	전신모피(조합하지 아니한 것에 한하며 머리부분·꼬리부분·발부분의 유무를 불문한다)	
19	기 타	다음의 것은 수출할 수 없음. ① 개의 모피
20	머리부분·꼬리부분·발부분 및 기타조각 또는 절단품(조합하지 아니한 것에 한한다)	
30	전신모피 및 그 조각 또는 절단품 (조합한 것에 한한다)	
4303	모피의류·의류의 부속품 및 기타 모피제품	
90	기타	다음의 것은 수출할 수 없음. ① 개의 모피제품

[별표 2] 수출제한품목

H S	품 목	수 출 요 령
0808	사과, 배 (신선한 것에 한한다)	
10	사 과	다음의 것은 한국농림수산식품수출입조합의 승인을 받아 수출할 수 있음. ① 대만지역으로 수출되는 것
30	배	다음의 것은 한국농림수산식품수출입조합의 승인을 받아 수출할 수 있음. ① 배(대만지역으로 수출되는 것)
2505	천연모래(착색된 것인지의 여부를 불문하며, 제26류의 금속을 함유하는 모래를 제외한다)	
10	규 사	다음의 것은 한국골재협회의 승인을 받아 수출할 수 있음. ① 규산분(SiO_2)이 90% 이하의 것
90	기 타	
2517	자갈·왕자갈·쇄석(콘크리트용·도로 포장용·철도용 또는 기타 밸러스트용에 일반적으로 사용되는 것에 한한다). 싱글과 플린트(열처리한 것인지의 여부를 불문한다), 슬랙·드로스 또는 이와 유사한 산업폐기물의 매카담(이호의 앞부분에 열거한 물품들과 혼합한 것인지의 여부를 불문한다), 타르매카담 및 제 2515호 또는 제 2516호의 암석을 입상· 파편상·분상으로 한 것(열처리한 것인지의 여부를 불문한다.	
10	자갈·왕자갈·쇄석·싱글과 플린트	1. 다음의 것은 승인없이 수출할 수 있음. ① 구석, 싱글과 플린트 2. 기타의 것은 한국골재협회의 승인을 받아 수출할 수 있음.
41	대리석의 것	

[별표 3] 수입제한품목

H S	품 목	수 입 요 령
3920.99.1000	플라스틱제의 기타 판, 쉬트, 필름, 박 또는 스트립(셀룰라가 아닌 것으로서 기타 재료로 보강, 적층, 지지 또는 이와 유사하게 결합되지 아니한 것) 중 항공기용의 것	한국항공우주산업진흥협회의 승인을 받아 수입할 수 있음
4011.30.0000	고무제의 공기타이어(신품)중 항공기용의 것	
4012.13.0000	고무제의 공기타이어(재생품)중 항공기용의 것	
4012.20.1000	고무제의 공기타이어(중고품)중 항공기용의 것	
4012.90.1040	고무제의 공기타이어 플랩중 항공기용의 것	
4013.90.1000	고무제의 인너튜브중 항공기용의 것	
7007.11.1000	강화안전유리 중 차량,항공기,우주선 또는 선박에 사용하기 적합한 크기 및 모양의 것(두께 8㎜ 이하)	
7007.11.2000	강화안전유리 중 차량,항공기,우주선 또는 선박에 사용하기 적합한 크기 및 모양의 것(두께 8㎜ 초과)	
7007.21.1000	합판안전유리 중 차량,항공기,우주선 또는 선박에 사용하기 적합한 크기 및 모양의 것(두께 12㎜ 이하)	
7007.21.2000	합판안전유리 중 차량,항공기,우주선 또는 선박에 사용하기 적합한 크기 및 모양의 것(두께 12㎜ 초과)	
8407.10.0000	불꽃점화식의 왕복식 또는 로터리식의 피스톤식 내연기관 중 항공기용의 것	
8409.10.0000	불꽃점화식의 왕복식 또는 로터리식의 피스톤식 내연기관 부분품 중 항공기용의 것	
8411.11.1000	터보제트엔진(추진력 25KN이하)중 항공기용의 것	
8411.12.1000	터보제트엔진(추진력 25KN초과)중 항공기용의 것	
8411.21.1000	터보프로펠러엔진(출력 1,100KW이하)중 항공기용의 것	
8411.22.1000	터보프로펠러엔진(출력 1,100KW초과)중 항공기용의 것	
8411.81.1000	가스터빈엔진(출력 5,000KW이하)중 항공기용의 것	
8411.91.1000	가스터빈엔진(출력 5,000KW초과)중 항공기용의 것	
8411.99.1000	터보제트 또는 터보프로펠러엔진의 부분품중 항공기용의 것	
8412.10.1010	램제트 및 펄스제트엔진	
8412.10.1090	기타 반동엔진 중 항공기용의 것	
8412.90.1010	램제트 및 펄스제트엔진 부분품	
8412.90.1090	기타 반동엔진 부분품 중 항공기용의 것	

H S	품 목	수 입 요 령
8413.30.1000	연료,윤활유급유용 또는 냉각냉매용의 펌프(피스톤식 내연기관용의 것에 한함)중 항공기용의 것	한국항공우주산업진흥협회의 승인을 받아 수입할 수 있음
8414.10.1000	진공펌프 중 항공기용의 것	
8414.51.1000	팬 중 항공기용의 것	
8802.20.9000	자중 2,000KG 이하의 기타 항공기	
8802.30.1000	자중 2,000KG초과 15,000KG 이하 프로펠러식 항공기	
8802.30.2000	자중 2,000KG초과 15,000KG 이하 터보프로펠러식 항공기	
8802.30.3000	자중 2,000KG초과 15,000KG 이하 터보제트식 항공기	
8802.30.9000	자중 2,000KG초과 15,000KG 이하 기타 항공기	
8802.40.1000	자중 15,000KG초과 프로펠러식 항공기	
8802.40.2000	자중 15,000KG초과 터보프로펠러식 항공기	
8802.40.3000	자중 15,000KG초과 터보제트식 항공기	
8802.40.9000	자중 15,000KG초과 기타 항공기	
8802.60.1010	인공위성	
8802.60.1090	기타 우주선	
8802.60.2000	우주선 운반로켓	
8802.60.3000	서보비털	
8803.10.0000	프로펠러와 로터 및 이들의 부분품	
8803.20.0000	기체지지부와 그 부분품	
8803.30.1000	기타 부분품 중 비행기용의 것	
8803.30.2000	기타 부분품 중 헬리콥터용의 것	
8803.90.1000	글라이더, 행글라이더용의 부분품	
8803.90.2000	우주선(인공위성 포함)용의 부분품	
8803.90.9000	기타 항공기의 부분품	
8804.00.1000	낙하산(조종 가능한 낙하산 및 패러글라이더 포함)	
8804.00.2000	로토슈트	
8804.00.9010	낙하산의 부분품	
8804.00.9020	로토슈트의 부분품	
8805.10.1010	군경용 항공기 발진장치	
8805.10.1090	기타 항공공기 발진장치	
8805.10.2010	군경용 갑판착륙장치 또는 유사장치	
8805.10.2090	기타 갑판착륙장치 또는 유사장치	
8805.10.9010	군경용 발진장치 및 착륙장치의 부분품	
8805.10.9090	기타 발진장치 및 착륙장치의 부분품	
8805.21.1010	군경용 모의 공중전장치	

H S	품 목	수 입 요 령
8805.21.1090	기타용 모의 공중전장치	한국항공우주산업진흥협회의 승인을 받아 수입할 수 있음
8805.21.2010	군경용 모의 공중전장치 부분품	
8805.21.2090	기타용 모의 공중전장치 부분품	
8805.29.1010	군경용 지상비행훈련장치	
8805.29.1090	기타용 지상비행훈련장치	
8805.29.2010	군경용 지상비행훈련장치 부분품	
8805.29.2090	기타용 지상비행훈련장치 부분품	
9014.10.1010	자이로식 방향탐지용 콤파스 중 항공기용의 것	
9014.10.2010	자기식 방향탐지용 콤파스 중 항공기용의 것	
9014.20.0000	항공용 또는 우주항행용 기기(콤파스 제외)	
9014.90.1000	방향탐지용 콤파스와 기타 항행용기기 부분품과 부속품 중 항공기용의 것	
8414.59.1000	기타 팬중 항공기용의 것	
8414.60.1000	후드 중 항공기용의 것	
8414.80.9110	기체펌프 중 항공기용의 것	
8421.23.2000	내연기관용 유류여과기 중 항공기용의 것	
8421.29.4000	기타 여과기 중 항공기용의 것	
8421.31.2000	내연기관용 공기여과기 중 항공기용의 것	
8421.39.9030	기타 기기 중 항공기용의 것	
8466.20.1000	가공용 홀더 중 항공기용의 것	
8483.10.1000	전동축과 크랭크 중 항공기용의 것	
8483.20.1000	베어링 하우징(볼베어링,롤러베어링 갖춘것) 중 항공기용의 것	
8483.30.1000	베어링 하우징(볼베어링,롤러베어링 갖추지 않은것)과 플레인샤프트베어링 중 항공기용의 것	
8483.40.1010	항공기용 롤러 스크류	
8483.40.1090	항공기용 롤러 스크류 외 기타부품	
8483.50.1000	플라이휠과 풀리 중 항공기용의 것	
8483.60.1000	클러치와 샤프트커플링 중 항공기용의 것	
8483.90.1000	날이 붙은 휠, 체인스프로켓, 기타 전동용 엘리먼트 및 부분품 중 항공기용의 것	
8511.10.1000	점화플러그 중 항공기용의 것	
8511.20.1000	점화용 자석발전기, 직류자석발전기와 마그네틱 플라이휠 중 항공기용의 것	
8511.30.1000	배전기와 점화코일 중 항공기용의 것	
8511.40.1000	시동전동기와 겸용의 시동발전기 중 항공기용의 것	한국항공우주

H S	품 목	수 입 요 령
8511.50.1000	기타 발전기 중 항공기용의 것	
8511.80.1000	기타 내연기기 중 항공기용의 것	
8511.90.1000	기타 내연기기 부분품 중 항공기용의 것	
8526.10.1000	레이다 기기 중 항공기용의 것	
8526.91.1010	항행용 무선기기 중 항공기용의 것	
8526.91.2010	초단파 수신기 중 항공기용의 것	산업진흥협회의 승인을 받아 수입할 수 있음
8526.91.3010	무선방향 탐지기 중 항공기용의 것	
8526.91.9010	기타 무선기기 중 항공기용의 것	
8544.30.0000	점화용 와이이링 세트와 기타 와이어링 세트 중 항공기용의 것	
8801.00.1010	글라이더	
8801.00.1020	행글라이더	
8801.00.9010	기구와 비행선	
8801.00.9090	기타 무동력 항공기	
8802.11.1000	자중 2,000KG 이하의 군용 헬리콥터	
8802.11.9000	자중 2,000KG 이하의 기타 헬리콥터	
8802.12.1000	자중 2,000KG 초과하는 군용 헬리콥터	
8802.12.9000	자중 2,000KG 초과하는 기타 헬리콥터	
8802.20.1000	자중 2,000KG 이하의 프로펠러식 항공기	
8802.20.2000	자중 2,000KG 이하의 터보프로펠러식 항공기	
8802.20.3000	자중 2,000KG 이하의 터보제트식 항공기	
9032.10.1020	가변식 온도 자동조정용 기기 중 항공기용의 것	
9032.81.1010	액면자동조절기 중 항공기용의 것	
9032.81.2010	유량자동조절기 중 항공기용의 것	
9032.81.9010	기타 조절기중 항공기용의 것	
9032.89.2010	전압자동조정기 중 항공기용의 것	한국항공우주산업진흥협회의 승인을 받아 수입할 수 있음
9032.89.3010	기타 전기적량의 자동조정기 중 항공기용의 것	
9032.89.9010	기타 자동조정기 중 항공기용의 것	
9032.90.1000	자동조정기 부분품과 부속품 중 항공기용의 것	
9401.10.0000	항공기용의 의자	

〈제8조의 별지서식〉

( )년도 수출입승인실적 보고양식

□ 승인기관

ㅇ기 관 명 :

ㅇ담당부서 :

ㅇ담당자(직위) :

ㅇ주소(tel, fax) :

□ 승인실적

HS	품 명	승인업체수			건수	승인실적 (천불)	수수료(천원)		비고
		계	회원	비회원			징수 방법	징수액	

< 작성요령 >

① HS : 수출은 HS 6단위, 수입은 HS 10단위 기준으로 작성

② 징수방법 : 승인과 관련한 일체의 수입으로 세부적인 징수방법(매추천시, 월 또는 분기 실적회비, 연회비)

③ 비고 : 승인건수, 실적, 승인수수료 징수실적 등의 주요 변동요인

④ 기타 : 해당되지 않는 사항은 공란처리하며, 승인실적이 없는 경우에도 결과 통보

강이수, 대외무역법, 무역경영사, 1998.
고우복, 관세이론과 통관실무, 도서출판 두남, 1999.
구종순, 무역실무, 박영사, 2004.
______, 해상보험, 박영사, 2004.
김병학 외, 관세법론, 도서출판 두남, 2004.
______, 대외무역법, 도서출판 두남, 2000.
______, 대외무역법연습, 도서출판 두남, 2000.
김선광 외, 국제통상학개론, 동성사, 1997.
김인수 외, 국제통상론, 박영사, 1998.
김주수, 민법개론, 삼영사, 1999.
김재식, 무역상품학, 도서출판 두남, 2000.
김재원, 관세사 대외무역법, 박문각, 2003.
남풍우, 무역상무론, 도서출판 두남, 1999.
도중권 외, 최신대외무역법, 도서출판 두남, 2004.
문철한, 무역상무론, 동성사, 1999.
문희철 · 심상열, 무역자동화와 EDI, 무역경영사, 1998.
박종수, 국제통상무역관리, 삼영사, 1997.
______, 관세법, 법문사, 1998.
산업통상자원부, 대외무역관리규정 개정고시, 1999. 12.
신동수, 대외무역법, 법경사, 1997.
______, 관세법, 법경사, 1997.

신유균, 신교역질서와 한국의 선택, 한국무역경제. 1997.
윤광운, 무역법, 삼영사, 1998.
윤주환 외, 신 대외무역법, 조선대학교 출판부, 1999.
전순환, 대외무역법, 한올출판사, 2001.
조영정, 국제통상법의 이해, 무역경영사, 2003.
한국무역협회 무역연수원, 대외무역법, 2004.
한국무역협회 전략물자무역정보센터, 전략물자 수출통제 가이드, 2005.
황중서, 인터넷과 무역자동화, 형설출판사, 2000.
국가법령정보센터, 대외무역법령, 2014.
산업통상자원부, 수출입공고, 통합공고, 전략물자수출입고시 등

ㄱ

ㅈ

W

❑ 저자 약력 ❑

◆ 김 현 지

[학력 및 경력]

- 경기대학교 대학원 무역학과 졸업(경영학 박사)
- 국가고시 시험문제 출제 및 면접심사위원
- 학술진흥재단 주요 패널 심사위원
- 물류관리사 자격시험 출제 및 선정위원
- 국가물류정책위원회 위원
- 기술표준원 산업표준심의회 물류부회 위원
- 전략물자관리원 CP심의위원회 위원
- 한국무역학회/한국물류학회/한국관세학회 이사
- 한국무역학회/한국통상정보학회 편집위원
- 한국안보통상학회 회장
- George Mason University(GMU) Research Professor
- 현재 경기대학교 경상대학 무역학과 교수

[주요 저서 및 논문]

- 무역실무 매뉴얼
- 글로벌무역영어 및 무역영어연습
- 수출 통제 : 이론과 실제
- 국제마케팅
- 외국인직접투자의 결정요인에 관한 비교 연구
- 한국의 전략물자 수출통제제도에 관한 연구
- 한국의 통합 수출통제법령 제정에 관한 연구
- 전략물자 국제수출통제체제와 경쟁력 제고방안에 관한 연구
- 물류보안경영시스템 도입의 경제적 영향 연구
- 우리나라 수출입기업의 AEO인증제도 도입에 따른 혜택 및 기대효과에 대한 연구
- 물류보안 인증제도의 부가적 효과에 관한 연구
- Knowledge Articulation and Dynamic Capabilities in Firm Collaborations
- The Determinants for Claim of Personal Injury Insurance
- The Impact of Female Employee's Career Orientation on Expatriate Willingness: The Moderating Effects of Familial Factors and Organizational Assignment

글로벌 시대의 대외무역법 - 개정3판

초　판 1쇄 발행 —— 2006년 2월 25일
개 정 판 1쇄 발행 —— 2009년 6월 30일
개정2판 1쇄 발행 —— 2012년 6월 30일
개정3판 1쇄 발행 —— 2014년 6월 30일
지은이 —— 김 현 지
펴낸이 —— 전 두 표
펴낸곳 —— 도서출판 두남
서울시 강동구 성내로6길 34-16 두남빌딩
신 고 : 제25100-1988-9호
TEL : 02) 478-2065, 2066, 2067, 2311
FAX : 02) 478-2068
E-mail : dunam1@unitel.co.kr
http://www.dunam.co.kr

정가 26,000원

ISBN 978-89-6414-553-1 93320